简明中国传统文化

（第三版）

主　编　潘万木　杨文胜　吴浪平
副主编　黄俊杰　官禹平
　　　　闫涛涛　陈红霞

华中科技大学出版社
中国·武汉

内容简介

本书以简明为要,主要就传统文化的概念、传统文化形成发展的自然条件和社会历史条件以及传统文化的发展历程进行了概括介绍,重点是传统文化的特征、基本精神、灵魂、主体和辅翼的说明,兼及艺术与教育科技的交代,并探讨了传统文化现代化的问题。本书梳理与总结并重,既避免了烦琐,又注意把握精要。本书适合作为普通本科院校学生传统文化普及的教材,同时也可作为受过中等教育者自学的读物。

图书在版编目(CIP)数据

简明中国传统文化/潘万木,杨文胜,吴浪平主编. —3 版. —武汉:华中科技大学出版社,2019.8
ISBN 978-7-5680-5395-2

Ⅰ.①简⋯ Ⅱ.①潘⋯ ②杨⋯ ③吴⋯ Ⅲ.①中华文化-基本知识 Ⅳ.①K203

中国版本图书馆 CIP 数据核字(2019)第 156544 号

简明中国传统文化(第三版)　　　　　　　　　　　　　潘万木　杨文胜　吴浪平　主编
Jianming Zhongguo Chuantong Wenhua(Di-san Ban)

策划编辑:谢燕群
责任编辑:谢燕群
封面设计:刘　卉
责任监印:徐　露

出版发行:华中科技大学出版社(中国·武汉)　　　电话:(027)81321913
　　　　　武汉市东湖新技术开发区华工科技园　　　邮编:430223

录　　排:武汉市洪山区佳年华文印部
印　　刷:武汉科源印刷设计有限公司
开　　本:710mm×1000mm　1/16
印　　张:22.25
字　　数:431 千字
版　　次:2019 年 8 月第 3 版第 2 次印刷
定　　价:49.80 元

本书若有印装质量问题,请向出版社营销中心调换
全国免费服务热线:400-6679-118　竭诚为您服务
版权所有　侵权必究

目 录

绪论 ……………………………………………………………………………… (1)

  第一节 什么是文化 ………………………………………………………… (1)

    一、"文化"界说 ……………………………………………………………… (1)

    二、文化的结构与分类 ……………………………………………………… (3)

    三、文化的特征 ……………………………………………………………… (4)

    四、文化与文明 ……………………………………………………………… (5)

  第二节 什么是中国传统文化 ……………………………………………… (6)

    一、中国文化 ………………………………………………………………… (6)

    二、中国传统文化 …………………………………………………………… (8)

第一章 中国传统文化形成发展的自然条件及社会历史条件 ………… (10)

  第一节 中国传统文化的地理环境 ………………………………………… (10)

    一、地形、地貌和近万年以来的环境变迁 ………………………………… (10)

    二、地理环境和气候环境对中国传统文化的影响 ………………………… (12)

  第二节 中国传统文化的经济基础 ………………………………………… (14)

    一、中国古代的早期农耕文化 ……………………………………………… (14)

    二、"三代"以来农耕文明与游牧文明的分野 ……………………………… (16)

    三、周边游牧文化与中原农耕文化的冲突与融合 ………………………… (16)

  第三节 中国传统文化的创造主体 ………………………………………… (18)

    一、远古文化族团分布 ……………………………………………………… (18)

    二、华夏与四夷的分立及其重新组合 ……………………………………… (19)

    三、秦汉以来中华民族的发展历程 ………………………………………… (20)

  第四节 中国传统文化的社会政治环境 …………………………………… (22)

    一、中国国家的形成及其发展 ……………………………………………… (22)

    二、中国古代的政治制度 …………………………………………………… (24)

第二章 中国传统文化的发展历程 ……………………………………………… (27)

  第一节 中国传统文化的发生与萌芽 ……………………………………… (27)

    一、夏代:文明的门槛 ……………………………………………………… (27)

    二、商代:神道与青铜 ……………………………………………………… (28)

    三、西周:尚礼与明德 ……………………………………………………… (29)

四、春秋战国:礼崩乐坏与百家争鸣 …………………………………… (30)
第二节　中国传统文化的兴盛与光大 ……………………………………… (31)
　　一、秦朝:统一与奠基 ………………………………………………… (31)
　　二、汉代:演变与兴盛 ………………………………………………… (32)
　　三、魏晋南北朝:动荡与异彩 ………………………………………… (34)
　　四、隋唐:辉煌与博大 ………………………………………………… (36)
第二节　中国传统文化的迁变与精细 ……………………………………… (38)
　　一、五代十国宋辽夏金:碰撞与迁变 ………………………………… (38)
　　二、元代:汉蒙与农牧 ………………………………………………… (41)
　　三、明代:专制与开新 ………………………………………………… (44)
第四节　中国传统文化的回光与返照——清 ……………………………… (46)
　　一、清代的思想和考据学 ……………………………………………… (46)
　　二、清代的学术 ………………………………………………………… (47)
　　三、清代的文学艺术 …………………………………………………… (47)
　　四、清代的科学技术成就 ……………………………………………… (48)

第三章　中国传统文化的特征 ……………………………………………… (49)

第一节　统一性(浑然大一统,涵蕴多元化) ……………………………… (49)
　　一、政治的统一 ………………………………………………………… (49)
　　二、民族的融合 ………………………………………………………… (50)
　　三、思想的提倡 ………………………………………………………… (50)
　　四、统一的文字 ………………………………………………………… (51)
第二节　连续性(绝伦的延续性,超凡的再生力) ………………………… (52)
　　一、比较完备的"地理隔绝机制" ……………………………………… (52)
　　二、政治的连续性 ……………………………………………………… (53)
　　三、学术思想的连续性 ………………………………………………… (53)
第三节　非宗教性(人文精神) ……………………………………………… (54)
　　一、中国文化的人文主义精神的形成 ………………………………… (55)
　　二、中国文化的非宗教性 ……………………………………………… (57)
第四节　泛道德性 …………………………………………………………… (58)
　　一、以"德治"代"政治"——政治道德化 ……………………………… (58)
　　二、以"礼治"代"刑法"——法律道德化 ……………………………… (60)
　　三、以"人治"代"法治"——泛道德主义对专制主义的影响 ………… (61)
第五节　内倾性 ……………………………………………………………… (63)
　　一、中国传统文化中的人是一个自足的存在 ………………………… (63)
　　二、中国传统文化始终强调"心"的作用 ……………………………… (65)

第六节　中庸和平 ……………………………………………… (67)
　　　一、儒家的"中庸"、"中和"观念 ………………………… (68)
　　　二、道家的"不争之德"与中道思想 ……………………… (69)
　　第七节　乡土情谊 ……………………………………………… (72)

第四章　中国传统文化的基本精神 …………………………… (77)
　　第一节　中国传统文化基本精神的主要内容 ………………… (77)
　　　一、"天人合一"与"以人为本" …………………………… (77)
　　　二、刚健有为与自强不息 …………………………………… (80)
　　　三、"厚德载物"与"中庸尚和" …………………………… (82)
　　第二节　中国传统文化基本精神的社会功能 ………………… (84)
　　　一、维系国家统一和民族团结的精神纽带 ………………… (84)
　　　二、推动社会进步和培养健康人格的精神动力 …………… (85)

第五章　中国传统文化的思维方式 …………………………… (88)
　　第一节　传统思维方式诸说 …………………………………… (88)
　　第二节　对主客体关系的认识 ………………………………… (90)
　　　一、事实判断与价值判断 …………………………………… (90)
　　　二、道德判断与价值判断 …………………………………… (91)
　　第三节　整体直观 ……………………………………………… (92)
　　　一、直观与经验 ……………………………………………… (92)
　　　二、体悟与直觉 ……………………………………………… (94)
　　第四节　类比外推 ……………………………………………… (95)
　　　一、类同与类比 ……………………………………………… (95)
　　　二、经验与推导 ……………………………………………… (96)
　　第五节　比喻和象征 …………………………………………… (98)
　　　一、比喻出韵致 ……………………………………………… (98)
　　　二、象征见意境 ……………………………………………… (99)
　　第六节　对形而上的向往 ……………………………………… (102)

第六章　中国传统文化的灵魂 ………………………………… (104)
　　第一节　中国哲学是中国传统文化的灵魂 …………………… (104)
　　　一、哲学是文化的思想核心 ………………………………… (104)
　　　二、中国传统哲学的发展与流变 …………………………… (104)
　　第二节　中国哲学的宇宙观和人生观 ………………………… (109)
　　　一、中国哲学的宇宙观 ……………………………………… (109)

二、中国哲学的人生观 …………………………………………… (110)
　　第三节　中国传统哲学的特征 ……………………………………… (113)
　　　一、与政治伦理密切相连 ……………………………………… (113)
　　　二、唯物与辩证的思维传统 …………………………………… (114)
　　　三、强调天人关系和人际关系 ………………………………… (116)

第七章　中国传统文化的主体 ………………………………………… (117)
　　第一节　儒家的形成 ………………………………………………… (117)
　　第二节　儒与仁 ……………………………………………………… (119)
　　　一、仁学的创立 ………………………………………………… (119)
　　　二、"仁"的含义 ………………………………………………… (120)
　　　三、为"仁"的根本 ……………………………………………… (122)
　　　四、行"仁"的原则 ……………………………………………… (122)
　　　五、德政与仁政 ………………………………………………… (123)
　　第三节　儒与礼 ……………………………………………………… (125)
　　　一、礼的起源与传承嬗变 ……………………………………… (125)
　　　二、古代礼仪制度 ……………………………………………… (129)
　　　三、礼的影响 …………………………………………………… (130)
　　第四节　儒与"入世" ………………………………………………… (131)
　　　一、儒家修身伦理思想 ………………………………………… (131)
　　　二、儒家家庭伦理思想 ………………………………………… (133)
　　　三、积极入世，为国效力 ……………………………………… (135)

第八章　中国传统文化的辅翼 ………………………………………… (138)
　　第一节　道家的形成 ………………………………………………… (138)
　　　一、老子 ………………………………………………………… (138)
　　　二、庄子 ………………………………………………………… (141)
　　第二节　道家流变 …………………………………………………… (144)
　　　一、道家思想在前期封建社会的演变 ………………………… (144)
　　　二、道家思想在后期封建社会的流变 ………………………… (149)
　　第三节　道家哲学 …………………………………………………… (151)
　　　一、道家的理想人格 …………………………………………… (151)
　　　二、不以物累形与返璞归真 …………………………………… (151)
　　　三、无为无不为与不为人先 …………………………………… (152)
　　　四、与时迁移和功成身退 ……………………………………… (153)

第四节　儒道互补 (154)
一、阳刚与阴柔 (154)
二、进取与退守 (155)
三、庙堂与山林 (156)
四、群体与个体 (156)
五、恒常与变动 (157)
六、肯定与否定 (158)

第五节　佛教基本思想 (159)
一、佛教基本教义的核心 (159)
二、四谛说 (160)
三、缘起和轮回 (161)
四、无常、无我和涅槃 (162)

第六节　佛教在中国的流传和发展 (163)
一、佛学发展的三个阶段及其与本土文化的关系 (163)
二、中国佛教——禅宗 (166)

第七节　佛家人生哲学模式 (168)
一、心如枯井 (168)
二、随缘而安 (169)
三、与世无争 (169)

第九章　中国传统文化与艺术 (171)

第一节　绘画 (171)
一、中国绘画的起源 (171)
二、中国绘画的形成 (172)
三、中国绘画的发展 (174)
四、中国绘画的繁盛 (175)

第二节　雕塑 (177)
一、先秦两汉雕塑 (177)
二、魏晋南北朝隋唐雕塑 (178)
三、宋元明清雕塑 (180)

第三节　书法 (181)
一、最早的文字与最早的书法 (181)
二、汉隶与章草 (182)
三、王羲之与魏晋南北朝书法 (183)
四、从初唐四大家到北宋四大家 (185)
五、元明清书法 (187)
六、书法艺术的审美特征 (188)

第四节 建筑 ……………………………………………………（188）
一、民居与园林 …………………………………………………（188）
二、宫殿建筑 ……………………………………………………（191）
三、宗教建筑 ……………………………………………………（192）

第五节 音乐 ……………………………………………………（194）
一、上古的雅乐与俗乐 …………………………………………（194）
二、从《乐记》到《声无哀乐论》 ……………………………（196）
三、隋唐燕乐与宋元词曲 ………………………………………（197）
四、明清的民间音乐与乐律学理论 ……………………………（199）

第十章 中国传统文化与教育科技 ……………………………（201）

第一节 教育与科举 ……………………………………………（201）
一、中国古代教育机构和考试制度 ……………………………（201）
二、中国古代教育思想及其特征 ………………………………（211）
三、中国古代教育思想的总体特征 ……………………………（214）

第二节 科技文化 ………………………………………………（216）
一、科技沿革与特点 ……………………………………………（216）
二、中国古代在科技方面的主要成就 …………………………（220）

第十一章 中国传统文化的现代化 ……………………………（235）

第一节 现代化中的文化问题 …………………………………（235）
一、现代化与文化现代化 ………………………………………（235）
二、西方的挑战与中国传统文化的危机 ………………………（236）
三、西学的传入与中国传统文化结构的改变 …………………（239）
四、三层次变革与文化重建 ……………………………………（241）

第二节 "五四"新文化与现代文化论争 ……………………（245）
一、"五四"新文化运动 ………………………………………（245）
二、"五四"运动以后的文化论争 ……………………………（246）
三、新民主主义文化 ……………………………………………（249）

第三节 新时期的文化建设 ……………………………………（250）
一、中国文化发展的新阶段 ……………………………………（251）
二、20世纪80年代的"文化热" ………………………………（252）
三、20世纪90年代的"国学热" ………………………………（255）

第四节 中国文化发展的展望 …………………………………（258）
一、21世纪中国文化的走向 ……………………………………（258）
二、21世纪中国文化建设的指导原则与途径 …………………（263）

附录 A　国学常识 …………………………………………（270）

 第一节　经学常识 …………………………………………（271）
  一、概论 ……………………………………………………（271）
  二、经书简介 ………………………………………………（273）
 第二节　史学常识 …………………………………………（288）
  一、概说 ……………………………………………………（288）
  二、纪传 ……………………………………………………（289）
  三、编年 ……………………………………………………（299）
  四、纪事本末 ………………………………………………（302）
  五、政书 ……………………………………………………（304）
 第三节　子学常识 …………………………………………（306）
  一、概说 ……………………………………………………（306）
  二、先秦诸子概述 …………………………………………（308）
  三、两汉以后子学的发展 …………………………………（322）

附录 B　《千字文》、《三字经》简释 ………………………（325）

  一、《千字文》、《三字经》概说 ……………………………（325）
  二、《千字文》简释 …………………………………………（327）

参考文献 …………………………………………………………（342）

后记 ………………………………………………………………（343）

绪 论

中国传统文化博大精深，涉及范围十分宽广，材料极为丰富。目前，由于我国学术界对于文化学、文化史的研究还处于发展阶段，一系列理论问题和某些研究对象，尚属学术问题。近年来，虽然出现了多种概述中国文化的论著，但在所涉及的一些基本问题上，诸如文化概念、文化内容以及编著体例等，存在着十分明显的分歧，所以，有必要在本书具体展开之前，对此类问题略作说明。

第一节 什么是文化

一、"文化"界说

什么是文化，应该如何界定它的内涵？这是古今中外研究文化的学者们都会遇到的一道难题。

1952年，美国文化人类学家克罗伯和克拉克洪合著的《文化——有关概念和定义的回顾》一书列举了西方学术界从1871年到1951年80年间出现的各种"文化"定义160余种，其中尚不包括中国、苏联和东欧各国的种种"文化"定义。从1952年至今，又过去了整整62年，这期间，世界各国、各地有关"文化"新的定义仍然层出不穷。就我国来说，仅从20世纪80年代重新出现的"文化热"现象以来，各家关于"文化"的定义，其数量之多，就已经达到很难精确统计的地步。给"文化"下一个大家都能接受的、没有争议的确切定义，这是中外所有研究者的愿望，然迄今为止，却没有一个人能够做到。究其原因，大概一方面是由于多维视野的文化理论的争鸣与发展，另一方面是因为语源学角度上各种语言歧义的客观存在。依据不同的文化理论，自然会得出不同的"文化"定义，而在不同民族的语言中，"文化"一词的内涵也是不尽相同的。

汉语中的"文化"一词，既是中国语言系统中固有的传统词汇，又是近代以来外来语言的翻译语汇。

在中国固有的语言系统中，"文化"是"文"与"化"这两个字的复合。"文"字最早可见于商代甲骨文，像身有花纹袒胸而立之人，后引申为各色交错的纹理，并进而引申为文物典籍、礼乐制度、文德教化等。"化"字出现稍晚，不见于甲骨文，有改易、变幻、生成诸义，初指事物形态和性质的改变，后被引申用于教行、迁善等社会意义。

"文"、"化"二字的复合使用，是春秋战国以后的事情。《周易·贲卦·象传》曰："观乎天文，以察时变；观乎人文，以化成天下。"这里的"天文"，是指天道运行的自然规律，"人文"，是指人际纵横交织的社会关系、人伦规范和风土民情等。这段话的大致意思是：为政治理天下，需通过观察天文来把握周围环境变化发展的节律和方向；同时还需观察人文，因势利导，随宜教化，以求得理想治局的实现。在这里，"人文"与"化成天下"紧相关联，"因文教化"或"以文教化"的思想已经十分明确。至西汉，刘向作的《说苑》始将"文"、"化"二字正式联为一词，该书《指武》篇曰："圣人之治天下也，先文德而后武力。凡武之兴，为不服也，文化不改，然后加诛。夫下愚不移，纯德之所不能化，而后武力加焉。"其后，晋人束皙在《补亡诗·由仪》中说，"文化内辑，武功外悠"，意思是"言以文化辑和于内，用武德加于外远也"（束皙：《补亡诗》见《文选（卷十九）》，北京中华书局，1977年，第272页）。十分明显，在汉语系统中，"文化"一词的本义是与"武功"、"武力"相对的，是指以文德教化天下，这里面既有政治主张，又有伦理意义。

作为翻译语汇的"文化"，当初是借用了日文译词，其词的原型是拉丁文cultura，含有耕种、居住、练习、注意等多重意义。英文作culture，最初有改良土壤、栽培植物、种植树木等含义，并由此引申出教育、修养、人类能力的发展、礼貌、知识、情操、风尚等意义。这就与中国古代传统的"文化"一词所具有的"文治教化"内涵比较接近，所以，学者们便用"文化"来对译culture这一外来语汇。

但中国传统的"文化"与西方传统的"culture"在词义上是有着明显区别的。"文化"的本义是身上雕有花纹的人，它强调的是人类的社会活动，偏重于精神领域；而"culture"则从人类的物质生产活动出发，进而引申到社会领域和精神领域，它的本义强调的是人与自然的关系。毋庸讳言，后者较之前者，有着更为深广的内在意蕴。

另一方面，这两个词汇又都具有一个共同的本质，即都强调人的有意识、有目的的活动。在这种有意识、有目的的实践活动过程中，主体是人类自身，客体是社会和自然。应该指出的是，这里所说的"自然"，不仅包括存在于人身之外的外在自然界，而且还包括人类自身与生俱来的本能、人体固有的各种生物学意义上的自然属性在内。

由此说来，"文化"一词在当今世界哲学和各门科学都取得了重要发展的历史环境下，它的实质性含义应该是人类主体通过各种有意识、有目的的实践活动实现的对社会和自然客体的适应、利用和改造。其实现成果的体现既表现在各种自然形态、功能的不断改观和发展，更反映在人类个体与群体素质的不断提高和完善，所以,我们认为,文化是人类有意识地作用于自然界和社会,乃至人类自身的一切活动及其结果。

二、文化的结构与分类

"文化"的内涵,决定了它的外延范围极其宽广,以至于使研究文化的学者们往往感到无从入手。美国文化人类学家洛威尔曾就这个问题感慨地说:"……我被托付一件困难的工作,就是谈文化。但是,在这个世界上,没有别的东西比文化更难捉摸。我们不能分析它,因为它的成分无穷无尽;我们不能叙述它,因为它没有固定形状。我们想用文字规范它的意义,这正像要把空气抓在手里似的,当我们去寻找文化时,除了不在我们手里以外,它无所不在。"基于这种情况,研究者们一般又从宏观上把文化分为广义文化和狭义文化两类。

《苏联大百科全书》(1973年)认为,广义文化"是社会和人在历史上一定的发展水平,它表现为人们进行生活和活动的种种类型和形式,以及人们所创造的物质和精神财富",而狭义文化则"仅指人们的精神生活领域"。《大英百科全书》(1973—1974年)也把文化概念分为两类,第一类是"一般性"的文化概念,即文化等同于"总体的人类社会遗产";第二类是"多元的相对的"文化概念,即"文化是一种渊源于历史的生活结构的体系,这种体系往往为集团的成员所共有",包括"语言、传统、习惯和制度,包括有激励作用的思想、信仰和价值,以及它们在物质工具和制造物中的体现"。这种分类法也可以看作是对"文化"概念所做的广义与狭义的区分。稍有不同的是,《大英百科全书》关于"狭义文化"的定义较之《苏联大百科全书》的,范围更加具体而略为宽泛。这种狭义文化概念,大体上相当于英国文化人类学家泰勒于1871年在其所著的《原始文化》一书中给"文化"下的号称经典的定义:"文化或文明是一个复杂的整体,它包括知识、信仰、艺术、道德、法律、风俗以及作为社会成员的人所具有的其他一切能力和习惯。"

把文化区分为广义和狭义,是由于研究者们所从事的不同学科和课题的需要。通常情况下,文化研究者们又往往根据各自不同的视角,进一步对文化的结构作出不同的分类:从时间角度上可分为原始文化、古代文化、近代文化、现代文化等;从空间角度上可分为东方文化、西方文化、海洋文化、大陆文化等;从不同的社会层面上可分为贵族文化、平民文化、官方文化、民间文化等;从不同的社会功用上可分为礼仪文化、制度文化、服饰文化、校园文化、企业文化等;从文化自身发展的内在逻辑层次上,或分为物质文化、精神文化两个层次,或分为物质文化、制度文化、精神文化三个层次,或分为物质文化、行为文化、精神文化、制度文化四个层次,如此等等,不一而足。

本书主要从宏观角度上简明概述中国传统文化,所涉及的内容基本上不出狭义文化范围,但也涉及物态文化、心态文化、制度文化等层面。

物态文化,通常又称物质文化,是人类所从事的物质生产创造活动及其劳动产品的总和。物态文化以满足人类生存发展所必需的衣、食、住、行诸种条件为目标,直接反映人与自然的关系,反映人类对自然的认识、利用和改造的程度与结果,反映社会生产力的发展水平。这是一种可以感知的、具有物态实体的文化事物,是人类从事一切文化创造的基础。

心态文化,又称精神文化,是人类在长期的社会实践活动和意识形态活动中氤氲升华出来的价值观念、知识系统、审美情趣和思维方式等的总和。具体说来,心态文化又可以进一步区分为社会心理和社会意识形态两个部分。社会心理指人们的日常精神状态和思想面貌,是尚未经过理论加工和艺术升华的流行的大众心态,包括人们的情绪、愿望和要求等。社会意识形态是指经过系统加工的社会意识,往往是由文化专家对社会心理进行理论归纳、逻辑整理、艺术升华,并以著作或作品等物化形态固定下来,流行传播,垂于后世。

制度文化,是人类在社会实践活动中所建立的各种社会规范的总和,包括婚姻、家庭、政治、经济、宗教等制度在内。

三、文化的特征

从文化的内涵定义出发,我们可以把文化看成是人类生活的写照和人类活动的结晶,因此,文化必然要具有相当的普遍性。而人类的活动是在不同的时间、不同的地域和不同的社会环境下进行的,这又使文化具有了种种差异性。对文化的共性和各种差异性进行研究、概括,可以看到,文化具有如下四个显著特征。

1. 同一性

文化从最本质的角度上讲是对自然的人化。劳动创造了人,人在劳动中创造了文化。人类的活动是在社会中进行的,所以文化是人类共同创造的社会性产物,是人类在长期的社会实践中的经验积累和智慧汇聚。它为人类社会成员共同接受、共同享有,不为社会成员共同接受和理解的事物不属文化现象。中国古代的"四大发明",西方近代以来的"声、光、化、电",都是全人类共有的文化,是人类共同的、普遍的社会进步。

2. 时代性

任何人类活动都是在特定历史条件下进行的,因此,文化是一定社会、一定时代的产物,是一个历史性的概念。每一代人都生活于一个特定的文化环境下,他们很自然地从上一代那里继承传统文化,并根据新时代的需要对其进行利用和改造,使其适应新的时代的要求,因此,文化又同时具有承传性和变异性。

3. 民族性

人类与动物的显著区别就在于人类的社会性，因此人类的活动总是带有社会集团性质，以实现社会集团的利益为活动的目的和方向。当不同的社会集团分化、整合为民族的时候，反映这种以集团利益为活动方向的社会文化，便自然地带有民族文化的特征。特定民族所恪守的共同语言、共同利益、共同的风俗习惯和民族性格，是民族文化的突出表现。而当社会集团内部分化为不同的阶级时，文化又带有鲜明的阶级性。

4. 地域性

人类的活动必须借助一定的空间条件才能进行，因此，文化也就很自然地具有了地域的特性。文化的地域性与文化的民族性是紧密相关的，因为一般民族都是带有区域性的社会共同体，民族文化在某种程度、某种角度上，也反映出区域文化的特点与内容。所不同的是，文化的地域性较之文化的民族性，有着更为宽泛的包容性和更为灵活的机动性，如：就世界范围而言，有东方文化、西方文化之分；就某一区域而言，有海洋文化、大陆文化、山地文化、草原文化的区别；就某一国家而言，则有中原文化、北方文化、关中文化、三晋文化、齐鲁文化、荆楚文化、吴越文化、巴蜀文化之分。

四、文化与文明

"文明"一词，在中国古代典籍中的出现，要早于"文化"，二者有相近的含义。《尚书·舜典》赞美舜曰："濬哲文明，温恭允塞。"孔颖达疏曰："经纬天地曰'文'，照临四方曰'明'。《诗》云：'温温恭人。'言其色温而貌恭也。舜既有深远之智，又有文明温恭之德，信能充实上下也。"《周易·乾卦·文言传》："见龙在田，天下文明。"孔颖达疏曰："天下文明者，阳气在田，始生万物，故天下有章而光明也。"又《周易·贲卦·象传》："文明以止，人文也。"王弼注曰："止物不以威武而以文明，人之文也。"孔颖达疏曰："用此文明之道裁止于人，是人之文德之教。"由此可见，"文明"的最初用法，有文德、光明之义，而文德之义，则与"文化"基本重合。

近代以来，随着西学的日益东渐，学术界始用"文明"一词来翻译英文中的"civilization"。civilization来源于拉丁文的civis（市民）和civilitas（都市），具有两方面的含义：其一，有文雅的意义；其二，有政治方面的意义，与国家概念相对应。在古代的希腊和罗马，城市作为政治、经济、文化中心，本身又具有"国家"的含义，即所谓的"城邦"。而在城市里居住的市民（英文作citizen）不但在政治上具有特殊地位，而且在生活的各个方面，都较文雅、进步，所以，中国古代汉语系统中的"文明"一词，与现代意义上的"文明"概念是有区别的。现代意义上的"文明"概念，是一定的社会生产力发展水平的产物，与个体家庭、私有制度和国家制度的产生大体上相对应。

现代意义上的"文化"与"文明"概念,既相联系,又有区别。文化是人类创造的所有物质成果和精神成果的总和,而文明则是这种成果达到一定发展水平的产物。古代的埃及、印度、巴比伦和中国,至今都具有5 000年的国家文明发展历史,号称"四大文明古国",而不称"文化古国",其中意义,盖在于此。

第二节　什么是中国传统文化

一、中国文化

本书所讨论的"中国文化",是与"外国文化"相对举的概念,是指中华民族及其祖先在自己脚下这片土地上所创造出来并且传播到世界各地的文化总和。在这里,需要着重强调两个问题:第一,中国文化是一个历史的、发展的概念;第二,中国文化根深叶茂,有着异乎寻常的文化渊源。

说中国文化是一个历史的、发展的概念,是因为古代的"中国"一词,最初并不具有统一的国家实体的含义,而是一个地域的、文化的概念。"中国"的"国"字,本义是城邑。"中国"一词,最早出现于西周铜器铭文,指的是以洛邑为中心的地区。早在龙山时代(约为公元前2800年至公元前2300年),我国南北各地都已经发生了由氏族到国家的转变,各地的社会首领都筑城而居。由于国君住在城里,因此城都是甲于一方的政治、经济和文化中心。龙山晚期,由于居住于黄河中游一带的夏人所处地望居中,因此,最早的中国指夏人所居之城,最早的中国人则是指夏人。《说文》:"夏,中国之人也。"

商人灭夏之后,占有了广阔的黄河中下游一带,商人所居之地,便被视为中国。1963年出土的西周铜器何尊铭文曰:"……惟武王既克大邑商,则廷告于天曰:'余其宅兹中国,自之辟民……'"《尚书·梓材》记成王语曰:"皇天既付中国民,越厥疆土,于先王肆。"显而易见,周初文献上的中国指的是商人故地,而中国人则是指商人。

西周立国后,其版图范围较之于夏商的,更为宽广,西周版图以外,称为四方,或称四国。《诗经·大雅·民劳》:"惠此中国,以绥四方。"又曰:"惠此京师,以绥四国。"这里的"中国"指西周及其臣民,"四方"和"四国"指周边各族政权及其民众。"中国"一词与"四方"和"四国"对举,只是一个地望上的、文化上的概念。西周以后各代,无论哪一个古代民族,只要能够入主中原,都是以"中国"自居,如十六国北朝之际在中原立国的诸北族政权,均以中国正统自居,而斥东晋南朝政权为"南伪"。

因此,在中国古代,并不存在我们今天所说的"中国文化"这个概念,因为在古代的中国,所有朝代都不以"中国"为国名。

明末清初之际,来自西方的传教士们始称明清帝国为"中华帝国",简称即为"中国"。清康熙二十八年(1689年),清廷与沙俄政府签订了《尼布楚条约》,中国首席代表索额图的全衔是"中国大圣皇帝钦差大臣分界大臣议政大臣领侍卫内大臣",这是以"中国"作为主权国家的专称用于处理国际事务的滥觞。鸦片战争之后,随着中国国门的洞开和大量西方文化的不断涌入,当中国的知识分子对西方文化有了一个初步了解之后,于是出现了"西学"和"中学"的对举,"西学"指西方文化,"中学"指中国文化。在此之后,"中国文化"才逐渐成为一个与"外国文化"对举的、有实质意义的概念。

关于中国文化的起源,自古以来,有一个根深蒂固的概念,认为黄河中下游一带的中原地区是中国文化的摇篮。近代以来,诸多外国学者也曾提出中国人和中国文化来自埃及、西亚、中亚、南亚、西伯利亚等种种外来说法。新中国成立以来,我国的考古学和人类学获得了突飞猛进的发展,一系列重大考古新发现和可靠的研究成果为我们回答中国文化起源问题,提供了科学的依据。

学术界通常的观点认为,人类是由猿类进化而来的,完成这个转变的时间约在距今400万年以前。在400多万年的漫长历史发展进程中,人类的体质进化,经历了直立人(猿人)、早期智人(古人)、晚期智人(新人)和现代人等发展阶段,其中,直立人、早期智人、晚期智人的生存年代,相当于考古学上的旧石器时代,至现代人时期,历史已经进步到了新石器时代,这是近万年以来的事情。

目前,我国南北各地,普遍都发现有丰富的旧石器时代文化遗存,分布面积广达27个省、市、自治区,其中,年代距今在100万年以上的,就有山西西侯度遗址、云南元谋人遗址、河北小长梁遗址和东谷坨遗址等处。各地发现的直立人、早期智人、晚期智人化石材料,构成了一条相对完整的人类进化链,从而证明了中国古人类体质特征发展的连续性。数百个旧石器时代文化遗存材料反映了近200万年间,中国旧石器时代发展的各个阶段,有着共同的鲜明文化特征。这些材料表明,中国是人类文化的重要发源地之一,中国人的主体部分是东亚大陆原住居民,中国文化是根生土长的原生文化,有着近200万年的历史渊源。

由于中国幅员辽阔,东、西、南、北各地在气候、物产等方面客观上存在着诸多自然差异,因此,至迟在旧石器时代晚期,各地的文化面貌即已表现出明显的差异,初步分化成若干相互区别的文化类型。正是在这样的基础之上,到了新石器时代早、中期,在中国东、西、南、北各地居住、生息的不同文化族群,创造出了若干既相联系、又相区别的区域文化。这些不同类型的区域文化都是中华文明的源头。它们在后来长期的历史发展过程中,经过多次复杂的撞击、裂变和整合,相互影响,不断更新，最后殊途同归，凝聚成多源一体的中华文明。与世界上其他不同的文明古国发展模式不同，数千年来，尽管国祚频移，危机迭现，但中华民族的文化传统却一脉承袭，延绵不断，其根本原因就在于多源一体的建构格局铸就了中国文化异乎寻常的凝聚力，并赋予了中华民族经久不衰的生命力。

二、中国传统文化

所谓传统文化，是指在长期的历史发展过程中形成和发展起来的，保留在每一个民族中间具有稳定形态的文化。传统文化是一个民族的历史遗产在现实生活中的展现，它有着特定的内涵和占主导地位的基本精神。它负载着一个民族的价值取向，影响着一个民族的生活方式，聚拢着一个民族自我认同的凝聚力。

中国传统文化，是指在长期的历史发展过程中形成和发展起来的，保留在中华民族中间具有稳定形态的中国文化。它包括思想观念、思维方式、价值取向、道德情操、生活方式、礼仪制度、风俗习惯、宗教信仰、文学艺术、教育科技等诸多层面的丰富内容。

中国文化、中华民族多源一体的发展格局，决定了中国传统文化有着综汇百家优长、兼集八方智慧的显著特点。这个特点，不仅体现在它的形成之际，也保留在它的发展之中，所以，不论在哪一个历史时期，中国传统文化都能够及时地吸收时代精神要义，不断地实行自我更新、自我完善，以适应社会发展的需要。数千年来，中国传统文化成功地保护和维系了中华民族的持续发展，并长期处于世界领先地位。

世界历史的进程发展到了近代，西方社会在文艺复兴之后，又实现了资产阶级革命，资产阶级近代文化和近代科学迅速地发展起来。而在中国，传统文化作为封建地主阶级文化，在漫长的封建社会中得到了充分的发展，以至于形成了巨大的历史惰性，对资本主义萌芽和发展起到了严重的阻碍作用。但是，这时的中国，同样也出现了一批以李贽、何心隐、顾炎武、王夫之、黄宗羲、方以智等人为代表的早期启蒙学者，掀起了早期启蒙思潮。可惜的是，清朝初年的政治形势决定清朝政府无法容忍启蒙思潮的发展，中国历史就是在这个时候，被西方世界整整超越了一个时代。到了1840年，西方列强以武力打开了中国的大门，打倒了一向自大的中华天朝帝国，中国传统文化由于政治上、经济上出现的全面危机而陷入了空前的困境。

"五四"新文化运动前夕，一大批一流的中国知识分子继洋务运动、戊戌变法、辛亥革命之后，继续探索中华民族的新出路，他们面对鸦片战争以来中国文化在西方文化面前显现出来的捉襟见肘和软弱无力，掀起了新文化运动。当时的"新文化"概念，是指体现中国人自我存在价值，代表中国历史发展方向，既不同于中国以往的"旧文化"，也与西方文化相区别的新文化。就是在这样一种社会历史条件下，才产生了具有确切含义的"中国传统文化"这个概念。中国传统文化的最初含义，指的是鸦片战争以前，中国人创造的"旧文化"。

但是，中国的历史并不是终止于1840年，还有近代以来的这100多年。从历史演进的角度来看，这100多年已是历史而不是现实，在这期间延续下来的文化，与通常意义上的传统文化有着很大的区别。随着洋务运动、戊戌变法和辛亥革命的开展，中国文化走上了现代化道路，特别是"五四"运动以后，马克思主义在中国的广泛传播和被社会普遍接受，更是使得中国的文化面貌发生了天翻地覆的变化。但是，这一切毕竟是在中国传统文化基础之上实现的，而且，对于今天来说，这一段历史文化，也同样成了传统文化，因为任何文化的发展都不是一个消灭一个、一个代替一个的关系，而是新的文化因素注入，过时的文化因素淘汰，从而导致变异更新的关系，所以，本书所讨论的中国传统文化，不可与封建文化或所谓的"旧文化"混为一谈。在现代的中国社会，中国传统文化作为历史的积淀，仍然保留在中华民族中间，不论在何时何地，它都在制约、影响着当代的中国人，为我们继续创造社会主义新文化提供历史的依据和现实的基础。

第一章 中国传统文化形成发展的自然条件及社会历史条件

中国传统文化是在中国人民脚下这片特殊的土壤中产生和发展起来的,中华大地的自然环境和人文地理环境,是中国传统文化赖以生存发展的环境基础。文化是人类劳动的产物,在长期的历史发展过程中,历代中国人民共同创造的灿烂的物质文明成果,是中国传统文化产生和发展的基础。中国传统文化形成和发展的过程,同时也是中华民族、中国国家形成和发展的过程,中华民族是中国传统文化的创造主体,而中华文明的形成和发展,又为中国传统文化的形成和发展提供了特殊的社会历史环境。这一切,对中国传统文化的发展面貌及其特征都产生了重要的影响。

第一节 中国传统文化的地理环境

任何文化的形成和发展,总是在一定的地理环境下进行的。地理环境可分为两个方面:自然地理环境和人文地理环境。不同的地理环境,是不同的文化类型和不同的文化特性产生的内在物质基础。考察中国传统文化,首先应该对中华文化赖以生存的自然地理环境有一个总体性的了解和把握。

一、地形、地貌和近万年以来的环境变迁

中国地处亚洲东部,太平洋西岸,地势走向总的趋势是西高东低,依次递降,呈现出三大阶梯式的地形、地貌。青藏高原为第一阶梯,平均海拔高度在4 000 m以上,许多山峰海拔都超过7 000 m,号称世界屋脊。著名的亚洲大河——长江、黄河、澜沧江、怒江,都发源于此。在青藏高原以北、以东和东南一带,有蒙古高原、黄土高原、云贵高原和塔里木盆地、准噶尔盆地、四川盆地相间分布,地形极其复杂,平均海拔高度下降到1 000~2 000 m,形成第二阶梯。第二阶梯以东,北起大兴安岭,中经太行山,南至巫山一线以东以及云贵高原以东的中国东部地区,平均海拔高度低于500 m,其中仅少数山峰高达3 000 m以上,是为第三阶梯。海拔低于200 m的东北平原、华北平原、黄淮平原、长江中

下游平原以及江南红土层丘陵盆地，都分布在这一区域。

落差如此显著的三大阶梯，像一把巨大无比的躺椅，西北背靠欧亚大陆，东南面向太平洋，幅员辽阔，地形复杂，决定了中国复杂多变的气候环境。

就干湿度而言，中国以距海远近形成了从东南向西北由湿润、半干旱到干旱逐渐递变的明显趋势。东部低阶梯湿润多雨，中部第二阶梯除云贵高原以外，一般为半干旱和干旱气候，特别是西北内陆，由于远距海洋数千里之遥，加上关山阻隔，东方从太平洋，南方由印度洋吹来的湿暖季风鞭长莫及，因此成为中国最干旱的地区。而青藏高原则以高寒为基本气候特点。这种气候大势斜向把中国分为东南和西北两大部分，出现了东南以农耕为主、西北以畜牧为主的人文地理景观。

就冷暖度而言，中国由南而北，以山川河流为天然分界，呈现出热带、亚热带、暖温带、中温带、寒温带的渐次递变。大体上说，台南、琼西及滇南河谷一线以南为热带；自此以北至秦岭、淮河及白龙江一线为亚热带；秦岭、淮河以北至秦汉长城以南为暖温带；秦汉长城以北、以西为中温带；大兴安岭北端、黑龙江一线为寒温带。这是中国南北气候的基本情况。

同世界上其他事物都在运动、变化一样，人类文化赖以生存发展的地理环境和气候环境，也随时都在运动变化着。自从直立人在中华大地上出现至今，数百万年间，中国的地理环境发生了重大变化，正所谓"沧海桑田"。这里仅就与中国传统文化形成和发展关系较为密切的近万年以来中国的环境变迁略作叙述。

近万年以来，中国的地形、地貌变化主要发生在第二阶梯和第三阶梯范围内，明显表现为以下四个方面。

1. 海陆变迁

由于受到全球气候冷暖变化以及地质条件变化的影响，此间曾经经历了数次海进和海退的变化，从辽东湾到杭州湾之间，大部分沿岸地区都是在最近两三千年内陆续成陆的，但也有部分陆地重新没入大海。

2. 水域变迁

在数千年的漫长历史发展过程中，许多河流都曾经历过多次的决溢和改道，从而发生了多次诸多河流、水系的变迁，其中，尤以辽河、海河、黄河、淮河的改道最为频繁。同时，许多著名的湖泊都发生了改变形状、面积缩减以至于消亡的变化。

3. 高原变迁

土地的过度开垦使高原地带出现了日趋严重的水土流失，地形破碎的结果导致可耕面积的日益减少和生态环境的日趋劣化。同时，在蒙古高原和青藏高原一带，降雨量的渐趋减少和载畜量的日渐增加使得草原地带的生态条件也日趋恶化。

4. 沙漠变迁

由于人类与自然活动的交互作用，沙漠面积日益扩大，吞没了许多绿洲和城市。近年来，随着中国环境意识的日益增强，沙漠治理取得了重大成果，也出现了沙漠后退、风沙消减的新的景观。

关于气候条件的变化，近万年以来，我国气候总的趋势是由暖湿转向凉干。距今8 000年前气候干燥的辽河上游一带，与全国大部分地区一样，曾经是温暖湿润地带。到了距今5 000年左右的新石器时代晚期，中国的亚热带分界线也还北达今华北平原、燕山以南一线。据竺可桢先生的研究成果：我国在距今5 000年前至距今3 000年前这2 000年间，大部分时间的年平均温度要比现在的高2 ℃左右。近3 000年以来，我国的气温曾经出现了一系列上下摆动的变化，在公元前1000年、公元400年、公元1200年和公元1700年，曾经出现过四次温度最低期，温度的摆动范围为1～2 ℃。在此期间，在每一400～800年的期间里，可以分出50～100年为周期的小循环，温度摆动范围是1～0.5 ℃（竺可桢：《中国近五千年来气候变迁的初步研究》，《考古学报》1972年第1期）。许多先秦典籍都追记我国在夏朝建立之前，曾经有一个漫长的洪水时期，所谓"当尧之时，天下犹未平，洪水横流，泛滥于天下"（《孟子·滕文公上》）。"昔上古龙门未开，吕梁未发，河出孟门，大溢逆流，无有丘陵沃衍，平原高阜，尽皆灭之，名曰鸿水"（《吕氏春秋·爱类》）。水灾泛滥，对古人的生存构成了长期的威胁。而在最近的500年间，旱灾明显多于水灾。当今的中国，普遍面临着地下水位下降，导致诸多水源干涸，从而造成全局性缺水的严重局面。

二、地理环境和气候环境对中国传统文化的影响

地理环境和气候环境是人类生存发展并且赖以创造文化的物质基础。不同的地理环境和气候环境，对于不同文化类型的生成及其发展趋向，具有重大影响。由于人类对地理环境的利用从来没有达到极限，不同地区、不同时期的人类，对地理环境的利用程度和利用方式并不一致，所以，在大致相同的地理环境中的活动结果也会不一致，因此产生不同的文化类型。中国传统文化在形成与发展的过程中，客观上存在着方方面面的影响，其中主要表现在如下两个方面。

1. 文化的多样性与多元一体格局

中国幅员辽阔，气候多样，地形复杂，国土范围内部客观上存在着纵横交织、特征各异的自然地理区域。由于受季风气候影响，我国的降雨量由东南至西北依次递减，而地势则由东南向西北渐次增高，因此出现了东南低平而温润，西北高亢而凉干的地理、气候差异。根据这一特点，1933年，我国学者胡焕庸提出自东北的黑河至西南的腾冲画一条直线，把中国分为东南和西北两个部分，直线东南为南方、

占地面积为全国的42.9%,人口却为全国总数的94.4%;直线西北为北方,占地面积为全国的57.1%,人口仅占全国总数的5.6%。这便是国际学术界著名的"胡焕庸线"。研究结果表明,唐宋以来1 000多年间,我国东南农耕区与西北畜牧区的人口、占地面积基本上保持着20世纪30年代统计的比例数字。即地理、气候条件优越的东南农耕区,占地面积约为40%,而人口比例一直保持在90%以上;地理、气候条件较差的西北畜牧区,占地面积约近60%,产业结构以畜牧业为主,穿插分布着小块河谷、绿洲农业区,近千年以来,人口比例一直在总人口的10%以下。同时,由于中国的地理环境客观上存在着由南到北的温度和湿度的渐次差异,因此决定了淮河、秦岭以南的中国南方,产业结构以稻作农业为主;淮河、秦岭以北至秦汉长城沿线以南的中原一带,产业结构以粟作农业为主;而在秦汉长城沿线以北的北方地区,产业结构则以游牧业为主。中国地理、气候环境的区域性差异,客观上构成了多民族共居、多种经济成分互立、多种文化类型并存的物质基础。同时,由于中原地区环境相对优越,因此形成了各民族内聚,多文化类型融合的历史趋势,从而出现了中华文化形成发展过程中的多元一体格局。

2. 中国传统文化的开放与封闭

中国的西部和北部连接亚欧大陆,东部面向太平洋。自古以来,中国就是世界的中国,与外部世界有着千丝万缕的联系。考古界的最新研究结果表明,早在旧石器时代,中国的东半部文化就与环太平洋地区的文化有联系,美洲新大陆的原住居民很可能就是东北金牛山人的后裔。新石器时代以来,中国文化与东亚、东南亚以及环太平洋文化带的联系表现在共同存在的有殳石锛和以突出眼睛为特征的神人兽面纹饰造型等方面。在西半部,河西走廊和北纬40°至50°之间的狭长草原地带,是连接中华大地与欧亚大陆的纽带。周秦考古成果表明,源于草原地带的周、秦文化都带有鲜明的西方色彩,琉璃器、三棱铜箭头和屈肢葬等中亚、西亚一带的文化因素是通过周人和秦人传播到中原地区的。唐代的首都长安、辽代前期首都辽上京、元代的上都和中都,都是因为西北通道的客观存在而成为国际性都市的。至于陆上丝绸之路、海上丝绸之路、陶瓷之路等国际通衢的存在,更是古代中国与外部世界有着密切的、多种渠道的联系的有力证明。

然而,毋庸讳言,古代中国也长期缺乏对外开放、向外进取的动力。相对优越的地理环境加上中华先民的勤劳和智慧,使古代的中国在西方近代文明兴起之前,长期成为世界东方乃至整个世界最富足、最强大的国度,因而产生了"中华帝国,无求于人"的自我陶醉、自我封闭观念,所以,在古代中外交通史上,不避艰险、不远万里来到中国的各色外国人远较走出国土范围以外的中国人为多。当迫切要求发展的西方人千方百计地寻找通向中国的航路时,老大的中华帝国却实行闭关锁国政策,就连早已开辟的对外航路也不肯利用。

一面临海、三面环山的地理环境,使中国成为了一个相对独立的地理单元。中国人从很早的时代起,就习惯于以"天下"和"四海"概念来构想自己生活的世界的格局。中国古人设想自己生活在四海之内,天下之中,由中而外的顺序是京师、诸夏、四夷。在"华夏—四夷"的天下模式中,所有的外族都被包容在四夷之内,而四夷又可以通过用华变夷、由夷变夏的过程,被纳入中原华夏的母体之中。这种构想是中国能够长期维持大一统局面的思想基础,也是中华民族能够在长期复杂的历史发展过程中,像滚雪球一样不断获得发展和壮大的原因之一。

自古以来,中国就是世界上人口最多的国度,秦汉以降的 2 000 年间,人口数字大致保持在世界总人口的 1/3 以上。受地理气候环境影响,中国庞大的人口分布很不均衡。秦汉之际,60% 以上的人口都分布在中原一带;淮河以南的南方、长城以北的北方,均属地旷人稀地区。魏晋以后,随着北方民族的南下和江南地区的开发,人口的分布发生了很大的变化,至唐宋以后,形成了东南部农耕区人口稠密,西北部畜牧区人口稀疏的局面。由于长期以来,绝大部分人口都集中分布在东南农耕区域,造成了人口的增长和可耕土地面积日益不足的矛盾。人们只能在所能得到的十分有限的狭小地块上,早出晚归,精耕细作,对土地实行最经济的利用,以维持生存。时日既久,就养成了中国人安土重迁、乐天知命、安分守己的民族性格。同时,经济上对土地的过分依赖,一方面,限制了中国古人的视野,从而影响了对外的扩展与开放;另一方面,也培养了中华民族对乡土的无限眷恋和对故国的深切情怀,从而产生了蕴藏在中华民族内部的巨大凝聚力。

第二节　中国传统文化的经济基础

一、中国古代的早期农耕文化

中华文化有着上万年的文明起步历史,中华古国传统的社会生产经济形态是农耕经济,农业给古老的中华民族提供了基本的衣食之源,创造了相应的文化环境,规定了特定的政治道路,同时还影响了中国传统的畜牧业、手工业和商业的发展面貌。因此,中国传统文化最深厚的经济基础在于农业。

据环境考古资料表明,距今 8 000~5 000 年,我国平均气温比现在要高出 3~5 ℃,此间正处于全新世中期的气候最宜期,雨量充沛、空气暖湿、湖沼发育、泥炭沉积,为古人的生存和发展提供了相对优越的农耕环境。于是,中国南北各地的古文化族团,在此期间都相继实现了农业革命,社会也进步到了新石器时代的中期和晚期。目前,学术界对于此间出现在中国南北各地诸种区域性的农耕文化的类型划分,意见尚有分歧,其中影响最大、为学术界广泛接受的是苏秉琦的六大文化区系说,即"以红山文化为代表、燕山南北、长城地带为中心的北方;以北辛-大汶口文化为代表,山东为中心的东方;以仰韶文化为代表,关中(陕西)、晋南、豫西为中心的中原;以良渚文化为代表,环太湖为中心的东南部;以大溪文化等为代表,环洞庭湖与四川盆地为中心的西南部;以石峡文化为代表,鄱阳湖—珠江三角洲一线为中轴的南方"(苏秉琦:《华人·龙的传人·中国人——考古寻根记》。沈阳:辽宁大学出版社,1994年,第252页)。

农业的产生,是人类历史上出现的具有划时代意义的伟大事变。我国是世界上农业产生最早的国家之一,同时也是世界上出现的少数几个农业文明中心之一。关于农业的起源,我国古籍中保留着种种传说,有的说是神农氏发明了农业,有的说是烈山氏或炎帝之子柱发明了农业,有的说是周人的先祖弃发明了农业,而司马迁则在《史记·五帝本纪》中说黄帝"时播百谷草木,淳化鸟兽虫蛾",认为是黄帝发明了农业。当代考古学成果表明,农业在我国的产生,是距今一万年以前新石器时代到来之际的事情,它并不是某一地区、某一两个英雄人物的功劳。大体说来,居住于黄河中、下游一带的中原远古先民,是粟、黍等旱地农作物栽培的发明者,而居住于长江中、下游一带的南方远古先民,则是水田稻作农业的发明者。由于自然地理、气候环境的区域性差异,早在农业革命发生之际,我国南北各地便大体上形成了各具特色的三大经济文化区:华中、华南一带以水田稻作农业为主的经济文化区;华北、东北、西北东部一带以旱地粟作农业为主的经济文化区;蒙新高原和青藏高原一带以狩猎、畜牧并兼营农业为特色的经济文化区。

农业革命的发生,直接促进了社会其他经济门类的快速发展。特别是手工业的发展成果最为显著,其突出标志是:第一,铜器的发明,使神州大地上从此出现了金属冶铸业,导致铜石并用时代的到来;第二,快轮制陶技术的发明,极大地提高了社会生产力和人们的社会生活水平;第三,养蚕缫丝和手工纺织业的进一步发展,使人们的社会物质生活和精神生活面貌大为改观;第四,制玉、漆器、建筑各业的大发展,进一步扩大了社会分工,同时也导致了社会分化的加速发展。

到了距今四五千年的时候,随着各地农业的发展和社会的进步,在经济利益的驱动下,人们为了实现对财富的占有,除商业手段之外,往往借助武力掠夺,中国历史由此进入了传说中的英雄时代。规模巨大、延绵不断的战争,在客观上促进了各地经济、文化的交融,导致考古学古文化区域的重新改组和分布。另一方面,此间由于气候环境变化的影响和黄河中、下游一带的中原地区优越的自然地理条件的吸引,导致周边各地、包括江南一带的古文化纷纷向中原内聚的历史趋向发生,这就是夏、商、周三代奴隶制文明大国出现的深厚历史背景。夏、商、周三代灿烂夺目的农业文明,为中国传统文化的发展涂上了最为深重的底色。

二、"三代"以来农耕文明与游牧文明的分野

由于中国幅员辽阔,地理、气候环境复杂多样,加之其他原因,早期农耕文化在起源和发展过程中,表现出诸多原生文化互立并存,并相互吸收邻区文化因素共同发展的历史特征。距今5 000～4 000年,在环绕黄土高原的东起大兴安岭东南麓,北以阴山以北为界,西抵河湟地区再折向南方,沿青藏高原东部直抵云南西北部这一广阔的半月形地带,气候环境发生了由暖湿向凉干的转变。受此影响,一方面导致这一地带传统的农耕人口纷纷向以黄河中、下游一带的中原地区为中心的中国东南部内聚;另一方面,导致这一广阔地带的产业结构发生了由原来以农耕为主的经济类型向后起以游牧射猎为主的经济类型的转变。从此逐渐出现了我国历史上长城地带以南的农耕区域和长城地带以北、以西的游牧区域的分野(童恩正:《试论我国从东北至西南的边地半月形文化传播带》,载《文物与考古论集》。北京:文物出版社,1986年)。从夏、商、周三代起,我国的历史发展,始终表现为东南农耕文明与西北游牧文明并立互存、相互影响、相互交融的历史。

关于历史上中国农耕区域与游牧区域的分界线,据历史文献记载,大体情况是:在华北一带,是长城沿线。《后汉书·乌桓鲜卑列传》载东汉蔡邕语曰:"天设山河,秦筑长城,汉起塞垣,所以别内外,异殊俗也。"在西北地区,约在渭水上游的天水一带。西汉张衡《西京赋》:"右有陇坻之隘,隔阂华戎。"在西南地区,则在成都平原西北的岷山一带。明王元正咏岷山诗曰:"百灵擘断昆仑山,移来坤维参井间,内作金城障三蜀,外列碉磵居百蛮。"

这里特别强调的有三个方面:第一,在我国历史上,农耕文明的出现要早于游牧狩猎文明,这是世界文明发展史的通例;第二,农耕经济区域和游牧经济区域之间界限形成,周边地带早期农耕人口和后起游牧人口向中原地带长期内聚的主要原因是环境、气候条件的变化,历史上周边游牧人口,特别是中国北方民族因气候周期性变冷造成的多次南徙波动,并非出于游牧人口的侵略成性;第三,农耕经济区与周边游牧经济区之间的界限并非长期不变,而是随着气候环境的周期性冷暖变化而内外波动。而这两大经济区域之间,从来就存在着一种密切的互补关系,人为地隔绝这种关系,就会造成对产业正常发展的阻碍。

三、周边游牧文化与中原农耕文化的冲突与融合

农耕与游牧这两种不同的经济类型一旦形成并相互出现区别,农业民族与游牧民族之间的对立和冲突也就不可避免了。《史记·五帝本纪》中保留的关于黄帝"北逐荤粥"的古史传说,虽然未必可信,但早在新石器时代晚期,农耕民族与游牧民族之间的冲突就已经发生,当属事实。

进入青铜器时代以后,中原王朝与周边游牧民族的冲突可谓史不绝书。殷商后期的甲骨卜辞中载有北伐鬼方、西伐羌方的记录。西周时,中原王朝与北方民族的冲突日益激烈,据《小盂鼎》铭文,康王二十五年(公元前996年),鬼方与周人发生了一次大规模的武装冲突,结果周人大败鬼方,俘获12 000余人,包括四名酋长,所得车马牛羊数量巨大。穆王以后,猃狁成为西周北边的严重威胁,所谓"靡室靡家,猃狁之故。不遑启居,猃狁之故"(《诗经·小雅·采薇》)。宣王时,由于猃狁之患日益严重,宣王不得不亲自出征,"以匡王国"(《诗经·小雅·六月》)。至西周末年,西北犬戎势力的壮大最终导致了西周王室的倾覆和政权的东迁。

春秋战国之际,游牧民族环绕中原诸国自西而北的分布情况是:"自陇以西有绵诸、绲戎、翟、豲之戎;岐、梁山、泾、漆之北有义渠、大荔、乌氏、朐衍之戎;而晋北有林胡、楼烦之戎;燕北有东胡、山戎"(《史记·匈奴列传》)。战国前期,以西辽河流域为活动中心的东胡成为强盛一时的北方霸主,西迫匈奴,南压燕境。为防范东胡,燕国在与东胡接壤的边境线上,西起造阳(今河北怀来),东至襄平(今辽宁辽阳),修筑了一条工程浩大的防御工事,从此,中国南北之间,出现了人为的长城界限。战国晚期,匈奴继东胡之后,崛起为北方霸主,秦、赵等国为了阻止匈奴南下,也仿照燕国在边境上修筑长城。及秦朝统一山东六国,把秦、赵、燕三国旧长城连为一体,于是,中原农耕民族与北方游牧民族之间就出现了万里长城。

秦汉之际,长城以南的农耕民族建立起统一的、多民族封建帝国,与此同时,长城以北的匈奴也东并东胡,西逐月氏,建立了一个东起大兴安岭山脉,西达阿尔泰山与额尔齐斯河,北越贝加尔湖这样一个东西万余里、南北数千里的统一多民族的游牧政权。中国历史由此出现了中原农耕帝国与北方游牧政权长期互存并峙的局面。

秦汉以后,长城地带不仅是农耕民族与游牧民族长期对垒的界标,同时也是二者之间通过战争、迁徙、和亲、互市等中介形式,实行经济互补和文化融合的纽带。一方面,社会经济发展相对落后的北方游牧民族周期性的南下和一次次的逐鹿中原,固然要给中原农耕区带来痛苦和灾难,造成社会生产力出现一次次阶段性的破坏,甚至出现停滞或倒退现象,但相伴而来的还有北方民族那种充满活力的刚劲气质和欧亚大陆的异域文明,这一切,都成为中原稳健儒雅的农耕文化的补充而被融化吸收,因而中国传统文化一次又一次地实现变异更新,长期保持其强大的生命活力。另一方面,游牧民族周期性地内聚和入主中原,在先进优裕的农耕文化氛围中,自己反而"为被征服者所同化"(《马克思恩格斯全集(第20卷)》,第199页,北京:人民出版社,1971年)。如历史上的匈奴、鲜卑、羯、氐、羌、回纥、沙陀、契丹、女真、蒙古、满族先后建立起来的北方政权乃至统一全国的封建王朝,虽然都保留有诸多鲜明的本民族特点,但其基本的政治制度和礼乐文化无一例外都是建立在中原农耕文化基础之上,这就极大地扩展了中国传统文化的传播范围。

总之,农耕文化与游牧文化作为中国两种最基本的经济类型,是中华文化、中华文明得以不断发展壮大的源泉。在长达数千年的漫长历史发展过程中,两种文化相互撞击、相互补充、相互融合,最终铸就了中华民族经久不衰的内聚伟力。

第三节　中国传统文化的创造主体

一、远古文化族团分布

在我国古籍中,保留有许多关于远古时代的神话和传说。古往今来,许多学者都致力于对这些神话和传说的整理和研究,试图对远古时代的历史发展,理出一个可以把握的头绪。司马迁写作《史记·五帝本纪》,就是一种开创性的有益尝试。关于远古时代我国境内居民的分布,近人蒙文通在《古史甄微》一书中认为,太古民族有三系之分,即江汉民族、河洛民族、海岱民族。由于这三系民族分布的地域不同,因此其生活及文化也各异。徐旭生在《中国古史的传说时代》一书中,把中国远古的部落居民划分为三大集团,即西北的华夏集团,包括黄帝、炎帝、颛顼(高阳)、舜(有虞氏)、祝融等族;东方的东夷集团,包括太昊(皞)、少昊(皞)、蚩尤等族;南方的苗蛮集团,包括三苗、伏羲、女娲、驩兜等族。以上三大族团经过长期的交往和斗争,最终融合而成华夏,这便是汉族的前身。这种研究成果由于没有可靠的考古学材料进行比照印证,因此不可避免地带有很大的局限性。

当今史前考古的长足发展,为复原中国远古时代的历史提供了大量可靠的材料。运用这些可贵的材料,重新整理和消化古史传说,重新建立中国史前史的时空框架体系,已经被提上了当代史学工作者的工作日程。

根据苏秉琦先生的研究,在新石器时代到来之际,由于自然地理环境的不同,在中国境内形成了三个巨大的经济文化区:华中、华南的水田稻作农业经济文化区;华北和东北南部的旱地粟作农业经济文化区;东北北部、内蒙古高原、新疆和青藏高原的狩猎采集经济文化区。在公元前6500至公元前5000年期间,在三大经济文化区的基础上,逐渐形成了若干地区性的考古学文化:地处中原的河南和河北南部有磁山-裴李岗文化;陕西和甘肃东部有老官台文化;山东有北辛文化;北京地区有上宅文化;内蒙古东南和辽西有兴隆洼文化;沈阳地区有新乐下层文化;位于长江流域的湖北有城背溪文化;湖南有彭头山文化等(苏秉琦:《重建中国古史的远古时代》,见《华人·龙的传人·中国人——考古寻根记》。沈阳:辽宁大学出版社,1994年,第111页)。在此基础上,发展并形成了前文曾经引述的六大文化区系,从而奠定了中华文化多元一体发展格局的基础。到了"距今 7 000～5 000 年间,源于华山脚下的仰韶文化庙底沟类型,通过一条呈'S'形的西南至东北向通道,沿黄河、汾河和太行山山麓上溯,在山西、河北北部桑干河上游至内蒙古河曲地带,同源于燕山北侧的大凌河的红山文化碰撞,实现了花与龙的结合,又同河曲文化结合产生三袋足器,这一系列新文化因素在距今 5 000～4 000 年间又沿汾河南下,在晋南同来自四方(主要是东方、东南方)的其他文化再次结合,这就是陶寺(文化)。或者说,华山一个根,泰山一个根,北方一个根,三个根在晋南结合。这很像车辐聚于车毂,而不像光、热等向四周放射。考古发现日渐清晰地揭示出古史传说中'五帝'活动的背景。五帝时代以(距今)5 000 年为界,可以分为前后两大阶段,以黄帝为代表的前半段主要活动中心在燕山南北,红山文化的时空框架,可以与之对号。五帝时代的后半段代表是尧、舜、禹,是洪水与治水。据史书记载,夏以前是尧、舜、禹,活动中心在晋南一带,'中国'一词的出现也正是在此时。尧舜时代万邦林立,各邦的'诉讼'、'朝贡',由四面八方'之中国',出现了最初的'中国'概念"(苏秉琦:《中国文明起源新探》。北京:商务印书馆,1987 年)。

二、华夏与四夷的分立及其重新组合

如果说《史记·五帝本纪》所记的"五帝"时代是中华民族的多支远古祖先通过战争、迁徙、融合等多种形式实行重新组合的一个重要阶段,那么在距今 4 000 年前至 2 000 年前这 2 000 年间,中国历史则进入到了华夏与诸夷出现分野,并通过各种形式相互作用、重新整合的另一个重要历史阶段。所谓华夏,即汉族的前身,它的直接来源是夏、商、周三族,诸夷则泛指周边诸族。华夏与诸夷的分立及其相互斗争、相互融合,最终奠定了中华民族形成和发展的基础。

文献和考古材料都充分说明,夏、商、周各有来源,如果从族系发展的角度来看,三者之间曾经存在着长期的独立并存关系;如果从建立中原王朝的角度来看,则有着先后承继的关系。不过,这三者最初都不是以汾、渭、伊、洛流域为中心的中原地区的原住居民。

关于夏人的来源和先夏早期的居住地望,目前还很难说清。夏朝建立前夕,夏人的活动中心是在晋南地区,大禹和夏启创建的夏朝则以晋南和豫西一带为中心。当时,我国境内南北各地分布的许多文化族团,都同时经历了由氏族向国家的历史转变。由于夏人建立的国家地望居中,故称中国。商人来源于东北方向的东夷集团,起初臣属于夏,至汤时,西上伐夏,建立了商朝。商朝不仅占有了夏朝的疆域,同时还继承了夏朝的文化,使夏人和商人在文化上实现了融合。周人兴起于西部,先后为夏商的西部方国,直至商朝末年,其势力才强大起来。武王联合西方和西南各部族,东下克商,占领中原,建立西周,成为天下共主。

最初,商人远在东方,周人偏处西土,相对于商人和周人,夏人居住中央。武王克商以后,在夏朝的统治中心伊洛平原上营建洛邑,作为控制天下的中心,这不仅是一个重要的巩固统治措施,同时还体现着周人对夏商以来传统文化的认同。周公制礼作乐,是以继承夏商优良文化传统为基础的,因此,孔子颂扬说:"周监于二代,郁郁乎文哉!吾从周"(《论语·八佾》)。由于西周对夏商文化的认同,故西周时期,原来的夏人、商人和周人都可以称为夏人。又由于夏人所居之地位处华山脚下,这一带的原住居民早在仰韶文化以来,便普遍流行以玫瑰花图案作为族团标志,因称华人。至西周时期,由于"三代"文化的认同,故接受西周分封的各个诸侯国及其所辖人口,便得名为"诸华",或称"诸夏",合称则为"华夏"。西周分封区域以外的地带,则称为"四土"或"四方",所居之民,泛称为"四夷"。

华夏与四夷的分野一旦形成,双方之间的较量和势力消长也就同时发生。早在商周之际,"四夷猾夏"的事件便时常发生,至西周中晚期,周边被称为戎狄的四夷各族不断地侵扰周室,西周最终被犬戎攻破,导致王室东迁。春秋时期,夷夏之间的矛盾更趋激烈,周边诸夷纷纷入逼诸夏,出现了"南夷与北狄交,中国不绝若线"(《春秋·公羊传·僖公四年》)的局面。面对这种形势,一些已经强大起来的诸侯国,便打出"尊王攘夷"的旗帜,来团结诸夏,抵御戎狄,保卫中原文化,并借以争霸天下。战国时期,由于华夏文化已经成为各地居民普遍认同的主体文化,原来被视为戎蛮的秦楚两国,与三晋、燕、齐并列七雄,同称中国与华夏。在这样一种历史条件下,春秋以来进入中原的戎狄各族以及居住于各大国周围的戎狄小国,纷纷被大国兼并和同化。于是,在诸夏大国的基础上,涌现出一批诸夏与诸夷融合的区域性中心,如:秦向西方和西南方发展,形成诸夏与西戎、羌、西南夷各族的融合中心;燕、赵向北方和东北方向发展,形成诸夏与匈奴、东胡、林胡、楼烦的融合中心;齐向东南沿海地带发展,形成诸夏与东夷、徐夷、淮夷等族融合的中心;楚向南方发展,形成诸夏与百越、百濮、西南夷等族的融合中心。至此,在夏、商、周三代传统文化的浸润下,先后进入黄河中下游和长江中下游地带的诸夏与诸夷,经过异化而又同化这样一个漫长的、复杂的历史发展过程,最终出现了趋向统一的历史趋势。诸夏与夷、蛮、戎、狄经过长期的相互影响和重新整合,终于形成了强大的华夏民族,由此奠定了中华民族多元一体格局的基础。

三、秦汉以来中华民族的发展历程

公元前221年,秦始皇削平山东六国,建立了统一的封建帝国,从而使长城以南的夷夏共同体经过多次异化、同化和重新组合而成的华夏民族实现了统一。两汉以后,华夏民族在同周边诸族的对立和接触过程中,逐渐地有了"汉族"之称。

秦汉的统一固然伟大,但所统一的地域,只是农耕区域,在中华民族的生存空间中只占一小部分,在三级地形中,只是海拔最低的一级,而且还不是全部(费孝通:《中华民族多元一体格局》。北京:中央民族学院出版社,1989年,第8～18页)。在秦汉统一的同时,长城以北的匈奴也统一了北方草原诸族,建立起统一的多民族游牧汗国,中国历史上第一次出现了南北两个强大政权并存对峙的局面,所谓"南有大汉,北有强胡"。西汉文帝在写给匈奴单于的信中就这种局面的出现曾经说道:"长城之北引弓之国受令于单于,长城以内冠带之室朕亦制之"(《汉书·匈奴传上》)。从汉武帝时起,日益强大起来的汉朝开始改变战国晚期以来中原农耕民族对北方游牧民族长期采取的防守战略,而实行反守为攻的战略。经过数十年的战和交替,匈奴汗国发生了分裂,分为南北两个部分,汉宣帝时,南匈奴降汉,正式成为西汉的藩属。东汉时,中原王朝对匈奴的战事取得了决定性的胜利,投附汉朝以外的匈奴被迫西迁,东胡人的后裔鲜卑乘势占领了匈奴故地,并继匈奴之后,建立了强大的鲜卑汗国,成为北方草原的霸主。

东汉末年迄于魏晋,中原板荡,军阀割据,战争连绵。许多周边强族纷纷乘机入主中原,在黄河流域及四川盆地建立起许多区域性政权,史称"五胡十六国"。这些区域性政权,匈奴人建立的有3个,氐人建立的有3个,羯人建立的有1个,鲜卑人建立的有5个,羌人建立的有1个,汉人建立的有3个,另有冉魏、西燕、后蜀,一般不包括在内。时间从304年至439年,历135年。范围所及,包括今天甘肃、宁夏、陕西、山西、内蒙古、辽宁、河北、河南、山东、江苏、安徽、青海、四川等省区。由于大量非汉族人口涌入上述这样一个极其广阔的农耕区域,并各自建立起了自己的民族政权,在中原农耕文化先进的生产方式和社会制度的影响下,这些进入中原的非汉族人口很自然地产生了对中原汉文化的认同,于是出现了中国历史上规模巨大、意义深远的民族大融合运动。继十六国之后,鲜卑人在中国北方创建了与东晋南朝并峙的北魏王朝。这是一个空前盛大的统一多民族北方帝国。由于北魏帝国以中原传统礼制作为政治、经济、文化制度的基础,加之其大力推行的一系列成效显著的汉化政策,最终把此间发生的这场伟大的民族大融合运动推向了高潮,从而为隋唐盛世的出现打下了坚实的基础。

唐朝时期,由于周边诸多强族在对中国传统文化的深切认同以及在唐朝进步的民族政策作用下,纷纷臣属中原王朝,雄才大略的唐太宗曾被各族拥戴为"天可汗",因此,唐朝显得特别繁荣强大。通过周边诸族的中介作用,唐朝把辉煌灿烂的中国传统文化源源不断地传播到欧亚大陆各地,唐朝的首都长安城是当时世界上最为繁华的国际性大都市。

唐亡以后,中国再度分裂,出现了辽、夏、金与五代十国、两宋之间的南北对立局面,中华民族多元一体发展格局的概念由此有了新的变更和新的内涵。一方面,由于辽、夏、金这三个北方帝国都以中华传统礼制作为基本的建国方略和根本的治国指导思想,这就使得中华传统文化的灌溉面得到了极大的扩展与深化。史言"大辽道宗朝,有汉人讲《论语》,至'北辰居(其)所而众星拱之',道宗曰:'吾闻北极之下为中国,此岂其地邪?'至'夷狄之有君',疾读不敢讲。则又曰:'上世獯鬻、猃狁荡无礼法,故谓之夷,吾修文物彬彬,不异中华,何嫌之有?'卒令讲之"(洪皓:《松漠纪闻》。长春:吉林文史出版社,1986年,第22页)。另一方面,由于南北文化差异的日渐缩小和北族南渐趋势的日益增强,中国南北之间的长城界限开始趋于消失。辽朝疆域,跨越长城南北;及至金朝立国,其南部疆界,已至淮河,此间的长城已经不再是游牧民族和农耕民族的界限。

公元13世纪初,蒙古在北方草原崛起,统一草原诸部后,创建了蒙古汗国。随后,蒙古汗国以摧枯拉朽之势,席卷了大半个欧亚大陆。在此基础之上,忽必烈遵照中原传统礼制,取《易经》"大哉乾元"之义,创建了囊括中国全部版图、空前统一的大元帝国。唐朝以后,中国长期处于几个政权并存的局面。元朝的统一,是在灭亡西夏、西辽、金朝、大理、南宋和招服吐蕃的基础上实现的,破天荒第一次把长期分立对垒的游牧民族和农耕民族共同置于同一个统一政权之下,并通过推行行省制度和四等人制度,有效地维护了国家的统一,促进了各民族之间的融合。

明朝建立后,蒙古退居北方大漠草原,中国南北大统一局面一度出现反复。但长期以来,民族杂居、文化融合的既定成果和发展趋势却无法改变。明初,曾经针对当时社会上"鞑装"盛过汉服的现象,下令恢复"唐代衣冠",禁止胡服、胡语、胡姓,但收效甚微。明末清初的顾炎武在《日知录》中曾发感慨:"华宗上姓与毡裘之种相乱,惜乎当日之君子徒诵'用夏变夷'之言,而无类族辨物之道。""今山东氏族其出于金元之裔者多矣。"

17世纪中叶,崛起于白山黑水一带的满族,联合大漠草原上的蒙古,南下入关,建立清朝,继元朝之后,重新实现了中国版图全境各民族的统一。康熙朝以后,随着避暑山庄的出现及其微妙的政治、文化作用的发挥,使得数千年间阻隔中国南北的长城界限奇迹般地归于消失。中华民族真正地实现了南北混一,天下一统。近代以来,随着同西方列强的对抗和比较,中华民族这个有着数千年发展历史的自在实体,逐渐转变成为自觉的统一民族实体而不复可分。

第四节 中国传统文化的社会政治环境

一、中国国家的形成及其发展

国家是在氏族制度基础上发展而来的,由氏族到国家,这是世界文明史发展的通例。当代中国考古学所取得的一系列重大研究成果表明,早在距今七八千年以前,伴随着农业革命的发生和发展,我国社会历史就已经由旧石器晚期出现的早期氏族制度进步到了氏族制度的繁荣和鼎盛时代,其显著标志即是以大型聚落中心和礼仪用器的出现为特征的社会分化现象的发生。如近年来在北方地区发现的距今8 000年以前的兴隆洼文化和查海文化,聚落周围以护壕圈护,房屋整齐排列,已具街区规模,面积广达数万平方米;而且都发现了以真玉精制而成的成组玉器,同时还发现了大量的祖神造型和明显的崇龙迹象。这一切表明,当时的社会发展已经发生了由氏族走向国家的转折。

到了距今五六千年以前,我国南北各地的氏族社会,普遍都进入了由氏族迈向国家的发展阶段,如北方的红山文化、黄河中游一带的仰韶文化、黄河下游一带的大汶口文化、长江下游一带的良渚文化等。如果说距今七八千年以前是国家形态的孕育阶段,那么距今五六千年以前,则是国家的初步形成时期。其突出的标志在于以下几个方面:①各地"城"的出现表明当时的社会分化已经出现了"国"与"野"的区分,城乡对立的现象已经普遍发生;②冶铜的发明预示着社会生产力发展水平的提高和铜、石并用时代的到来;③带有文字祖型性质的刻画符号的出现,意味着文明信息的初步传递;④崇龙尚玉、敬畏天地山川和祖先崇拜现象的普遍发生,标志着具有中国传统特色的礼制因素已经齐备。当时社会发展总的特点是,由诸多不同区系类型的古文化发展为诸多各自分立的古国,出现了邦国林立、小国寡民的局面。所谓"禹合诸侯于涂山,执玉帛者万国"的古史传说,并非空穴来风,似应有史为据。

距今4 000多年前,夏朝的建立,标志着大国时代的到来。夏朝是诸多"邦国"的君长,势力所及,号曰"天下"。未及夏亡,东北方的商已成为大国,商朝末年,西方的周也成为大国,三者各有自己的开国历史。商汤征桀和武王伐纣,都是联合诸多小国组成同盟军,最终推翻原来的宗主国而实现改朝换代的。经过夏、商、西周三代约千余年的历史发展过程,我国传统礼制逐渐发展成熟,并且成为此后3 000年间中国古代国家制度发展的根本规范,所以说,三代时期是中华文明获得重要发展的历史时期。其后,经过春秋、战国数百年间的大国争霸过程,最终由秦于公元前221年统一了山东诸国,第一次建立了统一的、多民族的封建大帝国,从此,中华文明的发展历史也就进入了一个全新的阶段。

秦汉之际,在我国北方辽阔的草原地带,也出现了统一的、多民族的匈奴汗国,从此,中国历史进入了中原农耕帝国与北方草原游牧帝国长期互立并存的发展时期。秦汉以后,经过魏、晋、南朝和十六国、北朝的对立,五代、两宋与辽、夏、金朝的对立,最后由北方系统的元朝实现了中国全境范围内的多民族的大统一。后来又经过明朝和北元的阶段性分立后,终于又由满族人建立的清朝再度实现了元朝以来的全境大统一。在清朝统治的200余年间，中华各族之间历史上形成的隔阂逐渐消失，及至清朝晚期，由于西方列强的入侵，中华各族在与西方列强的抗争中唤起了民族自觉意识，于是，中华民族最终形成，中华文明的古代发展历程也宣告终结。

二、中国古代的政治制度

(一) 宗法制度

所谓宗法，即宗族之法，是宗族内部以血缘关系为基础，标榜尊崇共同的祖先，区分尊卑长幼，规定继承秩序，确定宗族成员不同的权利和义务的法则。

宗法制度是由氏族社会的父权家长制演变而来的。在父系氏族社会，世系以父系计算，父权家长支配着整个家族成员。父权家长死后，他的权力和财产按父系继承，于是产生了一定的继承秩序。而一代代父权家长生前的功业和权威在其死后仍然使人敬畏，子孙们幻想得到他们亡灵的庇护，于是产生了对男性祖先的崇拜以及随之而来的种种祭祀祖先的仪式。进入阶级社会以后，统治阶级在氏族社会遗留下来的父权家长制基础上，对政治、经济特权的继承和分配，统治阶级内部成员身份地位的确定，在突出族权基础上进一步突出政权等方面，都作出了系统的规范，于是出现了宗法制度。至西周时期，宗法制度发展完善，其主要内容可以概括为如下三个方面。

1. 嫡长子继承制

商代的继承制度是父死子继，辅之以兄终弟及。西周初年，周公制礼作乐，始行嫡长子继承制。周制：统治阶级内部划分为天子、诸侯、卿大夫、士四个等级，财产和地位，世世相传，实行世袭制。在各个等级中，继承财产和职位者，必须是嫡妻长子；如果嫡妻无子，则立庶妻中地位最尊的贵妾之子。所谓"立嫡以长不以贤，立子以贵不以长"(《春秋·公羊传·隐公元年》)。这种继承制度与商制相比，有效地避免了统治阶级内部兄弟之间为争夺权位和财产的继承而引发的祸乱，从而维护了王权的威严和社会的稳定。

2. 分封制度

西周分封制度是由宗法制度直接衍生出来的一种巩固政权的制度，具体内容是按照血缘关系的亲疏，把同姓子弟分封到各地建立起大小不等的诸侯国，诸侯把自己的子弟分封到周围建立起诸多卿大夫之家，卿大夫再把自己的子弟分封到各地作士。所谓"天子有田以处其子孙，诸侯有国以处其子孙，大夫有采以处其子孙"(《礼记·礼运篇》)。西周的分封制是在嫡长子继承制的原则下实行的，即天子的嫡长子世代为天子，余子为诸侯；诸侯的嫡长子世代为诸侯，余子为卿大夫；卿大夫的嫡长子世代为卿大夫,余子为士。从而形成了层层相属、代代相袭的政治结构。从君统上看,周天子是天下共主,从宗统上说,周天子是天下大宗,族权与政权互为表里,宗族与国家一体同构。

3. 宗庙制度

上古时代,社会上最重要的有两件大事:一是奉祀祖宗,二是征伐不臣,所谓"国之大事,在祀与戎"(《左传》)。统治阶级利用宗法制度,通过祭祖,把宗族心理升华为阶级意识,从而有效地巩固和强化了现实统治秩序。西周之际,宗庙祭祀制度也发展到了完善程度,所谓"天子至于士皆有庙:天子七庙,诸侯五,大夫三,士二"(《春秋·谷梁传·僖公十五年》)。从此,尊祖敬宗,昭孝息民,成为人们必须遵行的社会行为模式,"宗庙尚亲,朝廷尚尊,乡党尚齿,行事尚贤",成为人们生来就必须接受的文化秩序。

西周以后,宗法制度始终贯彻通行在中国古代的社会生活之中,家天下的观念长期存在,家族制度长盛不衰,忠孝一体,家国同构。正如梁启超所言:"吾中国社会之组织,以家族为单位,不以个人为单位,所谓家齐然后国治是也。周代宗法之制,在今日其形式虽废,其精神犹存也"。

(二) 专制制度

中国古代社会政治结构的另一个显著特征,是存在着一个延续了近 2 000 年之久的君主专制的官僚政治体制。这种专制制度,出现于战国末年,完成于秦汉之际,它在近 2 000 年的漫长历史发展过程中,总的发展趋势是日渐强化和完备的。

秦始皇在统一山东六国的同时,还创建了一个皇帝独裁、专制主义、中央集权的封建政治制度。这种制度本身规定,"天下事无大小皆决于上"。为了确保皇帝独裁,在地方施行郡县制度,在中央施行三公九卿制度,地方官和中央官一律由皇帝任命,实行官僚制度。汉承秦制,使这种专制制度得到了进一步的发展和巩固,至清朝军机处的设立,标志着皇帝独裁专制制度的发展达到了极限。康熙皇帝曾说:"今天下大小事务,皆朕一人亲理,无可旁贷。若将要务分任于他人,则断不可行。所以无论巨细,朕必躬自断之。"在皇帝独裁、君主专制的政治氛围下,所有臣民都被剥夺了自由,即使是在统治阶级内部,也毫无民主可言,皇帝的意志,就是法律。

专制制度的另一个重要表现便是君权高于神权,这是中国古代社会政治生活区别于西方世界的一个显著特征。在古代中国,既不存在贵族分权执政的共和制,也没有神权凌驾于皇权至上的教皇制。这是因为:一方面,中国古代社会是建立在以宗法血缘为纽带的家族关系基础之上的,国家关系、君臣关系只是家族关系、父子关系的扩大和延伸,在君父权威以及家族伦理教化环境下成长起来的历代中国人,陶然于伦理亲情,注重对现实人际关系的把握,而对于超越现实的神学说教,则缺乏热情;另一方面,以天下大宗自居的历代君主,视天下如家庭,并通过自然经济陶冶出来的君臣伦理亲情与臣民沟通,直接干预臣民的生活,使自己的权力和威势渗透于社会机体的每一个角落。他们所强调的是"普天之下,莫非王土;率土之滨,莫非王臣",是"六合之内,皇帝之土……人迹所至,无不臣者",决不容许妨碍皇权专断的政治因素横置其间,更不能容忍神权凌驾于皇权之上。

(三)古代社会政治环境对中国传统文化的影响

以宗法制度盛行不衰和君主专制制度高度发达为显著特征的古代社会政治环境,对中国传统文化所产生的影响是多方面的,这里,举其要者概述如下。

社会政治结构的宗法型发展特征,导致了中国传统文化伦理型范式的形成。其积极作用,在于处理人际关系上,表现为提倡"民胞物与"、"克己待人"、"己所不欲,勿施于人"、"老者安之,朋友信之,少者怀之"、"先天下之忧而忧,后天下之乐而乐"。在做人问题上,表现为强调"慎独"、"自省",注重健康人格的培养,提倡富贵不淫、贫贱不移、威武不屈的大丈夫气节。在行事上,表现为脚踏实地、积极入世、自强不息、木讷刚毅的民族精神。其消极影响表现在"三纲五常"的封建礼教、"非我族类,其心必异"的盲目排外心理等观念的形成,成为中国文化健康发展的障碍。

专制制度的充分发展导致了中国传统文化形成政治型范式:一方面,使得中华民族在心理上、文化上普遍认同中华民族的整体利益和整体观念,因而成为巨大的民族凝聚力得以产生的源泉;另一方面,也培植和强化了国人严重的迷信权力和服从权威的心态。

宗法制度与专制制度的结合,在思想上表现为儒法合流,在文化上表现为"内圣外王"心态的形成。其妙用是以伦理修养来沟通政治关系和家族关系,提倡修身、齐家、治国、平天下的人生理想和价值追求,所谓"天下之本在国,国之本在家,家之本在身"、"身修而家齐,家齐而国治,国治而天下平",这就是中国传统的伦理政治型文化发展定型的原因。

第二章 中国传统文化的发展历程

从一定意义上说,文化史是一种新史学,它的研究对象是人类创造的物质文明和精神文明的成就,侧重研究观念形态的文化。

关于文化史的分期,有人主张按石器时代和金属时代划分;有人主张按蒙昧、野蛮、文明阶段划分;有人主张按上古、中世纪、近代划分。我们主张按照马克思主义观点,以社会形态划分。一部中华文化史,大致可分为原始社会文化、奴隶社会文化、封建社会文化、半殖民地半封建社会文化和社会主义社会文化。为了清楚了解中国传统文化的发展历程,从完善知识结构的角度考虑,本章将按朝代顺序来叙述中国传统文化。

第一节 中国传统文化的发生与萌芽

一、夏代:文明的门槛

夏朝是中国历史上第一个奴隶制国家。大禹之子启用王位世袭制取代禅让制,标志着保护私有制的国家机器已经产生,社会跨进了奴隶制文明的门槛。夏朝从公元前22世纪末至公元前21世纪初到公元前17世纪初,有14代17王,历近500年。夏朝设有官吏,有刑律(禹刑、赎刑等),有监狱(称为夏台),还有税收。

夏朝已进入青铜时代,青铜是铜和锡的合金,出现青铜器是中国进入文明社会的重要标志。关于夏朝的青铜业,古文献和当代考古都可提供有力的证明。据《墨子·耕柱》记载,"昔日夏后开(启)使蜚廉折金于山川,而陶铸之于昆吾……九鼎既成,迁于三国"。《越绝书》卷十一记载:"禹穴之时,以铜为兵。"当代考古工作者在夏人活动的区域——今山西南部和河南西北部——发现"二里头文化",经碳14确定其绝对年代相当于夏代。在河南偃师"二里头文化"遗址发现了用青铜铸造的爵、铃、刀、镞、凿、锥等器物。青铜礼器和兵器的出现表明社会分为不同等级,人群有对抗。青铜工具的出现表明生产力水平有所提高。冶铜场地出土的坩埚残片、陶范残片表明当时已能合范铸造铜容器。从"二里头文化"遗址看,石器和骨器仍很流行，建房的夯筑技术和烧陶的工艺也有所进步。

夏朝注重天文知识，当时有专门人员负责观察记录天象。《左传·昭公十七年》引《夏书》有"辰不集于房"的记载，这是世界上最早的日食记录，大约在公元前1948年（或说是公元前2165年）。《竹书纪年》载夏桀十年（约公元前1580年）"夜中星陨如雨"，这是世界上有关流星雨的最早记录。

夏朝有了我国最早的历法——夏历。当时以北斗星的斗柄所指的方位确定月份，以斗柄指在正东偏北为岁首，称为建寅。迄今仍保存的《夏小正》是有关夏历的重要文献。

夏朝还有《夏书》、《夏训》，经常被先秦学者引用，说明当时已有了文字和文献。夏代末期帝王有孔甲、桀（履癸），说明当时用天干为姓名排序。

夏朝借用宗教观念进行统治。《尚书·召诰》说："有夏服天命。"《礼记·表记》说："夏道遵命，事鬼敬神而远之。"可见夏人相信天命。《史记·夏本纪》说："帝孔甲立，好方鬼神，事淫乱。夏后氏德衰，诸侯畔之。"宗教迷信加速了夏朝的衰败，孔甲三传到桀，桀昏庸残暴，诸侯叛离，商汤趁机灭了夏朝。

二、商代：神道与青铜

商代从公元前17世纪初到公元前11世纪，有17代30王，历近600年。商汤开国，至盘庚时把都城由奄（今山东曲阜）迁到殷（今河南安阳小屯），出现中兴，武丁统治时最强盛，至纣时亡国，史称殷商。商代是我国奴隶社会的发展时期。

殷商以神道设教，营造神秘氛围。《礼记·表记》称："殷人尊神，率民以事神，先鬼而后礼，先罚而后赏，尊而不亲。"在诸神中，"帝"的地位最高，帝统率自然和社会。商王被称为天子，代表天帝主宰人间，王权和神权合为一体。王位继承采取"父死子继"或"兄终弟及"，后来逐渐规范为嫡长子继承制。

商代以神（帝）判事，采用占卜手段。考古工作者在龙山文化遗址和殷墟发现大量烧灼过的卜骨，说明商代流行占卜。

商代经常举行祭祀活动，用大量牲畜为祭品，表示对鬼神的敬意，同时也祭祀祖先，希望神灵保佑。

商代不仅有浓厚的神道文化，而且还以精湛的青铜器为世人称绝。商代青铜器有戈、矛、斧等兵器，也有爵、壶、尊等礼器，还有锛、铲、凿等生产工具，其数量和种类都是空前的。青铜器造型美观，纹饰华丽，有饕餮纹、夔纹、云雷纹等。

考古工作者在安阳小屯殷墟发现商代铸铜遗址，面积约10 000 m²。仅殷墟一地就出土数千件青铜礼器，在妇好墓出土近200件随葬礼器。殷墟出土的司母戊鼎高133 cm，长110 cm，宽78 cm，重875 kg，推测铸造这件大鼎需要70多个坩埚，由200多人同时操作，铜、锡、铅的比例经过了精心计算和配制。

商代不仅在青铜文化方面是辉煌的,而且在文字、天文、历法、建筑等方面也很有成就。

商代的文字主要保存在龟甲和牛肩骨上,称之为甲骨文。仅在殷墟就已发现10多万片甲骨卜辞,甲骨文约有4 000字,已有约2 000字可认识,文字有象形、指事、会意、假借、形声等类型。卜辞记述了祭祀、征伐、农业、田狩、疾病等事情,为我们研究殷商史提供了最原始的文献资料。

从甲骨卜辞可知商代重视记录天文,内容涉及日食、月食、新星。商代以干支纪日,以太阴(月)纪月,以太阳纪年,以闰月调整季节,实行阴阳合历。

商代的建筑很规范。从殷墟和湖北黄陂盘龙城遗址看,当时已确立了我国传统宫殿建筑的基本样式:在中轴线上夯土为台,础上立柱,梁上盖顶。

商代有典册,现存《尚书》里的《商书》《盘庚》都是有关商代的文献。

商代有成组的乐器,以不同材料制成陶埙、石磬、铜铃。在安阳出土的大石磬(84 cm×42 cm×2.5 cm),是一件艺术价值极高的大型乐器。

三、西周:尚礼与明德

周朝分为西周和东周两个时期。西周始于公元前11世纪,终于公元前771年周幽王覆亡。这时,我国奴隶社会盛极而衰。

西周有一系列礼仪制度,政治上实行分封制和宗法制。周初封建亲戚,作为王室屏藩。周初分封了71国,姬姓之国有53个,周文王的儿子据有16国。封国直接加强了周王室的力量。周天子是普天之下的最高统治者,姬姓宗族的大宗,掌握着全国的政权和族权,祭祀自始祖以来的列祖列宗。周天子由嫡长子继承,其他诸子受封为诸侯,他们的封地和爵位也由嫡长子继承。依次又有卿大夫、士、平民等级。各层等级森严,尊祖敬宗。姬姓贵族与异姓贵族联姻,作为宗法制度的组成部分。

经济上实行井田制度,它与分封制、宗法制紧密相连。周天子拥有全国土地和人民,他把土地和依附于土地上的人民分封给诸侯、卿大夫、士,贵族们又层层分封土地。井田以每一方块作为一个耕作单位,一般以九田为一井,由奴隶耕作。

周初由周公主持制定了"周礼",内容包括刑罚和五礼。五礼是有关祭祀、丧舞、军旅、朝觐盟会、婚冠喜庆的各种典礼仪式,配有舞乐,它规范了人的行为,体现了当时的文明,为春秋末期时的孔子所推崇。

西周把上帝称为天,视为天地间最高主宰。周王不过是代天履行天命,因此,周统治者继续宣传天命观。与商代不同的是,周代淡化了鬼神观念,把天命赋予新的内涵,既要顺从天意,又要适应民心,认为天意是民心的集中体现。为了敬天保民,必须明德,即重视伦理规范,加强自我克制。当时提出了"天命靡常,唯德是辅"、"以德配天"、"敬德保民"的思想,实际上,商代的神氛已经淡化,人本思想受到重视。

西周的哲人在探讨天地关系的过程中,出现了朴素的唯物主义和辩证法思想。《尚书·洪范》把金、木、水、火、土五种物质称为五行,五行相生相克。《易经》的八卦分别有八种自然物相对应,阴阳对立统一。

周人观察天象,以二十八宿确定太阳的位置,以土圭测日影。周代文献记述了日食和地震。依据天象和物候,实行了告朔制度,以正农时。周人观察地情,已能绘制各种地图,并能规划城邑。

西周已有了医学分科,有了食医、疾医(内科)、疡医(外科)、兽医等。

西周有不少文献,如青铜铭文记述了珍贵的史实,毛公鼎铭文多达近500字。《尚书》中的《周书》、《逸周书》是当时的重要的文献。《诗经》中有许多篇章是西周的作品。

四、春秋战国:礼崩乐坏与百家争鸣

周代的第二阶段是东周,东周分为春秋、战国两个时期。从公元前770年周平王东迁洛邑,到公元前481年田氏代齐,这时期大致与孔子所修订的《春秋》年代(公元前722年至公元前481年)相当,所以称为春秋时期。从公元前475年到公元前221年,有赵、魏、韩、齐、秦、楚、燕七国争雄,所以称为战国时期。春秋时期,奴隶社会瓦解告终。战国时期,封建制度初步建立。因此,春秋战国是社会转型的时代,文化呈现裂变与求索的现象。

从春秋时期开始,天下"礼崩乐坏",周天子的权势就每况愈下。"王畿"被蚕食,大国"挟天子以令诸侯",社会动荡不安,先后有齐桓公、晋文公、秦穆公、楚庄王、越勾践争霸。同时,井田制瓦解,宗法制松懈,新兴地主阶级积极主张变法,要求在政治上取得权力。当时,对天的信仰出现动摇,有人主张把人事与天道分开,摆脱天命的羁绊。有人提出民为神主,神依人行的观点。思想的解放反过来促进了社会转型,崛起的士阶层在思想上特别活跃,形成了百家争鸣的局面,主要有儒、道、墨、法、名、阴阳、兵、纵横、农、杂等家。

本书有另外章节将专门介绍儒家与道家,此处只介绍法家与墨家。

法家是地主阶级改革派,齐国的管仲与郑国的子产是法家的先驱人物。其后,李悝著《法经》,商鞅实践法治,申不害注重"术",慎到强化"势",韩非子集大成。所谓法,指成文法令。所谓术,指国君操纵臣下的手段。所谓势,指君拥有至高无上的权势。法家具有历史进化论观念,反对守旧。法家主张君主专制,采用严刑峻法,以吏为师,以法为教。法家思想为建立统一的中央集权的封建国家提供了理论根据。

墨家的创立者是鲁国人墨翟,其思想代表了下层劳动群众,特别是手工业者。墨家重视劳动,主张自食其力,反对不劳而获。墨家主张"节用"、"节葬"、"兼爱"、"非攻"、"尚贤"、"尚同"。墨家还主张尊天事鬼,幻想上天鬼神赏善罚恶。

春秋战国时期出现了许多重要的典籍,有老子所著的《道德经》,孔子及弟子完成的《论语》。孔子还整理《诗》、《书》、《礼》、《春秋》为教材。《左传》是一部编年体史书,实为我国古代最早的史学和文学名著。《国语》乃我国最早的一部国别史。战国时编有《竹书纪年》,战国时代纵横家的说辞和故事被编为《战国策》。

文学方面,当时南方流行楚辞,采用参差不齐的句式述事和抒情。屈原创作了《离骚》、《天问》等不朽的诗篇,开创了我国文学史上最早的浪漫主义流派。

此外,当时还出现许多优秀散文,如《孟子》、《庄子》,文笔流畅,语言丰富,说理性强。

天文历法方面,《春秋》记录了日食和月食。从《左传》可见当时已采用19年七闰法。《甘石星经》记载了金、木、水、火、土五个行星的出没规律,记载了120颗恒星的位置。

数学方面,当时已能在城建、土地测量等方面熟练运用数学知识。《墨经》和《考工记》中都有几何的各种概念。

医学方面,已有较完备的医学理论著作,如《黄帝内经》的《素问》、《灵枢》,马王堆汉墓出土的《脉法》、《五十二病方》等都写成于此时,奠定了中医学的理论基础。扁鹊已采用望、闻、问、切四诊法。

建筑方面,春秋末的公输班擅长机械,有多项发明。当时的宫殿建筑宏大精致,有群体效应。

音乐方面,在湖北随州出土的编钟和河南淅川出土的编钟表明已采用十三度或大三度音程,已使用七声音阶。

地学方面,战国末年已发明"司南",《韩非子·有度》等书记载了其形状和用途。《禹贡》记载了各地的土壤和矿产。

第二节　中国传统文化的兴盛与光大

一、秦朝:统一与奠基

秦朝从公元前221年到公元前206年,时间虽短暂,但政治上对后世影响很大,在中国历史中具有奠基性的重要地位。

秦始皇灭掉六国后,在全国范围建立起了统一的封建专制主义中央集权国家,并着手创建统一的制度。确定了皇帝制,皇帝享有神圣的地位和最高的权力;中央机构实行"三公九卿制";地方上全面实行郡县制。这三制把中国古代政治制度推向了一个新阶段。

为了加强专制,秦朝把各国旧贵族和豪富迁到咸阳等地。禁止私学,以"焚书坑儒"的极端手段控制意识形态。史书除《秦纪》以外,六国史书一律被烧掉。《诗》《书》百家语除博士官收藏的以外,其他藏书都要烧掉。有敢偶语《诗》、《书》者弃市;有敢以古非今者,株连族人。医药、卜筮、种树等书不在禁列。若欲学法,以吏为师。

秦朝统一了文字。秦始皇命令制定小篆,以法令形式颁布;又整理出隶书,作为日用文字在全国范围推广。学校有法定教材,李斯作《仓颉篇》,赵高作《爰历篇》,胡毋敬作《博学篇》。

秦朝统一了度量衡。战国时不仅文字紊乱,度量衡也各不相同。秦始皇把商鞅变法时制定的度量衡制度推行全国。同时,秦朝发行了统一的货币,加强市场管理。

秦朝统一了交通管理。战国时关卡林立,不利于人们的经济文化交流。秦朝修建了以咸阳为中心的驰道,向东可通燕齐,向南可达吴楚,向北可达九原,又下令在南方修建通达五岭的新道。随着交通的改善,中原文化很快就波及了少数民族地区。同时中央也加强了对边远地区的控制。春秋战国时期的东夷、西戎、南蛮、北狄的界限已不复存在,华夏族从而更加紧密地联系在一起。

秦朝坚持法家思想,制定了比较完整的封建法典《秦律》。1975 年在湖北云梦县睡虎地出土 1 000 多片竹简,大部分是秦的法律及文书,从中可见秦朝刑法极为严酷,它是为专制主义服务的。

秦朝流行神秘观念。秦始皇相信五德始终观念,以秦为水德,尚黑尚六。他追求成仙之道,派方士下海求长生之药。他笃信谶言,疑心重重。为了在阴间继续享乐和专制,穷奢极欲地修建骊山墓,俨然就是地下的皇宫。

秦二世继位后,昏庸残暴,加速了秦的覆亡。

二、汉代:演变与兴盛

汉代分为西汉和东汉,从公元前 206 年至公元 25 年为西汉,公元 25 年至公元 220 年为东汉。其间,王莽在公元 9 年至公元 23 年建新朝,学术界在习惯上不把新朝作为独立的朝代。在汉代,专制主义中央集权得到了加强,统一的多民族封建国家得到了发展,封建文化出现了兴盛的现象。

汉代的统治思想有几个阶段性的演变:汉初吸取"秦二世而亡"的教训,采用了"无为而治"的黄老思想。"黄"指黄帝之学,"老"指老子之学。黄老之学不仅讲道,还讲法。黄老学说在政治上肯定新的封建秩序,主张统治者用少所作为的办法以缓和社会矛盾。汉初陆贾的《新语》是黄老思想的代表作,提出了"夫道莫大于无为,行莫大于谨敬"。汉初丞相萧何、曹参都实行"无为而治"。

到了西汉中期,国力渐强,武帝欲有所作为,开始采用神学化的儒家思想。当时,董仲舒给汉武帝上《天人三策》,提出"天人合一"说和"天人感应"说,提倡君权神授,人民必须服从天道。"天"是有意志的人格神,可以决定皇权的予夺。董仲舒又提出了"三纲五常"的伦理观念,天意和"三纲"构成了封建神权、政权、族权、夫权四种统治权力。董仲舒还提出了"性三品"说,把人性分等级,从而论证封建等级的合理性。汉武帝从强化专制的立场出发,罢黜百家,独尊儒术,使儒家学说成为统治思想。

自战国以来一度消沉的儒学在西汉瞬间成为显学。中央设五经博士,在京城的太学教授五经。经书用当时通行的隶书写成,称为"今文经"。汉武帝末年,有人发现用汉以前小篆写的"古文经",于是发生了经今古文之争。经今文学派任意发挥经义,以迎合政治。经古文学派主张按字义解释经文,不凭空臆造。汉平帝时,刘歆倡导古文经学,大司马王莽利用古文经中的《周易》托古改制,又利用谶纬迷信为取代汉朝制造理论。

谶纬是一种庸俗经学和封建迷信的混合物。两汉之际,王莽、刘秀等都用符瑞图谶证明他们当皇帝是神的意志。汉章帝时,谶纬经学化,经学谶纬化。朝廷在白虎观举行经学讨论会,把董仲舒"天人感应"学说与谶纬迷信融合在一起,作为东汉的统治思想。《白虎通》一书是其代表作。谶纬迷信曾遭到有识之士的批判,桓谭写了《新论》,王充写了《论衡》,都有唯物论和无神论观点。

汉代的史学有卓越成就。西汉时,司马迁撰写了中国第一部纪传体通史《史记》。《史记》记述了从五帝时代到汉武帝太初年间的3 000年历史,全书分为十二本纪、十表、八书、三十世家、七十列传,共130篇,526 500字。《史记》对后世的史学和文学具有深远影响。东汉时班固撰《汉书》,这是中国第一部纪传体断代史,内容涉及西汉近200年的历史。全书有十二纪、八表、十志、七十列传。《汉书》十志比《史记》的八书详备,新创了《刑法》、《五行》、《地理》、《艺文》四志。《汉书》有严重的封建正统思想。此外,刘向编的《七略》不仅是中国目录学的开端,而且是古代学术史的草创。东汉还有《东观汉记》、《汉纪》。赵晔的《吴越春秋》、袁康的《越绝书》是我国最早的民族史和地方志。

汉代的文学作品主要有汉赋、散文、汉乐府诗三种形式。汉赋是从楚辞发展而来的一种长篇韵文,它以铺张的手法表现出汉代的繁华。它大致可分为两种,一种是骚体赋,如贾谊的《鹏鸟赋》开创了骚体赋先河。另一种是散体大赋,如司马相如的《子虚赋》、《上林赋》是其代表作。东汉班固有《两都赋》,张衡有《二京赋》。散文以司马迁的《史记》为最高成就，书中叙事带有强烈的故事性，鲁迅评价《史记》"不失为史家之绝唱，无韵之《离骚》"。此外，贾谊的《过秦论》、《治安策》，晁错的《贤良对策》，刘向的《说苑》也都是很优秀的散文。汉乐府诗在文学史上也占有重要地位。乐府本是掌管音乐的官署，乐府采集各地民歌，包括鼓吹曲辞、相和歌辞、杂曲歌辞，反映了当时的社会生活。如《陌上桑》塑造了一个有智慧、有勇气的农家少女形象——罗敷。

汉初的书写材料有竹简木牍和缣帛。后来有人用丝絮或植物纤维造纸。东汉蔡伦改进造纸方法，史称"蔡侯纸"。

汉代有丰富的天文记录。《汉书·五行志下》记载成帝河平元年（公元前28年）"日出黄，有黑气大如钱，居日中央"，这是世界上最早有关太阳黑子的正式记录。马王堆汉墓出土的帛书《五星占》载录了五大行星的运行。关于天体结构，汉代有宣夜说、盖天说、浑天说。汉武帝时有《太初历》。张衡著有《灵宪》，并发明了地动仪。由于天文学发达，历法不断得到改进，汉初用秦的《颛顼历》，汉武帝时改用《太初历》，成帝时用《三统历》，历法不断得以完善。

汉代数学成就突出。成书于公元前1世纪的《周髀算经》是我国现存最早的数学著作。《九章算术》有九章，收集了246个数学问题的解法，在世界上第一次记载了负数概念和正负数的加减法运算法则，还记载了当时世界上最先进的分数四则和比例算法。

汉代重视医学，官府设有医官。《黄帝内经》一书更加完备。汉初的淳于意医道高明。东汉的张仲景著《伤寒杂病论》，对病因及治疗法有重要贡献，被后世尊为"医圣"。华佗调制了"麻沸散"，发展了麻醉和外科手术学，并编成了健身的"五禽戏"。汉代流行的《神农本草经》，是我国最早的一部较完善的药物学著作。

汉代的地理学有较大发展。《史记》、《汉书》对山川地理及沿革都有详细记载，马王堆汉墓出土了绘在帛上的地形图、驻军图、城邑图，这是世界上现存最早的以实测为基础的地图。张衡发明并创制的地动仪是世界上第一架测量地震方位的仪器。

此外，汉代已开始使用煤，《汉书·地理志》还记载了可燃的水（石油）；当时已出现黑心可锻铸铁；纺织业有了提花机；缝制工艺有举世无双的金缕玉衣；这些都表明汉代在科技领域有全方位的进展。

三、魏晋南北朝：动荡与异彩

从公元189年汉灵帝死，东汉已名存实亡。至公元589年隋灭陈，这是魏晋南北朝时期。先是有魏、蜀、吴三国鼎立，继而有西晋。其后，北方先有十六国割据，后有北魏、东魏、西魏、北齐、北周等政权。在南方则有东晋、宋、齐、梁、陈。这时期政权频繁变更,文化在动荡的乱世中裂变为多元,异彩纷呈。

在哲学上出现玄学。玄学是以道家唯心主义理论解释儒家经典而形成的流派。玄学经典有《周易》、《老子》和《庄子》,称为"三玄"。产生玄学的原因有两方面:一是自汉武帝以来的儒家今文经学派走向迂腐没落;二是社会动荡,士人倾向于消极淡泊。玄学之风始于曹魏正始年间,何晏著《无名论》,王弼撰《周易注》和《老子注》,他们的根本思想是"贵无",提出了"名教出于自然"。其后有阮籍、嵇康,他们崇尚自然无为,反对名教,甚至提出了"无君"的思想。又有向秀、郭象把玄学变为门阀统治的思想工具,认为名教和自然是一致的,政治就是天道的表现。

受阮籍等人影响,两晋之际的鲍敬言著《无君论》,反对君权神授理论,谴责统治阶级的奢侈,表现出对现实的强烈不满。

佛教在东汉已传入中国。这时开始广泛流传。龟兹僧人佛图澄有近万门徒,弟子之一释道安到中原传教,道安的弟子慧远在庐山宣传净土说。东晋的法显西去求法,历访30余国,撰《佛国记》。北魏太武帝和北周武帝曾禁止佛教传播。

道教在东汉末已产生,这时期分为祈祷派和炼丹派。葛洪是炼丹派早期的代表人物,撰有《抱朴子》等书,寇谦之也是炼丹派代表人物,在魏都平城传播"新天师道"。

针对鬼神迷信,南朝人范缜著《神灭论》,提出"形存则神存","形者神之质,神者形之用",他批判了因果报应说和精神不灭说。范缜公开与有神论者辩论,与唯心主义进行坚决斗争。

该时期的史学很有成就,盛行私家修史。刘宋范晔撰《后汉书》,记述东汉历史。西晋陈寿撰《三国志》,记述三国历史。南朝梁沈约撰《宋书》,记述刘宋历史。梁萧子显撰《南齐书》。北齐魏收撰《魏书》。这些史书后来成为钦定二十四史的组成部分。此外,东晋袁宏撰《后汉纪》,常璩撰《华阳国志》,南朝梁慧皎撰《高僧传》。

以上史书都涉及地理学内容,而专门的地理书有北魏郦道元的《水经注》。《水经》是东汉桑钦撰写的,以水为篇,郦道元为之作注,内容比原书丰富20倍,记载大小流水1 252条,多所考证。西晋裴秀绘《禹贡地域图》,提出"制图六体",即比例、距离、方位等六项原则。北魏杨衒之撰《洛阳伽蓝记》,记述了洛阳一带的城乡地理。

这时期,文学有大的发展。建安年间的杰出诗人有曹操父子、建安七子、蔡琰。曹操有《蒿里行》、《步出夏门行》,曹丕有七言诗《燕歌行》。建安七子之一王粲有《七哀诗》,蔡琰有《悲愤诗》。

东晋南朝出现田园山水诗,田园诗的杰出代表人物陶渊明有《归去来兮辞》和组诗。山水诗的开创者谢灵运有《山居赋》等作品。

民歌也有优秀作品传世。建安时期的长篇叙事诗《孔雀东南飞》有350多句,悲愤诚挚。南北朝时的民歌有明显的地域特色。南方有吴歌和西曲之分,以婉转缠绵为特色。北方民歌爽朗质朴,以《敕勒川》、《木兰诗》为代表。

随着文学的发展,出现了文学评论的佳作。曹丕撰《典论·论文》倡导"文以气为主",主张作品有不同风格。刘勰撰《文心雕龙》十卷,全面论述了文学创作,标志着文艺理论达到了新的阶段。钟嵘撰《诗品》三卷,品评五言诗人及作品,主张"自然英旨"。

这时期在绘画、书法、雕塑等艺术方面也很有成就。东晋王羲之被称为"书圣",其子王献之被称为"小圣"。东晋的顾恺之、刘宋的陆探微、萧梁的张僧繇是当时的三大画家。这时先后开始开凿甘肃敦煌千佛洞、山西大同云冈石窟、洛阳龙门石窟、甘肃天水麦积山石窟,每个石窟都是佛教艺术的宝库。

数学方面,刘徽撰《九章算术注》,他首创割圆求周的方法,把圆周率推算到小数点后第六位。

天文历法方面,东晋虞喜发现了"岁差"。祖冲之编制了《大明历》,设定一年为 365.242 8 天,与地球绕太阳一周的实际时间只相差不到 50 秒。

医学上,王叔和编成《脉经》,这是我国现存最早的脉学专著。葛洪撰《金匮药方》。陶弘景撰《本草经集注》。皇甫谧著《针灸甲乙经》,这是我国第一部针灸学专著。

农学方面,北魏贾思勰撰《齐民要术》,论述农作物的栽培、家畜的饲养以及农副产品的加工。

机械方面,三国时马钧有多项发明,如织绫机、翻车、指南车。祖冲之改造"木牛流马",创造水转连碓磨。

四、隋唐:辉煌与博大

隋朝从公元 581 年至公元 618 年,唐朝从公元 618 年至公元 907 年。隋唐是中国封建社会继秦汉以后的第二个兴盛时期,在政治、经济、文化等方面出现空前的辉煌博大气象。

隋朝在结束了南北分裂的局面之后,着手巩固中央集权,确立了三省六部制、府兵制、科举制。唐承隋制,增设了政事堂,完善了科举制,采取休养生息政策,在"贞观之治"和"开元盛世"时期把社会推向全面繁荣。唐朝天宝年间发生安史之乱,从此由盛而衰,一蹶不振。

唐朝以儒家经典为科举考试的依据,唐太宗令颜师古、孔颖达等整理经书,分别撰成《五经定本》、《五经正义》。经学成为唐朝重要的学术。

隋唐有讲学讨论风气。隋朝王通聚集弟子在河汾之间讲学,倡导复兴礼乐,他著有《中说》。颜之推、陆法言等人讨论音韵,辨析南北用韵的异同。陆法言写成

《切韵》五卷,统一了书面音韵。

唐朝,佛教形成许多宗派,以天台宗、法相宗、华严宗、禅宗影响最大。武则天时,禅宗分为南、北二宗。慧能创设的南宗流传最广泛。

唐朝皇帝姓李,他们自称是老子李聃的后代,借用道教巩固皇权。唐高祖和唐太宗特别尊崇道教。唐玄宗下令士人都要学习《老子》。唐武宗下令灭佛。佛教与道教斗争激烈。

唐初反佛斗争的代表人物是傅奕,他编有《高识传》,载录魏晋以来的反佛人物。中唐以后,韩愈撰有《原道》、《论佛骨表》,尖锐地抨击佛教。

唐朝柳宗元撰有《天说》、《天对》等文章,提倡重视人事并揭露了天命论的社会根源。刘禹锡撰有《天论》,提出"天与人交相胜,还相用"。柳、刘在仕途失意后,都转求佛教为归宿。

唐太宗时设立史馆,指定专人编修前代和本朝国史。官修正史成为了一种制度。唐代编修了《晋书》、《梁书》、《陈书》、《北齐书》、《周书》、《隋书》、《南史》、《北史》等八部正史。刘知几撰写了我国第一部系统的史学理论专著《史通》。杜佑完成了我国第一部记述典章制度的专史《通典》。其他的史学著作有李吉甫著的《元和郡县图志》和樊绰著的《蛮书》。

唐代文学繁荣。唐诗获得了空前发展。流传至今的唐诗有50 000多首,知名诗人有2 300多个。唐初有陈子昂,其后有王维、孟浩然、李贺、李商隐等。唐代最杰出的诗人是李白、杜甫、白居易。唐代兴起古文运动,韩愈积极倡导新散文体,主张"文以贯道"。柳宗元等人都主张继承古代散文优秀传统,以自由质朴、内容充实的新散文体代替骈文。随着唐诗和古文运动的勃兴,唐代流行的传奇小说在大历至大中年间(766—859年)达到极盛,如《枕中记》、《南柯太守传》等都具有一定的社会意义,这不仅改变了六朝志怪的神鬼思想,而且影响了宋、元、明三代的戏剧创作。唐代的变文最初是讲佛经故事的话本,后来演进为反映现实生活的新文学体裁。

唐代艺术璀璨,书法继往开来,人才辈出,初唐有欧阳询、虞世南、褚遂良、薛稷,中唐有颜真卿、怀素,后期有柳公权。欧体、颜体、柳体三种书法至今广为流行。

隋唐绘画常常以道释人物为中心,郑法士等人是知名的宗教画家。展子虔所绘的《游春图》,表明山水画已具有独立的发展趋向。初唐的阎立本擅长贵族人物画,现存有《历代帝王图》等。盛唐吴道子造诣很高,有"画圣"之称。李思训、李昭道开创了山水画北派,王维则开创了山水画南派。唐代在寺院、石窟、陵墓绘有大量壁画,如敦煌千佛洞的壁画就具有宗教和民族特色,具有极大的艺术价值和史料价值,千佛洞现存492个窟,唐窟有213个,其雕塑独具特色。此外,四川乐山的石雕大佛、陕西的昭陵六骏,都是唐代雕塑的精品。雕塑家杨惠之被时人称为"塑圣"。

天文历法方面,隋朝刘焯测定岁差为75年差1度,已接近准确值。他在制定《皇极历》时,最早提出了"等间距二次内插法"公式。丹元子编了《步天歌》作为初习天文学的教材。唐代张遂（僧一行）精研天文，他创制了黄道游仪，用于观察日月五星的运行；又测量地球子午线的长度，设计了一种称为复矩图的仪器。他主持编制的《大衍历》周密合理，一直沿用到明朝末年。

建筑方面，隋唐在土木结构建筑的设计和建设方面已相当成熟。长安城规模宏伟，宫殿亭台整齐壮丽，其建筑风格对当时和后世都很有影响。今西安市的大小雁塔是唐塔精品。山西省五台县境内的南禅寺大殿是国内现存最古的木结构建筑。

医学方面，隋设有太医署，设太医博士。巢元方撰《诸病源候论》50卷，书中详细论述了疾病的分类、病因、病理，其中还记载了用肠吻合手术治疗外伤断肠。唐代医学分科细，名医多。孙思邈撰成《千金要方》，总结了历代医家的医学理论和经验，书中收集了5 300多个方子，介绍了800多种药物，后世尊称他为"药王"。苏敬等人集体编修的《唐新本草》，这是世界上第一部由国家颁定的药典。其他的还有：王焘编写了综合性医学著作《外台秘要》；蔺道人所著的《仙授理伤续断秘方》，这是我国现存最早的伤科专书；咎殷所著的《经效产宝》，这是我国现存最早的妇产科专书。

唐代有了雕版印刷术。大约在7世纪中期就有了雕版印的佛像。唐文宗时，民间以雕版印历书。现存最早的印刷品是公元868年印刷的《金刚经》，可惜已被盗往国外。国内现存最早的印刷品是1944年在成都东门外晚唐墓中出土的印本《陀罗尼经》。

此外，唐代已将火药用于军事。孙思邈在《丹经内伏硫黄》中就记述了造火药的方法。

隋唐，西域文化对中原有影响。从北方少数民族和西域传来曲项琵琶、竖头箜篌、羯鼓。隋炀帝时设有西凉、龟兹等九部乐，唐太宗定为十部乐。唐代还有健舞和软舞，舞曲有剑器、胡旋、胡腾，演奏夹杂"胡声"。

唐代是开放和包容的时代，唐人以博大的胸怀接纳外来文化。公元770年前后，外国来中国的船只每年平均有4 000艘，中亚人、波斯人、阿拉伯人纷纷前来采集丝绸和瓷器。朝鲜半岛上原有高丽、百济、新罗三国，后来新罗统一，派遣留学生到长安，每批有百余人。日本派遣了十几次遣唐使，每批几百人。至今，许多外国人还习惯于称中国人为唐人，这充分说明了唐朝在世界上的影响之大！

第三节　中国传统文化的迁变与精细

一、五代十国宋辽夏金：碰撞与迁变

唐亡以后，中原先后出现过梁、唐、晋、汉、周五个政权，史称五代。在南方存在吴、吴越、南唐、楚、闽、后蜀、南汉、前蜀、荆南,在北方存在北汉,共十个政权,史称十国。公元979年,宋灭北汉,结束了五代十国的局面。但是,宋一直未能实现汉、唐那样的统一,与其并存的先后还有辽、西夏、金三个政权。

这个时期的文化有三个明显的特点。其一,各地区、各民族文化在相互碰撞中融合。如契丹族的辽政权实行"一国两制","以国制治契丹,以汉制待汉人"。契丹按汉人的科举制选官,契丹文字按汉字改造而成。其二,文化重心南移。南北朝以后,南方经济迅速发展。靖康之变后,中国历史上出现了第二次人口大迁移(第一次出现在魏晋南北朝时期),这使得南方人口猛增,城市繁荣,杭州的城建规模大,人口逾百万。其三,传统工业有较大发展。北宋有五大名窑,南宋时景德镇有几百座瓷窑。山西出现了产煤业,将煤用于冶铸。造船业也十分发达,一舟可乘数百人,内还设有隔离舱,备有指南针。造纸技术先进,印刷的书籍多。

哲学思想方面,宋代盛行理学。理学又称"道学",它是佛教和道教思想渗透到儒家哲学以后形成的新儒家学派。周敦颐是奠基人,程颢及其弟程颐是北宋理学家的主要代表,南宋朱熹是集大成人物。二程与朱熹都是客观唯心主义的代表。陆九渊是主观唯心主义的代表。1176年,陆与朱在江西信州(上饶)鹅湖寺进行了一场大辩论,史称"鹅湖之会"。

针对理学,南宋有永嘉学派与永康学派批评义理空谈。薛季宜是永嘉人,开创了永嘉学派,其弟子陈傅良发展了他的思想。叶适是永嘉学派的集大成者。永康人陈亮提出道在物中,理在事中。这两个学派的功利主义思想反映了南方社会经济发展的要求。

两宋的唯物主义思想家以张载、王安石、陈亮、叶适为代表。张载是理学的创始人之一,但他与程朱学派有所不同,他提出了一切存在都是由物质性的气构成的一元论观点。王安石强调事物的运动变化,主张"新故相除",以辩证的观点作为政治改革的思想基础。

宋代史学有多方面成就。北宋司马光等编撰了我国第一部编年体通史《资治通鉴》,全书294卷,记载了从战国到五代1 362年的历史,取材丰富,偏重有资政务的史料。体例上吸取了纪传体的优点,避免了编年体的弊端。

南宋袁枢编著了我国第一部纪事本末体历史著作《通鉴纪事本末》。该书改编《资治通鉴》,综括1 362年史迹,每事一篇,开创了历史编纂学的新途径。

南宋郑樵编撰大型通史著作《通志》200卷,记述历代史实,其中《二十略》概括了古代文化的各个方面,其中氏族、六书、七音、都邑、昆虫草木等五略为新创。

宋代编修了一些大型的类书。类书是分类编排的百科全书。北宋编有四大类书:《太平御览》、《太平广记》、《文苑英华》、《册府元龟》。南宋编有《玉海》。

宋代编有许多志书。如乐史的《太平寰宇记》,王存的《元丰九域志》,欧阳忞的

《舆地广记》，王象之的《舆地纪胜》。此外还有许多郡志、县志，记述了舆图、疆域、山川、名胜、建置、风俗等。

宋代学者重视编修当代史，李焘的《续资治通鉴长编》专记北宋九朝史事，李心传的《建炎以来系年要录》专记宋高宗一朝史事。当时，朝廷设置专门史官，分别纂修实录、国史、会要等书，如《宋会要》2 200余卷是研究宋代制度沿革的重要参考书，现有辑本。

宋代学者开辟了一门金石学，他们搜集古器物，考释金石文字，撰写金石学著作，欧阳修有《集古录》，吕大临有《考古图》，赵明诚有《金石录》，洪适有《隶释》。

这一时期文学的主流是词。词源于民间，始于唐，兴于五代十国。五代十国时，西蜀、南唐聚集了一些词人。940年，后蜀赵崇祚编《花间集》，这是我国现存最早的一部词选集。宋代，词在文坛独领风骚。今人编的《全宋词》著录词人1 330多家，作品有19 900多首。北宋的柳永、苏轼，南宋的陆游、辛弃疾、李清照堪称不同风格的代表人物。

宋代的话本小说是主要的文学形式之一。话本是讲故事的底本。市民阶层喜欢这类具有通俗性、知识性的作品，从宋代流传至今的话本有《大唐三藏取经诗话》、《三国志平话》、《五代史平话》等。

当时还流行戏曲，有木偶戏、皮影戏，南方各地有地方戏，总称"南戏"。"南戏"由村坊小曲发展而来，在浙江的温州、海盐一带十分流行。在金统治地区有一种戏曲叫诸宫调。它把不同宫调配长篇故事，文字有韵。董解元在《西厢记诸宫调》中就成功地塑造了张生、莺莺这一对反抗封建礼教的艺术形象。

这一时期流行人物、山水、花鸟画。五代时，西蜀、南唐设有画院。南唐顾闳中绘有《韩熙载夜宴图》，周文矩绘有《重屏会棋图》。后梁的荆浩总结画山水的经验，著《画山水诀》。宋徽宗喜好绘画，他擅长花鸟画，绘有《芙蓉锦鸡图》。南宋的李唐喜好绘大幅山水画，风格雄伟有气势。李嵩绘有《梁山英雄图》，刘松年绘有《中兴四将像》。尤其值得一提的是北宋张择端的《清明上河图》，描绘了开封汴河沿岸的市井，反映了当时的社会经济文化。

宋代出现了许多科学家、发明家，如秦九韶、杨辉、宋慈、苏颂、毕昇等，最杰出的当推沈括。他撰有《梦溪笔谈》30卷，内容涉及天文、数学、物理、化学、生物、地质、地理、气象、医药、工程技术等领域。沈括重视劳动群众的创造能力，善于发现生活中的些微小事，不断总结并归纳为理论。如，他在兼管司天监时，破格选拔平民出身的天文历算家卫朴进司天监，一同编修《奉元历》。沈括还主张改革旧历法，倡议把四季二十四节气与十二个月完全统一起来。

宋代天文学突出的成就是观天仪器。苏颂和韩公廉等人创造了世界上第一座结构复杂、自动运转的"天文钟"——水运仪象台，并写了说明书《新仪象法要》。仪象台高 12 m,分三层:下层是各种传动机械和报时装置;中层设浑象,表现出不同时刻的实际天象;上层装浑仪,以观天象。

宋初,喻皓撰《木经》。喻皓曾设计开封木塔。现存开封铁塔依照木塔样式建于 1049 年,它经受了多次地震、河患、雷电的袭击,表现出了建塔的高超技术。北宋李诫撰《营造法式》,全书 34 卷,叙述了木结构建筑,标志着我国古代建筑已发展到较高水平。

宋代医学更加规范,分科更细,有眼科、产科、针灸科等。杨康侯的《十产论》、陈自明的《妇人大全良方》是妇产科著作。钱乙的《小儿药证直诀》是儿科著作。宋慈的《洗冤集录》是世界上第一部法医检验专著。当时反复增修药物类图书,北宋末年编有《政和经史证类本草》。宋仁宗时太医王惟一统一针灸穴位命名,设计出铜铸人体模型,并写出了《新铸铜人腧穴针灸图经》,使针灸教学科学化。

宋代注重普及数学知识。1084 年,秘书省刻印了《周髀算经》、《九章算术》等"十部算经",作为教学用书。这是我国有史以来第一批印刷本数学书籍。当时,贾宪创造了高次方程的数值解法。杨辉提出了在二项式定理中求系数的方法。秦九韶提出了高次方程的数值解法和一次同余式解法。这些当时都在世界上处于领先地位。

中国古代有四大发明,其中有三大发明是在宋代完成并得到发展的。

其一是印刷术。唐代已有雕版印刷,北宋毕昇在此基础上发明了活字印刷。用胶泥刻字,嵌在铁版中,上墨印书。这种灵活的方法大大提高了印刷效率。

其二是指南针。北宋沈括在《梦溪笔谈》里记载了装载指南针的四种方法,并指出了磁针所指方向正南偏东,这是世界上关于地磁偏角的最早记载。南宋航海开始用罗盘辨别方向。

其三是火药。北宋有专门制造火药和火器的官营手工业作坊。曾公亮主编的《武经总要》中记载了火药配方和工艺程序。南宋时利用火药制造火器,发明了世界上最早的原始步枪。

二、元代:汉蒙与农牧

元朝为蒙古族建立。1206 年,铁木真实现了蒙古各部的统一,被尊称为成吉思汗。1234 年,蒙古灭金。蒙古军善战,曾占领中亚、伊朗、阿富汗、波兰、匈牙利、奥地利的土地,形成横跨欧亚大陆的四大汗国军事联合体。1253 年,蒙古军进入吐蕃、大理。1271 年,蒙古族建元朝(取《易经》"大哉乾元"之义)。1279 年,元朝灭南宋。

元朝结束了五代以来的 300 多年的割据状态,元朝对云南、西藏、台湾直接管理。

元朝曾围绕是否采用"汉法"发生争论，至忽必烈时大量启用汉人，采用中原的制度与文化，在中央设中书省、枢密院、御史台，在地方上设行中书省。行省制有利于国家的统一与管理，这是我国政治制度史上的重大改革。

传统工商业在元朝得到了进一步发展。丝织业分为官办和私办，在平江、杭州、成都的官办织锦院，工匠分别有数千人。棉纺业以东南的松江为中心，元初黄道婆改进了从轧花到织布的工具，并采用新方法织染图案。制瓷业遍及山西、河南、浙江、江西。景德镇是全国最大的制瓷中心。印刷业以杭州、建安（建瓯）、福州、平阳（山西临汾）为中心。北方的大都、太原，南方的杭州、扬州都很繁华。沿海的广州、泉州已是对外贸易大港。国际交流很频繁。全国通行统一的货币，并流通纸币。

元朝仍以儒学为国学，科举考试以孔孟程朱的思想为准，理学仍盛行。元初在燕京设太极书院，汉人赵复讲授理学，培养了大批理学家。许衡、刘因、吴澄是元代三大理学家，许、刘推崇朱熹，吴澄调和朱、陆二派。元武宗加封孔子为"大成至圣文宣王"。

元朝对各种宗教都采取宽容态度。宗教不断分化和传播，道教有正一教，还有全真教、真大道教、太一教，其中全真教势力发展最快。佛教中的喇嘛教受到尊崇。喇嘛教经典有《甘珠尔》《丹珠尔》。元朝称基督教为也里可温，当时有聂士脱里派和圣方济各派。伊斯兰教也有不少信徒。民间还流行摩尼教、婆罗门教、犹太教。

元朝出现多民族文化共同发展的现象。汉族、蒙古族以及其他少数民族在语言文字、文学、史学、艺术等方面都有新成就。

语言文字方面，元世祖命喇嘛领袖八思巴创制蒙古新字，于1269年向全国颁行。当时的官方文书采用蒙古新字，并以之翻译了《孝经》等汉文典籍。由于不便拼写，蒙古新字在元亡后就自行停止使用了。但它对于加速汉、蒙文化交流是起过作用的。元仁宗时，却吉斡斯尔在畏兀儿体蒙文基础上改革，创制了现在仍在使用的蒙古文字，后来的满文亦脱胎于蒙文。为了规范汉语，卢以纬编写了《语助》，这是迄今所知道的最早的一本研究汉文虚字的专著。周德清编《中原音韵》，奠定了音韵学基础。当时还有人编写了汉字蒙语的工具辞书《至元译语》，并用畏兀儿体蒙文翻译了《资治通鉴》。

元朝继承前代的史学传统，编撰了《宋史》《辽史》《金史》，对宋、辽、金三朝谁是正统，一直不能决定。后来，顺帝时的丞相脱脱决定宋、辽、金都各为正统，并组织汉族、蒙古族学者共同编史。

元朝有了用少数民族文字写成的史籍，如用蒙文编写的蒙古皇室秘史《脱卜赤颜》；用藏文写成的宗教史书《善逝教法史》；用白族文字写成的《白古通纪》。现存藏族史诗《格萨尔王传》就是一部藏族民间说唱体的英雄史诗。《米拉日巴传》描述了僧人米拉日巴的一生。

元朝文学最突出的成就是元曲。元曲包括剧曲和散曲。剧曲当时称为杂剧。元杂剧是北方地方戏"院本"和宋金传统的"诸宫调"两者结合的产物。蒙古贵族很喜欢这种有情节、有人物、有说有唱的戏剧。当时有了《西厢记》等脍炙人口的作品。关汉卿的《窦娥冤》、白朴的《梧桐雨》、马致远的《汉宫秋》、郑光祖的《倩女离魂》堪称代表作,关、白、马、郑被称为元曲四大家。散曲有念白和折子,它分为"套数"和"小令"。南方的杂剧逐渐演变为南戏,著名作品有《荆钗记》、《白兔记》、《拜月亭》、《杀狗记》,被称为四大传奇。

元朝在音乐方面流行民族乐器。宫廷不仅有蒙古人常用的锣、鼓、拍板、胡琴,还有西夏的乐器,有从波斯传来的拨弦乐器、唢呐、筌篌、琵琶等。许多乐器是首次传入中国,中国人在其原有的基础上加以改进。

元初著名画家有赵孟頫、钱选,其后有黄公望、王蒙、倪瓒、吴镇,被称为元四大家。元朝画家,乐于用山水画表达意境,画面上加题跋篆刻,使绘画更有文化味。蒙古人和礼霍孙擅长画道释人物,回族人伯颜不花擅长画龙,维族人伯颜守仁擅长画竹,女真族人赤盏希曾擅长画墨菊。由于元朝盛行宗教,所以出现了许多寺庙壁画,这些寺庙壁画至今仍是艺术瑰宝。

元朝在天文历法上的突出成就是《授时历》。起初,元朝政府用西域人札马鲁丁修订历法,后来任命郭守敬等重修。郭请求政府派出14名专家到全国27个测验所实测,经过周密计算,借鉴宋代的《统天历》,终于在1280年完成《授时历》。该历施行了364年,是我国古代推算最精、使用最久的历法。

数学方面首推朱世杰在1303年发表的《四元玉鉴》,该书记述了解多元方程组,总结了四元高次联立方程组的求解方法,讲解了消元的解法,列出了高次差的内插公式。此书表明中国当时的数学研究已处在世界前列。此外,民间已广泛使用算盘。

地理学方面重视对环境的勘察。元朝地域辽阔,交通便利,地理知识扩大。朝廷派都实三次到达吐蕃考察黄河的源头。当时的学者潘昂霄写了《河源志》,首次对河源的地形、水系植被、民俗有了比较全面的了解。另一位学者朱思本写有《九域志》,绘有《舆地图》(今佚)。此外,官修《大元一统志》1 300卷,残存于《永乐大典》。周达观撰《真腊风土记》,记述了柬埔寨的风土人情。汪大渊撰《岛夷志略》记述了东南亚至阿拉伯半岛几十个国家的风土人情。回回人赡思编写的《重订河防通议》,是有关黄河水利的重要文献。

农业科学方面有三部重要的书籍。司农司编纂了《农桑辑要》7卷,该书通俗易懂,总结了农业经验,对农业具有指导作用。王祯编著的《农书》,全书有136 000字,281幅插图。全书分为三部分:农桑通诀;百谷谱;农器图谱。书末附有的《造活字印书法》是目前所知系统叙述活字版印刷术的最早文献。鲁明善著的《农桑衣食撮要》按月令记述了我国各族人民的农事活动。

医学家朱震亨著有《格致余论》、《局方发挥》等书,倡导"因病以制方"。他与以前的刘完素、张从正、李杲三人被称为金元四大医家。此外,危亦林著有《世医得效方》19卷,内容丰富。其中有关麻醉药物的使用记录是现在世界上已知的全身麻醉的最早文献。齐德之所撰的《外科精义》,综合反映了当时外科的学术成果。忽思慧编著《饮膳正要》3卷,系统介绍了营养与食疗。滑寿撰《十四经发挥》,论述了十四经穴循行部位及病症。

三、明代:专制与开新

明朝从1368年至1644年。这一时期,封建专制制度进一步加强,资本主义刚开始萌芽,文化继汉唐以后出现新的气象。

明初废除丞相制度,设立五军都督和卫所制度,制定《大明律》,开科举取士,皇权更加集中。明代中期积弊日深,张居正改革,未能从根本上解决社会矛盾。由于宦官干政,政治黑暗,引发了大规模的农民起义。

哲学思想方面,明代前期仍盛行程朱理学,朱熹注释的"四书"、"五经"是官定读本。主要理学家有薛瑄、吴与弼等。明政府颁行了《四书大全》和《性理大全》。

明中叶后,王守仁的主观唯心主义心学逐渐成为显学。王守仁的代表作有《传习录》和《大学问》。他提出"心外无物","心即理","致知格物","知行合一"。他的思想源头与先秦的思孟学派和佛教的禅宗思想有关,并直接承传南宋陆九渊的主观唯心论心学,本质上是要人们安于现状,服从统治。王守仁的弟子王艮发扬心学,形成了泰州学派。他们所提倡的明哲保身和"诚心",受到统治者青睐。

明末产生了著名思想家李贽,他撰写了《焚书》、《续焚书》、《藏书》、《续藏书》,认为不能以孔子是非为是非,"人人皆可以为圣",反对用"德礼"政刑禁锢人们思想。他的思想反映了中小地主和工商业者的利益和愿望。

明代文学方面突出的成就是小说。当时产生了大批长篇章回小说与短篇话本,描述了历史、神怪、世俗等,如《封神演义》、《三国演义》、《水浒传》、《西游记》、《金瓶梅》都是名著。《三国演义》的作者是元明之际的罗贯中,该书讲述东汉末年军阀割据到晋的统一的故事。施耐庵的《水浒传》以北宋末年宋江起义为题材,歌颂了农民的反抗精神,又表现了宋江的矛盾思想。吴承恩的《西游记》是一部积极、浪漫主义的长篇神话小说,铺陈唐僧玄奘的故事,穿插了儒释道思想。《金瓶梅》以《水浒传》里的西门庆为主角,揭示了社会的黑暗。短篇话本以"三言"、"两拍"为代表作。"三言"是《喻世明言》、《警世通言》、《醒世恒言》三部短篇小说集的合称,作者冯梦龙。"两拍"是《初刻拍案惊奇》和《二刻拍案惊奇》,作者凌濛初。"三言"、"两拍"揭示了封建贵族的奢侈并反映了商品经济文化。

明朝戏曲繁荣。最负盛名的作品是汤显祖的《牡丹亭》，通过杜丽娘的爱情故事鞭挞了吃人的封建礼教。在戏曲音律方面出现以汤显祖为代表的临川派和以沈璟为代表的吴江派。在唱腔方面，主要有弋阳腔和昆腔。

诗文方面有几个流派。台阁体以内阁大学士杨士奇、杨荣、杨溥为代表，其作品多是粉饰太平的应酬之作。弘治、正德年间出现了文坛前七子（李梦阳、何景明、徐祯卿、边贡、康海、王九思、王廷相），嘉靖、万历年间又出现文坛后七子（李攀龙、王世贞、谢榛、宗臣、梁有誉、徐中行、吴国伦）。文坛上不仅有以王慎中、唐顺之为代表的唐宋派，他们倡导唐宋古文；又有以袁宗道、袁宏道、袁中道三兄弟为代表的公安派；还有以钟惺、谭元春为代表的竟陵派。

明朝的画坛有多种风格。明初流行宫廷画，边文进的花鸟画承袭了宋代画院的技法。王绂擅长画墨竹，一度被人称为"明朝第一"。浙江钱塘人戴进开创浙派画风，湖广江夏人张伟开创江夏派画风。15世纪中叶，江南的沈周、文征明、唐寅、仇英被称为"吴门四大家"，又称为明四家。嘉靖时，徐渭创泼墨花卉，神逸豪放。明末董其昌是松江派代表，善水墨画。陈洪绶善画人物。

明朝编成了一部我国历史上最大的类书《永乐大典》，全书22 937卷，约37 000万字，装成11 095册。该书在近代被外国侵略者焚烧劫掠，大部分被毁。

明朝在建筑方面成就突出。北方，永乐年间改建元大都，以紫禁城内皇宫为中心，大规模修建北京城。皇宫由几百座不同的建筑组成，中轴线上的三大殿气势非凡。南方，私家园林精致美观，苏州拙政园、留园都是园林精品。明末计成撰《园冶》，总结了造园经验。

明朝科技以四部名著为代表。

李时珍著《本草纲目》。这是一部药典，也是植物学、动物学、矿物学著作。全书52卷，分为水、火、土、金、石、草等16部，每部又分若干类，共60类，类下列药物。共收药物1 892种，附处方11 096则，插图千余幅。对每种药物的名称、性能、用途、制作都有叙述，并指出了其他书籍的一些错误。它总结了我国16世纪以前的医药学，已被译成多种外文。

徐光启著《农政全书》。全书60卷，70多万字，分农本、田制、农事、水利、农器等12部分，不仅总结了劳动者的农业经验，还介绍了他自己的亲身体验。书中记载了蝗虫的繁殖与习性，对于除蝗很有帮助。徐光启还主持编译过《崇祯历书》，并与意大利传教士利玛窦合译《几何原本》。他在科学方面的贡献是全方位的。

宋应星编著《天工开物》。全书3卷18篇，记载了农业和手工业技术，涉及种植、收割、制衣、冶铸等。书中提到了很多机械，如制盐的凿井机、吸卤机、榨油机。宋应星注重调查研究，注重用数据说明生产效率。

徐霞客著《徐霞客游记》。徐霞客是中国历史上杰出的旅行家、地理学家。他用30年的时间考察了云南、广西、浙江等地,足迹遍布半个中国。他把考察所得写成了《徐霞客游记》。该书内容丰富,并有一些新的观点,如认定金沙江发源于昆仑山南麓,它是长江的上源。书中对西南地区熔岩的分布和作用有翔实的记载,是世界上熔岩考察的最早文献。

第四节 中国传统文化的回光与返照——清

清朝从1616年建国、1644年入关至1911年,以1840年的鸦片战争为断限,前后各为一段。1840年以前,中国仍处于封建社会;1840年以后沦为半殖民地半封建社会。

清朝是中国历史上的最后一个封建王朝。虽然旧制度行将就寝,但传统文化大有"回光返照"之势。清朝前期的康熙、雍正、乾隆这几个帝王都颇有一番作为,使统一的多民族国家进一步发展,文化也有相应的成就。

清朝在中央设内阁与六部制,由议政王大臣会议和军机处行使权力。为管理边疆少数民族事务而创设了理藩院。满族贵族一方面笼络汉族理学家,倡导儒学,一方面又大兴文字狱,对不利于统治的思想言行进行残酷镇压。如1726年发生的查嗣庭"维民所止案",1728年发生的吕留良诗文案,均有大批人员被杀。文字狱是封建专制主义空前强化的产物,造成了极其严重的社会后果。

一、清代的思想和考据学

清朝是中国资本主义萌芽缓慢增长的时期,也是中外经济文化加强交流的时期,随着社会经济的发展,人们的思想也在发生变化。明清之际出现了三位杰出的思想家。

黄宗羲著《明儒学案》、《宋元学案》、《明夷待访录》。他在自然观方面认为天地之间只有一气,人和物都是由气产生的。在政治思想方面,他激烈反对君主专制,批判"君为臣纲"的教条,提出了"天下不能一人而治"。他还指出工商皆本。

顾炎武著《日知录》、《天下郡国利病书》等。他认为宇宙是由物质构成的,规律性的"道"存在于具体事物中,他主张限制君权,提出"亡国"与"亡天下"是两个不同概念。"亡国"仅是改朝换代,"亡天下"则是整个民族文化的沦亡,因此"保天下者,匹夫之贱,与有责焉耳矣"。顾炎武还提倡"经世致用"。

王夫之著《张子正蒙注》、《周易外传》、《读通鉴论》。他认为宇宙是物质元气构成的物质实体,提出"理在气中","无其器则无其道"。他还提出"先行后知"的知行观,批判了理学的"去人欲,存天理"的唯心主义道德观。

此外,清前期著名的思想家还有颜元、戴震。颜元的主要著作有《四存编》、《四书正误》等,他否认"理在气先"说,主张亲身习行、践履,倡导实学。戴震有许多著作,后人编有《戴氏遗书》传世。他认定道是物质性的实体,"理"只是"气化"的条理。他还批判了程朱理学的杀人之"理"。

清代前期流行考据学,又称为汉学、朴学。有一批学者迫于思想钳制,就从文字音韵、名物训诂、校勘辑佚等方面从事于经书古义的考证,并由此推广到其他书籍。清初有阎若璩、胡渭。阎若璩著《尚书古文疏证》,胡渭著《禹贡锥指》、《易图明辨》,他们在疑古与考辨方面起到了表率作用。到乾隆、嘉庆年间,考据盛行,大致分为吴派和皖派。吴派以苏州人惠栋开创,信家法而尚古训,"唯汉是信"。惠栋著《古文尚书考》、《九经古义》。皖派以安徽人戴震为首,他们在考证时由声音文字以求训诂,由训诂以寻义理,不拘泥于一家之言,严谨求实,有一定的创造性。乾嘉学派对整理文献以及弘扬传统文化是有贡献的,但远离社会,厚古薄今,烦琐考证,受到后世非议。

二、清代的学术

清代盛行读书治学,学术受到重视。朝廷在1645年设明史馆,经过反复编修,到雍正年间张廷玉任总裁时,完成《明史》332卷,记述了有明200多年的历史,其中新列了《阉党传》、《土司传》、《流贼传》等。

从康熙年间开始,清政府大规模编书。编成大型类书《古今图书集成》10 000卷,内容分为历象、方舆、明伦、博物、理学、经济6编,编下有类,为学人查阅提供了方便。乾隆年间,编成大型丛书《四库全书》,其中收录书籍3 460余种,79 300余卷,装订成36 000多册,抄录了7部,分别藏于北京的文渊阁、杭州的文澜阁等地。清代学者还编有《学津讨源》、《学海类编》等丛书。

清代私家学术著作很多,如文字方面有段玉裁的《说文解字注》、王念孙的《广雅疏证》。史学方面有谈迁研究明史的著作《国榷》。顾祖禹研究史地的著作《读史方舆纪要》。史考方面有三大著作,即钱大昕的《廿二史考异》、王鸣盛的《十七史商榷》、赵翼的《廿二史札记》。史评的重要著作有章学诚的《文史通义》,该书主张"六经皆史",强调修史要有"史意"(史观)。

三、清代的文学艺术

清代在小说方面很有成就。蒲松龄编写了短篇小说集《聊斋志异》,借妖狐鬼怪的故事揭露了封建社会的丑恶现象,歌颂了人们对正义、勤劳、自由的渴求。吴敬梓编写了讽刺小说《儒林外史》,讽刺了科举制度及官僚政治造成的形形色色人物,批判了封建礼教吃人的本质。李海观作有《歧路灯》,在这部现实主义的长篇白话小说中,描述了贵族子弟的放荡堕落。

在众多的小说中,《红楼梦》堪称我国古典小说的最高峰。全书120回,前80回为曹雪芹所作,后40回是高鹗续写。该书通过对贾、薛、史、王四个家族的衰败的描写,揭示了封建社会晚期的世态。

清代有一些优秀的剧本。洪昇作《长生殿》,通过唐明皇与杨贵妃的故事揭示了统治阶级的爱情及对社会政治的影响。孔尚任作《桃花扇》,通过秦淮歌妓李香君与复社文人侯方域的恋爱故事,表现了明朝遗民的亡国情绪。当时,地方戏剧走出乡土,向其他城市传播。秦腔、弋阳腔、徽调都先后进入北京,而北方的豫剧曾到广州演出。

清代在画坛上人才辈出。王时敏、王鉴、王翚、王原祁、恽寿平、吴历被称为清初画坛六大家。画坛成就最大的是清初的朱耷、石涛,以及清中期的扬州八怪。扬州画家的代表有金农、郑燮、罗聘、李鱓、黄慎、李方膺、高翔、汪士慎等,由于他们不拘一格,各有个性,被人们称为"扬州八怪"。

四、清代的科学技术成就

王锡阐精通天文,著《晓庵新法》、《五星行度解》等。他坚持观天,几十年如一日。他还钻研西历,比较中西历法。他自创了日月食的初亏和复圆方位角的计算方法,还有金星凌日的计算方法等,这些方法都很先进。

梅文鼎博学,先后撰写了86种书籍。他的《古今历法通考》是我国第一部历学史。他的《中西数学通》涉及古今中外数学知识,代表了当时我国数学研究的最高水平。

王清任著《医林改错》,考辨医学常识,强调解剖学的重要性,绘有《亲见改正脏腑图》25种,纠正了前人对脏腑的误解。他还提出了大脑是思维的器官,并介绍了一些实用的方剂。

张履祥著《补农书》,总结了南方农业生产经验,对土壤、肥料、物种、耕作、水利都做了有益的介绍。

特别应该提出的是,康熙和乾隆皇帝能尊重科学,他们不仅学习科技知识,还组织学者实践。康熙时组织人力测量全国地形,绘制成《皇舆全览图》。乾隆时又两次派人到新疆测绘,制成《乾隆内府皇舆全图》。乾隆时,官方还修订了《医宗金鉴》90卷,全面总结了中医临床经验。

清代在建筑上的主要成就是园林和寺庙。在北京及附近建有雍和宫、圆明园、避暑山庄、外八庙。特别是圆明园,它是当时世界上最大、最美的园林,可惜被英法联军在1860年焚毁。此外,在拉萨市建有宏大的布达拉宫,至今仍是人类文化遗产的精品。

第三章 中国传统文化的特征

由于特定的地理环境、历史氛围、社会因素的塑造,中国文化显现出与其他国家和民族相异的特征。鉴于问题的复杂性,有三个前提须先确立:第一,中国文化仅是相对于西方文化或其他文化系统而言;第二,就中国文化本身说,也只具有相对的意义;第三,中国文化的意义可以归纳出许多,这里只做基本的概括。

第一节 统一性(浑然大一统,涵蕴多元化)

中国文化源远流长,其所以能顽强地生存发展并绵延至今,究其原因,其最显著的特征就在于它的统一性。自秦在公元前221年,即完成了政治上的统一,确立了中央集权的封建专制主义政体;历经2 000多年,逐渐形成了一个以华夏文化为中心,同时汇聚了国内各民族的统一体,发挥着强有力的同化作用;使统一为主流、为常情,分裂为变态(纵使长期分裂,人心仍趋向统一,即使是流亡的朝廷,仍以统一为职志),这是世界上独一无二的一例。为何以欧洲人才之多,却不曾在公元前后同样由一个地方较偏僻、交通也不是很便利的国家(有如波兰和保加利亚)做主,以几代的经营,打败英、德、法、意、奥和西班牙的联军,并吞他们的领土,断绝他们各国皇室的继承,并且将各国文字划一为一种共通的书写系统呢?这事不但在2 000年以前不可能,即使2 000年后的拿破仑和希特勒都不敢存此念头。由此可知,中国大一统的先决条件诸如历史地理、政治结构、文化素质等都是其他国家所不可能具备的,这也是中国封建文化达到世界最高水平的基本原因之一。

一、政治的统一

从政治方面看,中国传统文化经历了持久的统一过程。在夏朝建立以前,中国和其他国家一样,也是有许多各自独立的氏族部落。经尧、舜、禹的苦心经营,以黄河流域为中心的中原地带趋于统一,但仍保留着小邦林立的局面。"当禹之时,天下万国,至汤而三千余国"(《吕氏春秋·离俗览》)。"春秋之初,尚有千二百国"(《晋书·地理志》)。这些小邦与当时的奴隶制国家夏、商、周保持一种从属关系,每一小邦都受宗主国的保护,因此,虽然从形式上看是小邦林立,但它们都有共同的政治、文化中心。《诗经·商颂》:"邦畿千里,维民所止,肇域被四海。"自西周以来,大一统的观念更深深植根于中国人的心中。春秋战国时期,在经济和政治的变更中,出现了诸侯争霸的局面。这从表面上看是一种分裂,但仍保持着中国内在的统一。孔子说:"管仲相桓公,霸诸侯。一匡天下,民到于今受其赐"(《论语·宪问》)。也正是在春秋战国时期,中国出现了两件大事:一是小邦合并成地区性的王国;一是封建制(分封诸侯和附庸的制度)的建立。前者表明,国家的领土范围在扩展;后者表明,国家的政权在集中。这两者显然不是分裂的趋势,而是统一的趋势。正是在此趋势下,秦始皇统一了中国。继秦汉大一统之后,是魏晋南北朝的分裂,随之隋唐大一统,五代十国后的辽、夏、金、宋、元、明、清。在人类历史上,多次出现过因为异族入侵而导致文化中绝的悲剧,但是在中国,此类情形从未发生,并不是中国没有经受外族入侵,而是因为中国文化具有强大的同化力,多次"同化"了以武力入主中原的北方游牧民族,反复演出了"征服者被征服"的戏剧。

二、民族的融合

文化的发展,是不同民族、不同地区的文化不断融合的过程。中国文化的统一性特征,正是与中国境内各民族的融合息息相关的。在中国文明的初期阶段,黄河流域就是一个多民族共处的地区,西有华夏族,东有东夷族,南有苗蛮族。皇帝战胜蚩尤、炎帝以后,这三大集团所属的各族实现了历史上的第一次较大规模的融合。历史上每一次政治上的统一,往往促成比以前更大、更广泛的民族共同体的形成。殷周之际,小邦林立,各小邦都保持着自己民族的习俗风尚。据说武王伐纣时,曾联合八百诸侯打败有众多属国的商王朝,从而建立了周王朝。经过长期的共同生活,种族之间的差别与隔阂也逐渐消失而归于同一(大同而小异)。这是中国历史上又一次较大规模的民族融合。据春秋战国时期的文献记载,中原地区各族与周围的少数民族互相通婚,互相学习,风俗习惯及语言文字逐渐融合。晋文公重耳的母亲是犬戎狐姬,属当时西北地区的少数民族。但晋文公并未因此受到排斥,他后来成为春秋五霸之一,被推为华夏诸邦的盟主。秦汉的大一统加快了全国各民族的融合步伐,在此基础上形成了更大范围的民族共同体。魏晋南北朝更是民族大融合的宽大舞台。元、清两代是中国少数民族贵族掌权的时代,少数民族入主中原的结果,从相反方向上提供了民族融合的契机,无论从深度或广度上,都为中华民族的统一创造了丰富的物质基础和心理上、感情上的精神条件。

三、思想的提倡

从中国古代的帝王、贤哲一直到中国的下层百姓,都有着强烈的统一愿望。当然,由于所处的地位不同,要求统一的动机也就不同。一般来讲,中下层人士要求统一,是基于对战乱、分裂、割据所造成的生活流离、痛苦的恐惧,因此,只要保持社会的统一,保持生活的安定,宁可社会停滞不前也在所不惜。中国人为社会的统一付出了巨大的代价,当然也从社会的统一中获得了不少的利益。

当历史上的某一个王朝崩溃以后,出现暂时分裂的局面。地方的割据势力各霸一方,但没有一个霸主真正愿意划一方之地以保偏安之局,都毫无例外地极欲兼并其他对手,以成天下之王。就动机而言,可能是对皇帝的宝座早已垂涎三尺,或政治人物的权力欲膨胀。但从效果上说,无不对中国的统一造成一种动力,因此,自秦汉以来,中国统一的时间要比分裂的时间长。

中国古代思想家都有理想主义的大一统思想。墨家的"尚同",是墨家的十大主张之一;儒家的"大同",更是儒家孜孜不倦、积极追求的远大目标。"孟子见梁惠王。问曰:'天下恶乎定?''定于一。''孰能一之?''不嗜杀人者能一之'"(《孟子·梁惠王》)。《庄子·齐物论》就对纷争的诸子表现出一种超越或整合的精神,《荀子》则通过吸收道家的自然天道观和法家的重法思想而整合了儒、道、法三家,把"一天下"作为自己的政治理想,认为"臣使诸侯一天下,是又人情之所同欲也"(《荀子·王霸》)。在荀子看来,作为儒者,"通则一天下,穷则独立贵之庶人"(《荀子·儒效》)。"大儒者,善调一天下者也","齐一天下而莫能倾,是大儒之征也"(《荀子·儒效》)。荀子不仅主张社会和政治的统一,而且主张制度、道德、思想、风俗及艺术、文化等各方面都能有统一的局面。秦汉以后,确实在实践上达到了这一目标,所以董仲舒说,"春秋大一统者,天地之常经,古今之通论也"(《汉书·董仲舒传》)。他极力推动并促成"罢黜百家,独尊儒术"的文化政策,遂使儒家文化成为中国文化的核心,从而奠定了几千年中国文化统一的基础。

四、统一的文字

中国文字至少从殷周时期,就有一贯的发展。从甲骨文到现在的简化汉字,虽然有很大的差别,但有一条清晰可辨的发展演变的道路,从现在的简化字可以一直追寻到甲骨文、金文。中国文字从产生起一直到现在,始终都保持着旺盛的生命力,它并没有因为语言的复杂性而丧失其统一性。

中国的语言极其复杂,就地域方面说,南方与北方之间就有很大差别。同属南方或北方,甚至在同一个省区内,同时有几种方言存在。就时间方面说,它又有古今的差别。但其所使用的文字都是共同的、统一的,未因语言的差异导致文字的差异。这种文字的统一,对中国人群的凝聚、政治的统一、文化的承传、民族间的同化,以及中华民族共同的道德、心理的形成,无疑起着重大的作用。如果没有统一的文字,也许政治、思想、社会及地域上的统一就无从谈起。

第二节　连续性(绝伦的延续性,超凡的再生力)

统一性与连续性的概念有重合的关系,一个民族的文化若在空间上有统一性的特点,那么在时间上它就应该具有连续性,否则就很难保持它的统一,但又是相区别的。统一性是相对文化的多元性来说的,在同一个空间和时间中,有众多系统的文化并存,并且没有哪一个系统的文化占支配和主导的地位,那么这个文化就不具有统一性的特点;连续性是指文化发展的承传性,它是相对于文化的间断性或中断性来说的。一个民族的文化具有连续性的特点,即这个民族的文化在时间的长河中没有中断过,它是一环扣一环的,是连续发展的。如果在时间上呈现间隔或跳跃,在一个历史时期中,它完全丧失了这种统一性,甚至连自身的存在也被其他系统的文化所代替,尽管后来在某一个历史时期中又得到了恢复和发展,但它毕竟有一段跳跃或空白,这一文化就不具备连续性的特点,如古埃及、古巴比伦、古印度及古希腊文化。中国文化既具有连续的统一性又具有一元的连续性的特征。中国文化的连续性是由中国固有的自然地理环境、经济、政治、思想和学术的连续性决定的。

一、比较完备的"地理隔绝机制"

具有比较完备的"地理隔绝机制",是中国文化未曾发生"断裂"的自然条件。从中国文化的自然地理环境来说,中国处在一个半封闭的大陆性地理环境之中,东面临海,西北有戈壁沙漠,西南多横断山脉,东北有广袤的原始森林。几千年来,中国文化好像一直孕育在一个巨大的避风港中,很少遇到外部力量的冲击。这种特别完备的"隔绝机制"正是一个统一的、独立的文化系统得以连续发展的先决条件。在这种大环境下展开的文化系统,不仅能迅速地完成内部的统一,而且不易因受外族入侵而中断。可以说,中国文化自产生时期起,就从来没有中断过。只是近代以来,海运工具的日益进步,特别是帝国主义列强在政治、经济、文化上的侵略,使中国面临着巨大挑战。即使是在这种情况下,中国仍受地域广阔、自然地理环境优越之福。当然,如果把中国文化连续性的原因完全归结为自然地理环境而看不到其他因素,特别是经济的、政治的、文化自身的以及人的因素对文化连续性的影响,显然是一种错误的形而上学的地理决定论。相反,如果看不到地理生态环境对文化发展的影响,也会同样导致片面性和主观性,也就是说,自然地理环境是中国文化保持连续发展的重要条件,但它还不是唯一的或决定性的条件。

二、政治的连续性

政治的连续性是中国文化不曾发生"断裂"的内在依据。政治的连续性是指政治传统的继承性,中国文化中的政治传统可以一直追溯到夏、商、周三代甚至更早。夏、商、周三代是中国青铜时代小邦林立的时期,三代的王不过是不同规模的邦的联盟的首领。这三代在中国远古史上相启相承、相袭相革。周代商,即袭用商的政治传统。东周时期,北方的戎狄和南方的蛮夷(楚)逐渐强盛,曾一度威胁诸夏的安全。齐桓、晋文先后提出"尊王攘夷"的口号,代替周王继续推行原有的政治传统。中国古代政治的一体化至秦汉完成,承袭了春秋战国时代的传统,从政治组织形式上作了新的调整,以郡县制代替分封制,更适合当时中国的发展。

东汉以后,中国进入魏晋南北朝长达四百年的分裂时期。由三国至西晋统一,再由晋室南迁而至南北对峙,仍是一种民族国家内部的政治变动,而非整个民族文化传统的转移。北朝的十六国,虽多为少数部族建立的政权,但从性质上说,他们所推行的各种政治制度都完全采自中国古代典籍或"依晋代九班选制",在保持儒家传统方面甚至比南朝更显纯粹和得力,因此当时北朝的政治生活、社会生活、文化信仰可以说仍然承袭着汉代以来的传统,其中的变动亦可看作是一种内部的调节机制,而非新的征服者所建立起来的新制度。从殷周至清末,中国的政治乃是一贯的民族传统,可以说未尝发生"外层断裂",它是通过不断进行"内部调整"的方式而达到一种"超稳定"的完整架构的。

三、学术思想的连续性

学术思想的连续性是中国文化不曾发生"断裂"的自身基础。中国古代学术思想的连续性发展早在夏、商、周三代即已开始。孔子说,"殷因于夏礼,所损益可知也。周因于殷礼,所损益可知也"(《论语·为政》)。孟子也曾说,"诸侯之乱,吾未之学也。虽然,吾尝闻之矣。三年之丧,齐疏之服,饘粥之食,自天子达于庶人,三代共之"(《孟子·滕文公上》)。从夏至周,作为典章文物制度的礼,虽然质文废起,时有不同,但其一贯精神却因民族国家的相继而得到承传,因此,荀子也曾谈到"礼"之承传的重要性。他说,"百王之无变,足以为道贯。一废一起,应之以贯,礼贯不乱。不知贯,不知应变。贯之大体未尝亡也"(《荀子·天论》)。荀子所谓"贯",即指礼的一贯性、继承性。由上述孔、孟、荀的言论可知儒家非常重视"礼"的传统,所以从孔子开始,便注意整理殷周以来的典籍。据说,《诗》、《书》、《礼》、《乐》、《春秋》等古代文献,都经过孔子的删订而流传下来,并成为中国几千年来封建社会经世致用的经典。

魏晋南北朝时期,中国南北分裂,篡乱相乘、兵戈迭起,但上述学术传统不但没有中断，反而在文化大体系上有许多新的创辟。首先是佛学，魏晋南北朝时期，佛教大盛。而当时著名的佛教大师如道安、慧远、道生等，"内外群书，略皆遍睹"。道安"阴阳算数之学，亦皆能通"；慧远尤善儒学，宗炳、雷次宗、周续之等曾师事慧远讲丧服经及诗经之学；竺道生首创"人人皆有佛性"之说，实与儒家"人皆可以为尧舜"之说相默契。上述三位中国出身的佛学大师，实为佛学与中国文化的融合做了较大努力，使中国传统学术思想增加了新的内容。其次为经学，《十三经注疏》是中国经学的一大结集，而其中采用魏晋南北朝时期的注疏者竟占一半之多。当时南北学术息息相通，南方经学重丧礼，北方经学重周官。北齐大儒熊安生，专以三礼教授，弟子多达千余人。相形之下，北方经学反比南方经学兴盛。再次为史学，其发展可以说上驾两汉，下凌隋唐，史学著作达874部之多。就以北方来说，十六国的史书有26种、270余卷。在北方十六国兵戈相交的混乱时代，尚有如此之多的史学著作出现，可知中国传统学术的连续性是相当顽强的。

总之，由于中国政治的变化，政权的更迭始终是在本民族内部进行的，而中国民族文化的统一性，又往往使内部的政治斗争无法选择它以外的文化作为武器，因此总是在中国固有文化的自身因素中寻找，如儒、法、道、佛、玄等。但这几种不同的文化因素又具有同源的特点（佛虽源于印度，但也很快与中国传统文化融合），这就使得虽然政权更迭，但由于接受了统一文化的熏染，谁上得台来，也都无所它求，始终保持文化自身的连续性。其次，在少数民族当权的国度里，也同样存在上述问题。尤其是中国的边远民族，在文化上都不如汉族发达，其文明程度一般都低于中原地区，所以在他们取得政权之前，就往往接受了汉文化的熏陶，取得政权之后，就更加自觉地与此相认同，这也是保持传统文化连续性的一个重大原因。再次，就中国文化的自身发展来说，最重要的原因，乃在于中国文字的统一及文字演变的稳定性。还有就是，中国的宗教不发达，特别是由于多神崇拜的原因，没有形成一个足够统摄全民族的宗教势力，因此也就没有形成不同的宗教势力集团。在官方，往往儒、释、道并重于一朝（也有个别时期、个别朝代例外）；在民间往往孔、老、佛并祀于一庙。这样，在中国就没有因宗教信仰的问题而发生宗教战争和文化排斥的现象（内部的排斥与斗争取代了外部的排斥与斗争，因此中国政权的更迭往往是内部原因造成的），这也是中国文化连续性的原因所在。

第三节　非宗教性（人文精神）

中国文化的非宗教性或人文精神，是中国文化的最显著的特征之一。这一点已被许多学者所论及。梁漱溟先生在其《中国文化要义》中亦说："几乎没有宗教的人生,为中国文化一大特征。""固然亦有人说,中国是多宗教底,这看似相反,其实正好相发明。因为中国文化是统一底,今既说其宗教多而不一,不是证明它并不统一于一宗教了吗?不是证明宗教在那里面恰不居重要了吗?且宗教信仰贵乎专一,同一社会而不是同一宗教,最易引起冲突;但像欧洲以及世界各处历史上为宗教争端而演之无数惨剧与长期战祸,在中国独极少见。这里宗教虽然多而能相安,甚至相安于一家之中,于一人之身。那么,其宗教意味不是亦就太稀薄了吗?"

其实,人类文化,其中包括中国文化在内,一般都是以宗教为开端的。在任何民族的早期文化中,都可以看到宗教的痕迹。这是因为在人类早期,对自然界和人自身缺乏了解,往往把人的生死、自然灾害的降临等看成是人类异己力量的操纵,故产生各种原始的自然崇拜。此后,随着人类社会阶级压迫的产生,人类对自然的恐惧转向对社会、对人生的疑惑与不安。早期的宗教家们似乎看到了社会对人的压迫、人与人之间的疏离所造成的人类痛苦,于是在原始宗教的基础上,创立了人为的宗教,无论是基督教还是佛教,在它们产生的初期,都是针对上述社会与人生问题而提出的救世主张。但它们选择的方向,是一条企图超越人类理性的道路,在人类的现实社会之外,建构一个超越的世界。西方文化正是在这种超越观念和希伯来信仰的培植和指导下奠定其内在基础的。西方文化初原于希伯来教义、希腊哲学和罗马法典三个不同文化系统的融合。自中世纪以后,教会的权力超过了世俗王权,文化教育、道德伦理、感情意志、思想观念都统一于教会,遂使西方文化贯注了完整系统的宗教精神。原有的希腊理性消融在宗教的信仰之中,哲学变成了宗教神学的婢女,理性则处于辅佐信仰的地位。西方的宗教传统直到近代乃至现代仍保留着强大势力,它渗透到文化生活的各个领域,它不仅使西方文化带有浓厚的宗教色彩,更重要的是,它赋予了西方文化以内在的精神价值。

反观中国文化,显然不具有这一特质。中国文化的这种非宗教性的品格特征,主要是由其浓厚的人文精神决定的。

一、中国文化的人文主义精神的形成

中国文化的人文主义精神,早在殷末周初便开始形成。人类历史在很长的时期里,一直都处在神的主宰之下。从比较历史的观点看,中国文化却是较早企图摆脱神的主宰的文化。从周代人文精神的兴起,到春秋战国之际儒家人文思想的发展以及道家自然主义的形成,正代表着摆脱神的主宰和开展中国人文理想的运作过程。这一过程,在当时的社会现实中得到了多方面的扩展,具有深远的意义。可以说,这是中国文化发展的一次重大转机,它标志着中国文化与中国早期宗教的脱离。

在殷商时期,中国早期宗教的天帝、鬼神等观念还高高凌驾于人与人事之上,牢固地统治着人们的头脑。到了周代,这种影响力便逐渐衰退。周的统治者从殷的灭亡中吸取了一定的教训,不仅用"天"袭取了殷商"帝"的位置,冲淡了人格神的主宰性,而且就所崇拜的"天"来说,也减少了它的绝对性,提出了"天命靡常"、"聿修厥德"、"敬德保民"等思想,开始从宗教观念中分离出"人德"的观念。春秋时期,周代提出的"人德"观念进一步得到了发展,开始对神提出怀疑。在《左传》中记载了许多这一时期初步兴起的无神论观念,如《左传·桓公六年》隋国的季梁说:"夫民,神之主也,是以圣王先成民而后致力于神。"《左传·庄公三十三年》虢国的史嚚说:"吾闻之,国将兴,听于民;将亡,听于神。神,聪明正直而壹者也,依人而行。"《左传·僖公十六年》在围绕营建周城的问题上,宋薛两国发生了争端。宋人以鬼神为据,薛人以人事为据,弥牟在评论这场争论时说:"薛征于人,宋征于鬼,宋罪大矣。"《左传·僖公十六年》宋国出现陨石和六鹢(水鸟)退飞的奇异现象,有人说这是灾祸之兆,而周内史叔兴却说:"是阴阳之事,非吉凶所生也,吉凶由人。"《左传·昭公十八年》郑子产在驳斥裨灶的占星术时说:"天道远,人道迩,非所及也,何以知之?"《左传·襄公二十四年》叔孙豹提出了排除宗教神学观念的中国传统文化中关于何谓不朽的问题,他说:"太上有立德,其次有立功,其次有立言。虽久不废,此之谓不朽。"

上述材料,可以说构成了春秋时期人文主义思潮兴起的前奏,中经孔子的播扬,至战国中后期的孟子、荀子,遂蔚成中国人文思想的大潮,完成了中国文化从神到人的观念转化。以儒家为代表的这一转化,把对人及社会的终极关怀提到了一个新的高度。虽然他们还都保留有对天、帝、命的信仰,但都被上述人文精神所淡化,只是把它们作为一种"神道设教"的形式,以辅助道德的教化。

由此,我们也可以看出,儒学绝非宗教,因为所谓宗教,从本质上说,它是基于对人类现状的一种否定。它往往以人类为污秽和弱小,从而设定一个凌驾于人类之上的超越者、绝对者、彼岸世界,以此作为人类专一的皈依。从形式上说,作为宗教亦有相应于宗教教义而建立起来的宗教组织、宗教戒律以及宗教仪式等,这些对于儒家和道家来说都不具备。他们都不说死后世界。在绝对者方面,虽然儒家保留对天帝的信仰,但在他们的思想中并不占主导地位。如孔子所说"务民之义,敬鬼神而远之","未能事人,焉能事鬼",以及"夫子之言性与天道,不可得而闻也","子不语怪力乱神"等,都是以人类为社会存在的前提。这些说法都体现了儒家的人文主义精神。当然,在历史上往往有这种情况,即一种思想体系或一个思想家的思想及思想家个人,他本身的思想虽然不含有宗教的内容,但决不能排除后人把他或他的思想宗教化。孔子思想在汉代,老庄思想在东晋南北朝,毛泽东思想在"文革"期间即遭到如此命运。但我们不能因此就断言,被宗教狂热所崇拜者即是宗教。

二、中国文化的非宗教性

中国文化的非宗教性,一方面,由儒家的人文精神所决定,另一方面,又有道家自然主义作为补充。从表面看来,人文主义与自然主义有很大不同:人文主义着眼点在人,而自然主义则面向自然。故荀子批评道家为"蔽于天而不知人"。但当我们把道家的自然主义放到整个中国文化的背景中来考察时,会毫无疑问地得出结论:道家的自然主义不仅是非宗教的,而且比儒家更具有无神论的色彩。

首先,以老庄为代表的道家所创立的宇宙本体论,通过对由来久远、具有神秘性的传统"天道"观念所做的思辨性的哲学净化工作,排除了中国早期宗教所崇拜的神鬼天帝的权威,把哲学本体"道"提升到"象帝之先"的位置。因此,老子的辩证法和庄子的相对主义,都是从哲理的高度,对自然、宇宙所做的清醒、理智的探讨和对社会斗争、人事经验的总结。尽管他们的结论可能是错误的,但其重要性在于排除了神或上帝的预设和启示,是人的哲学与自然哲学的统一,而非宗教哲学。

其次,在社会和政治层面,道家主张无为。无论老子还是庄子,在他们的思想中都深感社会、政治由于争夺倾轧所造成的腐败堕落,因此愤世嫉俗,极端批评和攻击现有秩序,蔑视和诋毁儒家提倡的仁义道德。既然氏族社会的远古传统和至德之世如此迅速地崩毁,人们所面临的是一个权谋狡诈的时代,无辜者横遭杀戮,社会成了人吃人的陷阱。这一切往往是宗教思想产生的最好酵母。但道家并没有走上宗教的道路,他们虽然感到无可奈何,甚至提出"安时处顺"、"安之若命"等宿命论思想,但他们始终是清醒的,始终是立足于现实社会中的,并提出了大异于儒、墨、法各家的救世方案,这即是"无为"。"无为即自然"。"圣人处无为之事,行不言之教",一切都听任自然。道家不是一味地放弃人事,它只是通过否定的方法,从"负"或"反"的方面,达到"正"、"合"的目的。这也即是老子所谓的"无为而无不为"。因此可以说,道家的社会论同样表达了对社会人事的关怀,只是用了与儒家不同的方式而已。

再次,在人生层面上,道家也是采取了与儒家不同的论辩方式,但均具有相似的人生目的。儒家是以直接表达的方式,从人生出发,最后仍落实到人生上;道家则用否定的表达方式,从自然出发,通过否定儒家的人生理论,最后也落实到人生上。儒家的目标在于追求一个充满"浩然之气"的刚健有为的人生;道家则从相对的立场出发,企图达到一种淳朴、无为、守柔、不争的和谐人生。因此,老子、庄子并非出世者,在他们的思想和理论中不但没有对彼岸的执著,相反却十分注意保持和维护整体生命的和谐稳定,强调"保身"、"全生"、"养亲"、"尽年",并要求自然而然地对待现世,反对任何形式的矫揉造作和虚伪。

从以上三点,可以看出,在中国文化的非宗教性这一特征中,道家与儒家的主要分野在于儒家是以人而道家是以自然为万事万物的准绳。道家的"淳朴"、"无为"等伦理观念均取自自然之道德教训,而自然则为天地与人生的最后根据和最高标准。同时它也就成为人生的"庇护所"。在中国历史上,无论儒家还是道家,每当他们在仕途落魄或政治失意之时,往往投入"自然"的怀抱,吟诗作画,躬耕垄亩,做隐士而不做教徒,这是因为"自然"乃比"教堂"有更广阔的天地。即使是受戒的佛徒或道士,亦常常受到自然的吸引,爱自然甚于爱教主。至于中土的艺术家、诗人、画家则更以自然为好,他们通过对自然的描写来表达人生的哀乐、喜怒情怀,以及孤独、寂寞、宁静、高远等感情。画家描绘山水如诗人描写景物,其目的乃在于提炼情感、荡涤污浊、激发心志、纯洁心灵,亦无逃避人间之事。

道家的自然主义是儒家人文主义最得力的补充,对中国的知识分子来说,人世与自然这两个广阔的天地显然比宗教虚无缥缈的天国具有更大的吸引力。他们受自然的陶冶、人世的洗练,大大降低并冲淡了对宗教信仰的狂热,特别是中国的天人合一思想,把道家的自然主义与儒家的人文主义黏合在一起,甚至难分彼此,终于在中国文化中取代了宗教的地位。

第四节 泛道德性

中国文化的泛道德性特征,是与上述非宗教性特征紧密相连并互为因果的。这一特征反映了中国传统社会的一元化价值取向,表现了中国传统文化中道德对政治、道德对法制,以及道德对文学、艺术、哲学等各个领域的影响及指导意义。

一、以"德治"代"政治"——政治道德化

中国传统文化的泛道德性最明显的表现,是将道德意识侵入政治领域,使中国的传统政治缺乏一种独立的制度,从而为君权至上的专制主义寻得一个道德"庇护所"。在中国传统社会中,国是家的放大,因此,国家一向被看成是人伦关系的总和。在这个放大了的整个人伦关系网络中,国君或皇帝自然是家庭中父的放大,是国家这个"大家庭"的当然家长,他既是国家政治组织的中心,也是社会人伦秩序的中心,因此,国君、皇帝常常被称为"君父"、"国父"、"再生父母"等。

这种把家庭伦理关系投射到国家政治的结果,常常是以空泛的道德说教代替

具体制度的实施,其最典型的代表则是造端于孔子的德治精神和孟子的仁政思想。

孔子在《论语·为政》中有一段后人奉为经典的话,他说:"为政以德,譬如北辰,居其所,而众星共之。"《论语·宪问》说:"子路问君子。子曰:'修己以敬。'曰:'如斯而已乎?'曰:'修己以安人。'曰:'如斯而已乎?'曰:'修己以安百姓。修己以安百姓,尧舜其犹病诸。'"孔子的德治精神,在《论语》中讲到的还有多处,而且都是直接回答他的弟子或当时国君问政的话,归纳起来,有下面几点内容。

1. 为政必先"正名"

"子路曰:'卫君待子而为政,子将奚先?'子曰:'必也正名乎!'""齐景公问政于孔子,孔子对曰:'君君、臣臣、父父、子子。'"

2. 为政在于"欲善"

"季康子问政于孔子,曰:'如杀无道,以就有道,何如?'孔子对曰:'子为政焉用杀?子欲善而民善矣。君子之德风,小人之德草,草上之风必偃。'""季康子患盗,问于孔子,孔子对曰:'苟子之不欲,虽赏之不窃。'"

3. 为政在于"正身"

"季康子问政于孔子,孔子对曰:'政者正也。子帅以正,孰敢不正?'""苟正其身矣,于从政乎何有?不能正其身,如正人何?"

可见,孔子所谈的一系列为政的问题,实际上都是道德问题,其中的"欲善"、"正身"、"修己"成为以后中国传统文化中政治思想的前提条件,同时也是道德哲学的核心内容,其影响是非常巨大的。从孟子的"夭寿不贰,修身以俟",到荀子的"修身自名,则配尧舜",再到《大学》的"自天子以至于庶人,壹是皆以修身为本",都来源于孔子"修身以安百姓"的德治精神。由此可以看出,孔子乃至整个儒家,其政治思想都是由德治观念所贯通的,他们在政治方面的注意力,完全集中在伦理道德上,从而忽视了对政治制度的研究和探讨,所仅有的一些设计和预想也多半带有道德教训和不切实际的乌托邦性质。比如孟子的"五亩之宅树之以桑……"的仁政王道,以及《礼记·礼运》的"大道之行也,天下为公……"的大同理想,都是本于儒家的德治精神而设计的政治蓝图。其中尤以《中庸》"哀公问政"一段,最能反映这种以德代政的德治思想:"天下之达道五,所以行之者三……知斯三者,则知所以修身。知所以修身,则知所以治人。知所以治人,则知所以治天下国家矣。凡为天下国家者有九经。曰:修身也,尊贤也,亲亲也,敬大臣也,体群臣也,子庶民也,来百工也,柔远人也,怀诸侯也。"这里所谓"九经",是指治理国家的九种大法。它虽然比孟子和《礼记·礼运》所设计的政治蓝图稍加具体,但其实质仍是一种道德教训。它所列出的九条政治原则,与"五达道"、"三达德"的道德规范紧密联系在一起,实际上均可以作为儒家的道德原则,而这些原则的基础,与《大学》所列出的"三纲领"、"八条目"亦属同一性质,即"皆以修身为本"。由个人的修德推之于政治,便是德治。因此在儒家这里，政治实与道德合一。

二、以"礼治"代"刑法"——法律道德化

儒家的德治思想，是把政治问题转移到道德上，强调发挥每一个人的道德自觉，企图以道德力量来维持和调和当时日益尖锐的社会矛盾。

任何一个时代的统治者，往往都是以刑罚作为政权的最后保证。先秦法家所以在法治问题上走上极端偏激的道路，是他们以刑治代替法治的结果。儒家强调德治，即是企图扭转法家这一偏向，把刑政的强制力量消解为道德理性的自觉，如孔子说，"道之以政，齐之以刑，民免而无耻；道之以德，齐之以礼，有耻且格"。在孔子看来，政、刑的效果虽然明显，但却有限，尤其是不能从根本上解决问题，而只有道德的力量才是无限的，因为它能够把人伦之道、内心之德，实现于日常生活中，使之成为一种"合理的行为方式"。这种"合理的行为方式"不仅能够缓和人与人、人与社会、统治者与被统治者之间的紧张关系，而且经过积累能培养和启发人们的积极向善精神。这正如后来《大戴礼记》所说"以礼义治之者积礼义，以刑罚治之者积刑罚。刑罚积而民怨倍，礼义积而民和亲。故世主欲民之善同，而所以使民之善者异。或导之以德教，或殴之以法令。殴之以法令者，法令积而民哀戚。哀乐之感，祸福之应也"。《大戴礼记》这段话，可以说深刻表明了儒家对道德与刑罚的看法，在中国思想史上的影响甚巨。它深刻反映了儒家文化的道德使命感和对法家刑罚主义的深恶痛绝，同时它也是儒家为社会提供的治世良方。但对于复杂的社会来说，一味地强调或推行刑罚固然会导致社会的酷烈，但放弃刑罚，一味追求道德软化的作用，也只能是一种理想而已。

秦汉以后，由于秦推行法家路线，尤以刑罚为治，汉虽有所更改，但基本上承袭了秦朝的制度，酷吏严刑亦时有所闻，这就更加刺激了儒家德治思想的发展。以董仲舒为代表，把儒家思想配以阴阳五行学说，提出了"阳德阴刑"的理论。他说："然则王者欲有所为，宜求其端于天。天道之大者在阴阳。阳为德，阴为刑。刑主杀而德主生。是故阳常居大夏，而以生育养长为事；阴常居大冬，而积于空虚不用之地。以此见天之任德不任刑也……王者承天意以从事，故任德而不任刑。"为了强调"德治"，董仲舒用符瑞灾异及阴阳五行之说，劝导皇帝"任德"，但他已从孔子的立场退了一步，给刑治以"阴"的说明。这表明自汉代以后，儒法已开始趋于合流。但以礼、仁为中心的"德治"仍处于主导地位。

董仲舒"阳德阴刑"的理论，对中国古代法律制度的形成发生了较大的影响。其中重要的影响是将道德与法律两极化，道德被立为行为的准则，法律则赋予统治者惩罚的权力。两者结合，形成一种具有强制性的道德体制，法律沦为道德的婢女，违反道德则成刑罚的对象。这一点，我们从唐代到清代的法典中完全可以看出

其最明显的倾向,刑法发达而民法不足。若从其性质看,甚至根本没有民法。而刑法所科罚的对象,除一般刑事犯罪外,任何道德过错均构成犯罪。如《唐律》55款就规定有,只要父母健在,儿子另立家室者,即构成犯罪。179款规定,男女双方的婚姻不能在居丧期间完成,完成者法律究之以无效并科以重罚;居丧期间生子亦属犯罪。据《历代刑法志》所载,凡告父母者,不论其控告属实与否,均判以极刑;夫妻离异,妻子不得提出。诸如此类的法律规定,说明法律道德化的结果导致了道德法律化。

三、以"人治"代"法治"——泛道德主义对专制主义的影响

上面主要是从道德要求于民的方面,谈泛道德主义对法律的影响;另一方面,儒家对统治者或居高位的人也有强烈的道德要求。在儒家看来,统治者一切不合理的政治措施以及社会风气的败坏,都可追溯到统治者的道德行为,因此,若要使要求合理,必须端正自己的行为,使之与被统治者相一致。儒家深信二者是能够一致的,因为人性的本质都是善的,"不忍人之心"人皆有之,此为天下所同。既然"德"为天下人所同好,因此统治者的"德",自然会对被统治者产生莫大的影响与启发,在上者端正良好的美德,就如同一阵清风吹来,老百姓自然闻风"必偃"。因此,《大学》说:"所谓平天下在治其国者,上老老而民兴孝;上长长而民兴弟;上恤孤而民不倍;是以君子有絜矩之道也。"治国的根本在于统治者的道德示范作用,通过在上者的道德提携与牵引,天下之人便可孝悌而不叛,从而达到天下太平的目的。"故为人君者,正心以正朝廷,正朝廷以正百官,正百官以正万民"。由上至下的道德启示,再由下至上的道德效法,于是政治、法律的瞄准点便由制度转向道德;由"治法"转向"治人",亦即《中庸》所谓"以人治人"的政治原则。《中庸》说:"哀公问政,子曰:文武之政,布在方策,其人存,则其政举;其人亡,则其政息。人道敏政,地道敏树,夫政者,蒲卢也,故为政在人。"朱熹在解释这段话时说:"有是君,有是臣,则有是政矣……以人立政,犹以地种树,其成速矣。"又说:"人君为政,在于得人,而取人之则,又在修身;能仁其身,则有君有臣,而政无不举矣。"朱熹的解释是很贴切的。综合《中庸》的说法及朱熹的解释,儒家人治观念基本包含三层意思:社会的清浊与政治的好坏取决于人君之德;人君之德的重要表现则在用人,用人得当,便是人君有德,用人不当,便是人君无德;取人的标准,重在修身,因此人君务在"修己",然后再以德取人。诚如此,"则有君有臣,而政无不举矣"。在这种人治有余而法治不足的泛道德主义的影响下,中国几千年的政治体制积淀为如下传统。

"内圣外王"的理想演变为个人迷信和偶像崇拜。强调人治观念的结果,儒家把希望寄托在"内圣外王"的出现上。本来按照儒家的初衷,"内圣"是"外王"的必

要而充分的条件。但为了方便起见，统治者总是希望二者兼而得之。此即郭象所谓"圣人虽在庙堂之上，然其心无异于山林之中"。既然二者可以统一而且应该统一，因此"外王"者必"内圣"。国家的统治者同时就是圣人，意味着掌握了权力就是当然的圣人，此即庄子所揭露的："窃钩者诛，窃国者为诸侯，诸侯之门仁义存焉。"这就是说，推崇"内圣外王"的结果，往往使那些窃国大盗或独夫民贼"并与其圣知之法而盗之"，俨然以圣人的身份和名义规范全民成为教化的榜样，这种情况在中国历史上屡见不鲜。因此，传统文化中的圣人观又往往是封建制度下的一种迷信和偶像崇拜。

由于强调"为政在人"而不在制度，故中国的传统政治体制延续几千年而不衰，朝代的更迭只意味着统治者的换班，而在制度上却极少变动。法治就更谈不上，因为统治者考虑的重点是如何得人，如何使政权顺利转移，因此选择和培养接班人的问题往往成为历代统治者转移政权的重要手段。正因为如此，极易造成政权衔接过程中的"权力真空"状态，无法杜绝觊觎之端和野心家的篡夺，从而形成各种宗派、山头及其相互间的权力之争。每一个新上台的统治者，必经一番艰苦经营，进行权力的重新组合，然后才能腾出小部分精力过问经济、生产等国计民生之事。

"以人立政"是导致"以德取人"的必然逻辑联系。"以德取人"，即以道德标准衡量一个人的进退得失，这逐渐形成传统的选官制度。汉代的"察举"、"征辟"即是根据道德品行取仕的典型代表。这种选官或取仕标准，因重德行节操，故往往产生流弊：品评鉴识之风盛行，而品评人物的权力又都操纵在少数名士手里，他们从自己的主观好恶出发，往往带有许多主观随意性；易造成一群一党的互相吹捧，并使一些虚伪奸诈之徒借道德之名招摇撞骗，欺世盗名；用德行掩盖才力，"混而相蒙"、"名不副实"，正如曹操所说："夫有行之士，未必能进取；进取之士，未必能有行。"

以"人治"代"法治"，从根本上堵塞了走向民主、民治的政治道路。使一般民众把希望寄托在"明君"、"贤相"、"清官"身上，而把自己排除在政治之外，由"人治"必然导致"官治"，由"法治"才能走上"民治"。由"人治"到"官治"，最后只能归依到君主集权的专制主义；而由"法治"到"民治"，才能最后归向民主政治。这是两条不同的政治发展道路。中国的传统政治，由于强调"人治"的结果，走的是前一条道路，而缺乏民主政治的传统，其重要原因之一，即是泛道德主义的影响。

以上仅从政治、法律两个方面，揭示了中国文化的泛道德性特征。此外，如经济、哲学、文学甚至古代的天文学、医学无不受道德的影响。可以说，中国文化充满了道德精神，它不仅取代了宗教的地位，而且侵入其他各个文化领域，这种道德"越位"的结果，使得中国文化带有严重的内倾性。

第五节 内 倾 性

任何一个国家或民族的文化,其价值主要表现在宗教、道德、科学、哲学、艺术、认知等活动中。中国文化由于人文精神过早觉醒,又因其人文精神的基本内涵在道德理性方面,因此它不具有宗教的外在超越性格。一般说来,宗教所奉行的是神或上帝的启示与教诫,因此其价值判断的标准往往是外在的、绝对的。即使是对道德价值的判断,也要追溯到神或上帝身上。与西方式的外倾文化相反,中国传统文化具有内倾性。

一、中国传统文化中的人是一个自足的存在

西方自古希腊以来,似乎很少有人性善的观念。基督教兴起以后,则明确认定人生下来就带有罪过。这种"原罪"观念的发展,教人虔诚地侍奉外在的上帝,人不再是一个自足的存在,而是一个罪人。因此,西方文化中由人与上帝的这种分离的关系,推衍出超越世界与现实世界的区别,二者之间往往有一条不可逾越的鸿沟。由此造成西方哲学中本体与现象的分离;宗教上天国与人间的分离;道德上自律与他律的分离;以及社会思想上政教分离、乌托邦与现实的分离,等等。由于人不是自足的存在,所以只有在不断地向外探求,不断地认识和了解外在的世界中,人才能由一个不自足的存在转化为自足的存在。甚至对上帝的了解,也要运用逻辑、知识以及通过对自然现象的研究来证明上帝的存在。人们所熟悉的牛顿的"第一推动力"及康德的"物自体",都是企图用科学证明上帝存在或为超越的上帝保留地盘。依据经院哲学家的看法,哲学和科学都必须解释基督教《圣经》的内容。近代欧洲虽然经过"文艺复兴"和"启蒙运动"的洗礼,但它们仍继承了这种认识外界和了解外界的实证精神,不同的是,把上帝换成"自然",由"天国"转向"人间"。在认识路线上欧洲中世纪与近代这两个不同时期并没有明显的界限,二者都力求认识外在世界。西方文化的这种外倾性,是建立在人性本身不完善、不自足的假定之上的,也是基督教"原罪"观念的延伸。因为人性本身不完善、不自足,为了改变这种状况,使之变得完善、自足,就需要从外部吸取力量,而知识、逻辑、科学以及法律等就是达到完善、自足的手段,因此,可以说西方文化的科学实证精神、法律道德意识以及知识的确实性等,都与它的外倾性有密切联系。

在中国传统文化中,与西方上述的观念相反,认为人在天地之间是自足的,不需要任何外来的帮助。儒家以道德为自足,道家则以自然为自足。如孔子教人所行之"礼",即是主张人要行其自己该行之事,斟酌人情之所宜;亦如《礼记》所说,这

种人间之礼"非从天降也,非从地出也,人情而已矣"。

把儒家的人是自足的存在这一思想发扬得最详尽、最透彻的人是孟子。他以性善论为基础,认为"人皆有不忍人之心","人无有不善"。这个性善如同人的四体一样,是人自身所固有的("人之有四端也,犹其有四体也")不是外加的,而是内在的,"非由外铄我也,我固有之也"。孟子发展了孔子的思想,不但强调人的道德自觉,而且为这种道德论提出了人性论的基础。把道德价值的源泉从人格化的上帝转移到人自身。

这种深藏于人类自身之内的价值之源,对于儒家来说,是一种无尽的宝藏,只要向内深深地挖掘,它便可以发扬光大,甚至充塞于天地之间。因此孟子说:"万物皆备于我矣,反身而诚,乐莫大焉。"朱熹解释此句为:"此言理之本然也,大则君臣父子,小则事物细微,其当然之理,无一不具于性分之内也。"这就是说,一个人要成就自己,主要应致力于内在的道德完善,而这种道德不在天上,也不在上帝手中,而是在自己的性分之中。既然万善永恒地皆备于我,"每个人都是天然完全自足之物"(程颢语),因此又何必向外在世界寻求什么呢?

孟子上述人之自足说,到王阳明则发展到了极致。他说:"天地万物俱在我良知的发用流行中,何尝又有一物起于良知之外,能作得障碍?……夫物理不外于吾心,外吾心而求物理,无物理矣……理岂外于吾心邪?"在王阳明看来,"外心而求物理,是以有暗而不达之处,此告子义外之说,孟子所以谓之不知义也……不可外心以求仁,不可外心以求义,独可外心以求理乎?"王阳明的这些说法,实际上都是对孟子"万物皆备于我"的发挥,其主旨仍是强调内在的超越性。因此,若以内外相对而言,中国传统文化一般都是重内而轻外的,不仅儒家如此,道家亦是如此。

道家对人的自足性的看法,是从另一个角度来认识的。道家反对儒家的仁义道德说教,因此也反对从道德能动性的角度去描述人性。他们认为,人的自足性并不是表现在内在的道德性或"恻隐之心"上,而恰恰与此相反,人的自足性与万物的自足性一样,乃是自然存在的一种形式,因此人的本性应该在自然中寻找。只要返回自然,人的本性便是自足的,这就如同骈拇枝指一样,"合者不为骈,而枝者不为岐,长者不为有余,短者不为不足"。如果不遵循自然之性,以长者为有余、短者为不足,企图拆长补短,对其妄加改变,这就破坏了自然的真性,所以"凫胫虽短,续之则忧;鹤胫虽长,断之则悲。故性长无所断,性短无所续,无所去忧也"。

道家这种自然人性说,实际上是把外在的自然内化为人性,所注重的并非人身之外的东西,而是人的自然本能的行为,因此强烈主张取消人的主观能动性,以使人性顺乎自然的本能。只要一切顺乎自然,便可别无他求,更不需要向外探索。如庄子说:"吾犹告而守之,三日而后能外天下;已外天下矣,吾又守之,七日而后能外物;已外物矣,吾又守之,九日而后能外生,已外生矣;而后能朝彻;朝彻,而后能见独;见独,而后能无古今;无古今,而后能入于不死不生。"这里的"外"字,含有遗、忘之意。对道家来说,只有彻底遗忘天下世故,摆脱外物的干扰,甚至把生死置之度外,才能进入"朝彻"、"见独"的境界。所谓"朝彻",按成玄英解,乃指"死生一贯,物我兼忘,惠照豁然,如朝阳初起"的清明洞彻的心境。所谓"见独",即"现独",表现出"独"的品格。此即《在宥篇》所说"出入六合,游乎九州,独往独来,是谓独有,独有之人,是谓至贵"。因此,"见独"、"独有"皆指内在独立自足的人格世界,均具有老子"独立而不改"之意。既已遗世忘物,便无须与外界相对待,一切都可自我满足、自我完善,此即后来郭象的"独化"与"自足其性"。所以,"独"字最能表达道家"人是自足的存在"这一观点。

由此可见,儒家是把人的道德理性由内向外扩展,把人性外化为自然,尔后由外在的自然落实到人的心性之中,使二者在心性基础上得到统一;道家则是把外在的自然由外向内扩展,使之内化为人的理性,尔后在精神中使二者结合。虽然出发点不同,但所强调的都是人性的自足。既然人性本身是完善的、自足的,就无须从外部吸取力量,而知识、逻辑、科学、宗教以及法律等在他们看来也就无须多下工夫,把全部精力投放到人自身的修养上,直接在人心之内寻求善和幸福。

二、中国传统文化始终强调"心"的作用

"五四"运动以来,许多人在中西文化的比较讨论中,认为中国文化实际上乃是"心的文化"。这一看法,虽然只停留在事物的表面,但它却从一个侧面揭示了中国文化的特点。因此,"心的文化"的特质应该是中国文化内倾性的一个重要表现。

西方文化的外在超越性,决定了其社会人生的二分倾向。因其外在超越表现了强大的外在力量,人被这种力量所支配和驱使,力求战胜它,遂呈现了人生与外界的拼搏和斗争。而内在超越的文化,所碰到的阻力不是来自外部神的世界和外部自然的力量,它恰恰来自圣人的典训和人心的分离。因此在内倾型的文化中,服膺圣人典训和展开自我心灵的征服与净化,以使人生与社会、人生与自然得到和谐与统一,乃是这种文化的终极使命。"人心惟危,道心惟微",是中国文化对人心分离的经典描述。正因为人心有不纯的一面,才使后世儒者始终把人心的净化当成顽固的堡垒来攻击,以提纯心灵为己任。儒家总是教人自己省察,所谓"求诸己"、"尽其在我"、"三省吾身"等。道家也总是提倡"自足"、"自我观照"、"游心于形骸之内"等。甚至佛教亦有"明心见性"、"依自不依他"、"佛向性中作,莫向身外求"等说教,都是在向内用功。这些命题都是把人的力量落实在人的身上,而成为人的"性"或本质,这"性"或本质都是在人的生命内扎根,因此并不重视人生之外的东西。孔子"为仁由己"及孟子所谓"仁义礼智根于心"等说法,是中国文化在长期摸索中所

得出的结论。它不是由逻辑推理而来,而是对"内在经验"的一种总结或描述。经过后代儒家的发展,尤其经过程朱陆王的精心加工,它几乎成为中国人自觉遵守的典训,成为人生的基本立足点。

道家的庄子把老子的形而上之道最后也落实到人的心上,他所主张的心斋、坐忘,即是为了使心彻底走上虚、静的道路。在他们看来,外在世界的声、色、嗅、味及人类的一切发明创造,都是破坏人的自然之性的祸乱之源,因为物质生活的引诱、权力欲望的蛊惑,往往会破坏恬静自然的生活,它们搅动人心,挑拨情欲,使人内心的平静遭到破坏。这正如老子所说:"五色令人目盲,五音令人耳聋;五味令人口爽,驰骋畋猎令人心发狂;难得之货令人行妨,故圣人为腹不为目。"也正如庄子所说:"有机械者必有机事,有机事者必有机心。机心存于胸中,则纯白不备。纯白不备,则神生不定;神生不定者,道之所不载也。"在老庄道家看来,对外在世界的追求会引导人们产生邪念,从而破坏内心的平静。老子所谓"为腹不为目",即是追求内在的自我,而不要被外在的感性世界所迷惑。庄子反对外在的聪明巧知亦是为此。他说:"擢乱六律,铄绝竽瑟,塞师旷之耳,而天下始人含其聪矣;灭文章,散五采,胶离朱之目,而天下始人含其明矣;毁绝钩绳而弃规矩,攦工倕之指,而天下始人含其巧矣。"这就是说,庄子并不绝对地反对聪明巧知,而只是主张把外在的聪明巧知转化为内在之德。在他看来,师旷、离朱、工倕、杨墨等"皆外立其德而以炫乱天下者也"。"外立其德",即向外追求,向外追求必扰乱天下;"内含其德",即向内追求,向内追求可以完成自我。庄子主张"心斋",也即是为了绝对排除对外在世界的追求,而提倡"心无蹊隧"、"君子不可以不刳心焉"。"刳心",即剔除心中杂念,"洗去有心于万物之累"。因此在内外关系上,庄子始终强调"慎汝内,闭汝外"(《在宥》)、"治其内,而不治其外"(《天地》)、"不内变,不外从"(《达生》),等等。这里的"内",指本心,即人的内在世界,"外",指外物,即外在世界。他说:"天下奋棅而不与之偕,审乎无假而不与利迁,极物之真,能守其本,故外天地,遗万物……至人心有所定矣。"由此可知,道家的自然主义,通过否定"心"、"知"的外在作用,最后还是落实到内在的心性修养上,认为"心"应随顺自然之性,使之不流荡为外在的心机智巧,这样便可使"心"容纳一切,做到"万物一府"、"滂沛为万物所归"、"则韬乎其事心之大也"。

不仅儒家、道家具有内倾性,就连中国化的佛教亦染有这一色彩。原本的印度佛教并不重视"心"的作用,它只是强调通过对佛的信仰向上向外的追求,寻求彼岸的外在超越世界。但佛教传入中国,特别是自禅宗慧能以后,提出"明心见性"的主张,认为"见性成佛"或"本心是佛"。慧能特别反对向外的追求,"佛向性中作,莫向身外求"(《坛经》)。"佛"并不在遥远的彼岸世界,而在每个人的心中,因此只要此心不受外物的迷惑,"于诸境上心不染着",一念之间即可成佛。这种灵魂深处爆发佛性的"顿悟成佛"说,即把人们的宗教要求也归结到人的心上,主张只在心上下工夫。

发轫于唐代的"心宗"佛教,至宋明则被理学家所吸收,他们结合先秦儒家的心论思想,遂把中国"心"的文化推向高峰。朱熹继承了孟子"仁义礼智根于心"的说法,认为"人之为心,其德亦有四,曰仁义礼智,而仁无不包其发明也……此心何心也? 在天地则盎然生物之心,在人则温然爱人利物之心,包四德而贯四端也"。朱熹由理气二元出发,论证人性的善恶,再由人性的善恶,最后落实到心统性情。张载、程颐、朱熹等虽然主张以气为本或以理为本,但最后都强调心的作用。而理学中的心学一派,则完全从心出发,以心为主,以心为本。王阳明说:"虚灵不昧,众理具而万物出,心外无理,心外无事……心之体,性也,性即理也。天下宁有性外之理乎? 宁有理外之心乎?"在王阳明看来,理、事、物、性等皆源于心,它是由修养功夫所发出的内在经验,它本身作为一种存在,不是由推理而得,而是"自家体贴出来",因此无须向外追求。他有《咏良知》诗四首,其中两首说:

人人自有定盘针,万化根源总在心。却笑从前颠倒见,枝枝叶叶外头寻。

无声无臭独知时,此是乾坤万有基。抛却自家无尽藏,沿门持钵效贫儿。

王阳明的这两首诗,最能反映他的心学思想,他教人在心中开辟一个内在世界,以此得到人生归宿,不需外在的追求和奋斗。王阳明是中国文化中最有系统的心学论者,他一生由儒入道,由道入佛,由佛返儒,综合并发展了儒、释、道三家的心论。这说明心学的产生并不是偶然的,它完全以中国文化中的历史材料为基础。

宗教是通过信仰向上向外追求,以达到外在力量对人的援助的;道德则是通过"心"向里向内追求,以达到内在力量对人的充实和完善的。中国文化具有泛道德性的特点,因此也就必然具有内倾性。

第六节 中庸和平

陈独秀在其《东西民族根本之差异》一文中曾说:"世或称中国民族安息于地上,印度民族安息于涅槃……西洋诸民族好战健斗……欧罗巴全部文明史无一字非鲜血所书。"我们今天重谈"五四"时期东西文化论战的文章,虽然发现它们有很多偏颇之词、夸大之语,并且含有许多政治情绪在内,但也并非一无所见。陈独秀上述意见可以说看到了一部分事实,即与中国相比,西方诸民族有"好战健斗"的特点,而中国民族确实有和平文弱的性格。

若从文化的角度看,中国人和平文弱的性格正是中国文化中庸和平这一特征的表现和反映。

一、儒家的"中庸"、"中和"观念

儒家的"中庸"、"中和"观念对中国文化有巨大影响,可以说,它是儒家思想的基本精神,也是中国文化的基本特征之一。中庸思想的产生,有其历史渊源。据《论语》载:"尧曰:咨尔舜,天之历数在尔躬,允执其中,四海困穷,天禄永终。"据说,这是帝尧禅位于舜时教训舜的话,其要点在"允执其中"四个字。这即是以"中道"为政教的准则。舜受尧命,唯中是用,故孔子称赞他:"舜其大知也与!舜好问而好察迩言,隐恶而扬善,执其两端,用其中于民,其斯以为舜乎!"其后,"舜亦以命禹"。禹后有汤,孟子称"汤执中,立贤无方"。至文、武、周公,《尚书·洪范》有"无偏无陂,尊王之义;无反无侧,王道正直"等语,其中的"无偏无陂"、"无反无侧"即上述"执中"之意。《周礼·地官》说:"司徒以五礼防万民之伪,而教之中;以六乐防万民之情,而教之和。"

由上可知,中道观念由来久远,它由尧、舜、禹、汤、文、武、周公而一直传至孔子,成为中国文化的道统正传,因此,孔子把它作为"至德"倍加推崇,说:"中庸之为德也,其至矣乎!"孔子在《论语》中提出的中庸观念,既是思想方法,又是作为道德行为的准则。在孔子看来,任何一独立的道德条目,都有流于偏颇的可能,因此必须用"中庸"来调节,使之贯彻于任何道德条目之中。孔子认为只有这样,才能使各种品格甚至对立的品格相辅相成,才能得乎中庸之道,如"质胜文则野,文胜质则史,文质彬彬,然后君子"。这是说,人的质朴与文采只有配合得恰到好处,才不会使某一面发展过头,流为极端。一个文质中庸的人既不表现粗野,又不表现虚浮,而是史野相济,文质相和,恰到好处。据《论语》所载,孔子本人即是"温而厉,威而不猛"和"温、良、恭、俭、让"的典型。

孔子的中庸之道,反对过犹不及,强调中和、和谐,用"叩其两端"来把握事物之对待,反对固执一端而失之于偏颇或片面,这些都是以是否符合"礼"为准则的。因此所谓"中庸",首先又是"中"礼。孔子说:"知和而和,不以礼节之,亦不可行也。"《礼记》记载孔子的话说:"敬而不中礼,谓之野;恭而不中礼,谓之给;勇而不中礼,谓之逆……礼乎礼,夫礼所以制中也。"礼以"制中"为用,所以又称"礼之用,和为贵"。

"中庸"、"中和"之说由孔子首倡,到战国中后期,孔门弟子大加发挥,遂出现《中庸》一书。《中庸》借孔子之言,全面阐发了儒家的中和、中庸思想,在它的第一章便开宗明义地指出:"天命之谓性,率性之谓道,修道之谓教。道也者,不可须臾离也,可离非道也。是故君子戒慎乎其所不睹,恐惧乎其所不闻,莫见乎隐,莫显乎微,故君子慎其独也。喜怒哀乐之未发,谓之中;发而皆中节,谓之和。中也者,天下之大本也;和也者,天下之达道也。致中和,天地位焉,万物育焉。"这一章是《中庸》一书的纲领。它首先提出"中和"观念之所以重要,既在于"性"、"道"虽同,但气禀有异,所以表现在每一个人身上则会出现太过或不及的偏差,"是以君子之心,常存敬畏","遏人欲于将萌,而不使其潜滋暗长于隐蔽之中",此之谓"慎独"。这就是说,人的喜怒哀乐的感情,在未发之前和已发之后,皆须达到既"中"又"和"的境界,没有一点偏向,没有一丝做作。人的心性修养能达此"中和",社会与天地万物相结合,使"天地位焉,万物育焉",所以称"中"为"大本","和"为"达道"。

儒家教人,最反对走极端,《易经》中即有"亢龙有悔,盈不可久"、"人道恶盈而好谦"等说法。《易经》亦常言"得中"、"中道"、"中行"、"中节"、"中正"、"中德"等,皆有不偏不倚、无过无不及之意。这种中庸思想的流传,对中国的伦理道德、思想方法、行为方式都产生了潜移默化的影响,其中尤为突出的是"以德报怨"之说。《中庸》记载孔子回答"子路问强"时说:"宽柔以教,不报无道……君子和而不流……中立而不倚。"朱熹的解释是:"'宽柔以教,不报无道',谓含容巽顺,以谓横逆之来,直受之而不报也";"夫子是以告子路者,所以抑其血气之刚而进之以德义之勇也"。朱熹的解释极其符合儒家的旨意。因此,中庸、中和的含义,在很大程度上是"抑其血气之刚",使一个人的生理与道德理性合为一体,这样便使个体与社会同时得到"中和"、"和谐"。一个人如果不抑制这种"血气之刚",它所带来的后果,将是凭情感无限发泄,使内心的平衡遭到破坏,因此会出现走极端的现象。《礼记·表记》引孔子的话说:"以德报怨,则宽身之仁也";"以德报德,则民有所劝";"以怨报怨,则民有所惩";"以怨报德,则刑戮之民也"。由此可见,儒家是主张"以德报怨"、"以德报德"的。中国传统文化中没有决斗,尚文不尚武,缺乏感情的冲动,不走极端,等等,可以说皆是受中庸、中和思想的陶冶和影响。其"宽柔以教,不报无道"推广到人与人或国与国的关系上时,则表现出雍容、和平的气象与风度,其中的雍容、和平在一定条件下又往往流于调和折中,而和平、温良确实积淀为中华民族的优良传统。

二、道家的"不争之德"与中道思想

道家的"不争之德"与中道思想对中国文化的中庸和平性格发生了巨大影响。以老子、庄子为代表的道家中道观比儒家的中道观更具有消极退缩的色彩,这对塑造中国人的国民性格起到了一种补充的作用,使得中国文化的中庸、和平特征具有了两重性。从原则上说,由于儒家提倡德治,因此对于那些与"中庸"、"中和"观念相对的"怨"、"恨"、"仇"等思想亦主张用道德的力量去化解和克服,并且认为能够通过化解而达到最终的和谐,正如宋儒张载所说:"有象斯有对,对必反其为;有反斯有仇,仇必和而解。"但这种和解与宽柔,并不是无原则的,《论语·宪问》说:"或曰:'以德报怨,何如?'子曰:'何以报德,以直报怨,以德报德。'"这里,孔子又提出

"以直报怨"的说法。按朱熹的解释,"直"者,乃"至公而无私"之谓。因此,对于"怨"、"恨"之类的矛盾,不能抱阿曲之私或姑息态度,而是应以正直无私的态度来对待,这即是儒家"以德报怨"的原则。

道家的中道观与儒家有较大不同。就德与怨的关系说,老子与孔子的看法就不同。老子说:"和大怨,必有余怨;报怨以德,安可以为善?"按老子的看法,无论是"以直报怨"还是"以德报怨",都不是最好的办法,因为既已结下怨恨,调解得再好,也会留下不和的阴影,因此,只有不结怨,才可以无怨,在道家看来,这是最根本的办法。那么怎样才能不结怨呢?老子接着说:"圣人执左契而不责于人。""契",是指契约、券契。古时刻木为契,剖分左右,债权人执右契,负债人执左契,期约满时,债权人可凭右契讨债。"圣人执左契而不责于人",是指放弃执右契讨债的权利,即施而不求回报之义。报"怨"的方法虽然有多种,但道家则从根本上反对"报"。这种以"无报为报"的思想正是道家自然主义、无为主义的反映,把它推广到人事关系、社会关系及国际关系上,则正是道家的所谓"柔弱之道"与"不争之德"。所以老子一再强调"知其雄,守其雌","知其白,守其辱","知足者富","兵强则灭,木强则折","不敢为天下先","不以兵强天下",等等。因此,道家中道观之要旨,在于避开锋芒仇怨,以善心对待一切,即"善者,吾善之。不善者,吾亦善之","信者,吾信之。不信者,吾亦信之"。

老子的"柔弱之道"与"不争之德",强调的是手段,其目的乃在于"曲则全","后其身而身存","柔弱胜刚强","不争,故天下莫能与之争","无为而无不为",等等。正因为老子思想中有手段与目的之别,所以在他的思想分化以后,遂演变为两种文化因素:一种是以老子的目的为目的。这种"目的论"为法家、兵家、韬略家及阴谋家所吸收,即忍小以图大。传说中的韩信忍胯下之辱及刘备的韬光养晦即是两例,这里突出了中国文化中的一个"忍"字,即所谓"小不忍则乱大谋",眼前的忍是为了将来的发展。另一种则是以老子的手段为目的,真正发展了道家的中道论,以此为其人生哲学的归宿。庄子是这一路的代表,其特点是企图超脱人的一切对立。因为社会是极其复杂的,人与人之间、国与国之间的关系不可能像老子想象的那样,可以用不结怨的办法来消除彼此的怨恨。因为即使你不与别人结怨,别人却与你结怨,所以在庄子的心目中,儒家的"以德报怨"或"以直报怨"固然不能解救浇薄的社会,就连老子的以"无报为报"的"不结怨"方式也无济于社会。因此,最根本的办法是抛弃老子"无为无不为"的目的追求,从社会的纷争中解脱出来,走一条与世无争的逍遥自得之路。

与老子比较,庄子则是一个彻底的消极论者,他所建立的中道观,是在老子"柔弱之道"与"不争之德"的基础上再进一步,完全抹杀原则性,企图以事物的相对性、流变性否定人类存在的矛盾和成见,如庄子所说:"是亦彼也,彼亦是也。彼亦一是非,此亦一是非。果且有彼是乎哉?果且无彼是乎哉?彼是莫得其偶,谓之道枢。枢始得其环中,以应无穷。"在庄子看来,事物的本然是不分彼此的,而人们所谓的彼与此、是与非、可与不可、然与不然等的差别对立,乃是人们主观的作用。因此,心灵的觉醒必须超越这种人为的对立,使其"莫得其偶",才能掌握道的关键。就像处于是非相寻的环子的中心一样,远离是非,以顺应无穷的流变。"枢始得其环中"是道家中道观的经典表述。郭象说:"是非反复,相寻无穷,故谓之环。环中,空矣;今以是非为环而得其中者,无是无非也。"此处明显表现出儒、道两家中道观的区别:儒家的中道观不出道德理性的规范,道家的中道观企图超脱道德的价值判断而直指自然。其共同点则强调"中",即不走极端的原则。庄子说:"为善无近名,为恶无近刑,缘督以为经,可以保身,可以全生,可以养亲,可以尽年。"在庄子看来,为善往往近乎追求名誉,为恶又往往遭到刑戮的惩罚,只有不为善也不为恶,采取一种"缘督以为经"的中道立场,才可以免除极端的危害。王夫之在《庄子解》中说:"七经八脉,以任督主呼吸之息,身前之中脉曰'任',身后之中脉曰'督'。""缘督"者,缘"中"而行也。此即"从无厚入有间,恢恢乎其于游刃必有余地"之谓。

总之,中国文化的中庸和平性格是由儒、道两家的中道观互补而成的。虽然各家之间有许多相异之处,但皆重内在精神的和谐,表现为人与我、人与人、人与物、人与天的和平共处和圆融无碍的精神。这种精神是中国古代各家所共同提倡的。

由此可见,中国文化是和平宽大的文化,由此文化所塑造的中华民族也可以说是世界上最爱好和平的民族。但这一优点同时又产生了它的缺点,如前所述,儒家的中庸、中和思想,其原本的意义就在于消除"人欲之私",以"君子慎其独"为最终归宿,这一点经过宋明理学家的发挥,使其成为了心性之学的重要内容和僵死不变的道德教条,不仅具有本体的意义,而且成为了指导人们日常生活和处理人际关系的准则。再加之道家从消极方面以"柔弱之道"和"不争之德"作为回避矛盾、摆脱纷争的处世哲学,遂使中庸和平思想流变为"折中调和"、"知足常乐"、"安分守己"、"收敛宁静"等保守退避思想,使人于勤奋中信天安命,而向外追求奋进之心大减。因此它成为现实生活中挥斩人们锋芒和棱角的无形利剑,塑造了中国人含蓄、内倾、稳健、老成的独特风貌。然而道德压抑的结果,又使一些人产生外宽厚而内刻薄、外雍容而内吝啬、外知足而内贪婪、外诚恳而内奸诈、外柔弱而内刚愎、外大公而内大私、外仁慈而内残忍、外民主而内独裁等相互对立的双重性格。

由于中国文化中有过多的"中庸"、"中和"、"平衡"、"和谐"、"不偏不倚"等因素,它不仅具有一般方法论意义,而且成为一种道德观念,具有道德的约束力量,因此在广大的人群中,出头、拔尖、冒险、争先者寡,而贪生混世、随波逐流、饱经世故者多。"木秀于林,风必摧之"、"出头的椽子先烂"、"枪打出头鸟"、"一争两丑,一让两有"、"凡事不可太过"等民间谚语之所以流传下来,都与中国文化这一特征有着密切关系。

第七节　乡土情谊

中国文化中的家族本位和有情的宇宙观使得中国文化带有浓厚的乡土色彩。中国自古以来就是一个典型的农业社会,而农业生活的特点就在于定著而安居,世世代代生活在同一块土地上,若无天灾人祸则很少迁居。对于生于斯而长于斯的人,对自己的乡土人物有着无限的眷恋之情。这种乡土情谊深深地灌注到中国文化之中,甚至影响了中国文化的发展。

中国文化的乡土情谊深受儒家的培植。《论语·乡党》说:"孔子于乡党,恂恂如也,似不能言者。""乡党",指父兄宗族所居之地。这句话是说,孔子对于家乡父老常常能诚信笃实,谦卑逊顺。在孔子看来,能受到乡党宗族的赞许信任乃是做"士"的基本条件,因为在同一环境中生活的人,自然有一种宗族或地域的关系,这种关系是熟悉而亲密的。因此一个人的表现很容易在这种关系中自然流露,如果不注意在这种亲密而熟悉的关系中培养自己的道德情操,就不能由近及远、由亲到疏地表现自己的人格。所以孔子十分注意在宗族乡党中培养孝悌的感情,以便在以后漫长的人生道路上,为宗族乡党负道德责任。当子路问孔子"何如斯可谓之士"的问题时,孔子列了三条,其第二条即是"宗族称孝焉,乡党称弟焉"。

儒家的亲亲原则,使人对父母兄弟的孝悌之情推及自己的邻里乡亲,因此不仅在道德上,而且在感情上和利益上都必须首先考虑到自己的邻里乡亲,以与之相济相周。据说孔子为鲁司寇时,"原思(名宪,孔子弟子)为之宰,与之粟九百,辞。子曰:'毋,以与尔邻里乡党乎?'"他的助手原宪认为给的报酬太多,不肯接受,孔子却认为不当推辞,教他有余则可分与邻里乡党。

中国文化中的"乡里"观念,最初具有宗法血缘的意义,因此尊重宗族乡党即是尊重宗法血缘关系。这里体现了儒家由近及远的亲亲原则。随着社会的演变,这种宗法血缘关系逐渐淡化,但长期流行的宗族乡党观念却积淀在人们的文化意识之中,由地域关系代替了血缘关系,使"乡党"演变为"乡土"。

《系辞上》说:"乐天知命,故不忧,安土敦乎仁,故能爱。"《礼记》进一步发挥说:"不能爱人,不能有其身;不能有其身,不能安土;不能安土,不能乐天;不能乐天,不能成其身。"这里,"安土"被提到了重要位置。那么,何谓"安土"呢?为什么要"安土"呢?"土",即土地,以农立国,必重土地,所以孟子把土地当作立国的"三宝"之一。孟子说,"诸侯之三宝:土地、人民、政事",强调行仁政"必自经界始","分田制禄","制民之产",使人民"死涉无出乡"。荀子更是强调"土"的重要,认为"无土则人不安居,无人则土不守。……故土之与人也,道之与法也者,国家之本作也"。可见,"安土"即是"安居",人若不安居,则离乡远涉,国家失去民众,就会造成"无人则土不守"的局面,国家也就会由此而败亡。因此儒家强调"安土",其目的就在于兴国。要使人们"安土重迁",除"制民之产"外,最重要的是施行礼乐之教,"还乡则修长幼之序","乡里有齿而老穷不遗","合诸乡射教之乡饮酒之礼,而孝弟之行立矣",否则"长幼之序失而争斗之狱繁矣"。行礼乐之教,"则使百姓顺命安乐处乡",使人产生"与乡人处,由由然不忍去也"的乡土情怀,这即是儒家的乡土之教。

从宗教的层面来看,中国文化亦有亲土观念。《礼记》说:"社所以神地道也,地载万物。天重象,取法于地,取财于天,是尊天而亲地也。故教民善报焉。"由于古代宗教的"尊天而亲地",因此古人相信,"众生必死,死必归土,此之谓鬼"。"鬼者,归也。"中国古人很明智地把"鬼"做了泛神论的解释,这是由于他们深信,人无论是生是死,皆与"土"有关。他们生时立足于土,死时亦归于土。中国施行土葬即是由此。这与有些民族施行水葬、天葬、火葬亦有不同。《礼记》还说:"唯为社事,单出里;唯为社田,国人毕作;唯社,丘乘供粢盛。所以报本反始也。""社事",指祭祀社神的活动。"单",尽也。"里",计量单位,古代以二十五家为里。"丘"、"乘",亦是计量单位。古代的井田之制,九夫为井,四井为邑,四邑为丘,四丘为乘。这句话是说,在祭祀社神时,一里之人尽出而供给其事;为祭社之事而田猎,则国中之人皆行;祭社所需要的"粢盛"亦由丘乘供给。这样做的目的是"报本反始",即对哺育他们的家乡土地酬之以礼,追之以心,以报答土地所施予他们的哺育之恩。在中国人的观念中,土地是他们之所从来的"根本",无论何时何地,都不能忘其所自来。因此,对自己的出生地,一般都称父母之乡,扩而充之,又称自己的邦国为父母之邦。这其中都含有"报本反始"之义。也正因如此,中国人常把家乡比喻成自己的母亲,由父母扩及"家",由家扩及"乡",由乡扩及"邦",再由邦扩及"国",从而称"家乡"、"家邦"、"家国"。一个人无论离家乡多远,其死后,都要归葬于家乡。不仅生前深怀乡土之情,就是死后,亦希望自己的躯体复归于乡土。

由以上可知,中国人的亲土观念,不仅与儒家的乡土之教有道德上的联系,同时亦有"报本返始"的宗教上的联系。在宗教信仰上,中国文化与"土"的关系是很深的,不仅崇拜天,而且崇拜地。天地与父母、君王、师长合成"天、地、君、亲、师",从而构成中国的多种信仰。而这五大崇拜的对象,在数量上占有优势地位的神,无疑是"土地"。它与人的距离最近,"土地"的亲切、善良、宽容、慈祥,以及它的生物之功、载物之德,使中国人对它产生景仰之情。这种具有宗教性质的崇拜,落实到文化层面,即是中国人的乡土情谊。

中国文化的乡土情谊,在功能上起着巨大的凝聚作用,使中国人对家乡、对祖国、对民族、对文化都具有普遍的亲和感和认同感,尤其当外族入侵或遭亡国之时,这种乡土情谊就会表现得更为炽烈。

据《周礼》载,"大夫士去国,逾竟(同境),为坛位,乡国而哭。素衣、素裳、素冠、彻缘、鞮履、素簚、乘髦马,不祭食,不说人以无罪,妇人不当御……"这是说,"凡此皆为去父母之邦,捐亲戚,去坟墓,失禄位,亦一家之变故也,故以凶丧之礼自处。"西晋灭亡时,"过江诸人,每至美日,辄相邀新亭,藉卉饮宴。周侯中坐而叹曰:'风景不殊,正自有山河之异。'皆相视流涕。"南宋遗臣郑思肖(字所南)隐居吴下,坐必南向,每至节日,则望南而哭;画兰花有根无土,人问其故,则云土被"番人"夺去,以"无土"象征国亡,从而表达了亡国的痛楚及对故土的怀念。

中国文化的乡土情谊,不只是亡国后才对乡土发生特殊的感情,而是和中国人的日常生活紧密联系在一起的,它已成为中国人的一种潜在的文化心理意识。其具体表现有以下几个方面。

1. 宗谱与地方志

最能表现中国乡土文化的是宗谱与地方志的发达。在中国,凡是发展较早的地方,都有地方志的修撰。有的县志可以追溯到先秦时代,这是在其他民族的文化里所见不到的。除了县志,再就是宗谱。如孔子家谱,至今已传至第77代。1977年,在我国的台湾地区曾发生过一起所谓的"诽韩案",原告韩思道自称是韩愈的卅九代孙,起诉《潮州文献》上发表的《韩文公、苏东坡给予潮州后人的观感》一文,说此文作者诬陷了韩愈,并以《韩氏宗谱》为据,证明原告是韩愈的后代。最后台北地方法院以给被告"罚银元三百元"的判处结束了这场官司。我们且不论《韩氏宗谱》是真是假,也不论这场官司多么滑稽可笑,我们只需透过这一现象,窥探其文化背景,就不难发现,这是中国文化中古老的宗族乡党观念的现代表现。

2. 方言与会馆

中国文化的乡土观念表现在中国语言上,则是方言的发达。方言作为语言的地方变体,是经过世世代代本地区的人长期积累的结果。在民族语言里,尽管方言的作用逐渐缩小,并随着共同语言影响的扩大而趋向消失,但中国的方言却有着较强的生命力。尤其是在海外华人盛居的地方,方言的存在不但没有受到威胁,而且顽强地巩固着自己的阵地。如闽南语、客家语、粤语等中国方言在东南亚地区的华人中仍然盛行,其功能无疑起着维系乡土情谊的巨大作用。他们凭借这种地方性的乡土语言,可以互相沟通思想,交流感情,彼此作同乡人的亲切认同。这种以方言互相认同的形式,加以空间的组织化,便出现所谓"会馆"或"同乡会",古代亦称"公所"。这种具有封建性的地方团体,在外乡、外省甚至国外都起到了牢固维系乡土情谊和同乡利益的作用。直到近代,许多纯属同乡性的会馆仍然遍及国内外,其宗旨一般是防范异乡人的欺凌,并为同乡的利益服务。

3. 地方戏曲与田园文学

中国文化的乡土情谊对中国文学的发展产生了深远的影响,诗人陶渊明的田园诗,即充满了乡土气息,这似乎是中国文化特有的现象。如他的诗说,"羁鸟恋旧林,池鱼思故渊。开荒南野际,守拙归园田。方宅十余亩,草屋八九间。榆柳荫后园,桃李罗堂前。暧暧远人村,依依墟里烟。狗吠深巷中,鸡鸣桑树颠。户庭无尘杂,虚室有余闲"。唐诗中亦有许多歌咏田园的作品,如"种桑百余树,种黍三十亩。衣食既有余,时时会亲友。夏来菰米饭,秋至菊花酒。孺人喜逢迎,稚子解趋走。日暮闲园里,团团荫榆柳……"这两首田园诗即可反映出中国诗及中国文学对乡土的关切和眷恋之情。在中国文学中,有许多歌咏家乡风物的优秀作品,反映了作家与劳动者的亲密关系,以及作家对故土的怀念与热爱,如"举头望明月,低头思故乡","锦城虽云乐,不如早还家","少小离家老大回,乡音无改鬓毛衰"等诗句都反映了诗人强烈而浓重的乡土情怀。在中国的文化中,反映地方乡土情调的莫过种类繁多与风格各异的地方戏曲之发达,如川剧、越剧、沪剧、湘剧、闽剧、吕剧、藏剧、秦腔、二人转、河北梆子、京韵大鼓等,几乎每个省都有反映自己地方特色并深受本土人民欢迎的地方戏曲。这种带有乡土气息的文艺,如百花盛开,构成了丰富多彩的中国戏曲文化。

4. 乡土谚语与地方性的学术流派

在中国文化中,有许多具有民间意识的谚语,充分流露着乡土情谊,如"人离乡贱,物离乡贵","宁恋本乡一捻土,莫爱它乡万两金","乡亲遇乡亲,说话也好听","宁给挑葱卖蒜的,不给出门在外的","官大一品,不压乡党",等等。乡土情谊重在"乡土",故中国古代学术流派亦多以地方命名,如"关学"、"洛学"、"浙东学派"、"泰州学派"等。在《明儒学案》及《宋元学案》中,大部分学案均以地名命之,如"百源学案"、"泰山学案"、"庐陵学案"、"沧州学案"等。正因为重视地方乡土,中国古代的许多地方官及学者亦多以地方之名称之,如柳柳州、吕东莱、程伊川、昆山顾炎武、绩溪胡适等,不一而足。所有这些都带有中国文化的乡土色彩。

中国文化的乡土特征,完全是由宗族乡党观念演化而来的,它对中国社会的政治、经济、道德伦理、价值观念以至民族情感、国民性情等,均有不可低估的影响。这一特征同中国文化的其他特征一样,其优其劣的品格紧密交织在一起。就其前者说,这种乡土情谊可以提升为爱国主义和民族精神,从而加强中华民族的凝聚力和认同感。尤其当身遭国变、背井离乡之时,往往产生更强烈的禾黍之悲和乡土之情。这种感情在中国的诗词中得到了充分的反映,如"耿斜河,疏星淡月,断云微度,万里江山知何处","富贵本无心,何事故乡轻别","梦绕神州路。怅秋风,连营画角,故宫离黍","十年一梦扬州路。倚高寒,愁生故国,气吞骄虏","东风吹泪故园春,问我辈何时得去","有客愁如海,空想故园池阁,卷地烟尘","多少新亭挥泪客,谁梦中原块土",等等。这样的诗句,都可反映出由乡土之情所扩及的爱国之情以及由爱国之情所产生的对故乡、故土、故国、故人的怀念。海外华人所以有落叶归根的思想,即是受这种文化背景的影响。南宋词人朱敦儒的《采桑子》、《彭郎矶》可作为其中的代表。其词说:"扁舟去作江南客,旅雁孤云,万里烟尘。回首中原泪满巾。碧山对晚汀州冷。枫叶芦根,日落波平,愁损辞乡去国人。"可以说,中国文化的乡土情谊经过提升,可以加强中华民族的凝聚力,培养团结共进和互助友爱的精神,但另一方面,它又含有消极的成分,引出种种流弊。

安土重迁,甚至老死不出乡。中国人认为离乡背井,是人生一大苦事,由此养成中国人的保守性格。

地方观念强烈。往往由地方会馆、同乡会等萌生集团意识,甚至为彼此利益引起怨怼与械斗。

由于地方观念强烈,遂产生排斥外乡人的思想与行为,引出山头主义、地方主义及帮派观念,如旧中国的"温州帮"、"徽州帮"、"宁波帮"、"上海帮"等帮派组织。

"士居三十载,无有不亲人",把"老乡"、"乡亲"、"同乡"引为同志。统治阶级的当权者亦喜欢用家乡的人当幕僚、侍卫;互相荐举、扬褒,形成各种各样的地方性小圈子,甚至形成裙带之风。

由于圈子内的人彼此了解熟悉,因此能够互助、合作、相互依赖;而对圈子外的人则产生陌生、疏离感,甚至不相往来,产生一种封闭性。

把这种"同乡关系"扩大,在国外则成为"同国关系"。"同国关系"亦产生上述情况,使在海外生活的中国人或华裔很难冲破这样的圈子,从而表现出比较保守的特点。

第四章　中国传统文化的基本精神

中国传统文化博大精深,源远流长。在它的长期发展过程中,一些思想观念或固有传统,由于长期受到人们的尊崇,从而影响着人们的生活和行动,成为历史发展的内在思想源泉。这就是中国文化的基本精神。它是中华民族延续发展的精神动力,或者说是中华民族发展的精神支柱,对于中国社会的发展,对于中华民族的成长壮大,有着极为重要的推动作用。由于中国文化丰富多彩,表现中国文化基本精神的思想也不是单纯的,而是一个包含着诸多要素的思想体系。"天人合一"、"以人为本"、"刚健有为"、"自强不息"、"贵和尚中"都是中国文化基本精神的主要内容。

第一节　中国传统文化基本精神的主要内容

一、"天人合一"与"以人为本"

1. 强调人与自然的和谐统一

"天人合一"是一个十分复杂的问题。中国"天人合一"的观念源远流长,早在新石器时代,由于人们的生存和发展与自然环境(天时、地利)之间有着密切的关系,同时这一时期尚未建立真正的奴隶制统治,人们屈从于绝对王权的现象尚不严重,原始氏族体制下的经济政治结构和血缘宗法制度,使氏族、部落内部维持着某种自然的和谐关系("人和"即原始的人道、民主关系),这两方面是产生"天人合一"(人与自然、个体与群体的顺从和适应的协调关系)观念的现实历史基础。从远古直到现代,汉语的日常应用中,"天"作为命定、主宰义和作为自然义的双层含义始终存在。所以"天"与"人"的关系实际上具有某种不确定的模糊性质,既不像人格神的绝对主宰,也不像对自然物的征服改造。"天"既不必是"人"匍匐顶礼的神圣上帝,也不会是"人"征伐改造的对象。因此,"天人合一"既包含着人对自然规律的能动地适应、遵循,也意味着人对主宰、命定的被动地顺从与崇拜。

"天人合一"的观念成熟于先秦时期。《左传》中有许多论述,孔子、孟子、老子、庄子等都从不同角度、不同方面提出了这种观念。无论是积极的或消极的,他们都强调了"人"必须与"天"相认同、一致、和睦、协调。这一认同恰好发生在当时作为时代潮流的理性主义兴起、宗教信仰衰颓之际,由此这种"天人合一"观念既吸取了原始宗教中的天人认同感,又去掉了它原有的神秘、迷狂或非理性内容,同时却又并未完全褪去它原有的主宰、命定含意,只是淡薄了许多,其自然含义方面相对突出了。

"天人合一"在董仲舒及其他汉代的思想系统中扮演了中心角色,其特征是具有反馈功能的天人相通的有机整体的宇宙图式。其意义在于,它指出了人只有在顺应(既认识又遵循)这个图式中才能获得活动的自由,才能使个体和社会得以保持其存在、变化和发展。这种"天人合一"重视的是国家和个体在外在活动和行为中与自然及社会相适应、合拍、协调和同一。

汉自董仲舒提出"独尊儒术"始,儒家经典便一直占据着统治地位。从董仲舒到《白虎通》都宣扬"天人感应",董仲舒曾说:"天亦有喜怒之气、哀乐之心,与人相符。以类合之,天人一也。"并举例说明:"由此言之,天人之征,古今之道也。"《白虎通》这部东汉王朝的经典则更以神秘主义的形式反映了"天人合一"的思想:"天子至尊也,精神与天地相通。"

魏晋玄学是以老庄道家思想为骨架,在此基础上企图调和儒道两大系统的思想,因此它讨论的中心课题是"自然"与"名教"的关系问题,实际上也是天人关系问题。虽然嵇康、阮籍提倡"越名教而任自然",但他们实际上是反对假名教而相信真名教的,正如鲁迅先生所说:"魏晋时代,崇奉礼教的看来似乎很不错,而实际上是毁坏礼教,不相信礼教的。表面上毁坏礼教者,实际倒是承认礼教,太相信礼教。"在嵇康的《家诫》和阮籍的《咏怀诗》中都表现了他们太相信礼教,因而他们的文章"率激烈慷慨,其心愤,故其行危;其道忠,故其旨远"。魏晋玄学的主流则更是以调和"自然"与"名教"为主题。王弼主张"体用如一",故有"举本统末"之言,认为了解了"天道"即可了解"人事",圣人可以"体冲和以通无",体现"天道"以至于同于"天"。郭象也讲"体用如一",以为"用外无体","用"本身就是"体";认为圣人"常游外以弘内",在现实社会中就可以实现符合"天道"的理想社会,所以"名教"不仅不和"自然"相矛盾,恰恰应在"人间世"中来实现其"逍遥游"。魏晋名士多言"放达",但有的人是"行为之放",仅得"放达"之皮相,如王衍、胡毋辅之流,以矜富虚浮为放达;有的人是"心胸之放",则得放达之骨骸,如嵇康、阮籍等人,以轻世傲时为放达;有的人是"与自然为一体之放达",则是"放达"之精髓。陶渊明在《形影神赠答诗》中抒发了他的思想境界:"纵浪大化中,不喜亦不惧,应尽便须尽,无复独多虑";在《与子伊等疏》中说,"常言五六月中,北窗下卧,遇凉风暂至,自谓是羲皇上人"。这种与自然为一体的放达,虽不同于孔子的"天人合一"的思想境界,却正是魏晋人所追求的一种"天人合一"的精神境界。

汉儒的"天人合一"是现实的行动世界,"生生不已"指的是这个感性世界的存在、变化和发展;魏晋玄学的"天人合一"则是心灵的道德境界,"生生不已"只是对整体世界所做的心灵上的情感肯定,实际只是一种主观意识的投射,并将此投射提高到道德本体上来了,即将伦理作为本体与宇宙自然相通而合一。

"天人合一"的问题虽然是说明人和整个宇宙的关系,但它是把"人"作为整个宇宙中心来考虑的,《中庸》说:"诚者,天之道;诚之者,人之道也。诚者不勉而中,不思而得,从容中道,圣人也。"因此,圣人的行为不仅应符合"天道"的要求,而且应以实现"天道"的要求为己任。人生活在天地之中,不应取消极态度,而应"自强不息"。"天行健,君子以自强不息",体现了宇宙大化的流行。这样人就会对自己有个要求,有个做人的道理,有个高尚的精神境界。《大学》的"三纲领八条目"就是说的这个道理:"大学之道在明明德,在亲民,在止于至善。""古之欲明明德于天下者,先治其国。欲治其国者,先齐其家。欲齐其家者,先修其身。欲修其身者,先正其心。欲正其心者,先诚其意。欲诚其意者,先致其知。致知在格物。格物而后知,知致而后意诚,意诚而后心正,心正而后身修,身修而后家齐,家齐而后国治,国治而后天下平。""知"是要和"行"统一的,从"格物致知"到"治国平天下"这是一个认识过程,更是一个实践的过程。人应该有理想,最高的理想是"致太平",使人类社会达到"大同"境地。而"大同世界"的基本要求首先是每个人都应对自己有个做人的要求,要有个做人的道理,要能"己所不欲,勿施于人"。孔子说:"吾道一以贯之,忠恕而已矣。"理想的"大同世界"能否达到是个问题,但人们应有这个要求,并从中得到做人的乐趣,所以孔子赞美颜回说:"一箪食、一瓢饮,在陋巷,人不堪其忧,回也不改其乐,贤哉,回也!"人生活在天地之中,要"做人",也要有"做人"的乐趣,要能在生活中领略天地之伟大功力。而真正能领略天地造化之伟大功力的,就必须能于再现"天地造化之功"中表现人的创造力,表现人的精神境界,表现人之所以为人者,使文成"至文",画成"神品",乐成"天籁"。"景中生情,情中生景","情景一合,妙语自得"。当人进入这种境界时,将是真、善、美合一的境界,人生的意义、人类最高的理想正在于此。孔子说他自己"七十而从心所欲不逾矩",正是古代思想家们所追求的境界。他们以为自己的一切言行和整个宇宙、人类社会、他人和自我的身心内外都和谐了,这种境界是真、善、美合一的境界,自然也就是所谓的"圣人"的境界了。中国传统哲学中提出的"做人"的道理,是把"人"(一个在特定关系中的"人")作为自然和社会的核心,更增加了人的责任感。"做人"是最不容易的,做到和自然、社会、他人以及自我的身心内外的和谐更不容易。对这种"做人的责任感"应充分地理解并加以继承。

2."人本主义"

中国传统文化中的这种追求和谐社会的理想主义的倾向又是以一种不同于西

方"人文主义"的人本主义为前提的。"人"为什么要有理想,要追求建立一种和谐的理想社会呢?按照中国一些哲学家看来,只有"人"才有理想,"人"在天地之中是最重要的,只有"人"才能"为天地立心,为生民立命,为往圣继绝学,为万世开太平",所以孔子说:"人能弘道,非道弘人。""道"(天道)是客观存在的,但"道"要人来发扬光大,要人在实践中体现它。"天人合一"、"知行合一"、"情景合一"就是一种做人的最高境界,也就可以把其美好的理想凝聚心中,而求实现于人世间。

中国传统文化中的"人本主义"和西方中世纪不同,西方中世纪是"神本主义"占统治地位;也和西方近世不同,西方近世的人本主义是把"人"作为一个个的单个人,强调个性解放、个人的独立人格,带有强烈的个人主义色彩。而中国传统文化中的"人本主义"可以说是一种"道德的人本主义",或者称之为"伦理关系中的人本主义",它把"人"放在一定的关系中来讲一个人应该如何负起自己的责任。所谓君臣、父子、夫妇、兄弟、朋友等五伦,讲"君义臣忠"、"父慈子孝"等,要求每个人在他们所处的社会关系中发挥作用。中国传统文化中的"人本主义"注重伦理道德,表面看来,强调个人的主体性、自觉性,而实际上这种主体性只是在规定了的"道德观念"下的主体性,"自觉性"只是在一种没有认识自己独立性下的自觉性,只是在所限定的范围内具有主动性。只有冲破所限定的社会关系,在"人"得到真正的"自由"即认识必然后的自由,"人"才能成为真正的"人";有主动性和自觉性的人,才可以建立起真正合乎人性要求的社会关系。在这种真正合乎人性要求的社会性关系中的"人本主义","人"才能成为"天地的核心"。这种"人本主义"把"人"作为核心,来探讨"人"和"宇宙"(天)的关系,特别强调"天"和"人"的统一性("天人合一")。它一方面用"人事"去附会"天命"(天道),要求人去体现"天道"之流行,因此在传统哲学中有所谓"体道"或"同天"(同于天);另一方面又往往把"人"的道德性加之于"天",使"天"成为理性的、道德的化身,而"天理"的基本内容是仁、义、礼、智等至善的德行,这样一来,"天"虽然作为客体与"人"对立,而另一方面又带有"人"的强烈的主体性。要实现"天理",而"天理"是"至善的美德",所以人们的实践活动最根本的是道德实践,而最高的艺术品又必须是"至善"的,才可以是"尽善尽美"的。

二、刚健有为与自强不息

刚健有为与自强不息也是中国传统文化基本精神的主要内容。孔子就特别重视"刚",他的生活态度是"为之不厌"(《论语·述而》),"发愤忘食,乐以忘忧"(《论语·述而》),这是一种积极有为的态度。孔子的这些思想,在《易传》中有进一步的发展。《易传·象》提出"刚健"观念,赞扬刚健精神,"刚健而文明"(《周易·大有》),"刚健笃实辉光"(《周易·大畜》)。《象传》提出"自强不息"的原则:"天行健,君子以自强不息"(《周易·乾卦》)。《易传·象》倡导的"自强不息"精神在中国历史上产生了深远的影响,激励着古往今来的人们奋勇前进。儒家的刚健思想与道家的柔静思想并行对峙,但刚健思想占有主导地位。王弼注《易》以老解孔,释《复卦》"复其见天地心乎"说:"凡动息则静,静非对动者也,语息则默,默非对语者也,然则天地虽大,富有万物,雷动风行,运化万变,寂然至无,是其本矣。"这里把静看成是绝对的。程颐注《易》矫正了王弼的观点,他说:"一阳复于下,乃天地生物之心也。先儒皆以静为见天地之心,盖不知动之端乃天地之心也。非知道者,孰能识之?"这就充分肯定了动的重要性。墨家的生活态度比儒家的更积极,"日夜不休,以自苦为极"(《墨子·天下》)。墨家的苦行主义难以普遍推广,汉代以后,墨家逐渐中绝,在中国文化发展中起主导作用的仍然是儒家学说。

儒家思想是主张积极入世的,它要求每一个人都要以天下为己任。当一个人通过系统学习和日常实践完成德的修养并具备了治家的基本经验后就要积极入世,投身仕途,通过自己的努力实现儒家的政治思想。子贡曾向孔子请教说:如果有一块美玉在这里,是放在匣子里收藏起来呢,还是找一个识货的商人卖出去呢?孔子连忙说:卖出去,卖出去!他自身就是积极进取的典范,他总是不遗余力地推行自己的主张。当时的人一提起孔子,对他的评价就是:"知其不可为而为之者。"当然,一个人的主张并不总能得到别人的赏识,因此儒家主张"达则兼济天下,穷则独善其身",当自己被赏识时,就积极推行仁政,使天下的百姓都得到福庇;当不被赏识时,便洁身自好,保持清白的节操,进一步提高道德的自我修养,等待时机成熟后再积极入世,以更高的道德和知识水准行"仁政"。

儒家学说虽极力推崇积极进取的人生价值观,然而天下事未必尽如人愿,由于各种外界因素的干扰,人的努力往往会落空。人们很自然地将这种强大的外界力量解释为"神"或"天"的意志,于是一方面希望了解"神"或"天命"的内涵以便使自己的行为遵从天意,另一方面希望借助"神"或"天命"的力量来达到自己的目的。强烈的现实态度和实用理性精神使儒家对彼岸世界采取"敬天命而尽人事"的态度。儒家不是无神论者,他们并不否认"神"或"天命"的存在,然而天意是不可知的,对其表示尊敬就足够了,最关键的还是要"尽人事",即使是天意也要通过人的努力才能实现。所以孔子对"天命"总是采取敬而远之、避而不谈的态度。孔子认为人的努力是最重要的,神对人的态度完全取决于自身的表现,祷告是没有意义的,他说:"获罪于天,无所祷也。"积极入世,注重现实的人生态度较之空谈鬼神、大举祭祀更能对社会的发展和时代的进步产生巨大的作用,因此,儒家的"现世精神"赢得了中国人的重视。儒家学说在意识形态领域的绝对主导地位有力地排斥了鬼神怪异之说。在中国人心目中,神虽然具有极大的威力,但神对人的态度取决于人对现实的态度,人与神的沟通方式是"天人感应"。中国人并没有塑造出大批人格化的神来干涉现实生活,而宁肯崇拜神格化的人——把帝王推上九重天,使现实中的绝对权威更具有感召力和凝聚力。

儒家学说恢弘博大,注重现实,强调自我与他人及社会的伦理关系和个人对社会的责任,鼓励积极进取,主张谦虚谨慎且富有实用理性精神。按照儒家式人格理想培养出的人才是品德高尚、谦逊好学、心胸坦荡、知错必改、虚怀若谷、胸存大志、勇于进取的坦荡君子。他将以社稷为己任,"先天下之忧而忧",积极入世又善于自保。这种人格理想经过后世儒生的加工提炼,更加为后世之人所接受和推崇,所以儒家思想以其现实精神和积极进取的态度赢得了后人的欢迎,也成为中国传统文化的基本精神之一。

三、"厚德载物"与"中庸尚和"

中华民族精神基本上凝结于两句名言之中,这就是"天行健,君子以自强不息","地势坤,君子以厚德载物"(《周易·乾卦》)。

"厚德载物"即以宽厚之道德心怀包含万物,对待事物有兼容并蓄的意思。"君子以厚德载物"是说有道德修养的人能宽容有不同意见的人。孔子说过:"君子和而不同,小人同而不和"(《论语·子路》)。所谓"同"是不讲原则的随声附和,所谓"和"是在容纳不同意见时,和合正确的部分。所谓有"雅量",也就是"和而不同"。提倡"君子厚德载物"也就是"君子和而不同"的意思。

中国古代早有"和而不同"的思想文化传统。西周末年的史伯已经认识到:由于不同元素相配合,才能使矛盾均衡统一,收到和谐的效果。五味相和,才能产生香甜可口的食物;六律相和,才能形成悦耳动听的音乐;善于倾听正反之言的君主,才能造成"和乐如一"的局面。史伯说,"和实生物,同则不济。以他平他谓之和,故能丰长而物归之。若以同裨同,尽乃弃矣"(《国语·郑语》)。不同事物之间彼此为"他","以他平他"即把不同事物联结在一起;不同事物相配合而达到平衡,就叫做"和","和"才能产生新事物;如果把相同的事物放在一起,就只有量的增加而不会发生质的变化,就不可能产生新事物,事物的发展就停止了。史伯是第一个对和谐理论进行探讨的思想家。春秋末年,齐国的晏婴进而用"相济"、"相成"的思想丰富了"和"的内涵。他将其运用于君臣关系上,强调君在处理政务上意见"否可相济"的重要性。"君所谓可,而有否焉,臣献其否,以成其可;君所谓否,而有可焉,臣献其可,以去其否"(《左传·昭公二十年》)。可相济便是"和",通过"济其不及,以泄其过"的综合平衡,使君臣之间保持"政平而不干"的和谐统一;主张以广阔的胸怀,容纳不同意见,以促进民族文化的发展。"天下同归而殊途,一致而百虑"(《周易·系辞下》)的主张,便是重和去同思想的体现。

在中国文化中,儒道互补,儒法结合,儒佛相融,佛道相通,援阴阳五行入儒,儒佛道三教合一,以至于对基督教、伊斯兰教等外来宗教的容忍和吸收,都是世人皆知的历史事实。尽管其间经历了种种艰难曲折,中国文化在各种不同价值系统的区域文化和民族文化的冲击碰撞下,逐步走向融合统一,表现了"有容乃大"的宏伟气魄。在民族价值观方面,中国文化素以礼仪道德平等待人,承认、吸收任何民族的优秀文化。汉代司马相如受武帝之命"通西南夷",招抚少数民族,便以"兼容并包"、"遐迩一体"为指导思想,并称这是武帝"创业垂统,为万世规"(《汉书·司马相如传》)的事业之一。正是这种思想,使汉王朝将不同的民族(所谓"东夷"、"南蛮"、"西戎"、"北狄")融合为一体,成为统一的中华民族。在治国之道方面,兼容天下的胸怀表现为"以君子长者之道待天下",善于听取不同意见。"兼听则明,偏听则暗"。这些都是中国古代重和去同文化精神的具体体现。事实证明,这种"和而不同"的文化观对于中国古代文化的发展,起了十分重要的积极作用。如果说"厚德载物"在历史上表现为宽容、和谐待人,对各种意见做到"和而不同"的话,今天则应当理解为以宏阔的民族气度兼容并蓄中西文化中的优秀成分,自我反省、自我批判民族中的消极成分、落后成分,从而实现"厚德载物"的现代转化。

既然和谐是最好的秩序和状态,是最高的理想追求,那么怎样才能实现"和"的理想呢?儒家认为,根本的途径,就在于保持"中"道。"中"指事物的"度",即不偏不倚,既不过度,也不要不及。此外,"中"也指对待事物的态度,既不"狂",也不"狷"。孔子用"持中"的办法作为实现并保持和谐的手段。在他看来,无过无不及,凡事叩其两端而取其中,便是"和"的保证,便是实现"和"的途径。以"中"为度,"中"即是"和";"和"包含着"中","持中"就能"和"。

在中国古代,中庸之道可以说是一种调节社会矛盾使之达到中和状态的高级哲理,所谓"极高明而道中庸"、"舜执其两端而用其中于民"就是这种哲理的妙用。秦汉以后,儒家这种贵和尚中的思想,正好既适应了大一统的政治需要,又迎合了宗法社会温情脉脉的伦理情感的需要,从而成为民族的情感心理原则。无论是汉代董仲舒的"三纲五常"和天人感应理论,还是宋明理学家"存天理、灭人欲"的说教,都是以"中"为度,以"和"为归结的,不过是先秦儒家和谐理论的不同表现而已。张载在《西铭》中表白:"存,吾顺事;没,吾宁也。"便是传统文化贵和尚中思想在个体人生际遇方面的集中反映。从总体上看,秦汉儒家的中和理论,是以"中庸"观念为理论基础,以"礼"为标准,以对统一体的保持、对竞争观念和行为的抑制为特征的。在中国传统文化中影响久远的中庸之道虽然也包含有不偏不倚、允当适度的持中之意,但它力图使对立双方所达成的统一、平衡经久不渝,永远不超越"中"的度,这就成为一种阻碍事物发展变化的保守理论;发展到后来,便成为典型的"天不变道亦不变"、"王者有改制之名,无易道之实"的守成式的和谐论。

第二节　中国传统文化基本精神的社会功能

一、维系国家统一和民族团结的精神纽带

中华民族长期在这块土地上劳动、生息和奋斗,因而形成了民族的共同心理素质,特殊的思想感情、精神气度以及处世待人的方式,从而构成一个民族集合体。中原地区的华夏文化与周边夷蛮戎狄各族发生接触,它一方面吸收了周边民族文化的某些因素共同组成中华民族的文化,另一方面将自己的文化影响施加给周边各族,使周边各族出现不同程度的汉化,同时又保存着各自文化的固有特点。这种情况,表现出中华民族文化的同一性与多样性相结合的特点。它既保持着中华民族文化的主旋律,又是"五音繁会",发出"升降曲折之响",组成一曲不同凡响的华夏乐章。

中华民族的基本精神体现了中华民族的共同心理素质,因而具有全民性,是整个民族精神面貌的表现。它不仅具有坚韧的"内聚性",而且对于外来的文化具有"拒异性";它在免受外民族的心理、精神影响方面所起的作用,有力地维系着中华民族的存在。中华文化这种"内聚性"与"拒异性"的结合,产生了对外来文化的强大消化力。从西汉以后,在中外文化交流上已有两条文化线先后把中国与中西亚、东南亚、欧洲、非洲和阿拉伯各地联系起来,这就是著名的"丝绸之路"与"香瓷之路"。通过这两条陆海的交通往来,外国的宗教、雕塑、乐舞、医药、香料、建筑、蔬果等源源不断地输入中国,经过中国人的"肠胃"消化,成为中华文化的有机构成部分。范文澜先生以佛教为例说:"佛教在外国,宗教势力超出政治势力,但在中国,不论帝王如何尊信佛教,帝王终究要依靠儒家的礼法来统治人民,佛教徒如果不适应中国社会的传统惯例,使佛教汉化,在不抵触儒家伦理道德的情况下进行宗教活动,而企图传播完全外国面貌的佛教,也是不能立足的。"如印度佛教传说故事《盂兰盆经》传入中国后,其中目连救母的故事中的情节和内容便不断被改变,以迎合中国民情。元代无名氏《目连救母》杂剧,把原来的如来佛改为观音菩萨救难,佛的地位被观音取代,这与当时佛门声誉败坏和全真道盛行于北方有密切的关系。民间上演这个故事时,还多穿插"度索"、"蹬坛"、"跳圈"、"窜火"等杂技节目,以适应中华民族对于戏曲的传统娱乐要求。

中华民族的共同心理因素是在长期的封建社会中凝聚而成的,它具有浑厚、朴质、崇尚气节、酷爱自由、坚忍不拔的特性。自古以来,中国就是由国内各民族祖先共同缔造的。在历史上,各民族之间的关系虽有好有坏,和战交替,但由于各族人

民通过贸易、结盟、通婚,以及大聚居、小杂居等多种方式的接触,逐渐成为不可分割的整体。到了西周初期,便称中国为"华夏"。西周后期,因犬戎入镐京而造成民族关系的大变动,"夷夏之别"的议论随之而起,边地民族及其文化受到歧视。然而,历史发展的潮流却朝向"华夏一体"的方向前进。《淮南子·俶真训》说:"此皆生(于)一父母而阅一和也……是故自其异者视之,肝胆胡越;自其同者视之,万物一圈也。"它把中国所有的民族看成是骨肉兄弟,表达了汉代人对于民族团结的美好愿望。因此,外国人"自其同者视之",就称所有的中国人为"汉人"。

爱国思想与中华民族要求民族之间平等、友好的愿望是一致的。中国自古以来就享有"礼仪之邦"的美誉。《诗经》中的《鹿鸣》、《木瓜》等诗篇,都体现了中华民族与国外民族礼尚往来的美德。西汉以后,历代封建政府正式派往国外的使节大都"入境随俗",从事外交、文化交流和互利互惠的贸易活动,而不是君临异国。中华民族在国际交往中的这种讲信义、重承诺的品德,自然是受儒家思想的熏陶,同时也与这些"去国者"具有"宽大信人"的品质具有直接的关系。凡是对中外文化交流起过"搭桥"作用的人物,如张骞、郑和、鉴真等都因被载入中国文化的史册而受到景仰。

中华民族具有长达数千年的成长历史,虽然经历过许多民族间的斗争,但是每当外敌入侵之时,各民族仍能同仇敌忾,奋起反抗。如在明代抗倭斗争中,湖广的土家族与苗族官兵便立过"东南战功第一"(《明史·湖广土司传》)的军功;广西壮瑶等族官兵,也积极参加了抗倭斗争,其勇敢与战功都为参加抗倭斗争的军兵所称赞。郑成功驱逐荷兰殖民者收复台湾的斗争,得到了台湾各族人民的热烈响应与支持。明清之际与清初,沙俄殖民者入侵黑龙江流域,当地达斡尔、鄂伦春、鄂温克等民族坚持长期的斗争,并在雅克萨自卫反击战中配合满汉官兵,取得了反击战的胜利。正因为有如此深厚的历史根基,所以在1840年以后的百年中,虽然西方列强用尽了各种卑劣的手段,但仍未能达到瓜分中国的目的,中华民族仍能在最艰苦的历史条件下,捍卫祖国的统一与领土的基本完整。

二、推动社会进步和培养健康人格的精神动力

中国传统文化的基本精神,具有影响广泛、促进社会进步发展的特点,是民族优秀文化传统的体现。因此它反映着中国文化的健康发展方向,能够鼓舞人们前进,无论在历史上还是在当代中国的文化建设中,都具有激发民族自尊心、自信心和民族自豪感的伟大作用。它理所当然地要成为维系全民族共同心理、共同价值追求的思想纽带,成为焕发人们为民族统一、社会进步而英勇奋斗、鞠躬尽瘁、死而后已的精神源泉。

中国传统文化中刚健自强的精神,早在孔子时代就已经出现。

孔子十分重视"刚"的品德。他说，"刚毅木讷近仁"(《论语·子路》)。刚毅指坚定性。他高度肯定了临大节而不夺的品质，认为是刚毅的表现，所谓"三军可夺帅也，匹夫不可夺志也"(《论语·子罕》)，便是其生动的写照。在孔子心目中，刚毅和有力是不可分割的：有志有德之人，既要刚毅，又要有历史责任感和时代使命感。"不知命，无以为君子也"(《论语·尧曰》)。孔子的弟子曾参提倡知识分子要"弘毅"。他说："士不可以不弘毅，任重而道远，仁以为己任，不亦重乎？死而后已，不亦远乎"(《论语·泰伯》)？强调人要有担当道义、不屈不挠的奋斗精神。孔子还提倡并努力实践为崇高理想而不懈奋斗的自强不息的人生态度。他"学而不厌、教而不倦"，"发愤忘食，乐以忘忧，不知老之将至"(《论语·述而》)，在继续学习的过程中完善自己的人格。17世纪很多思想家包括李卓吾、耿定向等，在反省孔子人格时，曾有这样一个争论：孔子73岁去世，如果孔子像佛活到80多岁，那他是否还要进一步发展呢？还要不要继续不断地学习做人呢？孔子到70岁时已经达到所谓"从心所欲不逾矩"的境界，究竟在达到这个境界后还有没有可学的呢？绝大多数儒者在17世纪坚持：即使孔子再多活一个月，多活一个星期，多活一天，他还是要继续学习的。这个提法和基督教文明里对耶稣的理解和佛教传统里对佛的理解有很大的不同，佛到了80岁圆寂时所悟到的真理是"唯我独尊"，是佛教思想里的最高觉悟、最高"涅槃"境地的体现，所以它不可能有进一步的发展。耶稣基督因为是圣子，从基督教立场来看，上十字架也是达到了最高的人格和神格的形态。可是，在儒学的立场上，孔子可以说是一个相当平凡的人，他如果再活下去的话，他还要继续学习下去。这种精神就是中国传统文化中的儒学精神。另外，这种人格发展过程是全面的，不是片面的，对自己的身心灵魂各个层面，对自己的智力、体力，对自己的德育都要发展。这个发展的另一特色是，它还是辩证的，一个动力很大、生命力很强的发展，而不是一个逐渐堕落、自我中心逐渐强化的过程。

儒家经典《中庸》提倡博学、审问、慎思、明辨、笃行的治学之道，主张刻苦学习，不甘人后，"人一能之，己百之；人十能之，己千之。果能此道矣，虽愚必明，虽柔必强"。这是儒家对学问、对事物所采取的"刚毅"进取的态度，也体现出中国传统文化"自强不息"的精神。《周易集解》引干宝对于"自强不息"的解释说："凡勉强以进德，不必须在位也。故尧舜一日万机，文王日昃不暇食，仲尼终夜不寝，颜子欲罢不能，自此以下莫敢淫心舍力，故曰自强不息矣。"这种精神在中华文化的发展进程中，一直鼓励着中华儿女敬业进取、不断向前、克服困难、坚持同内部的恶势力和外来的侵略者作不屈不挠的斗争。近代，中国人民为了救亡图存和民族自强进行了艰苦卓绝的斗争。鸦片战争后，林则徐的学生冯桂芬提出了"若要雪耻，莫如自强"的口号。近代史上的洋务运动，正是打着"自强新政"的旗号出台的。康有为在著名的《公车上书》中，也以《易传》的刚健、有为、尚动、通变原则作为"变法"的理论根据。孙中山领导的资产阶级民主革命,邹容写的《革命军》更是把"革命"看成"世界之公理"、"天演之公例"。他们无一例外地都受到了中国传统文化中的刚健自强思想的深刻影响,把它作为精神动力,并赋予新的时代内容。

儒家学说特别强调主体自我修养和道德实践的重要意义,鼓励人们通过道德修养来培养高尚的情操,成就完善的人格。儒家先义后利、重义轻利的价值观,固然有忽视物质利益和现实功利的弊端,但在提高人的精神境界,把人培养成为有道德的人、有精神追求的人方面,却有着不可否认的积极作用。中国传统哲学中的各家学派,虽然价值观不同,但都重视道德修养。中国历代出现了许多重修养、重气节、重独立人格的志士仁人,他们都是与中国传统文化精神的熏陶、培养和激励分不开的。

第五章　中国传统文化的思维方式

中国传统文化的思维方式，处于中国传统文化深层结构的核心地位。认真探究这一思维方式，对于把握中国文化的特质，吸收其合理成分，根据时代精神而充实新的内容，建构现代思维方式，具有积极的意义。

第一节　传统思维方式诸说

关于传统思维方式，学术界近年多有论及，大致有如下一些观点。

有人认为，在理论层面上，中国传统思维的总体特点是：以"致用"为目的，以"大化流行"的整体观念为根基，直觉与思辨相互渗透的朴素辩证思维。具体可概括为：从"致用"出发，尊崇"自然"和重视人伦日用的致思倾向；从整体性出发，以把握整体的功能为目标的古朴系统思维；以体验"天道"为中心，知情意一体化的认知结构；从"应变"出发，着眼于整体运动的稳定和复归的辩证方法；在思维形式上，则是直观体验和理性思辨的并行和互补。（汪健：《试论中国古代传统思维方式》，《哲学研究》1987年第2期）

有人认为，能够反映中国古代民族文化和思维特质的最典型、最普遍、影响并支配一切的形式或模式是以"月令"为代表的、以阴阳五行为核心的文化和思维模式。这个模式包含着如下特征：农业生产居于中心地位，国家的全部政治活动都服从时令的安排；图式的时间、空间观念是以自我（主体）为中心、以五为单位、以农业生产为内容和标志，主客观双方有机联系的具体时间和空间；支配时空变化的内在力量是"五行"，是阴与阳，是气，形成了"有机体是消息"这种和现代控制论相类似的思维方式；天人一体，天人相与，天人感应。（金春峰：《"月令"图式与中国古代思维方式的特点及其对科学、哲学的影响》，载《中国文化与中国哲学》，北京：东方出版社，1986年版）

有人认为，中国传统思维方式主要有两点：整体思维与直觉。整体思维是中国古代的系统观点，但不重分析，成为一个严重的缺点。直觉就是反观，反求诸己，反省自己。直觉就是灵感，在认识中具有重要作用，但它不是科学研究的基本方法。直觉与实测相对立，中国传统思维不重视实测，是一个大缺点。（张岱年：《中国传

统哲学的批判继承》,《理论月刊》1987年第1期)

有人认为,中国传统概念思维有三个特点。(1)意会性,即不是通过抽象思维的方法,而是通过对该概念的上下文加以直观领会的方法,来潜移默化地把握这一概念的实际含义。(2)模糊性,即概念缺乏逻辑意义上的确定性和规定性。(3)不可离析性或"板块性",即传统的抽象概念是由带有直观感性意义上的名词通过借喻演变而来的,既不能进一步分解成独立的子概念,也不能与其他概念综合为新概念。(萧功秦:《儒家文化的困境》。成都:四川人民出版社,1986年版)

有人认为,中国古代的思维方法,可以概括为从整体的直观到经验到直觉,即离不开具体的直观事物,通过对动态中的事物的经历(包括历史经验),体会出其中微妙而且高明的道理,达到认识上的升华。(楼宇烈:《开展对中国文化整体上的综合研究》,载《中国文化研究集刊》第1辑。上海:复旦大学出版社,1984年版)

有人认为,中国传统思维方式表现为:用价值评判统摄事实认识,寓事实认识于价值评判之中,偏重从主体的需要而不是客体本身去反映客体。这种运思习惯是未将客体从主体中分化出来的原始思维的遗风。(黄卫平:《试论中国传统思维方式的特征》,《江海学刊》1985年第1期)

有人认为,中国传统哲学中的思维是象征性思维。它是中国社会早熟的产物,也是中华民族保守的表现。象征显示意义的模糊性,促使思想家们发展出相应的解经方法。象征性思维有利于促进中国人体验、意会能力的发展,同时也抑制了信号化推理因素。(陈少明:《论中国传统哲学中的象征性思维》,载《中国传统文化的反思》,广州:广东人民出版社,1987年版)

有人认为,中国传统思维方式以封闭性、单向性和趋同性为特征。封闭性,表现为思维活动往往局限于固定的框架中,缺乏和外界进行信息交流和接收新信息的主动性和积极性。单向性,表现为人们的思维活动往往只选择一个视角去认识一个对象。趋同性,表现为人们的思维活动总是趋向谋求和谐,谋求一种完美的同一性。这种传统思维是一种"反创造性"思维,传统文化观念不过是这种思维方式的现实展开而已。(魏承思:《中国传统的思维方式和文化观念》,《文汇报》1986年4月8日)

有人认为,思维方式主要包括思维模式和致思途径两大方面。思维模式是指人们在思维中把握世界的整体联系的定格,特别是对于世界统一性(整体)与多样性(部分)之关系的稳定看法。思维模式的核心是一与多的关系。中国传统思维模式是一种将部分与全体交融互摄的模式。致思途径是指人们在从感性认识上升到理性认识的过程中通过何种方式、方法和步骤去获得关于事物本质的认识。中国传统的致思途径是注重直觉的致思途径。(许苏民:《中国民族文化心理素质简论》。昆明:云南人民出版社,1987年9月版,第125~208页)

有人认为,中国思维的成型期的上限大致可以确定在三代,特别是商周时期,而其下限则大致可以确定在春秋战国以及西汉时期。中国思维的本质精神表现为:重视实践,关注现象,注重现实,沿同异律和相关律方向发展的逻辑构造,概念和语词与思维母体相吻合。中国思维的类型特征表现为结构的完整性、形式的多样性、过程的连续性和自发性质。(吾淳:《中国思维形态》。上海:上海人民出版社,1998年2月版,第9、371~385页)

　　有人认为,中国传统思维是一种整体性思维,其特点和内容表现为:从认知结构的层面看,中国传统哲学对于客观世界的理解和规定,表现为系统思维的倾向;在主体把握客体的方法、程序、途径的层面上,中国传统哲学表现为直觉性、意象性、经学性的基本倾向;从价值结构的层面看,即从思维方式的根本目标和根本目的看,中国传统哲学的思维指向是人自身,表现为内向型、实践理性型和精神超越型三种样式。(高晨阳:《中国传统思维方式研究》。济南:山东大学出版社,1994年12月版,第27~35页)

　　有人认为,系统思维(或称整体思维)是中国传统思维方式的主干,是使中国古代文明步入世界前列的一个重要因素。系统思维包括"整观宇宙"、"统筹管理"、"辨证论医"、"圜道审美"、"生态农学"等内容。(刘长林:《中国系统思维》之"自序"、"引言"。北京:中国社会科学出版社,1990年7月版)

　　关于中国传统思维的看法,当然不止上述这些,但上述观点却属于具有代表性的观点。这些论者的概括,总的说来,是经过认真思考而得出的有一定根据的结论,对于促进中国文化的研究,起到了积极的作用。

第二节　对主客体关系的认识

　　思维方式问题,是处于中国文化深层结构的核心地位的问题,价值观则是思维方式的集中表现,思维方式制约着价值观。而要正确地把握价值观念的内在特质,作出科学的抉择,则又须把握传统中国文化对主客体关系的认识。这种认识集中表现为对事实判断与价值判断、道德判断与价值判断及其关系的态度和方法上。

一、事实判断与价值判断

　　有一种看法认为,所谓思维方式,就其根源来讲,不过是被历史主体所内化了的社会实践方式。它的特点、作用和命运,取决于它所赖以生存的历史过程。思维方式并不仅指思维的形式和方法,而是与每个时代实践活动的对象、目标相一致的思维的内容与形式、结构与功能的统一体,是由一系列的基本观念所规定和制约的、被模式化了的思维的整体程式,是特定的思维活动形式、方法和程序的总和。社会的思维方式大体可分为两个基本层次。其一是人们形成和运用概念把握对象的理论思维方式,这是与人们的宇宙观、自然观和历史观密切相关的,是被系统化、理论化的较高层次。其二是与人们日常生活经验相关联的,表现为思维的习惯、情趣和趋向的较低层次,即世俗性或习常性的思维方式。需要补充的是,作为理论思维范畴的思维方式,它首先属于认识论的范畴,与认识论中的逻辑方法密切相关,例如类比外推方法。世俗性或习常性的思维方式,与作为理论思维范畴的思维方式并非截然分离。在中国的传统思维方式中,往往是理论思维方式寓于世俗思维方式之中,并通过世俗的思维方式表现出来。世俗思维方式又蕴涵着理论思维方式,受理论思维方式的制约或指导。例如,三纲五常,存天理、去人欲,其中的纲、常、理、欲属于概念性的思维范畴,反映了传统思维中对形而上的"道"的体认和追求,同时,也反映了世俗思维中重修身立德、名节为上的人生情趣,以及以道制欲的致思趋向。

事实判断与价值判断,是主体在认识客体的活动中,相互联系、相互制约的两个方面。事实判断是主体依其特定的方法、手段,对客体的本来面目、属性及其规律的反映,是对其真相的是或非的认识。它要求尽可能地、客观地把握事物,具有明显的客观性。价值判断是主体依其特定的价值系统以及与之相应的价值取向、客体对主体的意义等而作出的好、坏、善、恶之类的评价。价值判断探讨的是客体的价值属性,是客体的社会意义,它依主体的需要为转移。就事实判断和价值判断的关系而言,前者是后者的基础,后者是前者的主体化。

诚如有的论者所指出的,同一客体作为科学认识的对象和道德评价、艺术审美的对象时,主体对它的事实判断和价值判断是各不相同的。事实认识与价值评判统一的形态也不同,科学思维主要以事实认识为基础,由事实判断决定价值判断;在道德评价和艺术欣赏中,主要以主体的伦理规范和审美情趣为标准,由价值判断统摄事实判断。而中国传统思维方式则具有"以价值评判统摄事实认识、融事实判断于价值判断之中的特征"(黄卫平:《试论中国传统思维方式的特征》,《江海学刊》1985年第1期)。

二、道德判断与价值判断

中国传统思维方式受传统理想人格、价值取向和社会心理的影响,带有明显的道德化倾向。

"'价值'这个普遍的概念是从人们对待满足他们需要的外界物的关系中产生的"(《马克思恩格斯全集(第19卷)》,北京:人民出版社,1974年6月版,第400页)。它是客体与主体需要之间的一种特定关系,是一种客观的社会属性。价值判断作为主体意识的外化,对于人们对客体的事实判断有着明显的影响和制约作用。人们对事实的认识,总是受一定价值系统的影响,为一定的价值取向所指导。"几何公理要是触犯了人们的利益,那也一定会遭到反驳的"(《列宁选集(第2卷)》,北京:人民出版社,1960年版,第1页)。因此,中国传统思维方式中的事实判断,受制于价值判断。由于传统社会是宗法制的、以道德为价值取向的社会,因此,价值判断往往被道德伦理所充塞、代替、等同。

所谓道德判断,是主体依其特定的价值系统,以善或恶、正义或非正义、公正或偏私、诚实或虚伪等道德概念对人们的行为所做的评价。它主要通过社会舆论来扬善去恶、驱邪扶正、褒诚贬伪,借以调整人与人、人与社会之间关系的行为准则和规范,维护社会的稳定与和谐。

在中国的封建社会里,人们对事物和人的认识与评价重点,往往不在于其真相的是或非,即不重视事实判断,而重视对事物的好坏、善恶、诚伪的明辨,即重视价值判断。在价值判断的内容和方式上,则又是用三纲五常、忠孝节义等道德纲常为主体、为标准,主张心性的修养,以人格的自我完满、道德的自我完善为旨趣。这不仅可从古代思想家及其流派的主张中看出,更可从理想人格、价值取向和传统心理中得到印证。因此,可以说,传统中国的价值判断实际上是道德评判。事实认识寓于价值判断之中,价值判断则以道德为依据,为道德评判所取代。正因为如此,才出现了传统中国的理想人格和价值取向,以及由此形成的传统心理。道德评判和这三者之间,相互诱发,相互促进,互为因果,有力地强化了中国哲学以及整个中国文化的伦理色彩,促进了以求善为特征的中国哲学以至中国文化的形成。总之,在中国的封建社会,事实判断、价值判断和道德判断,三者相互涵摄,相互渗透,相互转换。事实判断寓存并消融于价值判断之中,价值判断等同、取代了事实判断;价值判断为伦理道德所充塞,道德判断等同于并取代了价值判断。这种状况导致了中国传统思维方式中以道德为主的价值取向的偏向,强化了中国文化的伦理色彩。

第三节 整体直观

一、直观与经验

近年来,研究中国传统思想与文化的人,大多承认中国传统思维是一种从整体出发(或以整体为参照)的、以经验为基础的直观思维。这种观点是有道理的。

有的学者指出,直到鸦片战争以前,居于传统思维方式主导地位的,是以"月令"为代表的、以阴阳五行为核心的思维模式。这种概括是否全面,人们自可见仁见智。但阴阳五行的理论贯穿于封建社会的始终,深刻影响了中国古代的思想文化和科学技术,则是无可否认的事实。

中国古代的天文学、医学、物理学、化学等都被纳入阴阳五行学说的结构模式。中医学理论的经典著作《黄帝内经》,是以阴阳五行为理论基础和构架的,自不必说,就是明代大科学家、《天工开物》的作者宋应星,也没有离开阴阳五行理论。在《水非胜火说》等文章中,他用阴阳五行来说明事物的不同性质特征和相互关系。在宇宙观方面,从先秦直到近代以前,其理论体系从未超出过阴阳五行的框架。在古人看来,金、木、水、火、土是构成世界的五种元素。它们的性质分别为:水润物而向下,火燃烧而向上,木可曲可直,金可熔铸改造,土可耕种收获。它们又分别给人以咸、苦、酸、辛、甜等味觉。这是以具体可感知的事物说明抽象的道理。早期的阴阳观念也是如此。《周易》中的乾、坤、震、巽、坎、离、艮、兑,被《易传》的作者解释为天、地、雷、风、水、火、山、泽八种自然现象。阴阳五行说进一步发展,出现了"五行相生"(木生火、火生土、土生金、金生水、水生木)的观点。这种观点意在说明五种物质元素的内在联系。

阴阳五行学说后来被思想家们所利用,成为其各自思想观点的理论根据。战国末著名的阴阳家邹衍把历史上的改朝换代附会为五行相胜。他宣称,传说中的黄帝属土,夏朝属木,木胜土,故夏朝代黄帝而兴;商朝属金,金胜木,故代夏而兴;周朝属火,火胜金,故代商而兴;水胜火,故他预言代周的必属水。这便是著名的"五德终始"理论。这是用阴阳五行来解释社会历史发展。西周的伯阳父用阴阳二气失调来解释地震,借以说明周朝必然灭亡,与邹衍在思维上属于同一路数。汉代董仲舒将阴阳赋予天、人和社会,用阳主阴次、阳尊阴卑和五行生胜的理论,说明人体、自然和社会的性质、状况和次序,为其大一统的封建专制主义理论张目,为地主阶级国家的长治久安效力。其后,东汉的《白虎通义》,宋代理学家周敦颐的《太极图说》、改革家王安石的《洪范传》,明末清初王夫之的《张子正蒙注》,无不利用阴阳五行理论。

不难看出,无论是原始的阴阳五行理论,还是后来的思想家对它的利用,都是从直观的、可用感官感知的事物入手的。整个理论体系和论证方法带有强烈的直观色彩和经验论特征。这种直观思维,基本上是一种偏重于对现象进行整体综合的思维,它对于人们把握认知对象的总体,领会其普遍联系,特别是领会其某种不可言喻的意蕴,有着积极的意义。但是,这种整体直观的方法,由于建立在经验的基础之上,因而具有严重的局限性。在经验范围内,整体和直观有其特定的可靠性;但一旦超出了经验的范围,它就会流于神秘主义或走向不可知论。因为,这种整体直观就其对客体的认识结果来说,把握住的往往是事物的表象;就其认知方法来说,它不是建立在具有确定内涵的概念范畴及其逻辑推演之上的。所以,这种整体直观的思维方式,带有明显的模糊性,是一种笼统的、应该加以改造的思维方式。

二、体悟与直觉

以经验为基础的整体直观的思维方法,表现于主客体关系时,是主体对客体的认识在于体悟,而不是明晰的逻辑把握。

对中国思想文化影响至为深远的"天人合一"思想,其最终要达到的目标和意境,并不能由语言概念来确指、来表现,而只能靠主体依其价值取向在经验范围内体悟。儒家孟子讲尽心、知性、知天,养至大至刚的"浩然之气";名家惠施讲"泛爱万物,天地一体";道家庄子讲"天地与我并生,万物与我为一";魏晋玄学家讲"言不尽意"、"得意忘象"……都是一种"说不清"的意境,都只能体悟,而不可用理论范畴进行解析。中国传统哲学的气、道,内涵极为复杂(也可以说丰富),不同的人可以有不同的理解,而又都难以言喻。"一阴一阳之谓道"、"形而上者谓之道"之类的传统著名命题,更是如此。理学家所讲的"理"更是包罗一切,"万象森然已具"(《遗书(卷十五)》)的。有理而后有"象"、有"气"。而这无所不包的"理","却是自家体贴出来"的(《外书(卷十二)》)。

可见,传统思维对象以及对象所包含的内容的复杂性和不确定性,决定了它的不可解析性,从而也就决定了与之相应的认知方式只能是体悟。

从思维类型来看,体悟这种认知方式,本质上属于直觉思维。

直觉是主体自身运用知识经验,不受逻辑规则约束,对客体本质、属性以及规律性联系作出迅速的识别、直接的理解和整体的判断。直觉作为一种思维方式,它是与分析思维相对应的。分析思维要遵守严密的逻辑规则,把对象分解为不同的部分或层次,通过循序渐进的推理而进行,能用语言将思维的过程和得出结论的原因清楚地表述出来。直觉思维则没有经过严密的逻辑推理,它直接得出结论,主体不能明确地意识到它的进程,不能用语言将该过程和得出该结论的原因清楚地表达出来,直觉思维具有综合性、直接性、跳跃性、快速性等特点。

基于对直觉思维的这种理解,考诸中国传统思维方式,显然可以看出,直觉是其主要认知方式之一。孟子尽心、知性以知天也好,道家与道同体、与造化同游也好,理学家要求对理的"一旦豁然贯通"也好,以及禅宗的明心见性、立地成佛也好,都没有也不可能把认知对象分解成不同层次、不同部分,用逻辑分析的办法,步步推理而达到理想的境界,并用语言明晰地表达出来,而是以对象为整体,诉诸经验,一下子实现意境的升华,完成主客体之间的彼此认同(合一),陶醉于"难以言喻"的境界之中。

直觉是一种普遍的社会现象,是人类一种基本的思维方式,它贯穿于中国古代思维发展的始终。由于它是在经验的基础上形成的、进行的,因此,知识经验的质量如何,对直觉思维水平的高低有着直接影响。一般说来,知识越渊博,经验越丰富,直觉思维的成效就越高。在中国传统思维方式中,直觉思维成为基本思维方式之一,被全社会自觉不自觉地广泛使用,这对于人们知识和经验的积累起到了促进作用。它丰厚了民族思维的基础,对于人们的综合、归纳能力的培养和提高,具有一定的积极意义。但是,与此同时,直觉思维没有精确地引导人们认识事物,在某种程度上阻碍了科学理论的发生和发展。中国传统思维缺乏严密的分析思维传统,科学技术缺乏博大严密、可以证伪的理论体系,中医理论体系至今仍存的不可实证等问题,都与传统思维中直觉思维之林过于茂盛有密切的关系。

第四节 类比外推

一、类同与类比

类比方法是中国传统思维的一个重要方法,也是人类认识世界的一个基本方法。

所谓类比,就是根据两个(或两类)对象之间在某些方面的相似或相同,推出它们的其他方面的相似或相同的一种逻辑方法。它既包含由特殊到特殊,也包含从一般到一般的推理法。

事物现象或属性间的相似,是类比的基础。世界上的事物存在着大量的相似之处,但从思维科学的角度考察,相似范畴不能解决对事物的认定问题,还不能直接用于类比推理。类比推理的现实基础或出发点是类同。

在中国古代,类比方法被大量运用。原始宗教中"万物有灵"观念的产生,便是以"自我"类比作为出发点的。《周易》讲:"观乎天文,以察时变;观乎人文,以化成天下"(《贲·象》);"观天之神道,而四时不忒。圣人以神道设教,而天下服矣"(《观·象》);"顺而止之,观象也。君子尚消息盈虚,天行也"(《剥·象》)。显然,这是主体把通过直观而获得的关于现象局部的特殊知识,经过推演而取得关于现象的普遍意义与价值。中国传统文化强调"观物比德"。作为《诗》六义之一的比、兴手法,实质上就是类比法。比,必须以类同为根据,固不必说。兴,则触景生情,因事寄兴。孔颖达在疏《诗·周南·关雎序》的"四曰兴"时,引郑司农云:"兴者,托事于物。则兴者,起也,取譬引类,起发己心",足见兴的立足点仍然是类同。《墨经》认为,无论是归纳法、演绎法,还是类比,都应遵守"以类行之"的原则。它提出了异类不比的方法论原则,强调了事物的类同是进行比较的必要前提。荀子主张用类概念作为衡量对象的准则,从类范畴来辨别事物的同异,思维要做到"推类而不悖"(《荀子·正名》),按种属关系进行推理。《易传》提出"一阴一阳之谓道"(《系辞上》),实是把事物分为阴阳两类。它认为,从阴阳的类范畴考察事物,则"万物睽而其事类也"(《象传》)。"以类族辨物"是《易传》考察事物、建构体系的一个基本方法。《吕氏春秋》认为事物同类可相互感应,"类同则召,气同则合,声比则应"。《内经》主张"别异比类",认为"五藏之象,可以类推"(《素问·五藏生成论》)。这实际上是运用阴阳五行的范畴来进行比较和推论。《论语》讲:"为政以德,譬如北辰,居其所而众星拱之"(《为政》)。墨子见丝"染于苍则苍,染于黄则黄",就类推到人的品德习性,感叹"非独染丝也,固亦有染"(《墨子·所染》)。韩非以"千里之堤,蝼蚁之穴溃"的现象,说明"慎易以避难,敬细以远大者"(《韩非子·喻志》)的处世为人之哲理。他还用守株待兔的愚蠢来推导,"以先王之政治当世之民"的荒谬。"蓬生麻中,不扶而直"的自然现象,被荀子用来强调"居必择乡,游必择士","所以防邪辟而近中正"的道理(《荀子·劝学》)。这些都是以现象的相似、类同而进行的推演。这种"类",不是严格的逻辑之类,而只是现象之间某种结构、功能或特征的类似,因此,类的推演带有明显的现象比附色彩。

在传统思维中,这些具有明显比附色彩的类推方式,经过历史的积淀形成了影响深广的思维定势。儒家倡导并躬行践履的"修身、齐家、治国、平天下",实际上是把家、国、天下视为同等结构的"类"。《黄帝内经》讲,"天为阳,地为阴;日为阳,月为阴。大小月三百六十成一岁,人亦应之"(《素问·阴阳离合论》)。"天有日月,人有两目。地有九州,人有九窍。天有风雨,人有喜怒。天有雷电,人有音律。天有四时,人有四肢。天有五音,人有五脏。天有六律,人有六腑。""岁有三百六十日,人有三百六十节"(《内经·灵枢》)。董仲舒紧趋其后,大讲"官制象天"、"人副天数"。他说,"求天数之微,莫若于人。人之身有四肢,每肢有三节,三四十二,十二节相持而形体立矣。天有四时,每时有三月,三四十二,十二月相受而岁数终矣"(《春秋繁露·官制象天》)。这已流于荒诞不经。

类比方法的运用,在一定条件下,可以按类别组织事物,使其由无序走向有序。还可以由此及彼、由微知著地揭示事物的类型及其关系。也可以沟通事物之间的联系,增强其亲和力,特别是在社会政治和人伦情感方面,更是如此。不过,由于类比是具有很大或然性的逻辑推理方法,加之古人往往凭着个体直观经验进行推演,因而,其结论往往不是可靠的,甚而是荒谬的。董仲舒思想方法最终流为异类比附的神学目的论工具,便是如此。

二、经验与推导

与整体直观方式相一致,类比推导的思维方式也是以直观经验为基础的。

在古代思想家看来,只要把握了某些现象的某些特征和属性,就可以推导出其全部的特征和属性。荀子说,"统观万物而知其情,参其治乱而知其度,经纬天地而材观万物,制割大理而宇宙理矣"(《荀子·解蔽》)。"欲观千岁,则数今日;欲知亿万,则审一二……以近知远,以一知万"。"故以人度人,以情度情,以类度类"(《荀子·非相》)。以类度类,是由此知彼,由已知揭示未知的认识方法和途径。用这种方法获取的知识,只是关于现象整体性质的模糊性知识,而不是关于现象局部的、清晰的、确切的真实知识。它只强调现象的已然状况,而不强调现象所以然的原因。

类比推导以经验为根据的特点,在五行生胜的理论模式中,表现得特别典型。"水生木",与农业生产的实际状况有关;"木生火",纯粹是生活经验;"火生土",是对草木燃烧化为灰烬这一现象的概括;"土生金","金生水",则与金属的冶炼相联系。金属来源于矿石("土"),加高温则转化为液体("水"的类似物),由此可见,五行生胜是对日常生活的概括和总结。

这种以经验为基础的主观推导,在日常生活范围内,在经验可以把握时,一般说来,还是有一定意义的。但由于古人过分执著于经验,且思维模式单一,故免不了要将已有的知识广泛推导。依五行格调,将自然节候划分为"五时"(春、夏、长夏、秋、冬);方位划分为"五方"(东、南、中、西、北);颜色划分为"五色"(青、赤、黄、白、黑);声音划分为"五音"(宫、商、角、徵、羽)……一切都具有了五行的属性。把特定的思维方式硬行普遍化后,就必然带来流弊,出现牵强附会的现象,以致走向神秘主义。董仲舒对阴阳五行的滥用,对经验推导的任意化,结果出现了荒诞不经的天人感应的神学目的论。他说,"天地之符,阴阳之副,常设于身,身由天也,数与之相参,故命与之相连也"(《春秋繁露·人副天数》)。他还认为,"唯人独能偶天地,人有三百六十节,偶天之数也。形体骨肉,偶地之厚也。上有耳目聪明,日月之象也。天以终岁之数成人之身,故小节三百六十六,副日数也;大节十二分,副月数也;内有五脏,副五行数也;外有四肢,副四时数也"(《春秋繁露·人副天数》)。凡是自然现象与人身或社会政治现象的数目相同,董仲舒就将其扯在一起,为其"天人感应"的神学目的论张目,进而为王权神授创造理论根据。遇到无法用数目偶合的现象时,董仲舒则主张以类合之。他直接宣称:"副数不可数者,副类皆当。"而无论副数还是副类,都是为了副天,目的和功用是一样的——"同而副天一也"(《春秋繁露·人副天数》)。

当然,像董仲舒这种异类比附,完全以主观意志设定(天、人、社会皆有阴阳,天人一致)为推导基础的,在历史上是个别现象。但是,传统思维方式中广泛运用了在经验基础上直观外推的认识方法,却又是无可置疑的。

应该看到,以经验为特征的类比,作为一种认识方法,离不开价值评价,离不开一定的文化价值系统。在传统思维方式中,类比之所以成为一种主要认知方式,和传统文化的经济基础农业所具有的显著经验论色彩是分不开的。古代思想家运用类比推理,往往从自然推及社会,从伦理道德推及治国安邦,充分显示了传统中国社会重人伦、重政治的价值取向和心理状态。在历史上,它曾起了沟通天地人、纳天下万物为一体、视四海之内为一家的作用。在理论思维方面,它对于启发思想,开阔思路,举一反三,触类旁通,由此及彼、由表及里地认识事物,都起了积极作用。不过,由于类比推理具有很大的或然性,这又往往为某些地主阶级思想家(如董仲舒)所利用,成为其异类相比、维护专制王权的工具。

第五节　比喻和象征

从理论思维的角度审视,从思维方式的类型考察,比喻和象征同属类比推理范畴。之所以将其单列出来,一是因为这两种思维方法在中国传统文化中被广泛运用,深融于传统文化的机体之中,成为传统思维方式的特质之一;二是因为人们往往将其看成是文学表现手法,而忽视了它所代表的传统思维方式的深层意蕴。

一、比喻出韵致

在传统思维方式中,比喻这一手法被广泛采用。它不但是文人学士自觉遵循、普遍采用的艺术手法,而且是思想家们借以完美表达思想、建构理论体系的重要手段,它还是一般民众(基本是文盲)能熟练运用、表情达意的工具。

比喻作为一种艺术手法,是与赋、兴一道从《诗经》的创作经验中概括出来的。最早记载见于《周礼·春官》:"大师教六诗:曰风,曰赋,曰比,曰兴,曰雅,曰颂。"《毛诗序》中则称:"故诗有六义焉:一曰风,二曰赋,三曰比,四曰兴,五曰雅,六曰颂。"唐代孔颖达《毛诗正义》解释"六义"说:"风、雅、颂者,《诗篇》之异体;赋、比、兴者,《诗》文之异辞耳。大小不同,而得并为六义者,赋、比、兴是诗之所用,风、雅、颂是《诗》之成形。用彼三事,成此三事,是故同称为义。"可见,风、雅、颂指《诗》的类别,赋、比、兴指诗的表现手法。

比即比喻。但在对其内涵的解释上,历史上有不同的见解。有的论者把前人对"比"的解释分为三个流派。一是由诗教的美刺原则立言,以汉儒郑玄为代表。他在《周礼·春官》大师条注中说:"比,见今之失,不敢斥言,取比类以言之。"这一派称为美刺派。二是着眼点落在修辞上,称之为修辞派。如汉代郑玄讲,"比者,比方于物也"(郑玄注:《周礼·春官》);晋人挚虞讲,"比者,喻类之言也"(《文章流别论》);唐代诗僧皎然说,"取象曰比,取义曰兴"(《诗式·用事》)。三是从诗法角度而言,视"比"为一个"比体",称之为"比体"派或诗法派。这派可以朱熹为代表。他讲,"比者,以彼物比此物也"(《诗集传》)。他在《诗传纲领》中又说:"比是以一物比一物,而所指之事常在言外。"

比喻作为一种艺术表现手法,其基本点是要求取象与取义的有机结合。取象是指文学作品中的思想必须包含或寄寓于具体的物象之中,通过物象表现出来。取义要求文艺作品中物象高于实际生活,有一定的思想寄托。

在中国古代思想家中,比喻作为一种喻志的手段,作为一种论辩方式,也被广泛地采用。孔子说,"岁寒,然后知松柏之后凋矣"(《论语·子罕》),便是以松柏的能傲严寒,来比喻圣贤义士的高洁品格,揭示义穷见节义、世乱识忠臣的道理。又如,"君子之德风,小人之德草"(《论语·颜渊》),用风和草分别比喻君子之德和小人之德,借以表明自己的志向。再如,"工欲善其事,必先利其器。居是邦也,事其大夫之贤者,友其士之仁者"(《论语·卫灵公》)。这是以工无利器不能善其业来比喻人无才德不能尽其能的道理。荀子以"青出于蓝而胜于蓝"的比喻,说明后来者居上的道理。《吕氏春秋》用刻舟求剑的比喻,来揭示拘泥刻板,不能顺应事物变化的思想行为不合时宜。佛教徒慧远用薪火之喻,来论证其神不灭论。宋代理学家朱熹利用唐代华言宗"一多相摄"的理论,用"月印万川"的比喻,论证其理一分殊的道理,并要人们懂得"理只是这一个,道理则同,其分不同。君臣有君臣之理,父子有父子之理"(《朱子语类(卷六)》),进而按天理办事。至于汉代儒学大师董仲舒以阴阳比男女、君臣、夫妇,以灾异比政治的昏乱,以祥瑞比政治的清明,以表明其"大一统"之义,则更不用说。就是《黄帝内经》这部中医学理论著作,也是把人体比作小宇宙,以作为辨证论治的参照系统。在中国古代的思想文化中,泛用比喻的例子,真是举不胜举!

至于一般民众,即使目不识丁,仍在大量地、熟练地运用比喻。称岳父为"泰山",称县太爷为"父母官",称政治清明为"海晏河清",无不是在运用比喻。至于民谚俗语以及成语中比喻运用之广泛、之深入人心,则更是无须赘举的了。

比喻作为传统思维方式中类比的一种形式,具有沟通同类以及异类的作用。它可以"以义起情,借类达情"。它在叙事、说理和抒情的过程中,借助具体物象以表达抽象的思想感情,情物交融,易于使人接收并感悟其蕴涵的道理。它"贵情思而轻事实",用实在的物象喻指精深复杂的情感,而又不拘泥于原有的物象,从而蕴涵了特有的韵致。因此,有的学者称中国文化为"礼乐文化"(唐君毅:《中华人文与当今世界》。台北:台湾学生书局,1988年,第606页),是有一定道理的。

不过,正如人们所说:任何比喻都是蹩脚的。比喻本身不是对事物的具体描摹,而汉语的多义性、模糊性等功能和特点,则增大了比喻的广泛适用性,从而也带来了对事物认识的意会性、模糊性的局限,这是比喻作为认知方式的局限所在。

二、象征见意境

中国传统思维方式的另一特点之一是象征。象征与比喻相关。正如有的论者所说,"象征即隐喻,是一种特殊的比喻"(程亚林:《比兴妙悟之辨》,《学术月刊》,1986年第11期)。黑格尔在《哲学史讲演录》里谈到,中国古代思维具有象征性(黑格尔:《哲学史讲演录(第1卷)》。北京:商务印书馆,1983年,第100页)。可惜他只是一语带过。

象征,按美国当代人类学家怀特的说法,是"一件使其价值和意义由使用它的人加诸其上的东西"。在他看来,"象征的意义产生于并取决于使用它们的机体;意义是人类机体加在物质的东西或事件之上的"。"象征是所有人类行为和文明的基本单位",甚至文化也成为象征的总和(庄锡昌等:《多维视野中的文化理论》。杭州:浙江人民出版社,1987年,第239~244页)。

专门研究中国象征文化的学者指出:象征,是中国文化中最为普遍但又未被充分重视和理解的文化现象之一。象征在中国文化中普遍存在,以至于中国文化可以被称为象征文化(居阅时,瞿明安:《中国象征文化》。上海:上海人民出版社,2001年,第1页)。

根据一般的理解,所谓象征,是用具体事物或直观表象表示某种抽象概念、思想感情或意境的思维形式。它在中国传统哲学中被广泛运用。

中国古代观物取象的思维方式,便是象征性思维。象有两重含义。首先,象是指自然界和社会呈现出来的现象。《周易·系辞上》说:"天垂象,见吉凶,圣人象之。"八卦的起源,根据《系辞下》的说法,在于"观象":"古者包牺氏之王天下也,仰则观象于天,俯则观法于地。观鸟兽之纹,与地之宜。近取诸身,远取诸物,于是始作八卦,以通神明之德,以类万物之情。"这种对于自然界现象的直观审查,依照许慎在《说文解字叙》中的见解,还是文字的起源。汉字"六书"中,除了作为用字之法的"转注"、"假借"外,其余作为造字之法的"象形"、"会意"、"指事"、"形声"四法,实际上都与对现象的直观审查不可分离。可见,象的另一种含义是:认识主体在对现象的直观审查中,对现象进行概括、模拟而产生的一种象征性符号。八卦和汉字都是这样的符号系统。《系辞下》说:"《易》者,象也;象也者,像也。""夫乾确然,示人易矣;夫坤隤然,示人简矣。爻也者,效此者也;象也者,像之者也。"因此,八卦乃是现象中对"象"之"像",是对"象"的概括与模拟。所以《系辞上》说:"夫象,圣人有以见天下之赜而拟诸其形容,象其物宜,故谓之象。"象产生的过程是:从形而下的具体事象→形而上的符号化的"象"→再"以象制器"(按符号化的"象"产生具体的"器")。用《系辞》的话来说即是"八卦成列,象在其中矣","以制器者尚其象"。这是一种从具体到抽象,再由抽象返回到具体的过程。

以观物取象为标志的这种象征性思维,是由象著意、意从象出的直观性、经验性思维。它实际上涉及意象理论。《系辞》讲,"圣人立象以尽意"。象指卦象,意是人们对事物及其规律的认识,是道在人们意识中的反映。王弼在《周易略例·明象篇》中说:"夫象者,出意者也……象生于意,故可寻象以观意。"这里的象,既指卦象,又指物象。

意象理论建立在"近取诸身,远取诸物"的经验方法之上。意象并非对客观事物的纯理论抽象,而是一种介于纯感性和纯理性之间的"取象",如果套用时下一些论者对认识发展阶段的感性、知性和理性的划分方法,则"取象"属于知性范畴的认识。它直接运用具体的、个别的形象去把握一般,用生动直观的东西去喻指抽象深奥的道理,是一种象征。有的论者指出:"意象本身只是一种象征,是物象和情景的一个代表物"(胡伟希:《意象理论与中国思维方式之变迁》,《复旦学报》,1986年第3期),是有道理的。而我国传统学术的"象"的概念以及以"象"为中心的各种学说,是中国传统的"抽象概括方式"的集中体现。《易经》所提出的"象",是以后包括玄学、理学在内的各种思想学术流派的理论基点之一。在漫长的历史发展过程中,"象"与"阴阳"、"五行"相互渗透,结为一体,演化为"象数之学",成为沟通儒、道诸家的"基因",成为中国文化的一种共同思维方式。

在传统思维方式中,象征性思维的存在以及象征在社会生活中的广泛化,给民族文化以深刻的影响。它促进了中国人意会、体悟能力的发展;它对于人们凭借经验领悟自然界特别是社会和人生现象中某些不可言喻的深层意境,有着引导和升华作用;它对于中国文化在人际和代际的经验性传播,也起到了积极作用。但是,正因为象征性思维的意会性和非精确性,却妨碍了中国人的思维向高度思辨方向发展。而意会性和经验性的黏合,则妨碍了以抽象概念为理论基因,依逻辑规则进行构造,必须也可以用语言准确表述的近代自然科学的产生。从中国科技史考察,象征性思维阻碍了科学理论的发生、发展。有人说,中国古代只有技术而无科学,或者说,只有术而无学,固然是偏激之辞,但如平心而论,即使这种观点在整体上不能为人接受,在局部上恐怕也不无道理。

需要指出的是,按照法国资产阶级社会学家列维·布留尔的观点,象征性思维是一种原始思维。美国人类学家怀特亦作如是观。近年来,我国一些论者发挥了这种观点,把传统思维贬得一无是处,是值得商榷的。

诚然,象征作为一种思维方式,它产生于原始社会,而且,即使当代人类思维中的象征,也不乏原始思维的余绪,但是,这并不能证明产生于原始社会的"象征",就始终属于原始思维的范畴。这就如同现代人由原始人演化而来,现代人身上不乏原始人基因,但并不能由此把现代人当成原始人,道理十分明白简单。如同吃、睡等行为在不同时代、不同民族中都始终存在具有普遍性一样,象征作为一种思维方式,古今中外都一直在被使用,只不过由于中国民族及社会特点等原因,它在中国社会被强化并特别普遍而已。列维·布留尔在文化观念上是欧洲中心主义的信奉者,他否定全部中国科学,抹杀中国人民对人类文明的贡献,宣称"这一切只不过是扯淡"。这只能说明他的种族偏见以及由此而来的荒谬无知。黑格尔诬蔑中国人的思维"停留在感性或象征阶段……只停留在最浅薄的思想里面"(黑格尔:《哲学史讲演录(第1卷)》。北京:商务印书馆,1983年,第120页),是出于他对中国哲学的无知。我们作为一个中国人,要自尊自重,不要拾人牙慧,以极端的方式和语言故作惊人之论。当然,如上所述,我们并不是否认象征性思维的局限性。在当前,要建构符合现代社会要求的民族文化,应该注意培养和发展批判的、分析的、客观的精神。

还要指出的一点是,由于中国文化的"早熟",使以道德为中心的实践理性特别丰厚,促进了象征性思维的内涵的丰富和意境的提升,从而使其具有相当强烈的理性意识,不仅与原始思维的象征,而且与一般意义上的象征,有着性质、功能和格调上的根本区别。原始思维中的象征,停留于感性直观;一般意义(如文学手法)的象征,执著于物象;而传统思维方式意义上的象征,则虽来自感性直观却又超越了感性直观,它将思想寄寓于物象,而不停留于物象,物象只是思想的载体,只是思想家们表达思想的工具。

第六节 对形而上的向往

中国传统思维方式中的类比、比喻、象征等思维形式,从本质上看,是同一形态的东西。比喻是类比的一种表现形式,象征即是隐喻,是一种特殊的比喻。三者都建立在经验的、具象的基础上,都是主体借助一定物象或原理,以阐明特定的情感意志的一种方法。它们的基本功能在于通过由此及彼的类别联系和意象涵摄,沟通人与人、人与物、人与社会,达到协同效应。它们都是通过具体的形而下的器,阐释主体对形而上的"道"的向往。只是在具体运用中,它们又各有其特点和功用。

从思维的结构看,整体直观、类比外推、比喻和象征等思维方式及其特点,受人们对主客体关系认识的制约。换言之,以价值判断统摄事实判断,用道德判断充实、取代、等同价值判断的思维方式,统摄着整体直观、类比外推、比喻和象征等思维方式。因此,在传统思维的总格局中,人们对形而上的"道"的追求特别强烈,特别执著。

《周易·系辞上》说:"形而上者谓之道,形而下者谓之器。"这种对道器所做的形而上与形而下的区分,已有重道轻器的意味。古代哲人研究阴阳五行,最终目的并不在于确证其实体的存在,而是为了通过阴阳二气的对立和交感,体悟出"万物化生"的道理;通过对木、火、土、金、水的明辨,把握其相生、相克之道,借以阐明社会和自然界的运行。儒家孜孜于道的追求固不必说,道家神往于"人法地,地法天,天法道,道法自然"(《老子·二十五章》)的有序状态,更是为人所乐道。佛家所宣扬的世界不真和空,"本来无一物",是为了破除人们对形而下的"器"的"我执"、"人执",趋于形而上的"善"道。宋明理学家要人们明白"理一分殊"的哲理,最终是要人们革除人欲,保有"天理",亦即最高、最完美的道。

在古代中国,思想家们对形而上的道的阐发,对重道轻器的思想的弘扬,最终泛化为普遍的社会心理。传统的重义轻利、舍生取义的思想,不为五斗米折腰的气节,"安能摧眉折腰事权贵,使我不得开心颜"的情怀,都与重道轻器的思想密切相关。

传统思维方式所造成的重形上轻形下、崇道贬器的思想,给民族思想打下了极深的烙印。一方面,它对于人们的道德境界的培养,起到了积极作用,它能激发人们高尚其志,以道德理想的追求为怀,而不以物欲满足为尚;另一方面,也是更重要的方面,它萎缩了中国人的创造精神,妨碍了人们对自然的探索,使思维的视野局限于道德精神领域。"轻自然、斥技艺"的儒家思想传统,便是在这种文化土壤上孕育出来的。而清代统治者视现代科技为败坏人心的"奇技淫巧"、"形器之末",导致了闭关锁国、被动挨打的可悲局面,正是重道轻器思想传统所结出的恶果!

第六章　中国传统文化的灵魂

哲学是文化的组成部分，又是文化的思想核心。中国传统哲学凝聚了中华文化的基本精神，深刻地影响着中国文化的发展。中国哲学把宇宙看成是一个对立统一、变化不息的运动过程。这一过程不仅是自然界万事万物生生不已、日新月异的创化过程，而且是人类道德精神与天道融合，不断升华的发展过程。中国哲学视生命的创造历程为人生价值实现的过程，强调天人同性共德，万物一体，从而达到内外和谐、天人合一的精神境界；认为人的道德理想高于一切，把哲学与政治伦理紧密联系在一起，特别注重个体道德意识的完善，强调人际关系的和谐；同时较为注重客观辩证地认识世界，表现出了唯物而辩证的思维传统。

第一节　中国哲学是中国传统文化的灵魂

一、哲学是文化的思想核心

文化具有丰富复杂的内容，是一个包括哲学、宗教、科学、技术、文学、艺术、教育、风俗等在内的多层次的统一体系。文化主要包含四个层次：心态文化、行为文化、制度文化和物态文化。由价值观、思维方式等主体因素构成的心态文化，形成文化的核心部分，而它们与世界观一样，历来为哲学的基本内容。中国哲学凝聚了中华文化的基本精神，是中华民族数千年文明发展的结晶。自古以来，中国人对宇宙奥妙的探索、对人生至高境界的追求、对丰富生活意义的探讨、对理想价值信念的树立，主要都是通过中国哲学来实现的。传统哲学中"天人合一"的宇宙观、道德理想高于一切的价值观、辩证而系统的思维方式，无疑是中国传统文化的最主要的思想基础，对于中国文化的发展有着巨大而深远的影响。

二、中国传统哲学的发展与流变

中国哲学思想博大精深，源远流长。从现存资料看，中国的古代哲学萌芽于殷周之际，产生于生产实践和社会生活中人们对自然及自身的积极思维之中。《洪范》五行说以水、火、木、金、土为自然界的最基本的事物，《周易》古经以阴爻和阳爻两种符号演变为八卦（乾、坤、震、艮、离、坎、兑、巽），把它们作为自然界的最基本现象,这些,都是企图对自然界的复杂现象作出完整的解释,标志着古代哲学思维的开始。但是,早期的哲学思想是与宗教意识结合在一起的,《洪范》承认上帝,《周易》本是卜筮之书,伯阳父把自然变化与国家兴亡联系起来,都是这种现象的极好例证。列宁曾经深刻地揭示出古代"科学思维的萌芽同宗教、神话之类的幻想的一种联系",也有力地证明了这一点。

春秋战国时期,社会生产力的提高、社会形态的演变以及中国文化的不断积累,促成了百家争鸣,儒、墨、道、法、名、阴阳各家蜂拥而起,老聃、孔丘、墨翟、孟轲、荀况、韩非等巨子先后提出各种哲学思想,从而奠定了中国哲学思想的总的规范。

儒家创始人孔子在哲学上的最大贡献,就是创立了以"仁"为思想核心的道德价值体系,所谓"仁者爱人",就是推己及人,把爱人之心由亲人推广到所有的人,它是人之本性的最高表现。孔学的精妙之处,是从人类最一般的家庭关系入手,讲求父义、母慈、兄友、弟恭、子孝,并把这种外在的行为规范转化为内在的道德伦理意识的自觉追求,进而以家国同构的原则将其推广开来。孟子发挥了孔子"仁"的学说,从"性善论"出发,把仁、义、礼、智包含在人性之内,又以天赋善性之说推引出"性天同德"的理论,希望通过仁爱之心的推广,把道德精神提升到与天相协调一致的境地,为其后的正统儒家把"天人合一"作为人生理想境界奠定了基础。

战国时儒墨并称显学,百家争鸣中墨家是儒家的最大反对派。墨家创始人墨子反对儒家所讲的烦琐礼节,注重"节用"、"非攻"(反对攻伐战争)。墨子倡导"非命"(否定命的存在),崇尚人力,却又宣扬"天志"(天有意志)、"明鬼"(鬼神能明鉴人间是非),肯定上帝鬼神的存在。"非命"论有进步意义,"明鬼"论则比儒家更落后。墨子的中心思想是"兼爱",主张爱无差等,不分远近,不别亲疏,不同于儒家主张有差等亲疏的仁爱。在知识论上,墨子肯定感性经验作用而忽视理性思维。后期墨家虽对墨子学说有所补充和完善,惜其学至汉而中绝。

道家虽非显学,却影响深远。道家创始人老子第一次提出天之起源问题,主张"道"为天地万物之本源,从而否定了天帝的主宰地位,有利于无神论思想的发展。老子用"道"阐明宇宙万物的构成,这是对五行构造说的重大理论突破,反映了人类抽象思维能力的提高和认识的深化。"道"同时又是宇宙运行的总规律,"反者道之动","道"的运转被看作是一个周流不息、对立转化的过程,首次揭示了"对立统一"这一辩证法基本规律的重要内容。但道家的朴素辩证观忽视了矛盾转化的前提条件,就走向了形而上学。道家又从"道法自然"出发,强调人性的自然发展,反对后起的人为的道德,认为只有"绝圣弃智"、"绝仁弃义"、"绝巧弃利"(老子:《道德经·十九章》),才能复归人的自然本性,达到"保身"、"全生"、"养亲"、"尽年"(《庄子集解·养生主》)的人生价值。这种超逸的理想价值观与儒家的"治国、平天下"的价值观,成为后世人生哲学的两大主流而影响深远。

《易传》是儒家后学依托孔子而撰写的解说《周易》的著作。一般认为，它是整个儒家最基本、最精粹的哲学典籍。在宇宙观方面，《易传》信奉"道"一元论，以"太极"化生说取代"道"生天地万物说，降"道"于"太极"之后，是唯物主义的观点。《易传》把天道、地道与人道的统一看作是宇宙秩序的有机构成，体现出把天、地、人视为一体的宏观思维方式。《易传》关于运动变化和对立统一原理的思想，是古代朴素辩证法思想的一次空前发展。可以说，《易传》的宇宙生成论给汉代经学、魏晋玄学和宋明理学的思想家以重要的启迪。在人生理想方面，《易传》认为君子应"与天地合其德"，达到天人合一的境界，主张"先天而天弗违，后天而奉天时"（《周易正义·乾卦·文言》），在一定程度上认识到发挥人的主观能动性和顺应自然变化规律的重要性，比老庄思想前进了一大步。《易传》强调君子应效法天，刚健有为，自强不息，这种积极的人生态度几千年来都激励着人们不断勤奋进取。

　　战国末期的哲学家荀子，通过总结百家学说形成独立而完整的唯物主义思想。荀子以"天行有常"的思想，批判了"天命论"，认为天自有其客观规律，与人世的吉凶祸福毫无必然联系。在"天人相分"的思想基础上，提出"制天命而用之"（《荀子集解·天论篇》）的光辉命题，肯定自然界客观规律的同时更强调人的主观能动性，具有人定胜天的进步思想。荀子"形具而神生"（《荀子集解·天论篇》）的观点，是在中国哲学史上首次运用形神范畴，肯定形体和精神的主从关系，坚持唯物主义的形神一元论，对古代形神观有重要贡献。荀子虽然主张"性恶"论，但他认为人性是可以改造的，强调礼仪的教化和道德的培养。荀子、孟子的人性论虽有极大不同，但在巩固封建礼仪制度这个基本点上，起着异曲同工的作用。

　　秦始皇横扫六合，完成了统一大业，但秦始皇父子实行严刑峻法，焚书坑儒，钳制了思想和文化，致使战国时代蓬勃自由的"学术空气"被窒息。秦亡汉兴，数十年里各家学术还有相当的发展，其中以道家之学最盛。然汉初道家之学已是集众家之长的"黄老之学"，守株待兔式的消极无为论已被因时而动建功立业的变相有为论所代替。随着汉朝统治的稳定和经济实力的增强，有着雄才大略的汉武帝一反先祖故训，接受董仲舒的建议，罢黜百家，独尊儒术，先秦思想之蓬勃灿烂的气象即不复见，儒学成为汉代文化思潮的主流，董仲舒以先秦儒学仁义礼智的基本理论与阴阳五行学相契合，建构起天人一统的宇宙论系统图式，创立了一个新儒学的神学唯心主义体系，从而不仅为西汉大一统的集权政治，而且也为整个封建统治奠定了理论基石。尽管董仲舒对中国哲学史上的一些特有范畴如天与人、名与实、常与变等作了一些有益探讨，但他的天人感应论，相对于荀子"制天命而用之"而言，是一个严重的倒退，它还诱导了谶纬神学的盛行，致使经学神学化、宗教化。面对神学的甚嚣尘上，进步思想家王充奋起驳议，他在《论衡》中高举"疾虚妄"的旗帜，系统批判了当时流行的各种迷信，以"元气自然"说撕开谶纬家给天蒙上的神秘面纱，以

"天道自然"观反对天人感应论,抨击鬼神迷信,断言人死不能为鬼,指出知识来自感官经验,反驳"圣人生知"的谬论。王充的唯物主义具有鲜明的战斗性。

魏晋时期经学式微,玄学兴起。玄学由老庄哲学发展而来,玄学家综合儒道两家的思想资料,对已经失去维系人心作用的汉代经学,实行颇为精巧的玄学唯心主义改造:在内容上以唯心本体论代替神学目的论,否定阴阳灾异之说和谶纬神学迷信;在形式上以高度抽象的义理思辨取代经学的烦琐考据和象数比附;在学风上以清新俊逸的论证代替经学的扼守旧章、拘泥文字,一股力度超过以往任何时代的思辨新风注入中国传统哲学的躯体,标志着哲学思想的深化。玄学倡导者何晏、王弼,认为"无"是一种最高的哲学范畴,它既是万物的本体,也是最高的人格理想,强调"有生于无",注重现实功利世界之外的精神人格的追求。同时的阮籍、嵇康也都以老子的"自然"反对儒家的"名教",指斥虚伪的礼教,追求顺情适性的个体自由。西晋裴頠以"崇有论"反对玄学尚无薄有的思想,认为道是原始的"有"的总结,"有"为自生而非生于"无",指出贵无贱有,必致"遗制"、"忘礼"而无以为政。郭象也反对造物主,认为任何事物都是自生的;他推崇庄子的"无为",主张任人自然发展,反对勉强地返于自然。

玄学大盛之际,外来的佛教也逐渐流行起来。佛教东传的过程中,虽然为人们辟出了又一精神解脱的新天地,但却受到传统伦理观念的抵制和夷夏观念的排斥,并且还受到中国本土无神论思想的挑战。东晋以来,孙盛、何承天就撰文批判佛教的神不灭论。齐梁之际,范缜作《无神论》,系统提出"形质神用"学说,指出形体是质即实体,精神是形体所具有的作用,形亡神灭,从根本上否认了神不灭论。在中国本土文化的强大抗拒力前,佛教文化表现出惊人的调适性,而最终与中国文化相互吸收、相互融化,形成佛儒争胜、三教鼎立的形势。隋唐时佛教进入鼎盛阶段,天台宗、唯识宗、华严宗和禅宗纷纷建立起自己的体系,于中国传统哲学思维模式之外另辟蹊径。作为特殊形态的宗教唯心主义,隋唐佛教虽亦以神学理论服务于封建特权统治,但它在玄学论证了自然与名教统一的基础上,进而启示了天国和尘世的统一、出世与入世的统一,并在本体论、认识论、发展观等方面对哲学思维的螺旋发展起了推动作用,对宋明时代的唯心主义哲学有着重要的影响。隋唐时与佛教抗衡的主要为道教,但道教对于纯粹哲学理论,没有太大的贡献;儒家的势力相对衰微。中唐以后,韩愈批判佛老,以复兴儒学为己任,倡导仁义礼教,但他主要从政治理论方面立论,没有接触到哲学理论的根本问题。与其同时的柳宗元、刘禹锡则提出了"天人不相预"、"天人交相胜"的观点,对汉代以来的天人感应论进行了又一次批判,但他们也没有能够以唯物主义观点来分析批判佛教的唯心主义。

两宋时理学思潮兴起,理学以儒学为本,而融合了释道哲学,建立了以"理气"论、"心性"论为中心的道德形而上学体系。周敦颐为理学开山,主要贡献是以宇宙生成图式与"诚"、"德"、"几"的伦理范畴相沟通,显示了理学借释道宇宙论、认识论的理论成就构造伦理哲学的基本趋向。张载以"气"为宇宙本体,驳斥了从原始迷信到释道理论的各种唯心主义,并进一步将"天"与"人"合为一体,使伦理学获得本体论的论证。二程则以"天理"为宇宙本体,程颢认为"心即是天",程颐讲"性即理也",把人性的主要内容仁义礼智包括在"天理"的内涵之中,使封建的伦理道德上升到世界本源的崇高地位,至此,理学体系已粗具规模。南宋理学分为两派,一派宗小程,以朱熹为首;一派宗大程,以陆九渊为首。朱熹是宋代理学的集大成者,他集中论述了理、气、心三者的关系,认为"理在事先",有理有气然后有心,而心又兼含和主宰着性(内在的道德理性)和情(具体的情感欲念),只有格物穷理,才能达到新的自我认识,因此,朱熹以"格物—致知"为基本出发点,提出一整套"正心—明德"的修身公式。朱熹所建构的理学体系繁博宏富,但其至关紧要的核心仍然是伦理学本体,"天理,只是仁义礼智之总名,仁义礼智便是天理之件数"(《朱子语类(卷四十)》)。陆九渊主张直接求理于心,提出"心即理也"的命题,强调发明本心,所谓本心即是仁义礼智之心。他宣称的"宇宙即是吾心,吾心即是宇宙"(《陆象山全集(卷三十六)》),就具有主观唯心主义的倾向。朱学把理提升到天之上,陆学把理安置于心之中,方法不同,归趋都是一致的。

南宋后期,程朱之学受到尊崇,明初朱学势力更大,但亦已逐渐流于形式而无更高发展。明中期王守仁由朱学转向陆学,成为宋明理学心学的集大成者。王守仁从认识论上讲心物不二,一切皆在心中;从主观唯心上讲人生,以为人生的最高准则是"致良知"。"良知"既是人本存的道德原则,同时又是人的道德自觉和实践,肯定知行合一,离行无知,而知即含有行,一念发动即是作为,强调道德情感、直觉和体验。王氏哲学是中国主观唯心论最圆满的发展。

宋明理学把道德自律、人的社会责任感、历史使命感等都提升到本体论的高度,追求天人合一的精神境界,空前地树立了人的道德主体性的庄严伟大。张载曾庄严宣告:"为天地立心,为生民立命,为往圣继绝学,为万世开太平"(张载《拾遗·近思录拾遗》,见《张载集》。北京:中华书局,1978年,第376页),显示了伦理学主体性的崇高精神。张载之后,唯心哲学大肆泛滥,而唯物哲学后继乏人,直到明中叶后,罗钦顺和王廷相才提出"理在气中"的唯物观点,反对程朱理学而影响于早期启蒙思想家。

明末清初,进步思想家开始突破理学的局限,以王夫之为代表的思想家集唯物主义思想之大成,全面总结和清算了理学诸流派,建立起唯物主义与朴素辩证法相结合的体系,达到中国古代哲学的高峰。王夫之认为"气者理之依","道者器之道",理不能脱离气而存在,道本之于器而随器变,一反程朱理学道决定器、理生万物的唯心主义本体论。在认识论上他以"能"与"所"为逻辑起点,通过格物与致知、学与思、博与约、诚与明等范畴的解释,使认识过程充分展开,提出了感性具体经过知性抽象上升成为理性的认识三阶段的理论,最后由知与行,使理性认识进入实践。王夫之的哲学,逻辑地标志着中国封建社会哲学发展圆圈的终结。其后的颜元、戴震等人的思想分别显示了唯物主义经验论和唯理论的哲学倾向,历史地预示着朴素形态的唯物辩证法必将取代形而上学,成为新的哲学形态。考据学派的崛起,也加速了理学的衰败,这一切都标志着中国传统哲学的终结和新时代哲学的即将来临。

第二节 中国哲学的宇宙观和人生观

一、中国哲学的宇宙观

宇宙在中国传统哲学中的含义是指时间与空间,"上下四方曰宇","往古来今曰宙"。随着人类实践经验的日益丰富和各类知识的逐渐积累,古代哲学家在对宇宙的起源、结构、变化和本质等问题的不断研究和认识中,逐渐形成了自己的宇宙观。

在宇宙生成的问题上,较早形成的是"道"论和"阴阳"论。老子是第一个对宇宙本原进行哲学探索的思想家,他创立了"道"本论的宇宙学说,认为"道"是万物之母,生于天地之先。他说:"有物混成,先天地生,寂兮寥兮,独立而不改,周行而不殆,可以为天下母,吾不知其名,字之曰道,强为之名曰大"(老子:《道德经(上篇)》,第25章)。在老子看来,"道"是一个混朴状态的和谐体,在天地之前就已存在,它完满无缺,无声无形,周流不息地运转变动,循环往复,永不消失。它不仅在时序上先于天地万物而存在,而且是天地万物产生的总根源:"道生一,一生二,二生三,三生万物。万物负阴而抱阳,冲气以为和"(《道德经(下篇)》,第40章)。"阴阳"二字早在甲骨文中就有记载,而第一个把它作为宇宙本原看待的却是《易传》。《易传》中以乾元和坤元为宇宙万物生成之根本,"大哉乾元,万物资始","至哉坤元,万物资生"(《周易正义》),乾坤结合,万物萌生。阴阳统之于"太极","易有太极,是生两仪"(《周易正义·系辞上》),天地未分之前是"太极",由"太极"而分化出"两仪"即阴阳,而阴阳的相互变异,则是宇宙变化的根源。《易传》于"太极"所讲极少,而于阴阳所说较多,"乾坤其易之缊邪? 乾坤成列而易立乎其中矣。乾坤毁则无以见易,易不可见则乾坤或几乎息矣"(《周易正义·系辞上》)。乾坤本身即蕴涵着易道,易道体现于阴阳之中,"一阴一阳之为道",无阴阳即无变化,阴阳变化万物,化生不穷。《易传》的阴阳生成论思想,是吸收了老子的"道"本论思想,但又与其有很大的不同；老子"道"本论侧重于"道"生万物，《易传》侧重于由阴阳的变化而生万物的思想；《老子》的"道"生万物，是一种超越物质世界之上的抽象观念，属于客观唯心主义思想，《易传》谓"道"是一阴一阳，置其于阴阳未分的统一体"太极"之后，表现了一种唯物主义的思想观念。

中国古代哲学把宇宙的发展看作是一个生生不已、变化无极的过程。孔子曾面对大川奔流不息而感叹自然人生的流逝，老子也认为宇宙是一个逝逝不已的无穷历程："大曰逝，逝曰远，远曰反"（老子：《道德经·二十五章》）。《易传》更是把宇宙的变化看作是事物发展的规律，"易之为书也不可远，为道也屡迁，变动不居，周流六虚，上下无常，刚柔相易，不可为典要，唯变所适"（《周易正义·系辞下》）。正是这种不可抗拒的变是生成万物的关键："二气感应以相与……天地感而万物化生"（《周易正义·咸卦·象传》）。从《易传》将宇宙的变化归结为阴阳二气交感后，一个化生万物、变化不已的变易观就成为传统哲学思想中永恒而常新的命题。汉初贾谊认为万物变化，"未始有极"，一切事物永处变化之中而无停息。宋明理学尤其注重《易传》的变易学说，认为变化是宇宙的根本事实，周敦颐说，"二气交感后，化生万物，万物生生，而变化无穷焉"（《周元公集·太极图说》）。二程和朱熹也同样认为变化是宇宙的根本规律，"生生之谓易，是天之所以为道也"（《河南程氏遗书（卷2上）》）。宋以后的哲学家，以王夫之最善于言变，他认为一切事物都在变化，虽然形式上没有变化，但在实质上却时刻变化着。他肯定世界的日新月异，"天地之德不易，而天地之化日新。今日之风雷非昨日之风雷，是以知今日之日月非昨日之日月也"（《思问录（外篇）》）。他的静是动中之静的观点，说明他已经深刻地看到了运动变化是绝对的，静止是相对的辩证关系，把变易观推向了历史以来的最高峰。

二、中国哲学的人生观

中国哲学的人生观就是先哲对于人生的意义和理想的根本观点。从中国哲学整体思维特征来看，古代哲学家都从整个宇宙的广阔角度来考察人生，通过把握宇宙发展的规律，来确定人生活动的方向和规则。正如当代学者张岱年指出的那样，"中国思想家多认为人生的准则即是宇宙之本根，宇宙之本根便是道德的标准；关于宇宙的根本原理，也即是关于人生的根本原理"（张岱年：《张岱年文集（第一卷）》。北京：清华大学出版社，1990年，第20页）。这种对于天人关系的沉思，标志着人从自然界分化出来之后对自然及对自身理性认识的深化。古代哲学家揭示了天人关系的基本模式，即天人合一、天人相分和天人相胜，在这种天人之辩中，贬损或弘扬人的主观能动性，也就提供了社会人生、修身处世的不同价值或意义指向。

1. 天人合一

大体而言，"天人合一"是指天与人是相通相类和统一的，认为天是人伦道德的本源，人伦道德源出于天。将天道与人性合而为一，表面上似将天道说为人性，实际上乃是将人性说为天道，即将人伦义理说为宇宙的主宰原则。首先把天道与人性联系在一起的是孟子，他提出了"尽心、知性、知天"和"存心、养性、事天"的天人合一的公式，强调天人相通相连。其思想内涵分为两个层次：一是努力认识自己的本心善性，知道人心善性是禀天之赋，而天是遵循自然之道行事的，这叫知天；二是若要知天行事，就必须摒弃私欲，存心养性，发挥人之美德，以公正的态度，中肯地把握天道，这叫事天。人的心性与天之道理交融，即"与天地同流"，也就进入了"天人合一"的理想状态。《中庸》把"诚"作为人生最高境界，"诚者，天之道也；诚之者，人之道也"（《中庸章句·二十二章》），天道为人道之根本，至诚就能尽己、尽人、尽物之性，达到圣人的境界，进而可以"赞天地之化育"、"与天地参矣"（《中庸章句·二十章》）。这里，"诚"不过是"天人合一"的另一种表达方式而已。而道家所持的则是一种天人不分、主客体融合的"天人合一"的精神境界观，认为"天地与我并生，而万物与我为一"（《庄子集解·齐物论》），天人在本质上为一体，只要顺应人之自然本性，即能达到"天人合一"的境界。《易传》提出"与天地合其德"的天人协调思想，既强调了对客观规律的尊重，又注意了人的主观能动性的发挥，是对天人关系较为全面的论述。汉代董仲舒提出"天人感应"论，使天人关系又陷入了神秘学说。而理学的天道性命之学，标志着"天人合一"思维的最后完成。理学家们直接继承孟子、《易传》的思想学说，把天演变为"理"，认为心性、天只是一事。程颢说："只心便是天，尽之便是性，知性便知天"，人性与天道相通一贯，"天人本无二，不必言合"（《河南程氏遗书（卷二上）》，见《二程集（第二册）》）。因此，二程要求人们通过格物致知、穷理尽性的功夫，达到与"天理"合一的境界。总之，中国传统哲学在"天人合一"的基本模式中，都主张自我体验、自我知觉、自我超越，认识了自身，也就认识了自然界和宇宙的根本规律。儒家倾向于把自然界人化，使伦理道德本体化；道家倾向于把人自然化，使超伦理的"自然"变成人性；理学实现了儒道合一，把内在的道德伦理超越化，变成先验的本体存在，认为人与天合其德同其体，因此，人只要反身自思，便能穷尽天地万物的道理，而最终实现人生的理想和价值。

2. 天人相分相胜

"天人相分"是指天道自然与人事社会各有其职分，人不可过分依赖于天，而应更多地发挥主体作用，完成自我价值的实现。中国古代思想家中最早论及天人相分的是春秋时代郑国大夫子产。他在驳斥占星术迷信思想时说："天道远，人道迩，非所及也，何以知也"（《春秋左传正义·昭公十八年》）？认为天道是虚无缥缈的，人道才是切实具体的,只有用人道去解释吉凶祸福才是合理可信的。战国末年荀子首先系统地从理论上提出了"天人相分"的学说,认为天有自己的运行规律,不以人的意志为转移,"天行有常,不为尧存,不为桀亡"(《荀子集解·天论篇》),天有其时,地有其财,人有其治,天地人各有所职,"故明于天人之分,则可谓至人也"(《荀子集解·天论篇》)。荀子同时指出:人在客观规律面前并非是被动的,"大天而思之,孰与物畜而制之?从天而颂之,孰与制天命而用之?望时而待之,孰与应时而使之……故错人而思天,则失万物之情"(《荀子集解·天论篇》)。荀子宣扬着一种积极进取的人生精神,强调人类在改造世界中的主观能动性,从而否认了天人之间那种主宰与被主宰的关系,促进了中国哲学人文思潮的进一步发展。唐代柳宗元、刘禹锡发展了荀子"制天命而用之"的思想。柳宗元认为天道人道各行其是,他说:"生殖与灾荒,皆天也;法制与悖乱,皆人也,二之而已。其事各行不相预,而凶丰理乱出焉"(柳宗元:《答刘禹锡天论书》,见《柳宗元哲学著作注释》。南宁:广西人民出版社,1985年,第297页)。刘禹锡在此基础上确定了"天人交相胜"的思想,认为天和人各有所能和所不能,"天之所能者,生万物也;人之所能者,治万物也"(刘禹锡:《刘禹锡集(第5卷)》,《论上》。上海:上海人民出版社,1975年,第51~53页),天与人各依其能,超胜对方,又各依其能,交相互用,"万物之所以无穷者,交相胜而已矣,还相用而已矣"(刘禹锡:《刘禹锡集(第5卷)》,《论上》。上海:上海人民出版社,1975年,第51~53页)。刘禹锡进一步指出,"天非务胜乎人","而人诚务胜乎天"(刘禹锡:《刘禹锡集(第5卷)》,《论上》。上海:上海人民出版社,1975年,第51~53页),意思是说天不是有意识地胜人,人却是有意识地胜天,人除了具有改造社会和治理国家的能力外,又具有利用和改造自然的能力。由此可见,"天人交相胜"的观点,在天人互依互存互能互胜的辩证思想里隐含着人占据着主动的思想倾向,反映了人生价值观的积极意义。

3. 刚健宽厚

推动中国人追求积极的天人合一理想的是中国哲学所洋溢的一种刚健宽厚的进取精神。刚健宽厚的思想成熟于《易传》,主要包括自强不息和厚德载物两个方面。《易传》说:"天行健,君子以自强不息","地势坤,君子以厚德载物"(《周易正义·乾卦·象传》)。就是说乾卦象征着天,天道刚健运行不止,君子当观此卦象,以天为法,从而发奋努力,自强不息;而坤卦象征着地,地顺承天道,地势厚广,能载万物,君子应观此卦象,效法大地容纳万物的胸怀,兼容百家,取其所长,融会贯通,为我所用。《易传》说:"内健而外顺",健是阳气的本性,顺是阴气的本性,二者之中,阳健居于主导地位,只有内心自强不息,方能厚德载物。自强不息是自立之道,厚德载物是立人之道,自立是立人的前提,立人是自立的引申。刚健宽厚的思想是以自强不息为主同时包括厚德载物的系统。总而言之,《易传》认为,自然事物及人类社会,处于不断的运动之中,这是天地之"生生不已"的刚健精神或常生万物之大德的体现,所谓"日新之谓盛德,生生之谓易"(《周易正义·系辞下》),理想的人生境界,即是效法天地好生之大德,自强不息化育万物,使之日新不已。以刚健驾驭宽厚,以宽厚补充刚健,这是一种积极进取的人生哲学,反映了中华民族积极有为而又兼容百家的"刚柔相济"的优秀性格。作为中国传统哲学思想的精华,刚健宽厚在今天的现实生活中仍有着十分重要的意义。

第三节 中国传统哲学的特征

一、与政治伦理密切相连

2 000多年来,中国传统哲学始终把人们的思维定向在社会人生的范畴之内,而以政治伦理和道德修养为立身之道,强调道德理性对于个人境界的提升和社会发展的极端重要性,从而把本体论、认识论、知识论和道德论结合在一起,使中国哲学具有了浓重的政治伦理色彩。儒家的仁政王道是一种政治伦理型学说体系,给中国哲学以最大的直接影响。儒学强调人的主观伦理的修养,并把它与宗法政治紧密结合起来,孟子认为只要人内心固有的仁义礼智"四端"发掘培养起来,便"足以保四海"。韩非子也认为,"臣事君,子事父,妻事夫,三者顺则天下治,三者逆则天下乱"(《韩非子·忠孝》)。伦理训条的强化成为治国安邦的根本,伦理观念成为政治观念的代名词,直接导致了中国哲学的伦理政治化。首先把天与道德伦理联系起来的是孟子,他认为"性天同德",人性与天道有相通之处,《易传》则直接指出道德伦理起源于天,把君臣、父子、夫妻、男女、上下等级关系的产生,统一于宇宙生成的自然过程及宇宙体系的结构之中,人伦效法自然,从而将宗法伦理道德与天一体化,整个宇宙秩序即体现为上下尊卑的伦理关系,由此而确定了本体论与道德论紧密结合的基础。董仲舒认为,"仁义制度之数,尽取之天",创立阴阳"三纲"理论,"君臣父子夫妇之义,皆取诸阴阳之道"(《春秋繁露·基义》),把君为臣纲立为"三纲"之首,神权、君权、父权三者合一,伦理道德的教化完全是为了君主专制的神圣不可动摇。宋明理学传承了孟子的"性天同德"和《易传》的"宇宙伦理模式"的学说,开创了理学伦理道德思想体系。认为天即是"理",把宇宙本体看作是道德的最高准则,即把道德论提高到本体论的高度上来看待,而所谓天理在宋儒看来只是"三纲"、"五常"一理而已,上下之分,尊卑之义,为理之根本。二程曰,"父子君臣,天下之定理"(《河南程氏遗书(卷5)》,见《二程集》)。政治伦理已成为中国传统哲学的核心内容,鲜明地表现了中国哲学"闻道"的目标：不是认识对象达于真，而是认识道德理性止于善，求真为求善，致知为崇德，追求知识只是为了道德理想的实现。学的基本含义在求"觉悟"，即打开心灵的混沌，焕发德行的潜力。荀子说，"君子之学也，以美其身"（《荀子集解·劝学篇》）；张载认为，"崇德而外，君子未或致知也"（张载：《正蒙·神话篇》，见《张载集》。北京：中华书局，1978年）。中国哲学家一向未尝以求知为务，而专以修身为本，把知识论纳入传统的伦理道德论中，并强调"躬行践履"，以实现理想人格。显然，中国哲学注重的是个体道德意志的实现和对现实政治伦理的维系。

二、唯物与辩证的思维传统

中国哲学一开始就具有朴素的唯物思想和辩证的思维因素。古代唯物主义萌芽于原始宗教思想之中，《尚书·洪范》篇确实含有五行是构成万物的基本材料的思想，但还未讲五行是世界的本原。老子"道"论的提出和阐述，引发了人们对宇宙根本的哲学思维，把人们的思想从"上帝"神学的笼罩下解放出来，标志着先哲们在认识世界的历程中理性的觉醒；《管子》、《易传》、《荀子》、《韩非子》等均发挥了老子"道"论思想，并将其改造成为唯物论。《管子》中的思想源于老庄而又改造了老庄，把"道"解释为一种"精气"，以"气"作为万物的本原，表现了一种朴素的唯物论。《易传》把"道"体现于一阴一阳之中，认为阴阳二气的变化生成万物，在本体论的认识上走向了唯物主义。荀子是先秦时期最伟大的唯物论者，他不看重关于宇宙的玄想，认为"天行有常，不为尧存，不为桀亡"（《荀子集解·天论篇》），其最高理想是"制天命而用之"，最后达到与天地的和谐。

先秦思想家在本体哲学和人生哲学上的唯物主义思想火花，被后来者发扬光大，成为中国传统哲学的特征之一。东汉王充冲破谶纬神学的尘埃，以"形具而神生"的唯物论揭示了形体与精神的哲学真谛。晋代裴頠在玄学虚无论的氛围中，独举"以有为体"的唯物论旗帜。南朝时范缜面对深奥难懂的唯心主义佛教哲学，提出"形质神用"的观点，反驳了神不灭论，给佛学唯心论以沉重的打击。唐代刘禹锡总结历史上关于天人的规律，认为天是"有形之大者"，而人是"动物之尤者"（刘禹锡：《刘禹锡集（第5卷）》，《论上》。上海：上海人民出版社，1975年，第51页），提出"交相胜，还相用"的学说，进一步发展了荀子的唯物思想。宋代以后中国哲学的理论思维达到了新的水平。张载从哲学基本问题的高度对佛教唯心论进行了批判，提出"凡有皆象，凡象皆气"（《正蒙·乾称篇》，见《张载集》）的唯物主义观点，建立了"气"一元论的理论体系，把有无虚实等都统一于"气"，也就是肯定了世界的统一性在于物质性，并把"理"看作是"气"运动变化的规律，这与程朱理学的唯心论是大相径庭的。南宋陈亮、叶适也反对程朱的

"道在物先",提倡"道在物中"、"理在事中"的唯物主义世界观。明清之际王夫之则把张载的"气"一元论与辩证法思想发展到新的水平,建立了博大精深的唯物主义体系,其后顾炎武、戴震也批判了宋学,对张载唯物思想有所继承,给中国古代唯物论哲学划了一个虽未圆满但却有意义的句号。

中国哲学在唯物观点发展的同时,辩证思维的发展也相当早熟和丰富。五行说在体现出朴素唯物主义思想因素的同时,又认为水、火、木、金、土虽互有差异,但它们决非孤立存在,而是以"相克相生"的一定方式相互联系着,这种既有差异又有联系的思想正是辩证法思想的萌芽。春秋以后,孔子讲"辨惑",老子讲"观复",庄子讲"反衍",《易传》讲"通变",荀子讲"解蔽",都具有辩证法的含义。从老子开始,中国的辩证法进展到"对立统一"这一基本规律的认识上,"有无相生,难易相成","祸兮福之所倚,福兮祸之所伏","反者道之动也"(老子:《道德经》),都一再反映了老子哲学的辩证思维体系。《易传》作者深观变化,肯定对立统一是天地万物运动的普遍规律,提出"一阴一阳之谓道"的重要命题,精辟地论述了转化的原因在于对立面的相互作用,"刚柔相推而生变化"(《周易正义·系辞·上》)。虽然先秦诸子对变化规律都有不同程度的认识,但《老子》、《易传》的系统阐述,无疑奠定了中国辩证思维的理论基础,并对后世辩证思想的发展产生了深远的影响。

汉扬雄继承先秦思想家的辩证观点,讲"反复"最为详尽:"阳不极则阴不萌,阴不极则阳不牙"(《太玄经·玄擒》)。而在玄学之风里吹出的反复之论,则有了一股保全人生的气息:"保其存者亡,不忘亡者存;安其位者危,不忘危者安"(《老子指略》,见《王弼集校释(上册)》,北京:中华书局,1990年,第197页)。佛教的加盟进一步使中国固有的辩证思维传统与佛教中蕴涵的较为精致的思辨因子相融会,促使了宋明以后中国哲学辩证思维向更高的层次发展。宋邵雍在中国哲学史上第一次明确了"一分为二"的提法;张载提出"一物二体"的辩证思想,认为事物的变化原因不在其外部,而在其自身的阴阳二气的对立统一达到了一定的历史高度。明末清初方以智、王夫之以"合二为一"与"一分为二"的哲学命题,集中了我国2 000多年来辩证法思想的丰富内容及其精髓。王夫之全面论述了"一"与"二"的关系,认为任何事物都是对立统一的矛盾体,"合二为一"是"分一为二之所固有"(《周易外传(卷5)》,《系辞上传》第十二章,北京:中华书局,1997年,第202页),"静即含动,动不舍静"(《见思录·外篇》,见《见思录·俟解》,北京:中华书局,1983年第4版,第36页);同时认为事物自身的发展是一个由渐变到突变的过程,"方动而静","方静而动"(《见思录·外篇》,见《见思录·俟解》,北京:中华书局,1983年第4版,第36页),对立的双方互为包含、互为发展,并非一定要发展到极点才开始转变。王夫之将我国古代哲学的辩证思维推向了高峰,成为中国古代最深邃、最丰富的辩证法哲学家。

三、强调天人关系和人际关系

注重天人关系是中国哲学的显著特征。历代哲学家无不把"究天人之际"作为他们思想学说的最高目标和基本内容,无论是商周之际的"以德配天",孟子的"性天同德",董仲舒的"天人感应",还是荀子的"制天命而用之",刘禹锡的"交相胜还相用",王夫之的"尽人道合天德",都在不同程度上论述了天与人之间的相互关系,折射出古代哲学家对天人关系的极大关注。宋邵雍认为:"学不际天人,不足谓之学"(《皇极经世·观物外篇》)。从这个意义上讲,中国哲学即天人之学。天人问题贯穿在中国哲学的整个过程之中,而且它在哲学史上的特殊地位,使得天人问题的探讨异彩纷呈;综述而论,无非"天人合一"和"天人相分"两大主流。"天人合一"说无论是其思辨的理论水平,还是其实际中所占据的地位,都代表了中国古代哲学天人关系论的主要潮流。而两者对人与自然协调的重视,对道德理性与自然理性一致的强调,则共同反映了古代天人关系的实质内容,即天人关系的和谐统一。从先秦的"性天同德",到宋明的"性天一理",哲学家们或从唯心或从唯物的方面强调和关注着自然与人类的协调统一,充分显示了古代思想家对主客体之间、主观能动性与客观规律性之间关系的辩证思考,这种思想长期实践的结果,必然促进人的精神行为与外在自然的一致,促使人类道德追求的自我完善。

正是由于中国哲学把天人关系的着眼点放在"人"上,强调主体内在的自我超越,肯定人的内在价值,把天人关系问题最终归结为伦理道德问题,因此对于人与人之间的关系也就十分重视。孟子说:"天时不如地利,地利不如人和"(《孟子正义·尽心章句·上》),把追求和谐作为人际关系的基本原则和社会稳定的基本因素,而这种和谐又是以伦理秩序的维持为内涵的。儒家所谓的"仁",既是人的精神自我完善的道德规范,又是人际交往的行为准则。孟子说"仁也者人也",就是指以人之道待人处事。道家的"无为",既是人对自然的哲学,又是一种随遇而安、自然相处的人与人的法则。墨家的"兼爱",反映的是一种廓然大众、视人如己的平等互爱的人际关系。法家则以冷峻的分析深入人际关系中最粗俗、最基本的物质需求关系层次,揭示了人际赤裸裸的利害关系。但是,中国哲学对人际关系的重视,侧重于主体伦理道德的自觉,强调个人的社会责任和义务,君仁、父慈、子孝、兄友、弟恭等都是从自我出发而以义务观念为核心的,认为只要做到由己及人,社会就能达到治境。这样,固然强化了个体的伦理道德观念,却忽视了个体的权力价值观念,导致个体意识的不完整的发展,从而影响人际关系乃至整个社会关系的健康发展。

第七章　中国传统文化的主体

　　春秋战国时期剧烈的社会变革，引发出一个令人瞩目的文化现象，这就是被后世津津乐道的"百家争鸣"。众多思想家们从不同的经济利益和政治地位出发，提出解决社会问题的方法和对人生价值的追求。这些观点不仅在当时带来了哲学领域的繁荣，促进了人们对生命意识的深刻思考，而且在社会上形成广泛的影响，并为后来中国文化传统的形成奠定了深厚的根基。

　　"百家争鸣"的现象不是偶然发生的，有其潜在的历史根源和复杂的现实背景。由"学在官府"到"学在四夷"，使过去官府垄断的学术文化传播开来，这样，教育不再是少数人的专利，而迅速在社会上广泛普及。"礼崩乐坏"使人们挣脱了原先的枷锁，思想得到极大解放，因而观念上获得了更新。"士"阶层的崛起，更使某些弄潮儿恃才逞能、指点江山。而诸侯各国的割据，又使意识形态领域难以统一，未能形成封建社会的规范的统治思想。学术自由的宽容政策，也为个人著书立说、发表见解提供了良好的条件。各国诸侯贵族尊贤礼士，更为诸子高谈阔论创造了宽松的环境。统治者也迫切要求从多方面、多角度总结为政的得失，摸索统治经验以便成就其辉煌功业，因而对各家各派都兼而礼之。

　　"诸子百家"不是确指，而是泛指。按照诸子出现时间为序概括而言，大致有老子、孔子、关尹、孙武、墨子、杨朱、子夏、吴起、商鞅、申不害、许行、宋钘、田骈、孙膑、孟子、庄子、慎到、尹文、荀子、邹衍、韩非、公孙龙、张仪、苏秦、吕不韦、尉缭等。到西汉初期，司马谈把诸子归为阴阳、儒、墨、名、法、道德等六家。班固则把诸子分为儒、道、阴阳、法、名、墨、纵横、杂、农、小说等十家。后人举其要略，简称为"诸子百家"。这其中，儒家思想是中国文化的主体内容，是中国文化价值系统的主干。认真探讨儒家思想的内在特质，对于我们认识儒家思想在中国文化史上的地位和作用，对于我们科学地评价中国文化，有着十分重要的意义。

第一节　儒家的形成

　　儒家创始于孔子。儒家以"仁"为哲学根底，但是又不像道家、法家、名家和阴阳家以"道"、"法"、"名"、"阴阳"命名那样，称作仁家，而是称作儒家。而且，儒家经典论及这一"儒"字也很少。那么，儒家为何以"儒"命名呢？

按照西汉韩婴的理解是："儒者，儒也。儒之为言无也，不易之术也。"显然，这是以道释儒，与儒家的主旨不合。韩婴生活的时代，是黄老之学在思想界占统治地位的时代，因而不免将"儒"作道化理解。据许慎《说文解字》解释："儒，柔也，术士之称。"自此以后，这种解释就一直流传下来，以至于20世纪的胡适和郭沫若也深信不疑。儒家主阳崇尚刚健，自然不为"柔"，柔是阴性的特征，是道家哲学所提倡的，而且，我们从《论语》《孟子》等先秦典籍里也很少能看到对"柔"的论述（《易传》出于对《周易》经文的理解，可当别论）。也就是说，以柔释儒，值得商榷。

近人除胡、郭外，另有章太炎、冯友兰、杨向奎等不少人对"儒"之原义都曾做过考释工作，大多数认为"儒"即为术士，或曰巫官。但问题仍未解决。既然"儒"来源于术士，为什么不直接说巫、宗、祝、史，而要说是"儒"呢？再说，先秦诸子同巫术有关的阴阳家为什么不称作"儒"呢？

考虑到先秦诸子，除墨家以创始人的姓命名外，其他诸家皆以学说的主旨命名，我们有理由相信儒名的形成一定与它的学术主旨有关。在这里，我们可以从两个方面加以说明：第一，周礼的内容很多，仅就仪式程序这一部分而言，就有祭礼、葬礼、婚礼、冠礼、竿礼等，另外还有阶级性专用的国工之礼、国君之礼、贵族之礼（无平民之礼）。这是一种专门知识，必须专家才能胜任，从事这种以主持典礼为职业的专家，当时被称为"儒家"，他们按照古老的规定，办理各种重要仪式，小自埋葬死人，大至国君访问。国君访问或相见时，常请儒家担任"傧相"，服侍在国君左右，随时提醒国君该怎样做、怎样说，在普通的贵族场合，儒家则被聘请担任司仪、总管之类的职位。可见，儒家的原始意义就是典礼仪式的顾问人员，他们最荣誉的高位是在外交场合被雇为国君傧相。由于孔子创立的学派非常重视"礼"，因此就以"儒"名之。第二，儒家学说的核心是一个"仁"字。"仁"，从人从二，强调的是人与人之间的关系。"儒"亦从人，强调的也应该是人与人的关系。怎样理解其右边的"需"字呢？金文中的"需"字，上为"雨"，下为"天"。后来"天"演变为"而"字。《说文》："需，须也。遇雨不进止须也，从雨而。《易》曰：云上于天，需。"如果我们联系《周易》中的"需"卦，便可参透其中的奥妙。"需"卦乾上坎下。《彖》曰："需，须也。险在前也，刚健而不陷，其义不穷困矣。'需，有孚，元亨贞吉。'位乎天位，以正中也。"据汉人郑玄、班固和唐人陆德明、颜师古、孔颖达等人的看法，《彖》为孔子所作。那么，这里对"儒"的解释也自然就是孔子的原意了。所谓"险在前"即遇有困难，如像出门遇到雨天一样。而"需"就是对待困难的一种积极态度，即"刚健而不陷"，也就是说，要知难而进，而不要被困难所吓倒，这样才有进取和发展。所以，孔子说，"需"的含义就是不穷困。关于这一点，《礼记·儒行》也有言："儒有不陨获于贫贱，不充诎于富贵，不溷君王，不累长上，不闵有司，故曰儒。"对于这段话，陈来的理解是："《儒行》篇所载，是否全为孔子所述，也许有不能肯定的地方，但大体上应当有所根据。按照孔子的说法,春秋末期世俗的用法中,确有以'儒'为贬义而妄相诟病的情况,但这已不是'儒'之命名的本来意义;而儒家则以大丈夫的君子儒自命,显示着儒与儒家的根本分化。《论语》中的'汝为君子儒,勿为小人儒',一般认为是儒字最早出现的文献,《礼记·儒行》对儒者德行的论述,合于《论语》所说的君子儒精神,与世俗所说的小人儒完全不同。孔子说儒的这种分疏,对我们的原儒工作也有重要的提示意义。"

第二节 儒 与 仁

仁,是孔子及儒家思想学说最基本的范畴之一,近代许多学者认为,孔子思想体系的核心就是仁,这是符合实际的。

一、仁学的创立

从词源学的角度看,"仁"字最早见于甲骨文,卜辞中也有"仁"字,殷周时期就有"仁"的思想。"仁"的概念在先秦史籍中多有论及,它的最初含义是指人与人的亲善关系。《尚书·仲虺之诰》:"仁,爱也。"《诗经·郑风·叔于田》:"洵美且仁。"《左传·襄公九年》:"体仁足以长人。"《国语·晋语》:"仁置德,武置服。"《尚书·金縢》中的"予仁若考"之"仁"则是指一种好的品德。从先秦文献记载看,"仁"还是统治者或者"君子"们专有的品德,只有君子才能讲"仁"行"仁"。《左传·僖公二十三年》记载:"出门如宾,承事如祭,仁之则也。"《左传·定公四年》记载:"柔亦不茹,刚亦不吐,不侮矜寡,不畏强御,唯仁者能之。"这些讲的都是"君子"的行为。有时"仁"还包含着爱亲爱国两重意义。《大学》中有言:"亡人无以为宝,仁亲以为宝。""仁亲"是什么意思呢?《国语·晋语》里记载着优施说的话:"为仁与为国不同,为仁者爱亲之谓仁,为国者利国之谓仁。"这里所说的"仁"就包含着爱亲(孝顺父母)与爱国(忠于宗国)两重意义。

总的来看,殷周时期所讲的"仁",是以宗法伦理为重要内容的,而且这些解释缺乏系统性。第一个对"仁"加以完整界说,并提出了以"仁"为核心的一整套伦理政治学说的是儒家学派的创始人孔子。其后,孟子又在孔子思想的基础上作了进一步发挥,"仁"遂成为中国古代传统最高的道德理想和伦理政治原则。

孔子学说中最主要的部分是仁学。仁学是孔子所创立的符合时代潮流的新学说,是先秦文化的精华。

二、"仁"的含义

指出"仁"是诸德之全,是人生的一种精神境界,这的确是个理论贡献。但是,"仁"的内涵是什么,孔子及其后学对"仁"的内涵就作过比较明确的界定。

1."仁者爱人"

"仁者爱人",强调的是一个"爱"字,爱人是仁的核心内容。在孔子的伦理思想中,爱人是"仁"的核心和主要内容,也是最高的道德原则。"樊迟问仁。子曰:'爱人'"(《论语·颜渊》)。孟子也说,"仁者爱人"(《孟子·离娄下》),并解释说,"仁,人心也"(《孟子·告子上》)。朱熹进而说:"仁者,心之德,爱之理"(《孟子集注·梁惠王上》),意思是说,仁是人对于自己同类相爱的一种情感,是根源于人心的一种德性。孔子曾经说:"性相近也,习相远也。"性之所以相近,是因为人们的血缘情感;习之所以相远,在于政治上的宗教等级制等社会政治环境、文化习俗。从人们的血缘情感出发,孔子推导出了"仁者爱人"的结论,并把它推而广之,使"仁者爱人"的口号,在一定程度上超出了血缘宗族的亲近关系的局限性,把爱人的范围从"亲亲"扩充到"泛爱",由家族走向社会。在孔子及儒家的学说里,"爱亲"只是一种手段,最终目的则在于忠君。因为,当时的社会是宗法制社会,君主既是最高统治者,又是全国的"大宗"。各诸侯相对于君主,既是臣属,又是"小宗"。诸侯们如果有了"爱亲"之心,也就有了忠君之心。正因为这样,孔子才说:"克己复礼为仁,一日克己复礼,天下归仁焉"(《论语·颜渊》)。

仁者爱人还包括"能恶人"的内容。孔子及其后来者并不是主张无原则地爱一切人,而是倡导爱人的同时也要"恶人"。他认为,只有具备仁德的仁人才能够爱应该爱的人,厌恶那些可恶的人。厌恶不仁德的人,他本人是行仁德的,只是不使不仁德的东西加之于自己身上罢了。

当然,我们还应该注意到,孔子的"仁"在具体阐发中,含义又是十分宽泛的。《论语·阳货》载:"子张问仁于孔子。孔子曰:'能行五者于天下,为仁矣。'请问之。曰:'恭、宽、信、敏、惠。'"显然,这五者就不仅仅是忠君和爱亲的内涵了,而是包含了道德行为的诸多方面。《乡党》载:"厩焚,子退朝。曰:'伤人乎?'不问马。"其中所体现的爱即超出了忠君和爱亲的范围。

总之,"仁者爱人"的命题使伦理关系突破了宗教血缘亲近的狭窄习俗领域,进入了广阔的社会领域,使家族伦理转变成社会伦理。孔子所主张的以仁对待一切人的思想,奠定了我国伦理道德的基础。

2."仁"是忠恕的合体

孔子说自己的道是一以贯之的。从孔子的思想体系分析,这个"一以贯之"的东西就是"仁",但孔子的学生曾参作出了另一种解释,说:"夫子之道,忠恕而已矣"

(《论语·里仁》)。这两种说法是不是矛盾呢？不矛盾。因为"仁"的定义既然是"爱人"，而忠恕正是对"爱人"的解释，"忠"是尽心竭力，尽己之心以爱人，恕是推己及人，推己之心以爱人，所以说，仁是忠恕的合体。

理论界有一种很流行的说法，认为忠恕作为实行仁的方法，"忠"是"己欲立而立人，己欲达而达人"，是积极地爱人；"恕"是"己所不欲，勿施于人"，是消极地爱人。此说看似有理，实则不符合孔子原意。试分而述之。

先说"忠"。

"忠"字在《论语》中出现了十八次，却从未与"己欲立而立人，己欲达而达人"相联系。忠的基本含义是对别人（尤其是对上级）尽心竭力。如："为人谋而忠乎？"（《论语·学而》）意思是说，（要反省自己）替别人出主意办事是否尽心竭力了。"居处恭，执事敬，与人忠"（《论语·子路》）。"与人忠"即对别人尽心竭力。"居之无倦，行之以忠"（《论语·颜渊》）。即执行政令要尽心竭力。"君使臣以礼，臣事君以忠"（《论语·八佾》）。意谓臣子事君要尽心竭力。

"忠"还常与"信"等连用。如："十室之邑，必有忠信如丘者焉"（《论语·公冶》）。"子以四教，文、行、忠、信"（《论语·公冶》）。"主忠信"（《论语·学而》，又见《子罕》、《颜渊》）。

这些例句里，"忠"不论单独使用，或与"信"、"敬"等连用，其意思都是指尽心竭力，有全心全意、一心一意、忠心耿耿、忠诚的意思。它一般泛指人对人的态度，也指臣子对君主的态度。无论哪种情况，尽心竭力都是它的基本义，是人们在一定人际关系中的道德责任感。主动地"为人谋"是它的特点，这与"恕"的意思有明显的不同。

再说"恕"。

"恕"字在《论语》中仅两见，但却是个十分重要的概念。《论语·卫灵公》："子贡问曰：'有一言而可以终身行之者乎？'子曰：'其恕乎！己所不欲，勿施于人。'"许多论者都认为"己所不欲，勿施于人"是孔子给"恕"下的定义。其实不然，这只能算是举例，而不是定义式的话。此类说法《论语》上还有，如子贡说："我不欲人之加诸我也，吾亦欲无加诸人"（《公冶长》），也是"己所不欲，勿施于人"的意思。

《论语》还有一章，与"忠恕"密切相关。孔子说："夫仁者，己欲立而立人，己欲达而达人。能近取譬，可谓仁之方也已"（《论语·雍也》）。"能近取譬"就是拿自己打比方，推己以及人。"己欲立而立人，己欲达而达人"是对它的又一举例。引申开去，还可以说，己欲富而富人，己欲贵而贵人，己欲安而安人，己欲乐而乐人，等等，意思是，自己想要怎样，也使别人怎样。用一个公式表示就是"己欲 N 而 N 人"。这层意思是"己所不欲，勿施于人"的反面，如果正面说，就是"己之所欲，亦施于人"。可见，"己所不欲，勿施于人"与"己欲立而立人，己欲达而达人"讲的都是

"恕"。其共同点都是从自己本心推出以及于人。"己所不欲勿施于人"是从消极方面说,"己欲立而立人,己欲达而达人"是从积极方面说,两者都是"能近取譬",拿自己打比方,将心比心。因此,"推己及人"可说是对"恕"的定义。"恕"指推己及人,"忠"指尽心竭力,两相对照,意义分明。

三、为"仁"的根本

孝悌是为仁之本。"孝"指善事父母,即子女对父母的爱敬之心;"悌"指善事兄长,即弟弟对兄长的爱敬之心。孔子既讲"泛爱众",又讲"笃于亲"。这说明孔子的仁爱是有先后、远近、厚薄、亲疏的差别之爱,而不是平等之爱。这种泛爱与差爱的矛盾是由中国特定的社会历史背景所决定的。中国在跨入人类文明的门槛时,保留了氏族制的"脐带"。周代统治者正是利用这一特点,将氏族制发展为宗法制,用族统来维护君统,用族权来加固政权。家国同构更使人们的宗法血缘伦理情感交流有了可靠的社会组织载体,可以说,建立在血缘关系基础之上的亲亲之爱是人类情感中最深厚的根源。离开了亲亲之爱、家族之爱,爱人的情感就会成为无源之水、无本之木。因为爱人之情本身就是爱亲之情的扩充和放大。周代"尊尊"的社会等级制度,就是在"亲亲"的宗法情感基础上得以建立和巩固的。而在孔子看来,恢复并巩固周礼的统治秩序,就是仁,而这必然要从家族内部关系入手,所以,孝悌是为仁之本。

由此出发,孔子在他的仁学中把孝悌提到了非常重要的地位。他说,在上位的人如果能用深厚的感情来对待其亲族,老百姓就会走向仁德。所以孔子倡导青少年要"入则孝,出则悌",即把孝顺父母、敬爱兄长的道德修养放在学业的首要的位置,从小培养"孝悌"品德。少年时形成的性格就会像先天的性格一样,待长大成人后,自然就会移孝作忠,以事父母之心事君上,由孝子变为忠臣。这样,从孝悌始,至忠君止,使封建社会得以长治久安。

四、行"仁"的原则

"仁"既然是人心中一种固有的爱的感情,那么实行仁就要特别强调自觉性。"为仁由己"便是孔子提出的实行仁的原则。

孔子说:"为仁由己,而由人乎哉!"意思是说,实行仁(或做到仁)主要在于自己,哪里在于别人呢!句中的"己"与"人"(别人、他人)是互相对立的两个方面,"己"是主观方面、内因方面;"人"则是客观方面、外因方面。在他看来,"仁"是人之所以为人的内在本质和根据,实行仁完全是人的内在要求,而不是任何外力的强迫或强加所能奏效的,因此,在道德修养(为仁)的问题上,主观方面、内因方面是最主要的。

孔子对于客观方面也是重视的。比如,同是谈"为仁"问题,孔子就论述过与贤者、仁者相交往的重要意义,"子贡问为仁,子曰:'工欲善其事,必先利其器。居是邦也,事其大夫之贤者,友其士之仁者'"(《论语·卫灵公》)。不过,孔子确实对主观方面、内因方面的作用更加强调。

"为仁由己"的思想,表现了孔子对自觉性的高扬。"由己",就是靠自己的自觉,即是说,实行仁是不带任何勉强的,不是外力强加或逼迫去做的,而是发自内心的要求。"为仁由己"的思想,表现了孔子对主动性的强调。"由己",就是靠自己的主动。主动性和自觉性是密切联系的,有了仁的自觉,才会有行仁的主动性;而有了为仁的自觉性和主动性,目的就不难达到。正因为孔子特重自觉性、主动性,所以他对缺乏自觉性、主动性的人深为惋惜,甚至给予严厉的批评。一次"宰予昼寝",孔子批评道:"朽木不可雕也,粪土之墙不可杇也,于予与何诛"(《论语·公冶长》)!

总之,"为仁由己"的思想,强调了人的主观能动性,突出了人之所以为人的本质特征,表明孔子对于主体作用的认识确有一定的深度。

五、德政与仁政

1. 孔子的德政思想

"为政以德","众星拱之"的德政思想是孔子仁学的重要内容。孔子把自己关于仁的道德原则和道德理想应用于政治领域与国家的治理,形成了德政、德化的伦理政治思想。他站在新兴地主阶级的立场上,顺应时代的发展潮流,批判地继承了西周"以德配天"思想中的合理成分,提出了德政、德化的治政思想。他在《论语·为政》中指出:"为政以德,譬如北辰,居其所而众星拱之。"即用道德的方法和手段来治理国家,统治者就会像北极星那样得到人民的拥护。这是孔子在总结历史上统治者的执政经验、针对奴隶主暴虐统治的情况后得出的结论。崇尚暴力的统治者不可能有好的结局,而善于用道德教化的方法来治理国家的最终会获得天下。他还指出:"道之以政,齐之以刑,民免而无耻;道之以德,齐之以礼,有耻且格。"就是说,用政治法律手段来训导百姓,用严酷的刑罚来对待人民,他们只会暂时免于罪过,却不会有廉耻之心;而用道德礼教的办法来引导人民,他们不但有廉耻之心,而且还会人心归服。孔子将已被春秋时期没落奴隶主贵族抛弃的西周初期的德化统治手段重新提出来并加以发展,是适应新兴地主阶级愿望的。实行德政的关键是什么?孔子认为,关键在于统治者的德性修养。他说:"政者,正也。子帅以正,孰敢不正"(《论语·颜渊》)?意即政事就是端正的意思,统治者自己带头垂范,哪个敢乱来呢?他又说:"其身正,不令则行;其身不正,虽令不从。"即统治者本身行为端正,就是不发命令,事情也行得通;统治者本身行为不端正,纵使三令五申,老百姓也不会相信、服从。从这里可以看到,孔子把统治者本身能否"正"作为政治好坏的先决条件。这些浓厚的道德人治思想对我国春秋战国以后的政治统治影响深远。

实行德政就要提倡爱民、养民、利民、富民、教民、安民、博施于民。在我国古代历史上孔子是第一个主张把劳动者当作人看待的思想家,这是以道德原则来调整统治者与被统治者之间的关系,实行以德治政的重要前提。只有具备了这个前提,才能使"仁者爱人"的思想付诸实现,而这一思想又包含着要求统治者减轻对劳动者的剥削的爱民、养民、利民、富民、教民、安民、博施于民的双重内容。他主张统治者要严肃认真地对待治理国家的工作,信实无欺,节约费用,爱护官吏和百姓,役使老百姓要在农闲时间。在孔子心目中,多为百姓办好事,使人民生活得好一些,是至关重要的事。所以,当子贡问孔子"博施于民而能济众"是否可以算仁时,孔子回答说,岂止是仁,那简直是"圣"了。正是出于这种爱民思想,孔子极力提倡"养民",即给劳动人民以休养生息的机会,不要对人民横征暴敛,赞扬子产"其养民也惠"的统治方法,要求统治者应当"因民之所利而利之"。

2. 孟子的"仁政"学说

孟子继承发扬了孔子的人文观点并付诸现实斗争,提出的政治纲领更为激进强烈,这就是"仁政"学说。孟子提出"民为贵,社稷次之,君为轻"的著名口号,无疑把民本思想推到了极致。他认为国君必须与民同乐同忧,"乐民之乐者,民亦乐其乐;忧民之忧者,民亦忧其忧。乐以天下,忧以天下,然而不王者,未之有也"(《孟子·梁惠王下》)。至于那些暴虐无道的昏君不但有失国的危险,还会遭受身家性命不保的厄运。如对周武王讨伐纣王之事,孟子说:"闻诛一夫纣矣,未闻弑君也"(《孟子·梁惠王下》)。孟子当然与孔子一样,是反对犯上作乱的,但又有新的解释,那些独夫民贼尽可诛之而不谓弑,可以看出孟子心目中有国君之标准,国君要像国君,方能长治久安。孟子深刻认识到获取民心才是立国的根本。

那么,怎样才能获取民心呢?孟子提出一套措施,即他心目中的"仁政"。首先是为民制产,"是故明君制民之产,必使仰足以事父母,俯足以畜妻子,乐岁终身饱,凶年免于死亡,然后驱而之善,故民之从之也轻"(《孟子·梁惠王上》)。其次是薄赋省刑。孟子认为征发徭役要不误农时,年成不好要减轻赋敛,抽税尽可能有一定限度,一切不要使民众为难。这样防患于未然,民众就不会造反。再加以庠序之教,使"父子有亲,君臣有义,夫妇有别,长幼有序,朋友有信"(《孟子·滕文公上》),社会风气就会大好。再次是尊贤重能。孟子认为实行"仁政"须用贤能。

孟子所处的时代与孔子不同,所以他重视民众的意愿。固然,孟子认为"劳心者治人,劳力者治于人"是正当的社会分工,表现出维护现有社会秩序的倾向,但他毕竟也反映出当时民众的利益要求,呼吁世道的公正和良心。这反映出孟子不愿意看到激烈斗争而希望调和的中庸思想,依然遵循的是孔子弹唱的改良论调。他继承了孔子衣钵但基于现实,不愿看到人民遭受苦难而又使国君陷入尴尬境地,以民为本、以仁行政的感情色彩因而更为浓厚。这种"民贵君轻"的主张是"远天近人"思想的深化,当然也是为统治者筹划的长远政策。但他浓厚的抽象说教虽然极富哲理,却显得"迂远而阔于事情"(《史记·孟子荀卿列传》),因而其极力鼓吹的"王道"也终难行通。

第三节 儒 与 礼

一、礼的起源与传承嬗变

1. 礼的起源

礼是由传统和习俗形成的行为规范。礼的起源问题,自古以来就存在不同的说法。尽管大家都认为礼的起源很早,几乎在人类社会进入文明时代之初,就可以看到礼的诸多形迹,然而,作为中国文化渊薮和基质的礼俗,究竟何时何故而起?众家的观点却不尽一致,主要有以下几种说法。

其一,礼源于宗教。当人类从动物界中独立出来,为自己创造出人的世界的时候,人类也创造了一个神的世界,人的一切行为都由神来支配。由于这一原始观念的影响,先民认为一切礼仪都与鬼神有联系。这也进一步强调了天神是礼乐之祖、万物之本的思想。

其二,礼源于人的欲望,这种观点以荀子为代表。《荀子·礼论》认为,人天生好利厌贫,追求耳目声色,趋乐避苦,有填不满的欲望。然而,欲望的无限性与社会财富的有限性之间,常处于矛盾之中,导致争斗,争则乱,乱则不能相安并存。于是有圣人出,规定礼仪,抑制人的恶性,培育人的善性,使欲不穷于物,而能按照实际情况,各安其位,各享其有。这样,礼就成了抑制人们欲望的法宝。

其三,礼源于礼品交换。《礼记·曲礼上》说:"礼尚往来,往而不来非礼也,来而不往亦非礼也。"这是中国古代社会家喻户晓的礼俗,也是人们交往的准则。这一礼俗在中国有悠久的历史,正如杨堃先生所言,"起初,氏族间和部落间的交换,往往仅限于互相通婚和有友好关系的才进行礼品交换,就是我们过去所说的'礼尚往来','来而不往,非礼也'。但它逐渐演变为不等价的礼品交换,甚至是有强迫性的礼品交换"(杨堃:《民族学概论》。北京:中国社会科学出版社,1984年,第226页)。杨向奎先生亦对此作过解释:"在原始社会,'礼尚往来'中礼品交换,实质上是货物的交易行为"(杨向奎:《宗周社会与礼乐文明》。北京:人民出版社,1992年,第244页)。

其四,礼源于饮食。中国先民把黍米放在火上烧熟,把小猪放在火上烤熟,在地上挖个坑当作酒壶,用双手捧着水当酒来喝,用草扎成的槌子敲打地面当作鼓乐,好像用这种简陋的生活方式便可以向神表示敬意,从而得到神的庇护和赐福。这样,最原始的祭礼也就产生了。

这种源于食的祭礼,是中国先民顺应自然生活的文化创造,中国先民是按照人要吃饭穿衣的观念来构想诸神灵世界生活的,以为祭祀就是让神吃好喝足,神吃好喝足后才能保证大家平安。所以,"礼"与解为甜酒的"醴"字,音既相同,意义也有相通之处,亦非巧合。人们通过饮食来祭祀神,表现了中国先民重视现实和生命原初的心理。

礼的起源除以上几种主要观点外,还有"礼以义起"、"礼生于理,起于俗"、"礼源于人性"等多种说法,这些说法也符合礼制史的部分实际,因而也都能自成一说。这也说明礼的起源不是单一的,但礼的起源较直接的原因,我们认为还是在人们的饮食祭祀活动之中。

2. 礼的进化

礼的发展,经过了一个由简到繁的过程。张舜徽先生曾经说过,"大抵一种礼俗的形成,最初总是简单朴素,发之自然,毫无修饰。经过人们有意识地加工以后,才成为矫情虚伪的具文,离开原意很远"(张舜徽:《中国人民通史(中册)》。武汉:湖北人民出版社,1989年,第403页)。这一论断是非常正确的。

原始的礼,十分简单,它是以风俗为根基的行为规范。这种礼的表现形式就是用食物来祭祀鬼神,所以,这时的礼主要用于人与鬼神的关系上。如《礼记·表记》中说:"殷人尊神,率民以事神,先鬼而后礼。"这就把握了殷商之时礼的特点,这时的礼尚未形成社会人事关系上的各种制度,也没有成为人们自觉约束自己行为的道德规范。周代商后,比较重视人事,他们把礼的作用从祭祀的仪式上加以引申,扩大为治理国家的制度和与此相适应的道德规范,所以,《礼记·表记》又说:"周人尊礼尚施,事鬼敬神而远之。"正如冯天瑜先生《中华元典精神》所云:"如果说,殷制是一种尊神敬神之制,那么,周制则是虚置鬼神而注重人间等级秩序的礼制,它通过繁复的仪式和固定的样式,定名分、成制度,规定人们在社会生活各个领域所必须恪守的准则。"

把礼作为治国的依据和手段这样一种统治思想,是随着西周宗法制度的系统化而出现的。因为宗法制的实质,就是规定贵族内部的亲疏关系,并以此区分等级名分,进而确保整个宗族的统治地位。

商代王位传授是兄终弟及,而到了西周,则改为嫡长子继承制。天子由嫡长子继承,是天下的大宗,其余诸弟为诸侯,对天子而言是小宗。诸侯也由嫡长子继承,对被封为卿大夫的诸弟而言是大宗,卿大夫便是小宗。卿大夫也由嫡长子继承,对被封为士的诸弟而言是大宗,士便是小宗。士的嫡长子仍为士,其余诸弟为平民。这就确立了各级储君无可争议的地位,形成了一个以周天子为天下共主的庞大宗族血缘体系,大大小小的宗主掌握着各级政权,维护着宗族内部的尊卑等级,这就为周礼的产生提供了牢靠的基础。也就是在这种情况下,商代尊神的礼发展为礼治与宗法相结合的周礼。

周礼是依照亲疏、贵贱、长幼的标准来确定每一等级不同的礼仪的。周礼的内容非常庞杂,上至国家的立法行政、各级贵族的权利义务,下到衣食住行、婚嫁丧葬、送往迎来,几乎无所不包。正如《礼记·曲礼上》所说:"道德仁义,非礼不成;教训正俗,非礼不备;分争辨讼,非礼不决;君臣、上下、父子、兄弟,非礼不定;宦学事师,非礼不亲;班朝治军,莅官行法,非礼威严不行;祷祠、祭祀、供给鬼神,非礼不诚不庄。"由此看来,周礼不仅可以完成道德,齐备教化,决断争讼,而且还可以确定君臣、父子关系,侍奉老师,治理军队等,其效用是十分广泛的。

根据周礼的内容,可以将其分为两个部分,即礼制和礼俗。正如郭沫若《十批判书》所言:"礼,大言之,是一朝一代的典章制度;小言之,是一族一姓的良风美俗。"两者相互联系,相互吸收,并行不悖。

所谓礼制,就是国家规定的典章制度,诸如分封、宗法、井田等,以及各种礼节仪式,举凡天子即位、出境、朝聘、会盟、出师、狩猎、宴会、祭祀、出生、成年、婚嫁、丧葬等,都必须依据一定的礼节行事。《礼记·中庸》说,周礼"礼仪三百,威仪三千",各种礼仪繁文缛节,不胜枚举,后人在此基础上整理成《仪礼》一书。正因为周礼中不少规范具有法律,甚至是国家根本大法的性质,所以周人把它作为"定亲疏,决嫌疑,别同异"的依据,起着"经国家,定社稷,序人民,利后嗣"(《礼记·曲礼上》)的重要作用,并且认为"治国不以礼,犹无耜而耕也"(《礼记·礼运》)。

所谓礼俗,是指未列入礼制、在民间习惯基础上形成的礼仪习俗。礼是以俗为基础的,俗既有礼的成分,则俗就形成礼俗。礼俗具有自发性、自在性和随习性。它不像礼制那样带有明显的政治目的,要求全国规范和统一,只是为本民族或本地区的生活有序而建立的行为规则,而且是约定俗成的,没有人为的强制性。

但是,民间的一些好的礼俗,也常常被制度化而成为国家的礼制,对此,张舜徽先生在《中华人民通史》中举例说:"即以居三年之丧而论,完全决定于对父母感情的厚薄,而不是任何专凭主观进行强制所能办到的。远古时代,有的人对父母感情很深,恩爱至重,一旦失去了父母,便和小孩见不到父母一样,痛哭不止,以至不吃不喝……当时普遍服用麻衣,为了保证治丧的洁净,便斩断一块新麻布披在身上,并用麻绳作腰带,这也是一种很自然的装扮,没有任何矫伪的因素,在远古淳朴的年代里,这种情况可能是存在的,是真挚感情的流露。到了后来,这种简单朴素的居丧表现,竟为统治阶级所利用,而变为居父母丧的礼文和仪式。"

由于礼俗比礼制更有人情味,可弥补礼制之不足,因此《周礼·天官·大宰》把礼俗作为治理国家的"八则"之一,与"祭祀、法则、废置、禄位、赋贡、刑赏、田役"同列,将礼俗作为道德规范来教化人民。

周礼的内容虽然广泛,但是它的内涵和本质还是为统治阶级所确认,并体现统治阶级意志。它的特点在于用温情脉脉的血缘感情来维护上下尊卑的名分等级,把统治与服从的政治关系与父慈子孝、兄友弟恭的亲属关系十分巧妙地交织在一起,并强调"礼不下庶人,刑不上大夫"。这种礼、刑的分野,也充分证明了礼制是统治阶级所专有,而刑法是为被统治阶级而设的。

3. 孔子对礼学的贡献

进入春秋以后,奴隶制度日趋瓦解,伴随着大国争霸而来的兼并战争打乱了周王朝的礼治秩序,各诸侯国内新旧力量的斗争和政治经济制度上的变化也猛烈地冲击着周礼的亲疏观念。《论语·八佾》说:"居上不宽,为礼不敬,临丧不哀,吾何以观之哉?"孔子的感叹正反映了当时人们礼的观念日益淡薄的趋势。

随着"经国家,定社稷"的各项礼乐制度不断崩溃,礼包含的政治内容离人们越来越远,只剩下一些空洞的礼仪。同时,由于封建制的兴起,贵族内部矛盾的激化以及宗法关系的疏远,礼制在一定程度上阻碍了社会进步。面对礼的危机,春秋时期统治阶级的代表人物,不管其政治主张如何,都认为礼是修身、齐家、治国、平天下的重要工具,不可废除。他们从各自的目的出发,对礼进行了改造,重新认识了礼的价值,对礼输入了许多道德元素,如"孝,礼之始也","让,礼之主也","忠信,礼之器也。卑让,礼之宗也",等等。可见,伦理道德修养渐渐成为礼的主要内容。这样,政治、法律、习俗、道德混合为一的礼,便凝缩到修养的要求上并让位于伦理道德范畴的礼了。

在礼的转变中,孔子作出了重要贡献。孔子认为春秋时期礼崩乐坏的主要原因是"不仁"。孔子把"仁"的道德内容注入"礼"中,这就使孔子的"礼"与"周礼"有了很大的区别,深蕴在礼中的内在精神也因此被揭示出来。

在孔子的思想中,"仁"是最高的道德原则,而"仁"的主要内容是"爱人"。孔子的仁爱既包含对人对己的态度,又包含对上对下的态度。对人要讲"忠恕之道",对己要讲"克己"、"内省",对上要讲"忠孝节义",对下要讲"爱民",这就是仁学的实质,也是被历代统治者广泛接受的重要原因所在。

孔子认为,仁与不仁的标准与界限,在是否合乎礼。在他看来,仁为质,是内在的道德感情和伦理思想;礼为用,是外在的道德和伦理行为的具体规范,仁高于礼。正因为这样,孔子反对不注重礼的内容只讲究礼的形式的倾向。这在《论语》中有许多记载,如"礼云礼云,玉帛云乎哉?乐云乐云,钟鼓云乎哉?"认为我们所说的礼,不仅仅是指玉帛等礼,我们所说的乐,也不仅仅是指钟鼓等乐器。孔子认为玉帛、钟鼓之类只是礼、乐的外形,应该追求礼、乐形式背后所包含的精神实质,这就是仁。所以,孔子又说:"人而不仁,如礼何?人而不仁,如乐何?"他认为如果没有仁慈,即使行礼又有何意义可言?因此,孔子主张应当把仁的内容和礼的形式密切结合起来,这样才不致使礼成为空洞的形式。

孔子纳仁入礼,就是将其创新的观念,注入礼的躯壳中,改变旧礼中不仁的成分,树立起有仁的精神之新礼。仁、礼互为表里,仁以礼为目标,又要求把礼从外在形式转化为人的内在精神要求。而礼则通过具体的制度设置,把仁的精神物化、规范化,达到"非礼勿视,非礼勿听,非礼勿言,非礼勿动"(《论语·颜渊》)的境地。这样仁、礼结合起来,转化成了一种伦理道德之礼。儒家主张用这种道德之礼来完成从外到内、从内到外的社会秩序构建工作,这样才能培养出安顺的民众,即所谓"道之以德,齐之以礼,有耻且格"(《论语·为政》)。

二、古代礼仪制度

中国古代的礼仪制度极其庞杂,前面所言"礼仪三百,威仪三千"的说法,只是早期儒家经典的初步规定,后来历代又制定了数不清的礼。这么多的礼,按其内容性质可分为吉礼、嘉礼、宾礼、军礼、凶礼五种。

五礼的内容相当广泛,从反映人与天、地、鬼神关系的祭祀之礼,到体现人际关系的家族、亲友、君臣上下之间的交际之礼;从表现人生历程的冠、婚、丧、葬诸礼,到人与人之间在喜庆、灾祸、丧葬时表示的庆祝、凭吊、慰问、抚恤之礼,可以说是无所不包,充分反映了古代中华民族的尚礼精神。

吉礼居五礼之首,它主要是对天神、地祇、人鬼的祭祀典礼。其主要内容可包括三个方面。第一是祭天神,即祀昊天上帝,祀日月星辰,祀司中、司命、风师、雨师等。第二是祭地祇,即祭社稷、五帝、五岳,祭山林川泽,祭四方百物等。第三是祭人鬼,主要为春夏秋冬享祭先王、先祖。

凶礼是哀悯、吊唁、忧患之礼。它的主要内容有:以丧礼哀死亡,以荒礼哀凶札,以吊礼哀祸灾,以禬礼哀围败,以恤礼哀寇乱。其中,丧礼是对各种不同关系的人之死亡,通过规定时间的服丧过程来表达不同程度的悲伤;荒礼是对某一地区或某一国家受到饥馑疫疠的不幸遭遇,国王与群臣都采取减膳、停止娱乐等措施来表示同情;吊礼是对同盟国或挚友遇有死丧或水火灾祸而进行吊唁慰问的一种礼节。这三种礼节各级贵族都可举行。禬礼是同盟国中某国被敌国侵犯,城乡残破,盟主国应会合诸国,筹集财货,偿其所失;恤礼是某国遭受外侮或内乱,其邻国应给予援助和支持。

宾礼是接待宾客之礼。它主要包括朝、宗、觐、遇、会、同、问、视八项。

军礼是师旅操演、征伐之礼。军礼主要有大师之礼、大均之礼、大田之礼、大役之礼、大封之礼。大师之礼是军队征伐的仪礼；大均之礼是王者和诸侯在均土地、征赋税时举行军事检阅，以安抚民众；大田之礼是天子的定期狩猎，以练习战阵，检阅车马；大役之礼是国家兴办的筑城邑、建宫殿、开河、造堤等大规模土木工程时的队伍检阅；大封之礼是勘定国与国，私家封地与封地间的疆界、树立界碑的一种活动。

嘉礼是和合人际关系，沟通、联络感情的礼仪。嘉礼的主要内容有饮食之礼、婚冠之礼、宾射之礼、飨燕之礼、脤(社稷祭肉)膰(宗庙祭肉)之礼、贺庆之礼。

三、礼的影响

礼，经过孔子及儒家学派从伦理道德上加以阐释更加深入人心。在长期的传承沿袭中，形成了一整套人们在社会生活各个领域所必须恪守的准则，影响着世世代代中华民族的生活方式和行为仪表。

礼从社会生活各个方面不遗琐细地区分尊卑贵贱，由此来维护社会秩序，所谓君臣士庶"衣服有制，宫室有度，人徒有数，丧祭械用，皆有等宜"(《荀子·王制》)，就是说，社会各阶层成员，从生到死，从衣食住行到所用器具，都要受到身份等级的限定。中国古代社会在以上诸方面都形成了一套完整的礼仪规范，只有遵循这些规范，社会各阶层、阶级的成员才能在社会共同体内各得其位，而不至于因为利益的矛盾而发生冲突。

此外，在诞生、婚嫁、丧葬、节庆、社交上都各有一套礼节。这些礼节的宗旨，是培养人们礼让的精神，它要求社会不同阶层的人们都得按照礼的规范去从事各项活动，以保证上下有礼，从而达到"贵贱不相逾"的生活方式。

礼所区分的社会差异强烈地体现了古代的礼义道德，培育了人们的礼仪观念。中国先民生活在这种氛围中，无不受到礼的濡染，也养成了时时讲礼，处处守礼的风尚。

礼不仅造就了中华礼仪之邦，也使中国成为泱泱大国。礼是人际关系中最公平中正的表现形式，故人人都必须约之以礼，行之有礼。任何人想打乱这个和谐的统一体都是违礼的社会行为，都将受到礼的指责。这项原则把中国人的思想意识和个性心理，都规范于一个和谐统一的秩序之中，使人没有个性地表现和追求。礼成为人际关系的黏合剂、社会和国家的内向凝聚力，对中华民族不断克服分裂危机，形成一统的局面，起过积极作用。

当然，也应该指出，以礼为核心而建立起来的一套道德评价体系，经过历代统治者的推行，"克己复礼"到了程朱理学就形成了"存天理，灭人欲"的禁欲主义的理论。这套说教，千百年来极大地限制了民族性格的自然发展，使人格萎缩，畏惧竞争，缺乏创造力。礼虽然培养出了中华民族淳厚、质朴的美德，但也使得我们民族在心理上愈来愈趋向克己、知足、守旧。在当今中国正在转向社会主义市场经济时代,过分强调"克己复礼"、"重义轻利"的道德追求并不利于中国向现代社会的转型。

礼在中国曾发挥过巨大的作用,是中国一份特别厚重的文化遗产。许多传统礼仪,经过改造后,仍能为我们所借鉴。

第四节 儒与"入世"

纵观中国古代的儒家文化,从政治思想到伦理思想,乃至人生哲学,无不体现着一种积极的"入世"精神,这也是中国古代儒家文化的一个显著特征。

中国古代士人都是在以儒家思想为主的传统思想哺育下成长起来的,"修身、齐家、治国、平天下"的入世思想是大多数古代士人共同的人生目标;而"兼济天下"与"独善其身"互补的人生价值取向则是他们的共同心态;"为天地立心,为生民立命,为往圣继绝学,为万世开太平"就成为深受儒家入世思想熏陶的古代士人的人生哲学。

一、儒家修身伦理思想

儒家的修身理论在中国思想文化史、教育史上占有十分突出的地位。中国素有礼仪之邦、文明古国的美誉,这是与儒家修身理论的作用分不开的。这一理论既有民主性的精华,又有封建性的糟粕,对中华民族性格的塑造产生过重大(既有正面的又有负面的)影响。在我们建立和发展社会主义市场经济的今天,其现实意义仍不可忽视。

1. 儒家修身伦理思想的形成

修身伦理思想的最早提出者是儒家创始人孔子。孔子道德教育思想体系中,十分强调道德修行主体自身的模范作用,要求修行主体从自己做起,以身作则。《论语·颜渊》记载季康子问政于孔子,他回答说:"政者,正也;子帅以正,孰敢不正?"还对子路说:"其身正,不令而行;其身不正,虽令不从。"认为道德修行主体如果只是口头上强调别人应讲道德,自己却随心所欲,不注意自己的德行修养是不行的,所以,他提出了"不能正其身,如正人何"的观点。不难看出,孔子"修身"观的提出,目的是重建政治社会秩序,明确地表明统治天下需要采用"德治"的方略。

秦汉之际成书的《大学》和《中庸》,是两篇有关修身伦理思想的重要著作。它在总结先秦诸子"修身"思想的基础上进一步阐明了"修身"的重要性,并提出了相应的原则。《大学》篇认为修身是齐家、治国和平天下的根本,所以"自天下以至于庶人,一切皆以修身为本",并且它进一步发扬了孟子"人性善"的观点,认为人生来就具有高尚的"明德",进入社会以后,"明德"被掩,而要经过"修身"之道——"大学之道"的教育,才能达到道德完善的境地。《中庸》篇认为,"知所以修身,则知所以治人,知所以治人,则知所以治天下国家矣"。它把"中庸"作为修身的最高原则,要求人们立定"中"道,在好坏两个极端之间进行折中,做到不偏不倚,既不过分也不要不及。这虽然是一种消极的处世态度,但作为"修身"原则还是有可取的一面,它可以使我们在道德修养中把握适度原则,防止"过"或"不及"。

宋明时期,理学家们正式把"修身"和"养性"结合起来,提出了"修养"的概念,并强调人们要通过各种修养方法,变化气质,陶冶性情。明代王守仁认为,"种树必培其根,种德必养其心"(《传习录上》)。修身的重点在于"正其心","主宰一正,则发窍于目,自无非礼之视;发窍于耳,自无非礼之听;发窍于口与四肢,自无非礼之言动"(《传习录下》)。只要做到心正,人的视、听、言、动就能处于礼的轨道上而不乱,从而达到道德修养的理想境界。

2. 儒家修身的基本方法

既然修身是齐家、治国和平天下的基础,那么人们便努力地去加强自身的道德修养,以便能给事业的成功增加一些砝码,并且为实现这一目的,他们从时代需要出发,结合自己修身实践总结出了一些切实可行的修身方法,以便提高自己的道德修养水平。

(1)"自省"和"慎独"法。

所谓"自省",就是自己在内心反省自己的言行,扫除邪恶不好的东西,保留善的东西,这是孔子倡导的修身方法之一。《论语·学而》云:"曾子曰:'吾日三省吾身:为人谋不忠乎?与朋友交不信乎?传不习乎?'"

所谓"慎独",就是指一个人在独处时要谨慎从事,以免做出违礼之事。《中庸》说:"莫见乎隐,莫显乎微,故君子慎其独也。"意思是说,人的隐蔽的东西和微小的事情,最能显示出一个人的品质,所以君子要特别谨慎,在独自一人,无人监督的情况下,也不能做坏事,而是要更加严格要求自己。

无论是"自省",还是"慎独",都强调了修养的自觉性。

(2)"苦养"法。

所谓"苦养",是使思想和身体经历各种艰难困苦的磨难,使精神得到升华。孟子认为人的本性是善的,修身的目的就是保持其善性。但在社会大变动时代,人们可能会经不住外物的诱惑,从而丧失其本性。在这种时候,修身就成了一个痛苦的炼狱过程。它要求人们顶住各种诱惑和压力,顽强地磨炼自己,陶冶自己,从而使思想得到净化,增强自己干事业的能力。苦养,从形式上看是同各种困苦作抗争,而实质上是同自己的思想弱点作抗争。只有经过困苦的考验,才能发现和改正自己思想的弱点,才能使思想修养达到一个新的高度。

(3)"外求"法。

所谓"外求",就是借助于客观事物的影响或帮助,来完成道德修养的过程。荀子认为人性是恶的,修身的目的就是除恶扬善。如何做到这一点呢?关键是要善于利用好各种客观条件。首先是要善于选择学习修养的生存环境,因为环境的好坏直接影响着思想改造的成败。其次是要做到"近师"。有师之引导,人和思想就会朝着好的方向发展。在思想修养过程中,"善假于物"是非常重要的,它可以使我们少走弯路,并收到事半功倍的效果。

(4)"格物致知"法。

"格物致知"可理解为"致知在格物"。朱熹在《四书集注》里解释道:"格"是探究、穷尽,"物"是事物,"致"是推及,"知"是认识。朱熹认为人心都有认识的能力,任何事物都含有理,一个人要想使自己的认识完全,就要在与事物接触时穷尽其理,从而使自己的修养达到完美的高度。

3. 儒家修身伦理思想的现代意义

儒家修身理论是一种入世理论,它强调在学校、家庭及日常生活中加强修身活动;充分重视外在道德规范的内化和个体道德自觉性、主观能动性的发挥;肯定人的精神生活和道德情操的价值,鼓励人们为道德理想而奋斗;倡导克己自省、立志乐道、改过迁善、知行相资等修身原则和方法,为社会主义的精神文明建设提供了宝贵的思想资料。

事实上,社会主义精神文明建设,归根结底也是一场以修身为目的的社会实践活动。它要求全体社会成员用共产主义道德去指导自己的思想和行动,杜绝和清除那些不符合共产主义道德规范的思想和行为,以提高个人的道德修养水平,为物质文明建设提供强有力的精神动力。当然,道德对于社会发展的作用,以及规范社会的行为,力量毕竟是有限的。我们不能寄希望于通过道德来解决一切社会问题。在向社会主义市场经济转轨的今天,我们一方面要大力宣传儒家修身传统,但更重要的是要加强法制建设,民主与法制一齐抓,精神文明和物质文明一齐抓,只有这样,才能推动精神文明建设不断向前发展,才能使中华民族以崭新的面貌去迎接新的挑战。

二、儒家家庭伦理思想

历史上,儒家十分重视家庭的伦理道德建设,所以学术界有人将儒家伦理称之为家庭型伦理,这主要体现在以下几个方面。

1. 注重家国相连

儒家认为,家与国是紧密相连的,"家"被看成"国之本"。"天下之本在国,国之本在家",而齐家,又必赖于修身,故"家之本在身"(《孟子·尽心下》)。由此,家庭道德的建设也被推置到了与国家天下休戚相关的位置，"一家之不治，何以为天下"，"室家之道修，则天下之理得"（《汉书·匡衡传》），"其家不可教，而能人者无之，故君子不出家而成教于国"（《礼记·大学》）。

与此相关的是，家国相连的进一步深化，便是先国后家，因为在修齐治平的修养模式中，"国"对于"家"来讲，无疑是重要的目标指向。为了国家的利益，应该抛弃一己之家，"卫国"才能"全家"，"尽忠"方是大义。

2. 讲求家庭礼仪

儒家将修身齐家作为治国平天下的基点，且修身的最先处所、影响效力最大的处所，即在于家庭，故而在儒家思想中，家庭教育始终被置于重要位置。在儒家所倡导的家庭教育中，伦理道德的教育又占首位，正如《论语》所言："弟子入则孝，出则弟，谨而言，泛爱众而亲仁，行有余力则以学文。"为此，儒家在长期的家庭伦理道德教育过程中，也摸索、形成了一系列的家庭礼仪，以此来规范人们的行为。

最早的家礼见于《礼记·内则》篇中，该篇可算是中国第一部比较完整的家礼，涉及夫妇、婆媳、姑嫂、叔嫂等许多家庭成员的行为规则。《礼记》在唐代升格为经书，此外，还有由某些家庭自己制定的家礼，这种家礼产生的年代较晚，据《庭帏杂录》中说："六朝颜之推家法最正，相传最远。"家法即家礼，这是封建家庭家礼的最早记录。宋代以后，封建家礼日益增多，到明清时，几乎所有的大户人家都有自己的家法、家规。

封建家礼都是以儒家和宋明理学的道德原则作为指导思想并贯彻着儒家亲亲尊尊、父慈子孝、夫贤妇随的基本精神，涉及的内容包括孝亲、悌弟、事夫、守节、治家、理财、婚嫁、丧葬等，事无巨细，均有规定。可以说家礼是儒家伦理规范的具体表现，渗透着儒家的人生观与处世哲学。

家礼是儒家文化的内在组成部分，正像其他文化一样，它既有进步的一面，也有落后的一面。家礼中提倡的尊敬老人、忠于职守、勤劳谦虚、仁慈友爱、注重修身等传统道德观念，是值得肯定的。但是，家礼中大量充塞的还是一些维护封建道德秩序的糟粕，如家礼中所规定的祖孙之礼、父子之礼、兄弟之礼、夫妻之礼、婆媳之礼、主仆之礼等，都着重强调上尊下顺的宗法等级制，孙子要顺从祖父，儿子要顺从父母，弟弟要顺从兄长，妻子要顺从丈夫，媳妇要顺从婆婆，奴才要顺从主子。"顺"的观念几千年来通过家礼不断传播给人们，深深地植根在人们心中，培养出一种怯懦、驯服、畏惧的社会心理，对中国社会和民族的发展产生了不可估量的消极影响。因此，对于家礼中的封建道德观念，还需要我们进一步清除。

应当指出的是，以儒家为主干的中国传统家庭伦理道德，已成为在新型家庭伦理道德建设乃至整个精神文明建设过程中所关注的对象。我们应在马克思主义思想的指导下，提炼、弘扬、采借儒家家庭伦理道德中的优秀传统，古为今用，让它在中国的家庭美德建设及教育过程中发挥积极的作用。

三、积极入世,为国效力

当一个人身修家齐之后,就要积极入世,投身于仕途,辅弼君主,竭忠尽智,披肝沥胆,特别是在国家政治清明的时候,尤应注重人事,兼济天下。儒家积极入世的政治理念,主要体现在以下几个方面。

1. 主张统一,反对分裂

儒家主张统一,反对分裂。梁襄王问孟子:"天下恶乎定?"孟子回答:"定于一"(《孟子·梁惠王上》)。即天下能归于一统,老百姓就会像"水之就下"一样引领归附。孔孟之希望国家统一,当鉴于春秋战国时期那种分裂局面,不利于广大民众安居乐业和发展社会生产力。董仲舒有鉴于秦朝的酷政,充分肯定了汉初的统一局面。柳宗元针对秦汉以来分封制同郡县制的争议,从理论上揭示郡县取代分封,政令统一于中央是历史的必然,从而进一步肯定了秦实行郡县制的合理性。

中国是多民族的国家,历史上存在着民族之间的矛盾,而当矛盾激化时也出现过对抗,乃至攻城略地。从汉代起,先是有匈奴威胁,继之有所谓"五胡乱华",以后金兵南下,元蒙入主中原,以及清兵入关,等等。历代儒家对此不无偏见,即思想上、政治上向汉族倾斜,这也是正统观念或大汉族主义的一种反映。但从另一角度看,他们也是为了国家统一,其实质是担忧入侵的少数民族还处于奴隶制乃至原始游牧阶段,势将把中国拉回到前封建社会的生产方式,从而导致历史的倒退。但是,当少数民族上层人物完成了国家的统一,儒者们的政治成见也随之淡化和消失。他们照样在新王朝里做官,或著书立说,为繁荣本朝经济文化作出贡献。民国成立,实现五族共和,把中华各民族的团结、国家的统一提到更高的层次。这种历史上前所未有的新格局,同样为新儒家所歌颂,并同少数民族的学者一道,从思想上、政治上抵制来自东西方的帝国主义侵略。

2. 追求政治稳定和清明

社会稳定与否直接影响到人民的生活。《大学》里有这样一段话:"知止而后有定,定而后能静,静而后能安,安而后能虑,虑而后能得。"把这段话提到治理国家的原则上来理解,就是要求有个政治稳定的环境,这是人民所翘首企望的,也是儒家所追求的"仁政"。

儒家分析导致社会不稳定的人为原因包括政府横征暴敛,官员贪污腐败,为争权夺利滥动干戈,破坏生产,造成民生凋敝,等等。对此不正常的社会现象,儒家认为,只有社会稳定,才能实现生产正常化。他们还呼吁关注社会公正。孔子早说过,"不患寡而患不均,不患贫而患不安",分配不合理,也会造成社会不稳定。儒家更重视廉政建设,有不少著述。中后期儒家也都重视社会稳定,排除种种不稳定的因素。

儒家对于社会稳定问题,归结为"治"与"乱",处理社会关系以"和"为贵。天下太平,国泰民安才有利于社会生产力的发展和人民生活的改善。

3. 富国强兵

富国强兵,表现为经济与军事两手抓,二者缺一不可。长期以来,论者多以为儒家言义不言利,重文不重武,这是误解。儒家的政治伦理观的集中点,一为个人,二为国家,所以重视富国强兵。孔子把"足食足兵"看作是取信于民的重要决策。富国强兵,首先是富国。积累社会财富,要求更多的人参加生产劳动,这不仅是为了富民,也是为了富国。富国先富民,是儒家经济思想的一大特点。孔子就说富然后教,富国与强兵互为因果。一个国家既然存在就不能无自卫能力,因此也不能无国防装备和军事教育。所谓"有文功必有武备"。历代儒家多具有忧患意识,他们中还有面对外敌侵犯,坚决站在主战派一边的。

4. 弘扬中华民族优秀传统文化

优秀传统文化是民族的瑰宝,历代儒家都把继承和弘扬传统文化作为自己的政治和教育任务。几乎所有儒家都热衷于"祖述尧舜,宪章文武"。孔子十分注意整理古代典籍,主要目的是抢救弥足珍贵的历史文化宝藏,对这些历史文化宝藏加以整理增删,传之后代。后期儒家多在不同程度上力图超过孔子,他们在世界观和方法论方面已远远超过了这位旷古未有的圣人。王阳明就有此批判精神,不以孔子之是非为是非,所以教出"离经叛道"的李贽来。儒家讲入世,以人为研究对象,所谓"不能事人,焉能事鬼!"当然也不能把他同无神论者等量齐观。他们讲究祭祀,但主要祭自己上代祖先,认为"非其鬼而祭之,谄也"。他们讲的祭天祭地,实质上是一种政治行为,儒家整理历史文化遗产也是有选择的,文化遗产本身也远非陈陈相因,其取舍标准仍然是现实生活需要。他们抱着"温故知新"的态度处理历史,这也叫做"择其善者而从之"。

综上所述,我们不难看出,儒家的积极入世思想,是从修身开始,中经齐家,终于治国、平天下。这种思想,以个人道德实践为基础,以实行德治为核心,它从小到大,由近及远,与广大人民生活相贴近,与中国人传统的伦理文化心理相合拍,易于为广大人民群众所接受,易于在社会实践中推广实施。因此,这种入世精神在封建社会的前期和中期,对于巩固封建生产关系、稳定封建社会秩序、加强中央集权制统治都起到了积极的促进作用。

对于广大人民群众来说,这种以修身、齐家为基础的思想,不仅促进了个人道德品质的完善,也促进了家庭伦理关系的协调,形成了中国所特有的父慈子孝、兄友弟恭、敬老爱幼、团结和睦的家庭伦理关系。家庭是中国封建经济最基本的社会生产单位,中国古代政治学说所带来的团结和谐的家庭伦理氛围增强了小农经济的内聚力,使自然经济获得了最广泛、最坚实的基础,保证了封建经济的持续稳定发展。同时,通过修身、齐家而形成的道德修养和家庭伦理,在劳动人民的道德实践中,逐渐积淀成中华民族特有的传统美德。这些传统美德世代相袭,经久不衰,对中国人的道德人格以及家庭伦理关系产生了积极和深远的影响。当然,"修齐治平"的学说也有一定的消极作用,它形成了中国古代重道德、轻法律,重了悟、轻逻辑论证的文化传统,等等。

第八章　中国传统文化的辅翼

如果说儒家文化是中国传统文化的主体，那么，道家文化和佛家文化就是中国传统文化的辅翼，是中国文化不可分割的一部分，它们深刻地影响了我们民族的价值取向、思维方式、伦理观念、审美情趣和精神风貌。可以说，它们对于中国社会和中华民族发展的影响，并不亚于儒家思想。认真探讨道家和佛家文化，对于我们科学地评价它们在中国文化史上的地位和作用，对于我们正确地认识中国传统文化，都有着十分重要的意义。

第一节　道家的形成

道家思想及其学派，由老子创立，而被庄子发扬光大。由于老子以及后来的庄子，都以对"道"的体认为根本目的，"道"成了他们思想体系的核心，是最高范畴，所以他们被称为道家（任继愈在《道家与道教》中认为：先秦无道家，只有老子哲学、庄子哲学，以及与他们的哲学相应的老子学派、庄子学派。把老庄学派称为道家，是后期的一种学派分类观念。此看法可作为参考。详说可参见中华书局1997年出版的《道教与传统文化》第3~9页）。

一、老子

1. 老子与孔子

道家创始于老子。老子与孔子为同一时代的人，稍比孔子年长。这一时代，正是"礼崩乐坏"的时代，原有的社会秩序被打乱，到处是战争和流血，不仅国与国之间烽火连天，就是一国之内，为着权力和利益，亦到处是杀戮和欺骗。面对这一幅幅血与火的历史画面，当时的文化人表现出了极其矛盾的心情。一方面，他们本身就是礼乐文化的否定因素；然而另一方面，他们面对社会秩序的混乱，又最为痛惜，并试图通过自己的思想和学术规范社会，使之再度秩序化。在当时，老子和孔子就是两位最具有典型性的代表。孔子痛惜周礼之不存，纲纪之废坏；老子痛惜世风日下，民性腐烂。两种痛惜，两种思考，产生出两种差异很大的救世方案。孔子主张复活周礼，还社会以原有的秩序；老子主张返璞归真，还人类一个清白之身。孔子关注的大多是政治伦理，要救的是礼乐制度；而老子关注的是普世伦理，要救的是整个人类的灵魂。

为什么会有这样明显的差异呢？即是说老子与孔子面对的是同样的社会问题，为何老子开出来的救治社会的处方，同孔子的会大不一样呢？要回答这样的问题必须从老子的生平说起。

关于老子的生平，各家说法甚为殊异，就连他姓甚名谁，亦不得定论。但综合各家观点，如下几点则是大体可以相信的。其一，老子为楚国人；其二，老子为史官，亦为巫官，古时巫史本相通；其三，老子为隐者。这三点中最重要的是第一点，即老子是楚国人。

孔子是鲁国人，而鲁国在当时是唯一的能够保存周礼的国家，故孔子以复活周礼为己任，以周公为先贤；老子是楚国人，而楚国不在周礼的规范之中，故老子不在周礼的语境中说话。但是，老子又是深知中原文化的，一是因为他很有可能在东周王室当过"守藏室之吏"；二是因为其出生地苦县（今河南省境内）为楚国之北地，与中原近邻。老子熟悉中原文化，但却不认同它。而且在他看来，天下混乱，人心不古，根源就是中原人的文化模式，即尚德尚礼的文化传统。老子的母邦为楚国，而楚国此时尽管受了中原文化的"污染"，但其文化的主流仍是楚地的古老风尚，即英雄时代的较为原始的文化类型。然而这又不等于说，老子是想用当时的楚文化去反对中原文化。楚文化这时虽然仍处在英雄时代，但毕竟因受中原文化之影响而有所变质。他反对中原文化，借用的是他想象中的更为古老的文化形态，尽管这其中许多观念是楚文化里面的东西，但不管怎么说，老子的哲学是批判的哲学，批判的对象正是孔子所要维护的东西，即周公以降的中原文化传统。

2. 老子理想

从《老子》五千言可以看出，老子的心态是极其悲苦的，对现状是极其不满的。如何才能救治这个业已腐败的世道，老子开的药方是"小国寡民"的社会，即《老子》第八十章说的：

"小国寡民，使有什伯之器而不用，使民重死而不远徙；虽有舟舆，无所乘之；虽有甲兵，无所陈之。使民复结绳而用之。甘其食，美其服，安其居，乐其俗。邻国相望，鸡犬之声相闻，民至老死不相往来。"

这是老子心目中的理想国。老子是做过史官的，专门负责史籍的管理，对历史无疑有过深入的了解和认识。在人类历史上的部落社会，本来就是小国寡民式的社会。楚国就是如此，周成王授熊绎"子男五十里"，可想而知，在熊绎之前，楚国的先祖活动范围不会很大。而且，这种小国寡民式的社会，在部落时代，是各民族地区的普遍形态。且不说部落社会是否就像老子所描绘的那样美好，但有一点则是确凿的，即部落社会远没有后来那样复杂和堕落。也就是说，老子所构想的理想国，并不是面壁虚构，而是有几分历史根据的。

老子构想或曰怀念这样一种理想国,意在同文明社会形成一种鲜明的对照,因为在他看来,文明的产生,同时意味着这种理想社会的破坏。而他所要做的,就是让人们抛掉文明的赘物,重新过上小国寡民式的生活。

3. 老子之"道"

"道"是老子哲学的核心范畴。"道"字的原初含义是道路,后来引申为处事的途径、方法和原则,再引申为事物的法则、规律。在中国哲学史上,老子第一个提出以"道"作为最高的哲学范畴。在老子看来,"道"是世界万物的终极本源,他说,"道生一,一生二,二生三,三生万物"(《老子·四十二章》)。即道产生元气,元气产生阴阳二气,阴阳二气交合而生万物。老子还认为"道"是世界万物的普遍法则,它决定着天地万物的存在和发展。《老子·三十四章》说:"大道氾兮,其可左右,万物恃之以生而不辞,功成而不有。"大道无所不在,万物皆依凭"大道"而生存,由此可见"道"对万物的制约性。

什么是"道"呢?老子说,"道可道,非常道"(《老子·第一章》)。即是说能用语言表述的道,不是永恒的道。而他自认为其"道"是永恒的,是不可用语言表述的,只能凭直觉去体会它。但是,通观《老子》,我们还是可以为"道"概括出以下一些特征来。

第一,道是"无形"的。在老子看来,"道"是看不见、听不见、摸不着,是无形无象的;但这种"无形无象"又不是绝对的空无其形或空无其象。从"物"的观点来看,"道"有一种无状之状、无象之象,这就是"恍惚",这才是"大象"。在这"恍惚"中,它包孕着"象"、"物"、"精"、"气"等。总之,"道"虽看不见、摸不着,但它又的的确确存在。

第二,道是"无名"的。"道"既然是无形的,自然也就是"无名"的了。因此,道是"深不可识","不可致诘"的,它难以捉摸、思量。所以,老子说:"道常无名","道隐无名"。可见,"道"其实是"无名之名"。"道本无名,不得已而强为之名。""吾不知其名,字之曰道。"

第三,道是"无为"的。儒家汲汲于有所为,追求"立德、立言、立功"等"三不朽",老子却认为"无为"有益。什么是"无为"呢?它义旨有二:其一是不恣意行事,不刻意追求。首先是不去妄为。"无为"和"(有)为"是相对的,"(有)为"是指着意的行为,也就是刻意强求的妄为。老子要求"辅万物之自然而不敢为",听任自然、大化的推移,不假私意,不去妄为,就可以"不为而成",也就是"我无为,而民自化。我好静,而民自正;我无事,而民自富;我无欲,而民自朴"。其次是有所作为而不恃人傲物,有所成就而不居功自喜。"生之畜之,生而不有,为而不恃,长而不宰,是谓玄德。"其二是"无不为",即无所不能,无所不为。"有为"并不足以治事、治世。老子说,"民之难治,以其上之有为",统治者有所造作,励民图治,民智被开化,巧诈的机心一旦滋生,世间便充斥了罪恶和堕落。所以老子又说,"是以圣人无为,故无败;无执,故无失"。可见,"无为"不但不会有什么疏失,而且还能补救"有为"的弊失,它是一个万全之策。总之,"无为"既有不恣意妄为之意,又有"无所不为"之意,这二者相得益彰,不能偏废。

第四,道是"无欲"的。"无欲"即没有欲望,"虚其心,实其腹,弱其志,强其骨"。有所为皆因有所欲,要无为首先须无欲。

由于"道"是一个非具象性的、神秘化的东西,因而很难用确定的语言来给它下一个明确的定义,但可以通过分析老子对它的比喻来体味它。《老子·第八章》说,"上善若水。水善利万物,而不争。处众人之所恶,故几于道"。水缘河渠而行,缘湖泽而居,可见水既无形又无欲而且无为;水又有导下之性,不避卑污之格,可见水有谦下不争之德;水润泽万物,滋育群生,其福泽广被天下而不求其极,施及百世而不穷竭,可见水"不恃"、"不居",自然无为而已。所以说,水,"几于道"。

4. 老子之劝

由于把文明看作是一大祸害,因此老子奉劝世人(尤其是统治者)做好三件事:一,"绝圣弃智"和"绝仁弃义";二,"见素抱朴"、"少私寡欲";三,"愚民"和"利民"。在老子看来,像国家法令、政治理想、学术知识等,都是与"无为"的原则相悖的,因此都应该抛弃。这就是他所说的:"法令滋彰,盗贼多有";"天下神器,不可为也,不可执也。为者败之,执者失之";"以智治国,国之贼;不以智治国,国之福"。这也就是说,凡是由人们通过主观努力而创造出来的东西都不是好东西,都是人类幸福的腐化剂。人类有了这些东西,非但不能增进幸福,反而失去了原有的幸福。所以老子又说:"大道废,有仁义;智慧出,有大伪;六亲不和,有孝慈;国家昏乱,有忠臣。"这里,老子的论证不是逻辑的顺推法,而是反推法。即是说,大道之所以废,是因为有了仁义等道德准则;社会之所以出现欺诈虚伪的现象,是因为有了智慧;人们之所以六亲不和,是因为有了孝和慈的观念;国家之所以出现昏暗混乱的现象,是因为臣属有了忠与不忠的区别。老子的"愚民"同"愚民政策"的愚民完全是两回事。后来的统治者愚民只是想使民愚,而自己并不想愚;他们的愚民是为了更好地役民,是一种统治手段。而老子的愚民则是希望全人类(包括统治者)复归于朴,复归于根,因为只有这样,整个社会才不会有欺骗和争夺。对此,冯友兰先生的看法很是精到,"'愚'在这里的意思是淳朴和天真。圣人不只希望他的人民愚,而且希望他自己也愚。老子说:'我愚人之心也哉!'道家说的'愚'不是一个缺点,而是一大优点"。

二、庄子

1. 生活态度

如果说道家学说在其创始人老子这里已经有了系统的表述的话,那么,老子的后继者庄子则把道家的学说推到了一个新的高度。而且,相比于老子,庄子对后世的影响也大得多。他所阐发的道家义理以及建立的道家人格成了以后中国雅文化(或曰山林文化或曰在野文化)的主流。

老子学说的根底是"道",庄子亦复如此。但在老子那里,"道"是外在于人而存在的,而在庄子这里,"道"与"我"则是同一的,即"天地与我并生,而万物与我为一"。不过,在庄子看来,泯合天人,混同物我,并不是人人都能做到的,只有"达者"方能达到此种境界。

庄子的思想价值,并不在哲学的本体论方面,重要的是他那独抱孤怀的个性人格和艺术化的人生哲学。他的思想千百年来最打动中国读书人心扉的就是他给人们提供了一种新的价值系统和新的生命意义。

庄子的出身既不贫贱,也不高贵,大概是一个破落的小贵族家庭。他年轻的时候,曾短时期内做过宋国蒙地的漆园吏。漆园吏只是管理漆园的人员,算不得是做官。庄子家贫,生活相当困难,但他生就一种孤傲清高的性格,尽管贫穷,却不愿出仕为官,宁愿靠织草鞋为生。庄子性情孤傲,但却豁达而洞明。他宠辱不惊,贫富无妨,生死不碍。下面这段话最能体现他的生活态度。

"庄子之楚,见空髑髅……因而问之曰:'夫子贪生失理,而为此乎?将子有亡国之事,斧钺之诛,而为此乎?将子有不善之行,愧遗父母妻子之丑,而为此乎?将子有冻馁之患,而为此乎?将子之春秋,故及此乎?'于是语卒,援髑髅,枕而卧。夜半,髑髅见梦曰:'子之谈者似辩士。视子所言,皆生人之累也,死则无此矣。子欲闻死之说乎?'庄子曰:'然。'髑髅曰:'死,无君于上,无臣于下,亦无四时之事,从然以天地为春秋,虽南面王乐,不能过也。'庄子不信,曰:'吾使司命复生子形,为子骨肉肌肤,反子父母妻子闾里知识,子欲之乎?'髑髅深矉蹙额曰:'吾安能弃南面王乐,而复为人间之劳乎'"(《庄子·至乐》)?

庄子是一位极端的宿命论者,他把一切都归之于命,说"知其不可奈何而安之若命,德之至也",又说,"知其不可奈何而安之若命,惟有德者能之"。这里的"德"不是道德意义上的"德",而是庄子心目中的一种理想人格,即道法自然、安之若命的人格。由于把生死问题看穿了,庄子对待贫富、穷达、得失等人生问题就更能淡然处之了。譬如贫穷问题,庄子一方面说:"吾思夫使我至此极者而弗得也。父母岂欲吾贫哉?天无私覆,地无私载,天地岂私贫我哉?"另一方面庄子又说:"求其为之者而不得也。然而至此极者,命也夫"(《庄子·大宗师》)!

2. "无待"和"无己"

庄子不同于一般的宿命论者的是,他既屈从于命运,但同时又想从命运的束缚中解脱出来。在他看来,人是有局限的,人世间其所以苦难重重,根本点就在于人们由其自身的局限而产生的"有待"和"有己"。"有待"包括两层含义:一是人无时无处不在时空的限制之中;二是人们对身外之物的追求,即"人为物役"。"有己",即人们的自我意识。此种自我意识不是意识到自我的存在价值,而是对自身与周围环境的对立和差距的意识。"有待"致以人们永在毫无意义的企望和贪求之中,"有己"致以人们永在不满和苦闷之中。庄子认为,真正的自由,就是要越出"有待"和"有己",从而达到一种"无待"和"无己"的境界。

"无待"与"无己"是互为因果的。庄子认为,人的不自由究其根本并不是外物所羁,而是自己的思想对自己的束缚,所以先要"无己"方能"无待"。但从另一方面说,人一旦做到了"无待",那也就自然处在"无己"的境界了。

3. "遗物离人"

究竟通过何种方式才能做到既"无待"又"无己"呢? 庄子所提供的方式是"遗物离人"。"遗物",是剪断自我同外物的联系,不为任何外物所累;"离人",就是剪断自我同社会的联系,不为社会与国家所绊。不过,庄子也深深感到人是很难同社会与外界隔绝的。因为人必须生存,要生存就必须同外人和外物打交道,因此庄子又提出"遗物离人"是精神上的。这就是他的"逍遥游",或曰"游心"。

所谓"游",就是无根无柢,四处飘零,不为任何东西所羁绊。但是庄子的"逍遥游"又并非这样的,他的"游"有一安身立命的净土,即"无己"的境界。在此境界里,天地与我同体,万物与我同一,日月与我同寿。时间的观念消除了,空间的界限没有了,一切都是浑然一体的,既无古今之异,又无生死之别,欢乐与痛苦亦不复存在。为达到此种境界,庄子主张"坐忘",即"堕肢体,黜聪明,离形去知"。

4. "至德之世"

在庄子看来,"无待"与"无己"无疑是一种高境界的自由精神,是"真人"和"至人"才可能具有的,对于芸芸众生,那是很难求得的。他曾不无感叹地说:"而今也以天下惑,予虽有祈向,不可得也,不亦悲乎!"因此,他在设想一个"无待"与"无己"的理想人格的同时,又希望社会回到老子所描绘的小国寡民的状态中去。在他看来,只有在"至德之世",人类才能获得真正的自由。《庄子·胠箧》篇写道:"子独不知至德之世乎?昔者容成氏、大庭氏、伯皇氏……神农氏,当是时也,民结绳而用之,甘其食,美其服,乐其俗,安其居,邻国相望,鸡犬之音相闻,民至老死而不相往来。若此之时,则至治已。"

《庄子·天地》篇又说:"至德之世,不尚贤,不使能;上如标枝,民如野鹿。端正而不知以为义,相爱而不知以为仁,实而不知以为忠,当而不知以为信,蠢动而相使,不以为赐。是故行而无迹,事而无传。"

第二节 道家流变

道家思想的发展,大致经历了三个大的发展阶段:以老子、庄子为代表的先秦道家阶段,即形成阶段;以秦汉新道家、魏晋玄学、隋唐道家为代表的前期封建社会阶段;以宋元时期的道家为代表的后期封建社会阶段。

一、道家思想在前期封建社会的演变

秦汉统一后,道家思想的发展经历了比较特殊的发展道路。它先是被作为挽救时弊而用之的秦汉新道家的兴起及其衰落,继而是逆经学潮流而动的玄学的勃兴及其论争,最后是统治当局三教并用形势下、与道教纠结不清的隋唐道家思想的演化。

1. 秦汉新道家的形成与衰落

随着战国以来大国争霸局面的形成与统一形势的出现,黄帝的形象已经变得越来越高大。在政治军事上,黄帝成了战胜一切邪恶而统一四方的英雄;在思想文化上,黄帝成为人类文明的缔造者。因此,从战国中期以来,出现了一个依托黄帝而著书立说的时代,一大批借黄帝名号的书涌现出来。据《汉书·艺文志》记载,这些"黄帝书"有12类26种,包括道家类5种、阴阳家类1种、小说家类1种、兵家类5种、天文类2种、历谱类1种、五行类2种、杂占类1种、医经类1种、经方类2种、房中类1种、神仙类4种。可惜至今早已散佚。直到1973年长沙马王堆汉墓帛书的出土,才为我们搞清"黄帝书"的面目提供了真实的资料。这些帛书中,除了发现流行于汉初的2种《老子》版本外,还发现了另外4篇有篇名而无书名的古佚书。这4篇分别是《经法》、《十六经》、《称》、《道原》等,因为这4篇古佚书是与道家《老子》合抄在一起的,所以,人们通常把它们所代表的学说称为"黄老之学"。

道家黄老之学形成于战国后期。他们的思想倾向,是以老庄虚静恬淡思想为基调,以"道"为核心,吸收法家思想,包容儒、墨、名、阴阳诸家。司马谈曾概括说,"道家使人精神专一,动合无形,赡足万物。其为术也,因阴阳之大顺,采儒墨之善,撮名法之要。与时迁移,应物变化,立俗施事,无所不宜,指约而易操,事少而功多"(《史记·太史公自序》)。

《经法·道法》说:"道生法。法者,引得失以绳,而明曲直者也。故执道者,生法而不敢犯也,法立而不敢废也。"《经法·君正》说:"法度者,正之至也,而以法度治者,不可乱也。"这都表明黄老道家吸收了法家思想,将道法两家熔铸为一。同时,黄老之学大量吸收了儒家的仁义思想。《经法·六分》说:"主惠臣忠者,其国安。"《十六经·观》说:"先德后刑以养生","先德后刑,顺于天"。君惠臣忠,先德后刑是儒家的政治主张,与先秦老庄道家思想是格格不入的,而这里却成了黄老道家思想的重要组成部分,可见黄老道家顺应战国末期国家统一、思想统一的历史潮流,是"与时迁移,应物变化"的。至于"刑阴而德阳"(《十六经·姓争》),"天下有事,必审其名"(《经法·名理》),"刑名已立,声号已建,则无所逃迹匿正矣"(《经法·道法》)等议论,则反映了黄老道家对阴阳、刑名之学的采纳。可见,司马谈说黄老道家"采儒墨之善,撮名法之要",确非虚言。也正因为它能博采众家之长,而又不强行干预社会生活,所以能收到"指约而易操,事少而功多"的效用。但是,由于它拘守于"知雄守雌"、"柔弱胜刚强"(《十六经·雌雄节》)的立场,不符合新兴地主阶级以强力取天下的战略和策略需要,故在先秦未能成为统治思想。

秦亡汉兴,社会经济一片凋零,统治者面临如何恢复经济、休养民生,以维护统治的重大问题。前朝灭亡的惨痛教训和社会经济发展的客观趋势都要求统治者放松钳制,与民休息。那么,选择什么思想作为施政的指导呢?秦王朝片面实行法家严刑峻法的结果,导致二世而亡,法家思想声名狼藉,不得人心。儒家虽号称显学,但"儒者以六艺为法,六艺经传以千万数,累世不能通其学,当年不能究其礼",是一种"博而寡要,劳而少功","其事难尽从"(《史记·太史公自序》)的学说。由布衣而起、急功近利的刘氏政权,一时自难从其说。只有道家,在经过战国时期与诸家的辩驳争鸣和秦的专制残暴统治的风雨之后,以其能顺应时势、容纳诸家、简便易行、事少功多的特点和作用,得到统治者的采用,成为占统治地位的思想。这时的道家思想,已不是先秦纯粹消极的老庄思想,而是形成于战国末期,昌盛于汉初的黄老之学。

汉初,曹参为齐相,"贵清静而民自定",用黄老之术治理齐国。相齐九年,"清静极言合道。然百姓离秦之酷,后参与休息无为,故天下俱称美焉"(《史记·曹相国世家》)。西汉前期的文帝、景帝和窦太后都尊崇黄老。《风俗通义·正失》记载:"文帝要修黄老之言,不甚好儒术,其治尚清静无为。"《史记·外戚世家》说:窦太后"好黄帝老子言,帝及太子、诸窦,不得不读黄帝老子,尊其术"。《史记·吕后本纪》载:"孝惠皇帝、高后之时,黎民得离战乱之苦,君臣俱欲休息乎无为。故惠帝垂拱,高后女主称制,政不出房户。天下晏然。刑罚罕用,罪人是希。民务稼穑,衣食滋殖。"这与汉初"凡米石五千,人相食,死者过半。高祖乃令民得卖子,就食蜀汉。天下既定,民无盖藏,自天子不能具醇驷,而将相或乘牛车"(《汉书·食货志》)的凄惨景象已截然不同。可见,黄老之学在汉初实行,确实收到了良好的社会效果。

较之先秦老庄思想,汉初黄老道家思想有其不同特点。这首先表现为前面所讲的由辟儒墨、斥仁义而转化为"兼儒墨,合名法",包容诸家,博采众长。其次是由愤世、避世而转为入世。《淮南子·要略训》说:"夫作为书论者,所以纪纲道德,经纬人事,上考之天,下揆之地,中通诸理……又恐人之离本就末也,故言道而不言事,则无以与世浮沉;言世而不言道,则无以与化游息。"这种给道德立纲纪、"道"和"事"并举的思想,是一种积极的入世态度,与老庄逃世态度已不可同日而语。可以说,这便是秦汉新道家区别于先秦老庄道家之"新"所在。

汉初经过近 70 年的休养生息,社会经济得到了恢复,但同时也出现了严重的社会矛盾。地方势力拥兵割据,地主豪强兼并土地,官僚贵族贪得无厌。他们"身宠而载高位,家温而食厚禄,因乘富贵之资力以与民争利于天下……是故众其奴婢,多其牛羊,广其田宅,博其产业,畜其委积"(《汉书·董仲舒传》)。这反映出黄老之学所主张的无为政治中,蕴涵的放任政策而带来的弊端。因此,以仁义为根基,积极有为的儒家学说便重新活跃起来。公元前 135 年,窦太后去世,田蚡再次出任丞相,"绌黄老刑名百家言,延文学儒者数百人"(《史记·儒林传》)。公元前134 年,董仲舒建议"诸不在六艺之科,孔子之术者,皆绝其道,勿使并进"。汉武帝采纳了这一建议,儒学上升为统治思想,道家在政治上衰败了。

2. 玄学的兴起和演变

自汉武帝"罢黜百家,独尊儒术"后,道家思想便由盛而衰。但是,由于董仲舒天人感应神学目的论的荒诞不经,很快便与谶纬神学同流,使重新崛起的儒学走上了穷途。

汉魏之际,社会剧烈动荡,儒学已无法维持"独尊"的地位,各家思想重新活跃,带有"自然"、"无为"特征,达生顺民的老庄思想开始抬头。《文心雕龙·论说》记载:"迄至正始,务欲守文。何晏之徒,始盛玄论;于是聃周当路,与尼父争涂矣。"可见,道家思想的重新活跃并与儒学争雄的原因,在于适应统治者"守文"的需要。而所谓"守文"实际上是维护纲常名教,并给以理论上的论证。在这种历史条件下,道家思想成了维护门阀专政、论证纲常名教最合适的工具。因此,道家思想以新的形式弥漫于思想文化领域,成了势所必然。

名教既已中衰,与之相对的自然观念必然勃兴。可是,勃兴的自然观念却被玄学家接了过去,塞进名教的内容,成为名教借尸还魂的工具。也正因如此,却使名教与自然、儒家与道家,相互濡染,相互融合,而道家思想正是在这个过程中显示出其独特的作用和特点,为陶铸民族性格、塑造民族文化作出了独到的贡献。魏晋时期道家思想主要表现为玄学。玄学的主要经典是《老子》、《庄子》和《周易》,合称"三玄"。玄学家们对纲常名教合理性的论证,集中表现为名教与自然之辩。

《晋书·王衍传》说,"魏正始中,何晏、王弼等祖述老庄"。二人崇尚道家是毫无疑问的。值得注意的是,何晏撰《论语集解》,王弼注《周易》,又撰《论语释疑》,这个事实本身就表明他们并不是要用自然去破坏名教,相反,是要用自然来补充名教,维护名教。从这几本书的内容看,何、王都是用改造了的老子思想解释儒家经典,折中儒道,调和名教与自然。从根本上讲,何晏、王弼认为儒道本是一家,名教与自然可以统一起来。

何、王之后,由于曹魏集团与司马集团争权的斗争激化,彼此都用名教作为理论武器砍向对方,名教的声誉再次发生了危机。嵇康、阮籍从对司马集团不笃信名教而只是利用名教为自己服务的憎恨中觉悟过来,提出了"越名教而任自然"的口号。嵇康攻击名教说:"仁义务于理伪,非养真之要术;廉让生于争夺,非自然之所出也"(《难自然好学论》)。但是,与此同时,他又大谈"圣人明乎天人之理",以"建天地之位,守尊卑之制",并要求"崇简易之教,御无为之治,君静于上,臣顺于下",以使"群生安逸,自求多福。默然从道,怀忠抱义,而不觉其所以然"(《声无哀乐论》),于是,名教不和自然一致了。由此可见,嵇、阮一方面提倡"越名教而任自然","非汤武而薄周孔",说,"老子、庄周是吾师"(嵇康:《与山巨源绝交书》);另一方面,仍不放弃名教,要"怀忠抱义",只不过要求达到"不觉其所以然"的"自然"状态罢了。从表面看来,嵇、阮是把名教与自然对立起来的,比如攻击"六经未必如太阳也"(《难自然好学论》)。但从本质上看,仍不过是王弼调和名教与自然、折中儒道思想的继承和发展。在嵇、阮这里,"自然"成了"名教"的外壳,成了反对假名教的工具。鲁迅先生指出:"魏晋的破坏礼教者,实在是相信礼教到固执之极的"(《鲁迅全集(第3卷)》。北京:人民文学出版社,1956年,第504页),确是十分深刻的。

但是,嵇、阮对名教的抨击,毕竟在客观上对名教有所破坏,而且,一些贵族子弟借自然之名,纵情声色,放浪形骸,对社会风气起着毒化的作用,因此,乐广劝导那些人说:"名教中自有乐地,何为乃尔也"(《晋书·乐广传》)!实则要求把名教与自然重新统一起来。完成这个任务的是向秀和郭象。

向秀在针对嵇康的《养生论》而作的《难养生论》中说:"且生之为乐,以恩爱相接。天理人伦,燕宛娱志,荣华悦志。服飨滋味,以宣五情;纳御声色,以达性气。此天理自然,人之所宜,三王所不易也。"这显然是把人们的心理、生理欲望看作是合理的。同时,他又强调对于"感而思室,饥而求食"的"自然之理"要"节之以礼"。这种做法,实是要调和"名教"与自然,用儒家的礼义去节制因道家的"自然"而可能导致的放纵。谢灵运在《辨宗论》中说向秀"以儒道为一"确是中之之语。

如果说向秀只是从人的自然本能与伦理规范的角度来调和自然与名教,使儒道为一的话,那么,郭象则是从政治上使这一目的的实现落实到了实处,把名教与自然由过去互不关联的两张皮,变成了一个问题的两个方面,互为表里。在《大宗师注》中,他说:"夫理有至极,外内相冥。未有极游外之致,而不冥于内者也,未有能冥于内而不游于外者也。故圣人常游外以弘内,无心以顺有,故虽终日挥形而神气无变,俯仰万机而淡然自若。"按照这个思想的逻辑去办,当时的世家大族就既可有清高之名,又不废享乐之实;既标榜了名教,又合乎自然。这正如有的论者所指出的:"如果说,向秀调和'名教'和'自然',还只是把两者看成不是对立的,'名教'可以补充'自然之礼',可以调节'自然之性',不必'越名教而任自然',但在他那里,'自然'仍是'自然','名教'仍是'名教',儒道还是两行;那么,郭象则认为'名教'即'自然','山林之中'就在'庙堂之上',真正的'外王'必然是'内圣',儒家和道家从根本上说是'一而二','二而一'了"(汤一介:《郭象与魏晋玄学》。武汉:湖北人民出版社,1983年)。名教与自然的矛盾终于得以调和并重新统一了起来,儒道两种学说终于在历经磨难的纷争之后,言归于好,融为一体了。

从上述名教与自然之辩的概况可以看出,以玄风形式出现的道家思想,对于东汉因经学的烦琐和天人感应谶纬迷信的神学流弊而走向穷途末路的汉代正宗儒学思想,既是一种理论上的匡正,又是一种政治上的补救,也是风俗上的一种变易。和先秦单纯追求内心自由、清静无为的老庄道家思想不同,也和汉初寻求有为的黄老道家学说不同,魏晋以玄风形式出现的道学,以积极的态度、消极的形式(清淡)为封建礼教服务。一方面,它弥补了儒家以名教压抑人的本性,使人拘谨自守的缺陷;另一方面,它以恬淡自然的态度取代了儒家崇尚侈靡和繁文缛节的情趣。不仅如此,道家思想经过魏晋时期的政治风波的考验,表现出它作为一种思想意识,作为一种文化,不仅给统治阶级、士大夫们,而且给一般民众以精神力量。无论遇到什么动乱和风险,都能从容对待,安之若素。这固然有消极的一面,但又岂止消极!特别需要指出的是,作为一种理论,作为一种过去与儒家相对立的一种学说,挽救了"洙泗之风,缅焉将堕……儒雅蒙尘,礼坏乐崩"(《晋书·范宁传》)的局面。特别是当时"学者以庄、老为宗而绌六经,谈者以虚薄为辨而贱名检,行者以放浊为通而斥节信"(干宝:《晋书·总论》)的状况,更刺激了儒家学者发愤自强,以图久远。同时,又得吸取道家思想的长处,以完善自身。尤为重要的是,政治风云的变幻、名教与自然之辩的曲折,使儒、道两家各施所长,发现了维护既存秩序的共同功用,并由此而开始了理论意义上的相互结合。应该说,儒道结合,是从魏晋开始的,这种结合为以后宋明理学融儒、佛、道为一炉创造了思想前提,提供了思想资料。

3. 隋唐道家思想的流播

作为政治理论形态的道家思想,从西汉中期开始,由于统治者推重儒学而渐趋式微,道家思想开始了新的分化组合。"大体到东汉时,黄老道家一方面朝着神仙方术和宗教迷信的方向发展,后来就成为与佛教相抗衡的中国本土宗教——道教;另一方面则将道家老庄的本源论着重从本体上加以理论深化,形成风行一时的魏晋玄学"(李锦全:《老子政治哲学的矛盾两重性与道家思想的历史作用》,《学术月刊》,1986年11期)。严格地说,道家与道教有着本质的区别。道家是政治哲学、人生哲学,道教是宗教。但道教又脱胎于道家,反映了道家思想的一个侧面。因此,本章拟将道教纳入道家学说来论说。

从西汉中期直到魏晋南北朝,道教思想有了较大发展。金丹道教和符水道教分别对上层社会和下层人民产生了相当影响。不过,从理论思维的角度考察,从对中国文化的影响来看,这段时期的道教没有多大贡献,而远远不及玄学。因此,我们在前面着重谈了玄学的影响和作用,而对道教略而不提。

随着历史的演进,道教在隋唐开始兴盛,唐代是它发展的高潮。道教以老子为教祖。北朝以来,皇帝素信道教。虽然北周武帝禁绝佛、道二教,但隋文帝执政,又重倡二教,并下令禁止毁坏佛像和天尊像。到炀帝时,很多方士以道术而得到宠幸。

到了唐代,道教更加鼎盛。为了标榜自己的门望高贵、历史悠久,更为了借神权以巩固皇权,唐代皇帝借与老子同姓,依托附会,于高宗乾封元年(666年)尊老子为"太上玄元皇帝"。唐玄宗时代,道教更加显赫。

从总体上的统治策略来看,唐代皇帝实行的仍是儒、释、道三教并举的政策。而从内在特质来看,儒学更能在宗法封建社会里发生作用,因而它是统治思想的主导内容,释、道只是起一种辅佐作用而已。亦正因此,释、道二教必然且必须向儒学靠拢。

由于道教是中国本土宗教,故它的教条从一开始即有着鲜明的维护尊长的特色。如要道士"不得叛逆君王,谋害家国";"不得违戾父母师长,反逆不孝"(《云笈七签·说十戒》)。唐代道士对先秦道家老庄攻击仁义礼智的言论,也作了新的解释。唐末道士林光庭说,老君"道德二篇……非谓绝仁义圣智,在乎抑浇诈聪明。将使君君臣臣父父子子,见素抱朴,泯合于太和;体道复元,自臻于忠孝"(《道德真经玄德纂疏·序》)。五代道士谭峭则把道德与仁义礼智信联系起来。他说,"旷然无为之谓道,道能自守之谓德,德生万物之谓仁,仁救安危之谓义,义有去就之谓礼,礼有变通之谓智,智有诚实之谓信,通而用之之谓圣"(《化书(卷四)》)。

可见,隋唐以来,儒道之间虽然互争高下,但实际上已开始相互调和,相互融合。

二、道家思想在后期封建社会的流变

唐以后,中国封建社会步入后期。道家思想在宋代一度兴盛,并逐渐与儒家思想融合。宋明理学的出现,既是三教整合的结果,更是在本体论和价值观方面高扬儒学旗帜的表现。从一定意义上讲,宋明理学的成形,导致道家思想在元代及明清时期的逐渐失落。

1. 道家思想在宋代的兴盛与儒道融合

赵宋王朝极力提倡道教,尤以太宗、真宗、徽宗三朝为盛。这个时期,一方面道教被统治者推尊,一方面道教思想也较为深刻地影响到儒学,出现了儒道两家互相吸收、彼此融合的趋势。

张伯端是宋代著名的道士。在他的著作里,已明显反映出三教合一的趋势。他在《悟真篇·序》中说,"老释以性命学开方便门,教人修积以逃生死。释氏以空寂为宗,若顿悟圆通,则直超彼岸;如有习漏未尽,则尚徇于有生。老氏以炼养为真,若得其枢要,则立跻圣位;如其未明本性,则犹殢于幻形。其次,《周易》有穷理尽性至命之解,《鲁语》有毋意、必、固、我之说,此又仲尼极臻乎性命之奥也",又说,"教虽分三,道乃归一……"这显然是三教归一的思想。而他的性命说,更与名儒张载的相通。他把"性"分为"气禀之性"(也叫气质之性)和"先天之性"(也叫"天地之性"或"本元之性")。而张载则把"性"分为"气质之性"与"天地之性"。可见,二人时代相近,思想相契,甚至用语也相同,反映出儒、道合流的时代趋势。

至于宋明理学创始人之一的周敦颐的《太极图说》,是受道家思想影响所致,则是公认的事实。值得提出的是,周敦颐将道家的"无极"和儒家《易传》中的"太极"两个范畴统一起来,对宇宙本源进行新的概括,表明了他"合老庄于儒"(《宋元学案·濂溪学案下》)的思想特色。

朱熹为了坚持儒家的道统理论和出于门户之见,不承认《太极图说》与道家思想有联系。他把周敦颐"自无极而太极"的提法改为"无极而太极",以说明"太极"之上并无"无极","太极"与"无极"是一致的。这就使宇宙本源变为实有的,但又不同于一具体事物;是本于无的,但却不是纯粹的虚无。这就既吸取了道家思想的特长,又克服了玄学和佛教空无本体的理论局限。同时,朱熹又把"极"解释为"是道理之极至,总天地万物之理,便是太极,太极只是一个实理"。这样一来,"理"便成为宇宙万物的本源,是自然界和人类社会必须遵循的最高原则。而封建社会的纲常名教,也就成为绝对不能违背的"天理"。由此,儒家伦理道德被概括为哲学最高范畴,从而将理学唯心主义本体生命论提高到一个新阶段。可见,封建社会后期,道、儒两家思想相互交融,道家思想为宋代新儒家理论体系的建立作出了积极的贡献。

2. 道家思想在元代的兴衰

宋室南迁后,在北方活动的道教,主要是太一、全真等新创立的教派,以及浑元教等。金末元初,全真教投靠、效力于蒙古统治集团,取得了比道教其他教派以及佛教和儒学等远为优越的地位,以致一度在北方出现了"设教者独全真家"的局面。但蒙哥在位时期的两次佛道辩论,都以全真道士的失败而告终。结果,道家地位降到了佛家之下,并动摇了全真道在北方诸教派中一门独尊的地位。全国统一后,活动于南宋故土的旧道教符箓各派继续在江南流行,而全真、真大等教派则仍在北方传播,其中,以全真教的势力为最大。

元世祖时期道教势力遭受了一次严重的打击。至元十七年(1280年),佛家控告全真教徒殴打僧徒,自焚房屋却反诬僧徒纵火。结果这场官司以道家的失败而告终。全真道人被诛杀、流放者达十余人。佛家乘势要求朝廷查证道教伪经。元朝廷于第二年命佛家僧徒、翰林院文臣和全真以及大道两派的掌教等人,考证道藏诸经真伪。佛、道辩论了数十日,结果,除《道德经》外,其余道教经典全被判为伪经,被忽必烈下令焚毁。不过,除《道德经》外"其余文字及板本化图一切焚毁"的诏令,由于有人求情而未完全执行。成宗即位后,又将它重新颁行天下,但这时道教已大伤元气。

值得一提的是任道教玄教大师的吴全节,深通儒术,并与朝中许多有地位的儒臣保持着融洽的友好关系。同时他还参与议政。"国家政令之得失,人才之当否,生民之利害,吉凶之先征,苟有可言者,不尝敢以外臣自诡而不尽心焉"(《河图仙坛之碑·道园学古录(卷二十五)》)。可见,儒道相容,共存共荣,以及道教徒自觉为政治服务,是这一时代的思想特征。

第三节　道家哲学

道家有自己独具特色的人生哲学模式。它的理想人格是"真人",以回归自然、超然物外为追求,以无为、不争自我标榜。

一、道家的理想人格

从对原始质朴的人性的崇尚和追求出发,道家憎恶随着社会发展和文明进步而出现的争夺、奸诈等品行,拔高原始人性的完美性。主张无为不争、少私寡欲、绝学弃智,以恢复人性和社会的原始、质朴的状态。他们愤世嫉俗,不为外物(名利)所累,以"全生葆真"。所以,道家所崇尚的理想人格是彻底解脱了人世之累的人,是彻底解脱了生死之苦的人,是汪洋淡泊、精神安详的人。因此,他们是"天地之人",是"天之人",是"真人"。"真人"的最高典范,是庄子创造的"姑射神人":"藐姑射之山,有神人居焉。肌肤若冰雪,绰约若处子,不食五谷,吸风饮露;乘云气,御飞龙,而游乎四海之外……"(《庄子·逍遥游》)。这是何等高洁,何等伟大!他超越了人的一切有限性,像天一样万能而永恒。这是人格化了的天,因而也是理想化了的"天之人"。其实,这种人向天的回归,是不可能的,也是不现实的,所以,实际上只具有精神意义。

二、不以物累形与返璞归真

在道家看来,人类社会的一切罪恶,都是人们的欲望所致。对于个人来说,缤纷的色彩,使人目盲;动听的音乐,使人耳聋;丰美的食物,使人口伤;驰马打猎,使人心发狂;稀有的物品,使人偷和抢。对于统治者来说,人民之所以难治,是由于统治者喜欢有为;人民之所以用生命去冒险,是由于统治者拼命地保护他们自己的生命。由此,道家进而认为,"罪莫大于多欲,祸莫大于不知足,咎莫大于欲得"(《老子·四十六章》)。

人要使自己不犯罪,不遭祸,不出错,总的原则是"少私寡欲"、"无为不争"。在老子看来,人自身的存在,本性的保存,比身外之物的名誉和财产更为重要。无私无欲,不与人争,精神不为外物所累,以保持内心的宁静和人性的纯洁。

庄子认为,仁义礼智等外在的制度和规范,以及人内心的物欲,都是与人的自然本性根本对立的。他认为,仁义之说,是非之辩,都是桎梏人心的精神枷锁。提倡仁义道德会诱发人们"爱利"贪欲,破坏无知无欲的素朴天性,致使人们为了一个好名声而"残生伤性"。贪利者甚至利用它们作为窃取名位的工具,造成"窃钩者诛,窃国者为诸侯,诸侯之门而仁义存焉"(《庄子·胠箧》)的状况。而是非之辩则使人们劳心费神,身心日衰。他进而认为,"贪生失理"、"亡国之事"、"不善之行"、"冻馁之患",以及贵贱升降、生死之变等,"皆生人之累也"(《庄子·至乐》)。总之,在庄子看来,现实的人生处处为物所役,时时为物所累。因而他主张摆脱生死、祸福、名利、是非的牵制,从种种束缚中解脱出来。其基本态度是"安时处顺"(《庄子·养生主》),把"死生、存亡、穷达、贫富、贤与不肖、毁誉、饥渴、寒暑"看作"是事之变,命之行也"(《庄子·德充符》),用"不动心"的态度,对待人生际遇,以保证人的自然本性不致扭曲。

总的看来,道家看重的是人的朴素本性的保持,以"全生葆真"为人生旨趣,以超然物外的态度与世俗相处;鄙弃的是扭曲自己灵魂,去满足物欲的人生态度。道家这种人生态度在当时的社会条件下是消极的,但它对于贪欲对人们思想的侵蚀的批判和鄙弃,则具有一定的价值。

三、无为无不为与不为人先

道家在人生际遇方面的基本态度是"无为而无不为"。老子认为,"天之道,不争而善胜,不言而善应,不召而来"(《老子·七十三章》)。而天、地、人的有序状态是"人法地,地法天,天法道,道法自然"(《老子·二十五章》),人们的道德原则应"唯道是从"。自然即自然而然,不用人为。因此,人们应"以无事取天下"(《老子·五十七章》)。圣人如果无为,人民自然顺化;好静,人民自然行为端正;无事,人民自然富足;无欲,人民自然淳朴。百姓如果无为就不会有种种烦恼。无为,反而能成其所为,能无不为;不争,反而天下"莫能与之争"(《老子·二十二章》)。圣人行事,把自己放在后面,却反而能够占先;把生死置之度外,生命反得保全;由于不自私,反而达到了自私的目的。这显然是一种以退为进的思想方法和策略。

庄子主张安时顺命,"知其不可奈何而安之若命"(《庄子·德充符》),要"乘云气,御飞龙,而游乎四海之外"(《庄子·逍遥游》)。这种安命与逍遥的统一,实质上是无为思想的表现。他在《逍遥游》里说"彷徨乎无为其侧,逍遥乎寝卧其下",在《大宗师》里说"茫然彷徨乎尘垢之外,逍遥乎无为之业",便是明证。

根据无为无不为的原则,道家在处理人际关系和进退毁誉之事时,逻辑地得出了"不为天下先"的结论。

老子认为人生的理想境界是"见素抱朴",淡泊其志。他自称,"我有三宝:一曰慈,二曰俭,三曰不敢为天下先"(《老子·六十七章》)。因为不敢为天下先,所以能统驭天下事物。实际上,老子的"柔弱"、"主静"、"守雌"、"处下"、"绝学"、"绝巧"等,都是"不敢为天下先"的心理状态的体现。而庄子安时顺命,追求"同与禽兽居,族与万物并,恶乎知君子小人"的"至德之世"(《庄子·马蹄》),也是"不敢为天下先"的另一种表现形式。

道家这种无为无不为和不为天下先的思想,作为一种人生哲学,在当时社会制度急剧变革的时代,反映的是一种人生途程中失败者的没落情绪。在当今市场经济时代,当竞争成为推动社会进步的重要方式和途径的时候,它代表的是放弃、反对竞争的自然经济的思维方式和心理状态,因此是不可取的。

四、与时迁移和功成身退

司马谈在《论六家之要指》中,对道家的评论是"道家使人精神专一,动合无形,赡足万物。其为术也,因阴阳之大顺,采儒墨之善,撮名法之要,与时迁移,应物变化,立俗施事,无所不宜。指约而易操,事少而功多"。这段话的核心是"与时迁移,应物变化"。司马迁对道家大加赞扬,其主要原因也在于此。满足万物的需求,采取儒墨的长处,吸收法家的精要,正是"与时迁移,应物变化"的必然结果。而要博采众家之长,则必须"与时迁移,应物变化"。实际上,道家思想由老而庄而黄老而道教的演进历程,也反映了道家思想作为一种理论学说的因应能力和自我调节机能。

不过,我们应该看到的是,作为道家人生哲学的要素之一的"与时迁移"的思想,特别是体现在先秦老庄身上,是一种消极的人生观。老子一切效法天道、顺应自然的思想,确是一种"与时迁移"的思维结果,但这种顺应和迁移,是完全排斥人的主观能动性的、退守而非进取的人生态度。庄子"安时而处顺"(《庄子·养生主》),"彼且为婴儿,亦与之为婴儿;彼且为无町畦,亦与之为无町畦;彼且为无崖,亦与之为无崖"(《庄子·人世间》),这是无原则地苟同。他所推崇的"真人",是既不违逆多数人,也不违逆个别人,对一切人都随其意,任其所为的。他主张的"与时俱化"(《庄子·山木》),是为了"游世",可以"一以己为马,一以己为牛"(《庄子·应帝王》),随便把自己看成任何事物都可以,这显然是一种对社会不负责任的混世主义人生哲学。

和"与时迁移"、不为天下先的思想相联系,道家人生哲学的另一主张,是在事业成功时,见好就收,功成身退。这种所谓"急流勇退"的思想,是老庄"保身"、"全生"、"尽年"(《庄子·养生主》)的护符。它曾经为封建统治阶级利用为相互倾轧、排斥异己的工具,也曾成为某些狡诈的封建官僚保全自己的策略思想和心理慰藉。而更主要的,作为一种在中国思想文化史上影响久远的人生哲学,它成了遏阻人们不断进取精神的销蚀剂,造成了民族心理的缺陷,成为不健康人格心理形成的一个重要原因。

当然,道家人生哲学模式也具有特定的价值。比如,它在伦理哲学的理想境界和人生态度方面,填补了儒家思想留下的精神空间;它提供了一种抗拒逆境的精神力量和消融精神苦闷的途径,从而抑制了宗教因素在中国固有文化中的滋长;它使中国文化具有很强的涵容、理解和消化外来文化的能力。不过,要科学地评判道家人生哲学对中国文化的影响,还必须联系中国社会历史的发展和民族精神的演进,这样才能给出令人信服的评说。

第四节 儒道互补

儒道两家,有着不同的思维方式、心理框架和价值系统,相互颉颃,相互吸收,推动着民族精神的演进。海内外从事中国思想文化研究的人,基本都承认这一事实,只是价值评价不同而已。特别是儒道互补这一事实,学者多有言及。但儒道何以会"互补",则仍需深入探讨。

我们认为,儒道互补的内在原因及其特色,主要表现为:阳刚与阴柔的相反相成,进取与退守的互为补充,庙堂与山林的各得其所和互为补益,群体与个体的相别与相济,恒常与变动的背离与结合,肯定与否定的悖反及其互为表里。

一、阳刚与阴柔

儒道两家的外在特征可用中国传统哲学的固有范畴"阴阳"来加以概括。儒家学说具有阳刚特征,而道家学说则具有阴柔特征。

儒家代表作《周易大传》中说,"天行健,君子以自强不息"。可以说,这是儒家所主张的人生态度也是其学说的基本特征。孔子赞扬"刚毅",他的学生曾参提倡"弘毅",都是一种襟怀坦荡、刚强有为的思想表现。儒家经典之一的《中庸》主张,"人一能之己百之,人十能之己千之",确是自强不息精神的体现。

实际上,儒家的大同理想,内圣外王之学,正人正己、成己成物的主张,以及"穷则独善其身,达则兼善天下"的心态,无不反映出刚健有为、奋进不止的精神。这种阳刚进取的思想,深刻地影响了一代又一代的知识分子和下层群众。

道家则是另一番景象。主张清心寡欲、见素抱朴,回到小国寡民的社会,欣赏的是"同与禽兽居,族与万物并"的"至德之世"。它主张无知、无为、无欲、不争,其贵柔、守雌、主静,不像儒家心中充满"至大"、"至刚"和"浩然正气",为人生理想的实现而奋斗不息,而是纯任自然,泯灭主体能力,用"以柔克刚"的办法制胜。

二、进取与退守

从根本上讲,以上所谈儒家"阳刚"、道家"阴柔"的外在特征,实际上是以其人生态度的进退为据的。只是因为立论的关系,我们将其相对区别开来。

儒家人生态度是积极进取的、入世的。孔子念念不忘的是"克己复礼","博施于民而能济众"(《论语·雍也》)。为了实现人生理想,成为志士仁人,就须"无求生以害仁,有杀身以成仁"(《论语·卫灵公》)。儒家生活的准则是"非礼勿视,非礼勿听,非礼勿言,非礼勿动"(《论语·颜渊》),即时时事事处处以实践伦理道德为指归。孟子坚信人能培养自己的浩然正气,能尽心、知性、知天,用自己的学说积极影响君主,使其仁政学说泽被天下。董仲舒穷神竭思,构造了一个以天人感应为核心的神学目的论体系,是为了替汉武帝"持一统"服务,为地主阶级的"天不变,道亦不变"的政治理想效力。唐代韩愈力主"文以载道",孜孜于儒家道统的捍卫,反映了他的政治参与意识。"天才少年"王勃在《滕王阁序》中的"老当益壮,宁知白首之心;穷且益坚,不坠青云之志",可说是儒家积极进取精神的普遍心态的反映。宋代理学家更是以"为天地立心,为生民立命,为往圣继绝学,为万世开太平"为标榜,将强烈的主体意识渗透于社会生活之中。民族英雄文天祥"人生自古谁无死,留取丹心照汗青"以及范仲淹"先天下之忧而忧,后天下之乐而乐"等千古名言,更是儒家积极进取精神的结晶。

道家的人生态度与儒家的迥然不同。他们睥睨万物,"以死生为条,以可不可为一贯者,解其桎梏"(《庄子·德充符》)。他们"齐是非、齐万物","游乎尘垢之外"(《庄子·齐物论》),要做超脱人世的圣人、神人、真人。他们感受到了现实生活对人的种种压抑,但又不敢也无力同时更不愿去改变其消极退守的人生态度。在人生失意之后,最合适的居处便是"不知有汉,无论魏晋"的世外桃源。

显而易见,道家的人生哲学与儒家的人生哲学之间,形成了既相互对立,又相互补充的关系,使得中国文化很早就有了一个范围周延、层次完整、性质属于现世的人生哲学体系。在这个执著于现世的人生哲学体系中,包孕着不同的人生态度:既有积极入世,先天下之忧而忧、后天下之乐而乐的仁人,也有超然尘外、情欲沉寂、自甘落寞的隐士。正因为如此,儒道可以互为补充,成为进退取守皆可从容对待、保持心理平衡的调节剂。而由于二者都把人生价值追求的实现,按照自己的方式,放在今生今世,而非来世或天国,所以生长在中国文化土壤上的人,皆以"穷则独善其身,达则兼善天下"为心理框架。

三、庙堂与山林

儒道两家,由各自的理想人格和人生态度所决定,在政治取向上,前者倾心于庙堂,后者钟情于山林。

庙堂,根据古文献的解释,是指太庙的明堂,即古代帝王祭祀、议事的地方,后来多用以指代朝廷。

儒家阳刚进取、积极入世的人生态度的集中表现,就是心在庙堂之上,即一心想参政。孔子一生凄凄遑遑,游说诸侯,也是为了参政。"子见南子",更充分反映了孔子参政的热切心情。孟子自称:"如欲平治天下,当今之世,舍我其谁?"(《孟子·公孙丑下》)。也是参政意识的公开流露。后来的儒者,无不以天子垂询,身居高位为荣、为乐。

与儒家相反,道家倒是"淡化当官心理"的。他们以蟒袍加身为自然本性的丧失。他们"非汤武而薄周孔"(嵇康:《与山巨源绝交书》),"越名教而任自然"(嵇康:《释私论》),不与朝廷合作。甚至认为,"君立而虐兴,臣设而贼生"(阮籍:《大人先生传》)。庄子认为,从政当官,类似于"络马首,穿牛鼻",败坏人心,违背天性。正因如此,道家欲图"游无何有之乡,以处旷壤之野"(《庄子·应帝王》)。于是,山林便成了以"真人"为理想人格追求的道家所神往的地方。

严格地说,山林与庙堂,在封建社会并无不可逾越的界限。真要当隐士的毕竟是极少数,而多数知识分子,只是在失意时借道家学说发泄对现实的不满,作为心灵创伤的慰藉而已。可以说,他们在台上(庙堂、朝廷)时,是儒家;在台下(山林、江湖)时,是道家。这也就是儒道何以会"互补",两种不同人生哲学何以会长期共存并繁荣发展的原因。

四、群体与个体

孔子的仁,是用以协调人与人之间相互关系的,也可以说是一种人际关系学。孔子以后的儒者,无论是孟子、荀子、董仲舒,还是程颐、程颢、朱熹,无不以人际关系为重。

儒家这种重人际关系的思想,是以群体和个体的关系为思考背景的。之所以要协调人际关系,就是要使个人融进集体,以保持群体的和谐统一,维护群体的利益。所谓"匹夫不可夺志",所谓"无求生以害仁,有杀身以成仁",都是为了维护集体利益而不惜抑制个人欲望,乃至牺牲个人生命的不同表述。

道家则与之相反。道家看重的是个人生命的存在和人性自然的维护。他们抨击君主，鄙弃物欲，诋毁文明，为的是个体价值的实现，独立人格的保持。他们不仅没有国家观念，也没有宗法家族观念，反而以国家、家族为累，要摆脱其对人性自然的束缚。

老子以仁义礼智为社会祸首，以物欲为可耻。在"名与身"、"身与货"的抉择上，老子重"身"而弃"名"和"货"（见《老子·四十四章》）。他说，"吾所以有大患者，为吾有身；及吾无身，吾有何患？故贵以身为天下，若可寄天下；爱以身为天下，若可托天下"（《老子·十三章》）。即是说，以身为身，就会丧身；执著己身，而有所欲求，就会大祸身；不执著身而无欲无求，便可保全己身；只有把自身看得比天下还重的人才可以把天下托付给他；只有珍爱自身超过珍爱天下的人，才可以把天下寄托给他（卢育三：《老子释义》）。可见，老子是以个体的精神自由为追求，而不是以天下国家（群体）为重的。

庄子人生哲学的根本目的，是要在"仅免刑焉"（《庄子·人世间》）的当今之世中求得身心两全。他主张，为了保存自身，要"处于材与不材之间"（《庄子·山木》）。他要"逍遥乎无为之业"（《庄子·大宗师》），亦即"外天下"、"外物"不"以天下为事"（《庄子·齐物论》）。这显然是不以群体为怀的。《养生主》中说，"为善无近名，为恶无近刑……可以保身，可以余生"，表现了庄子"保身全生"即保全生命的根本主张。这种主张，当然是消极的。不过，"从理论上说，意识到人作为个体血肉之躯的存在与作为某一群体（家、国……）的社会存在以及作为某种目的（名、利）的手段存在之间的矛盾与冲突，都是古代思想史上的一个重要的发现"（李泽厚：《中国古代思想史论》）。严格说来，庄子对精神自由和人格独立的追求，比老子更执著、更强烈。

要而言之，儒道两家在人际关系的思维框架中，前者看重整体，后者钟情个体，旨趣迥异却又互补。

五、恒常与变动

在社会历史和人生历程的发展方面，儒道两家的眼光也大不相同。

儒家看到的是稳态的东西，是"经"，是"常"。他们对现实人生的意义持充分肯定的态度。在社会历史的发展方面，他们看到的是"百王之无变，足以为道贯"（《荀子·天论》），是"三统"、"三正"的循环往复，是"天不变，道亦不变"。即使有变动，也只是属于不可动摇的"常"的补充而已。"变"也可称作"权"，与"经"相对。而他们是"以经统权"，坚持"权必返于经"的。孔子的因革损益，就是这种思想的结果。在人生意义和价值方面，儒家看到并希望的是通过主体努力，使个人的价值在整体利益的实现中得以体现，并由此将自己的功业融入历史文化的积累中，从而求得精神上的永恒。他们以仁的实现为己任,"正其谊而不谋其利,明其道而不计其功"(《汉书·董仲舒传》),"居敬穷理",抑制"人心",弘扬"道心",最终目的是"为万世开太平"。这主要是因为他们坚信人生有其恒定的内在价值,而且这种价值不会因社会变迁、人生际遇的不同而变化和消失。

道家看到的则是另一方面。他们眼中的事物,都是变动不居的,没有质的稳定性。他们感叹人生的短暂和变化不已,说,"人生天地之间,若白驹之过隙,忽然而已"(《庄子·知北游》)。这是把人世看作变化无恒,无不从变而生,顺化而死,已经变化而生,又变化而死。还说,"物之生也若骤若驰,无动而不变,无时而不移"(《庄子·秋水》)。可见,道家为人世的变化而悲哀,以其为不常。当然,他们也认为有恒定的东西,这恒定的东西便是"道"。它"自本自根,未有天地,自古以固有;神鬼神帝,生天生地;在太极之上而不为高,在六极之下而不为深,先天地生而不为久,长于上古而不为老"(《庄子·大宗师》)。可悲的是,道家愈是标榜"道"的永恒性和绝对性,便愈觉人世之短暂和相对性,从而愈是抱一种"游世"的态度。这刚好与儒家人生哲学的思维趋向相映成趣。

六、肯定与否定

儒道两家在以上几个方面的迥异其趣,是与各自的思维方式分不开的。儒家是用肯定的方法,来确认现实社会和人生的价值并追求自己的理想;道家则是用否定的方法,通过对现实社会种种罪恶的揭露和对人生诸多烦恼的排遣,来保守自身,抒发对理想境界的向往。

儒家肯定人类社会是向前发展的,肯定立德、立功、立言是三不朽的事业。通过对仁义道德的正面倡导,来表达自己对消极颓废的人生态度的否定和贬斥。修齐治平,由家到国,是对积极进取精神的提倡和肯定。"富贵不能淫,威武不能屈,贫贱不能移"(《孟子·滕文公下》),是对"大丈夫"气概的肯定。

道家是从与儒家对应的另一极来寻求安身立命之道的。他们的思维方式,可以概括为"以反求正"。他们知雄守雌,主静贵柔,要求预先处于对应的一极以自保。老子所谓"圣人后其身而身先,外其身而身存",是通过对"占先"和"有身"思想的否定,来表达对"后身"、"外身"思想的肯定,它反映了老子以退为进的思想特点。对于传统,对于现实社会,对于儒家思想,老子也是用否定的方法来伸张自己的观点的,如"大道废,有仁义"(《老子·十八章》),"绝圣弃智,民利百倍;绝仁弃义,民复孝慈"(《老子·十九章》),"夫礼者,忠信之薄而乱之首"(《老子·三十八章》),这些都是通过对仁、义、礼的否定,来肯定自己所向往的得"道"的社会和人生境界。道的作用是柔弱("弱者道之用"),它不肯定什么,只是否定一切要肯定的,并由此使一切存在的事物,有其自身的肯定方面的作用,"道"因其功用的柔弱,它不求克服什么、战胜什么,故才能真正主宰一切、支配一切。

老子说:"正言若反。"这是老子对自己思维模式和建立哲学体系的方法的总结式语言。他的思维模式就是从相反的方面、否定的方面、负的方面来表达他所要肯定的和建立的。

和老子思维方式相同,庄子也是用否定式的方法和语言,来表达自己的世界观和人生观。他将事物的变异性、存在的相对性夸大为必然性,主张用相对主义的眼光看待问题,否认任何事物的任何差别,认为是"道通为一",最终论证了他的混世主义的人生哲学。

综合上述几个方面可以看出,作为中国文化两大主要构成的儒道两家思想,无论在人生哲学、心理状态,还是思维方式方面,都有明显的不同。正因如此,儒道两家思想可以而且必然会互为补充。

需要指出的是,儒道之所以会互补,不仅在于两家的不同之处,而且从某种意义上来说,联结两家,使其通用性互相贯通的,恰好是它们的一致之处。比如,两家都不以物欲为耻。儒家信仰谋道不谋食、重义轻利、安贫乐道,道家则提倡见素抱朴、清心寡欲,并不否定物欲。又如,两家都重视道德修养。儒家要克己复礼,正心诚意修齐治平,道家则主张"修道"、"积德",不以物累形,以保全人的本性。再如,两家都采取简单类推的思维方式。儒家的人生哲学和政治理想,将家国利益设定为一致,修身方能齐家、治国、平天下,由小到大,由内向外推导;而道家考察问题的方式是"以身观身,以家观家,以乡观乡,以国观国,以天下观天下"(《老子·五十四章》),其"修德"和序列是身、家、国、天下,这与儒家并无二致。

第五节 佛教基本思想

佛教是一种外来文化。它于汉代传入我国,经过与本土文化的排拒、吸纳、依附,最终融为一体,成为中国文化的一个重要成分,推动了中国文化的发展。

一、佛教基本教义的核心

佛教是世界三大宗教(佛教、基督教、伊斯兰教)之一。它产生于公元前6世纪的印度,后来传播到亚洲各地。

公元前6世纪,在今印度、尼泊尔境内建立了许多由奴隶主统治的小国。在这些小国中,居民被分为四个等级。第一等级是婆罗门(僧侣)。他们地位最高,专司祭祀,垄断知识,受人供养,享有精神特权。第二等级是刹帝利(军事贵族)。他们有军事行政权力,但受僧侣监视,缴获的战利品应分给僧侣一半。第三等级是吠舍

(农民、手工业者、商人)。他们是身份自由的人,但僧侣可以任意夺占他们的财产。第四等级是首陀罗(奴隶、雇佣劳动者和某些被雅利安人征服的原住居民)。他们地位最低下,受剥削、受压迫。在当时,普遍存在着反对僧侣特权和专横的情绪。在军事贵族和商人中,这种情绪尤其强烈,佛教就是在这种社会气氛中创立起来的。

佛教的创始人是乔达摩·悉达多(名悉达多,族姓乔达摩),生于公元前565年,卒于公元前486年,稍早于孔子,属于第二等级即军事贵族。他不满僧侣的神权统治,29岁放弃王族生活,离家修道。经过6年的苦修,35岁时创立佛教。此后,他一直在恒河流域一带传教。他被信徒们尊称为佛陀,意即"觉悟者",还被称为释迦牟尼,意即释迦族的"圣人"。

佛教基本理论的内容,包括四谛说、十二因缘说、业力说、无常说与无我说。

佛教基本教义的核心,是宣扬人生充满痛苦,只有信仰佛教,视世界万物和自我为"空",才能摆脱痛苦的深渊。要摆脱痛苦,必须熄灭一切欲望,到达"涅槃"的境界。这样,就必须长期修道,其办法是:约束身心,即所谓"戒";要磨炼受苦的耐力,即所谓"定";要能达事理,不自作聪明,即所谓"慧"。它还主张不论哪一个等级,都可以修道,而且都能修成"正果"。佛教这些说教,在当时印度社会中,适应了人们特别是军事贵族和商人等级反对僧侣特权的要求。它所宣扬的悲观主义论调,也很容易引起下层贫苦人民的共鸣,得到他们的拥护。

二、四谛说

既然佛教认为现实世界是一个痛苦的过程,即所谓"苦海无边",那么,怎样具体说明痛苦的原因和结果,找出解脱痛苦的方法呢?佛教提出了"四谛说"。

"谛",即真理,四谛即四条神圣的真理,它们是苦谛、集谛、灭谛、道谛。苦谛是现实存在的种种痛苦现象。它主要不是专指感情上的痛苦,而是泛指精神的逼迫性,即逼迫烦扰的意识。佛教认为,一切都是变化无常的。大千世界,只不过是痛苦的汇集。由于众生不能自我主宰,为无常患累所扰,所以没有安乐性,只有痛苦性。在佛教看来,人的出生是痛苦(生苦),年老是痛苦(老苦),死亡是痛苦(死苦),和不相爱的人聚合是痛苦(怨恨会苦),和相爱的人分离是痛苦(爱别离苦),欲望得不到满足是痛苦(求不得苦)。总之,一切身心皆是苦,人生在世,处处皆苦。

集谛,讲造成痛苦的原因和根据。集,是集合的意思。佛教认为,产生痛苦的原因,在于"无明",即心智迷惑,心智之所以迷惑就是因为人的欲望。人的物质追求和精神享受,也就是所谓七情六欲使人们自寻烦恼、制造痛苦,加上不信佛教,不懂教义,就只能永堕苦海,不能自拔。

灭谛,讲佛教最高理想的无痛苦状态。灭,指人生苦难的灭寂、解脱。灭谛就是指灭尽贪欲,灭除痛苦、要脱离人生的苦海,就必须从根本上摆脱生死轮回,进入涅槃境界。"涅者不生,槃者不灭",寂灭一切烦恼,圆满(具备)一切清静功德,就实现了人生的最高境界。

道谛,讲实现佛教理想境界应遵循的手段和方法。道,指道路、途径、方法。道谛就是引向灭除痛苦、征得涅槃的正道。从方法的角度看,道谛强调培养信徒坚定的信仰和精勤的态度,对信徒的思想、言论和行为,既有消极的防范,又作积极的引导,并采用神秘的直观,以克服一切不符合佛教的认识和思想,同时还十分重视调练心意,以形成一种特异的心理状态。从内容的角度看,道谛的要义在于道德变革,要求道德自我完善;在于心灵宁静,追求安息的境界。它强调通过个人的努力来实现人生的理想境界。

苦谛、集谛、灭谛、道谛四谛中,苦谛是关键,它是佛教人生观的理论基石。正因为佛教把人生设定为一个苦难重重的历程,从而奠定了超脱世俗的立场。佛教倡导的道德责任和奉献精神、去恶从善、约束自我,等等,都是由此生发开去的。

三、缘起和轮回

释迦牟尼认为,一切事物都由因缘和合而成,都生于因果关系。人的痛苦、生命和命运,都是自己造因、自己受果。在佛教看来,缘起的意义在于事物的因果关系。"缘"指条件、起因;"起"表示"缘"的一切功用。一切事物都由缘而起,都是在一定条件下存在的。"若见缘起便见法,若见法便见缘起"(《中阿含经(卷三十)》)。"法"指世界上的一切事物,包括物质的、精神的。"此有则彼有,此生则彼生;此无则彼无;此灭则彼灭"(《中阿含经(卷三十)》)。这是缘起思想最概括的表述。

佛教的缘起说,主要以人生为中心问题展开。它认为人生由十二个环节(十二因缘)构成。这十二因缘是无明、行、识、名色、六处(六入)、触、受、爱、取、有、生、老死,其中,前两个是指前生的(过去的);中间八个是指今生的(现在的),而前五个是指现在的果,后三个指现在的因;最后两个是指来生的(将来的)。在人生流转轮回的过程中,十二因缘涉及过去、现在、将来三世。其中,现在的果必有过去的因,现在的因,必将发生未来的果。因此,十二因缘中,涉及两种因果,总括为三世两重因果。

三世两重因果的次序,可从顺、逆两方面来加以考察。如果由因推果,则无明(愚昧无知)是根本原因。由无明引起各种善与不善的行为(行);由行为引起个人精神统一体(识);由识引起并构成身体的精神(名)和肉体(色);有了名色,就有了眼、耳、鼻、舌、身、意等六种感官(六处);从而有了与外界事物的接触(触);由触而引起苦和乐的感受(受);由受而引起渴爱、贪爱、欲爱等爱;有了爱,就有了对外界事物的追求索取(取);由取引起生存和生存的环境(有);由有而有生;有了生,就有了死。整个人生就是这十二因缘的流转过程。如果由结果往原因逆推,即由老死推至无明,也可以归结为无明是造成生死的根本原因。这实际上是对苦谛和集谛的进一步阐明。而要清除无明,并按十二因缘的次序逐渐消除老死的现象,则又和灭谛和道谛二谛结合起来了。说到底,就是要求众生把转变认识和克服愚昧无知,当作首要的、根本的任务。这正是佛教一整套宗教说教的出发点和根据。

十二因缘中的三世两重因果理论,逻辑地包含着轮回思想。由无明、行两个环节作为"过去因",识、名色、六处、触、受五个环节则成为"现在果";由爱、取、有三个环节作为"现在因",生、老死则成为"未来果"。而在佛教看来,任何一个有生命的个体,在未获得解脱前,都必然因此因果律而生死轮回,永无终期。

释迦牟尼声称,业力是众生所受果报的前因,是众生生死流转的动力。众生的行为和支配行为的意志,从本质上说就是业力。"业"是行动或作为的意思。做一件事,先有心理活动,是意业;后发之于口,为口业;表现于行动,为身业。释迦牟尼认为,众生的身、口、意之业往往是由无明即无知决定的。人生就是无我的、无常的,没有自体,终归是要消灭的。众生却要求它有我,要求恒常不变。众生这种行为即是无知的表现。由这种无知而发生的行为,就是苦的总根源。众生所做的恶业和善业,都会引起相应的果报。由于业的性质不同,来世就会在不同的境遇中轮回。

佛教这种轮回说,强调了个人言行的自我责任,强调一切都是自作自受,客观上对人们的行为有一定的劝诫和约束作用。它主张人们的活动与其后果有一定的关系,会得到报应,所谓善有善报,恶有恶报。这在一定意义上有其合理的一面,但把它这种理论强调到无条件的地步,则又流于荒谬。特别是它的本质是一种神学,这是我们应该特别注意的。

严格说来,在中国一般人的心目中,业报轮回说成了佛教的基本思想。而在中国佛学界看来,因果报应才是佛教的实理和根本。否定了因果报应就等于摒弃了佛教(方立天:《佛教哲学》。北京:中国人民大学出版社,1986年)。实际上,从世俗的观点来看,佛教给中国人心理以深刻影响的,主要是因果报应、三世轮回思想,无论在朝在野,无论官方民间,都是如此。

四、无常、无我和涅槃

佛教认为,无明即无知,是人生痛苦的总根源。而所谓无明,就是不懂得人生"无常"、"无我"的道理。为了论证人生的无常、无我,使人们皈依佛教理论,修成正果,佛教提出了"三法印"说。

"三法印"即"诸行无常"、"诸法无我"、"涅槃寂静"。印,意即"印玺"。"法印"即印证、标记。三法印即判断佛教学说的三个标准。

"诸行无常",指世界万物是变化无常的。行,本是流转变化的意思。如前所述,佛教认为,世间一切事物都是因缘和合而生,都是变动不居的,故称"行";世界有万物万象,故称为"诸行"。"常"指恒常。诸行无常,即谓世间一切事物现象都变化不已,没有不变的。人生无常,因此,一切皆苦。前文所讲的十二因缘理论,即是对人生变化无常、生死轮回的系统说明。根据这一理论,人生没有任何固定不变的事,也没有任何令人愉快的事,因而人生是一个充满痛苦的过程。可见,诸行无常的理论,说到底是佛教为了宣扬苦海无边,培养人们出世思想作论证的。

"诸法无我",指一切现象皆由因缘和合而成,没有独立的实体或主宰者。诸法是包括现象与本质、此岸世界和彼岸世界的总称。"我"是既无集合离散,又无变化生灭的实体,是独立自生、永恒不变的主宰者。所谓"诸法无我",是说一切存在都没有独立不变的实体或主宰者,一切事物都没有起主宰作用的"我"或灵魂。换言之,就是说世界上没有单一独立的自我存在、自我决定的永恒事物。一切事物都只是因缘凑合而成的,都是相对的和暂时的。

从佛教人生观来看,诸法无我的核心,是为了破除"我执"。执著于自我,叫"我执"。"我执"分为"人我执(人执)"与"法我执(法执)",这是佛教所要破除的最主要观念。与人我、法我或人执、法执相对应,有"人无我"、"法无我"。人生无常,必然无我。"无常故苦",人生既有苦恼,就不自在,不能自我主宰,也就是无我,即人无我。不仅如此,其他一切事物也时刻在变化,没有自体,称为法无我。这种人法二无我的理论,是佛教的基本学说。由于要破除人执和法执,因此必须把诸法无我的道理推广于一切方面,从而成为万法皆空的同义语,圆滑地为佛教出世理论作了论证。

"涅槃寂静",指超脱生死轮回,进入熄灭一切烦恼、内心寂然不动的境界。涅槃是佛教追求的最高境界。佛教宣扬"诸行无常"、"诸法无我"的最终目的,就是要引导人们修心,进入涅槃境界。"涅槃寂静"的境界,不是语言和思维所能把握的,只能凭借神秘的、内省似的直觉,才能证悟。从实质上看,"涅槃寂静"说是通过否定现实而肯定幻想,通过否定世间的"常"与"我",而肯定出世的"常"与"我",这正是佛教理论的现实目的。

第六节 佛教在中国的流传和发展

一、佛学发展的三个阶段及其与本土文化的关系

佛教自汉代传入我国,至今已 2 000 多年。这期间,佛教在中国的发展,大致可分为三个阶段。

1. 汉至南北朝：传入与扩展

第一阶段，自汉历三国两晋到南北朝，是佛教传入并扩展的时期。这个时期，以佛教经翻译、解说、介绍为主，译的主要是禅经和《般若经》。

从汉至三国，佛教发展缓慢，不大为人注意。教派主要有两个：一是以安世高为代表的小乘禅学；一是以支谶、支谦为代表的大乘般若学，即空宗学说。前者偏重于宗教修持，默坐专念；后者偏重于教义的研究和宣传，以论证现实世界的虚幻不实。

东汉时期，人们往往把佛教看成黄老之学的同类，禅学被看作是学道成仙的方术之一。东汉时期的佛教是在与道术方士思想结合的过程中发展起来的。

东晋十六国时期，社会动乱，佛教得到了长足发展。这时，佛经被大量翻译，中国僧侣佛学论著纷纷问世，般若学出现了不同学派，民间信仰日益广泛和深入。著名大师有道安、慧远、鸠摩罗什和僧肇。重要佛学思潮，一般是般若学的"空"论，再就是因果报应论和神不灭论。般若空宗的理论代表是僧肇。他认为万物无真实性，但又不是不存在，而是不真实的存在。宣扬因果报应和神不灭论的代表人物是慧远。他宣称，人们遭受的一切不幸，都是由于无明和贪爱等感情所引起的果。这是说，人生遭遇，没有一个外来的主宰者，完全由自身的作用所造成，是自作自受。他把这种自作自受的因果报应，分成现报（现世受报）、生报（来生受报）和后报（二生、三生后所受的报）。一世为一轮回，所以又称三世轮回。要摆脱三世轮回，就必须信仰佛教，努力修持，去掉无明、贪爱等世俗感情，才能自我解脱，死后进入无苦极乐的涅槃境界。关于形体和精神的关系，慧远主张"神不灭"。他认为，神能感应万物，使其变化；万物可能消灭，但精神不会消灭。原因在于，神能从这一形体转入另一形体，好像火从这一木柴传到另一木柴一样。

南北朝时，社会仍然动荡，佛教也得到了进一步的发展。此时各种佛典纷出，经师们专攻一经、一论，各立门户，相互争鸣。涅槃学是这一时期重要的佛学理论，它主要是阐发佛性学说。"涅槃佛性"的问题是南北朝时期佛教理论的中心问题。

宣扬佛性说的著名代表人物是道生。道生学说主要是涅槃佛性说和顿悟成佛说。佛性是指成佛的原因、根据和可能，是成佛的根本前提。道生认为，众生都有佛性，众生都能成佛。在涅槃佛性说的基础上，他又提出了顿悟成佛说。顿悟与渐悟相对，指无须长期修习，一旦把握"真理"，即可突然觉悟。因为在他看来，佛理是不可分之整体，对它的觉悟，也就不能分阶段实现。

2. 隋唐：宗派林立的全盛期

隋唐时期是佛教的全盛期，也是它中国化的时期。这时期翻译过来的佛教典籍已极为丰富。随着政治的统一、经济的发展、文化交流融合趋势的加强，佛教得到了空前的发展,创立了不少新宗派,如天台宗、法相宗、华严宗、禅宗、三论宗、净土宗、律宗、密宗等。每一宗都有自己的理论和修持体系,师道相传,谨守不变。

唐统治者施行儒、道、释三教并行的政策。唐代皇帝除武宗外,个个信佛。这使佛教得以昌盛,同时促进了三教之融合。封建统治者充分利用儒学治世、佛学治心、道教养身的不同功能,使其在维护统治方面各显神通,实现互相助补。由于封建统治者的提倡,到了唐宋之际,三教之间的影响进一步加深,三教合一的思潮进一步形成,佛教终于与中国本土文化融为一体,成为中国文化的一部分,与中国人的精神生活休戚与共,从而形成了宋明理学的雏形。

佛教与中国传统文化的融合:从其本身的发展来看,是通过摄取儒、道思想,形成了中国化的佛教宗派(天台宗、华严宗和禅宗等);从其思想理论观点来看,是提出一系列的不同于印度佛教而吸纳了儒道思想的理论。具体表现为以下几个方面。

以心性为宗派学说的重心。心性问题是中国传统思想特别是儒家思想的一个重要内容。它是有关个人道德修养以至于影响国家安定的重大问题,也是佛学所谓成佛的根本问题。如唐代天台、华严、禅宗都是着重阐发心性问题的。

宣扬儒家伦理道德。中国封建社会实行中央集权的君主专制制度以及与农业经济基础相适应的宗法制度,因此,忠君孝亲成为伦理道德的基本规范。尤其是孝,更被视为伦理道德的根本。而僧人出家,心目中无君、无父,不拜皇帝,不孝于父母,被视为悖逆人伦的行为。唐高宗曾下令沙门向君者和双亲礼拜,后因道宣等人反对,只改为拜父母。到了中唐,随着儒佛道三教之间斗争的加剧,佛教为了求得优势,加上统治者奉行三教并行的政策,佛教徒被迫向唐统治者低头。因此,沙门上疏的自称就由"贫道"、"沙门"改为"臣"了。佛教还大力宣扬孝道,宣扬应报父母养育之恩。

提倡"方便"、"圆融"和"自悟"。天台宗宣扬为度脱众生,可以采取多种灵活的方法,倡导方便法门,天台宗把道教的丹田、炼气纳入自己的学说。这是和道教信仰相融合。华严宗把佛教的理想境界、道德规范与儒家的德行、德性等同起来。禅宗认为在日常生活中即可实现成佛理想。这种对抗印度佛教的思想,实际上是深受道家的自然主义、玄学家的得意妄言理论以及旷达放荡、自我逍遥的影响的表现。

3. 宋至清:由盛而衰的停滞期

宋、元、明、清时期的佛教已由盛转衰,进入停滞期。佛教与中土固有文化和民俗进一步融合,在民间信仰上树立了广泛而牢固的基础,但并无新的宗派产生,理论方面也无创新。其间,主要是禅宗还在流传,其次是净土宗。

佛教传入中国以后,大体上一直处于中国传统文化的附庸地位,只是儒家思想的一种补充。随着历史的发展,到宋元明清时期,佛教宗派内部融通趋势增强,对心性问题的认识愈见一致,心性问题成为此时佛教哲学理论的核心;同时,佛教调和儒道思想的倾向也日益明显。

二、中国佛教——禅宗

禅宗是中国佛教中流传时间最长、影响最大的宗派,是印度佛教彻底中国化的最显著的标志,是最为典型的中国佛教。

"禅"是梵语"禅那"的简称,意译为"静虑"或"思维修"。"静虑"有两层意思:一是静其思虑,二是静中思虑。前者属于"止"(定),后者属于"观"(慧),佛学中称为"禅定"或"禅观",它是僧侣修行的一项基本功。佛教的各个宗派都主张"禅那",佛教之所以重视"禅那",是因为在佛教看来,"禅那"有制伏烦恼、引发智慧的作用,是由此岸到达彼岸幻想世界的必由之路。当然,"禅那"与"禅宗"是有区别的:前者指从印度传入中国的修炼方法,后者指中国佛教的主要流派。禅宗的禅法虽说不可言传,但与禅那有很多相通之处。

禅宗的创始人相传为南北朝来华传教的印度僧人菩提达摩,自始祖达摩到四祖道信,师承皆不说法,不著书。至五祖弘忍,号称黄梅大师,开山授徒,弟子千余人。弘忍有两个后来极有影响的弟子,一是北宗神秀,重经教,主渐修,强调打坐禅定;一是南宗慧能,重佛性,主顿悟,强调见性成佛。虽然禅宗形成的历史可以追溯到达摩,但佛学史家一般认为慧能才是禅宗真正的创始人。慧能3岁丧父,家境贫寒,稍长,靠卖柴度日。24岁时,由家乡广东到湖北黄梅拜弘忍为师,弘忍安排慧能在寺内碓房舂米。有一天,弘忍令所有的门人每人呈一偈语,能领会佛法者便授以衣钵,为禅宗六祖。上座弟子神秀写的偈语是:"身为菩提树,心如明镜台,时时勤拂拭,莫使有尘埃。"弘忍看了并不满意。慧能聪明过人,不识一字,也口诵偈语请人代书:"菩提本无树,明镜亦非台,佛性常清净,何处有尘埃。"弘忍看了即予认可,并连夜唤慧能入堂内,讲说《金刚经》,授以衣钵,以为凭信。由于宗教内部相互倾轧极为激烈,弘忍遣慧能南下,以免受害。慧能回岭南后,隐姓埋名,16年后开始出来传法,在曹溪宝林寺宣讲佛教教义,名声远播。

慧能的佛学思想主要有佛性说、顿悟说和无念说。慧能认为,人们可以有不同地域、不同民族之分,但彼此的佛性是无差别的,即人人皆有佛性。他认为菩提树、明镜台这些有形体的实物都是"空",只有佛性才是真实的、永恒清净的。大乘佛教把佛性作为修行者成佛的因子、种子,这个佛性既是宇宙的本体——真如,又是最高的佛教智慧的表现。既然人人皆有佛性,为何不是人人成佛而有的人反而堕落呢？慧能认为，"人性本净，为妄念故，盖复真如；离妄念，本性净"（《坛经》），因此学佛修行的要义，在于除却妄念，拨开云雾，自识本性，即可见性成佛。慧能还说，"万法尽在自心，何不从心中顿见真如"（《坛经》）。成佛只能靠自己觉悟，只能依靠自己的主观努力。

顿悟说是禅宗的另一重要思想，也是南宗与北宗两派的重要分歧之一。北宗神秀主张分阶段的渐悟，所谓"时时勤拂拭，莫使有尘埃"；南宗慧能的主张恰恰相反，他反对坐禅念佛，不要累世修行，而是"直指本心"、"顿悟成佛"，也就是说，无须长期修行，而凭自己的智慧，一旦把握佛教真谛即可突然觉悟，成佛与否只在刹那之间。慧能自己的体会是，"我于忍和尚处，一闻言下大悟，顿见真如本性。是故将此教法流行后代，令学者顿悟菩提，令自本性顿悟"（《坛经》）。

能否顿悟成佛，慧能认为问题不在佛法本身，而在于修习者本人的资质。有的人聪明，有的人愚笨，各人的根器不同，传授佛法必须因人施教，对迷愚者进行渐劝，使其最后达到顿悟；而根器聪明者则修顿悟。修行者无论行住坐卧都可以叫"坐禅"，实际上改变了传统的禅法。慧能以前的禅宗祖师都主张"经心传心"、"不立文字"，慧能本人也是这样，强调修习者"自用智慧观照，不假文字"。从思维方式的角度考察，禅宗的顿悟说是一种直觉认识方法，不用概念、判断、推理的逻辑思维，不凭借经验的积累和对外界事物的理性分析，而是凭借感性直观与瞬间的意念来把握认识对象，实现境界的升华。

顿悟成佛的关键在于吹散妄念浮云而自见真如本性。那么，如何把妄念浮云吹散，使清净的佛性显现出来呢？慧能认为只要"无念"就行了。"无念"是禅宗的最高宗旨和最高境界，《坛经》说："我此法门，从上以来，先立无念为宗，无相为体，无住为本。"所谓"无念"即是说主体在与外界的接触中不受外界影响，尝到美味不觉爽口，见到美色不觉悦目。所谓"无相"即"外离一切相"，这并不是说不要与外界接触，而是主张在与外界的接触之中不产生任何表象，以保持本心的虚空寂静。所谓"无住"，即是要心不执著于外物，不思恋外物。"三无"之中，"无念"为本、"无相"与"无住"归根到底也就是无念。无念者，身处尘世之中而心在尘世之外，这与庄学的"游心于虚"和玄学的"玄静"、"玄览"在精神境界上是相通的。

总之，慧能创立的禅宗，是中国佛教史上的一次宗教革新，形成了地地道道的中国化佛教。从禅宗教义形成的来源来看，它既吸取了印度大乘空宗（一切皆空）和大乘有宗（佛性实有）的思想，也继承了我国儒家传统的人性论学说和道家主静说思想，它是印度佛教文化和中国固有文化相融合的产物。更值得注意的是，禅宗的创立已突破了传统的佛国权威和佛的至高无上的地位，泯灭了佛国极乐世界与现实世界、出世间与世俗间的严格界限，带有某种泛神论的倾向。中唐以后，禅宗经过慧能弟子神会等人的大力宣扬,南宗压倒北宗,成为正统,受到唐王室的重视,在知识分子、士大夫和下层群众中广有市场。

第七节　佛家人生哲学模式

　　佛教作为一种宗教,就其理论实质而言,是神学唯心主义。由此可以说,它所追求的理想人格是"神格"。不管佛家鼓吹苦海无边、万法皆空也好,还是宣扬明心净性、涅槃寂静也好,说到底,都是以人为理论思考中心,以治人为目的。因而,佛家追求的理想人格就是超尘绝俗、泯灭七情六欲的"超人"人格。

　　从佛教在中国的流传和发展来看,无论哪宗哪派,都竭力宣扬一个"空"字。大千世界、万物纷纭、峨冠蟒袍、美味佳肴、金钱美女……在佛徒看来,只是一场虚幻,根本不存在。客观事物和现象,是"虽有而无,所谓非有;虽无而有,所谓非无。如此,则非无物也,物非真物。物非真物,故于何而可物?故经云,'色之性空,非色败空'"(僧肇:《不真空论》)。这是把事物的现象与本质割裂开来,将其说成是假象。既然是假象,当然就应该抛弃,不受其迷惑。这样,就可认识"自性真空"的道理,到达涅槃寂静的境界。

　　按照禅宗的理解,自性是佛,外界的一切都是虚假不实的,是干扰人们"直指本心"、圆满清净功德的。如能去掉妄想邪念,则"性自清净"。执著于荣辱、毁誉、进退,都是对佛性的亵渎。只有身处尘世之中,而心在尘世之外,宠辱不惊,进退从容,才是把握了佛教真谛。"无我无欲心则休息,自然清净而得解脱,是名曰空"(《佛说圣法印经》)。应该说,能够做到这一步的,绝不会是凡夫俗子,而只能是"人境俱不夺"(《古尊俗语录》),把"语默动静,一切声色"都看作"尽是佛事"的超人!

　　佛家人生哲学模式由其超人人格引导,主张心如枯井、随缘而安、与世无争。

一、心如枯井

　　佛教把世界上的一切都看作是"空"的,即所谓"万法皆空"。在中国佛教各宗派中,依然如此。

　　正是因为佛教把世界看成是空的、虚假不实的,所以,佛徒才能达到并要求别人达到这种境界:吹倒山岳的狂风是静止的,一泻千里的江河是不流的,迅速飘荡的游气是不动的,周旋经天的日月是不行的。进而,在人生态度上,佛徒们主张"反本求宗者,不以生累其神;超落尘封者,不以情累其生。不以情累其生,则生可灭;不以生累其神,则神可冥。冥神绝境,故谓泥垣(涅槃)"(慧远:《沙门不敬王者论》)。这是要求把追求真如佛性作为最后归宿,因而不以生死牵累其精神,不以爱憎之情牵累其生命,以超脱尘世。只要精神得以解脱,生命可以放弃。顺此,就可以做到"见美女时作虎狼看,见黄金时作粪土看"(郑瑄:《昨非庵日纂·(卷十三)》)。"一切不憎不爱","对境心常不起"(《水月斋指月录(卷十三)》),一切欲念都消融于对佛性追求的精神努力之中了。世上一切荣辱沉浮、喜怒哀乐,都不能在枯井似的心中激起些微涟漪。

二、随缘而安

由于佛教视万物为空无,人生无常,一切只是因缘的凑合,人不能把握其现实的命运,更无从向未来进取,所以,人们只能皈依佛门,随缘而安。

宋代著名的大慧禅师总结了三条生活经验。其一,"事无逆顺,随缘即应,不留心中",即对任何事物都抱旷达、放任、自然的态度,自我排遣心中的郁闷或欣喜。其二,"宿习浓厚,不加排遣,自尔轻微",即对由本心而生的积习,不用着意改变,而顺其自然,它终会复归于本心的清净淡泊。其三,以清净恬淡的心情因应外界事物。可见,大慧禅师的这种生活经验就是要求人们随缘而安,顺其自然,不去改变现状。只要保持内心宁静,以恬淡自然为人生情趣,忘却尘世,对悲欢离合、荣辱沉浮都漠然处之,便会认识佛性,求得解脱。

佛家这种随缘而安的思想,对下层人民具有相当的麻醉力。因为,当生活无着、冤屈无处诉告时,人们往往将希望寄托于冥冥之中的力量,以求得精神上的慰藉,保持心理平衡。不仅如此,随缘而安的思想,对于封建士大夫也产生了深刻影响。明代郑瑄写的《昨非庵日纂》中说:"佛语'随缘'最有意味,有多少自在安舒,世人欲享和平之福,终身受用此二字不尽"(《昨非庵日纂(卷六)》),可以说,封建社会的士大夫们,往往是用"随缘"的思想,作为失意时的精神调节剂,以保持心理的平衡。宋代苏东坡"胜故欣然,败亦可喜"(《观棋》)的思想乃至张载在其名著《西铭》中说的"存,吾顺事;没,吾宁也",又何尝不是一种"随缘"的心理反应!至于为后世士大夫所称道的儒家"穷则独善其身"的人生哲学,则更是一种"随缘"的心态。

三、与世无争

既然万法皆空,既然要随缘而安,也就必然与世无争。

《涅槃经》说:"须菩提住虚空地,若有众生嫌我立者,我当终日端坐不起。嫌我坐者,我当终日立不移处。"这是以顺应他人,不遭是非,而保持心理清净。唐五代名僧寒山与拾得的对话,更是这种人生态度的典型反映。寒山问:"要是有人打骂我,欺侮、讹骗我,用不堪忍受的态度对待我,我该怎么办?"拾得回答:"应该躲避他、忍耐他、尊敬他、害怕他、让他、任他的便,看他怎么办"(《坚瓠二集·寒拾问答》)。这是以彻底的"不争"态度与世俗相处。实际上,佛教"三法印"中的"诸行无常"、"诸法无我"、"涅槃寂静",说到底,就是要人们彻底认识到世间一切事物的生灭变化是无常的,我执、法执都是违背佛性的,涅槃寂静才是最终的归宿。因此,人不应处处计较,而要听其自然,不与人争。

佛教这种与世无争的人生哲学,对中国社会心理产生了深远的影响。宋代黄庭坚曾写道,"百战百胜,不如一忍;万言万当,不如一默"(《赠张叔和》)。这显然是鼓吹不思进取的人生旨趣。明代郑瑄讲,"人大言我小语,人多烦我少记,人悖怖我不怒。淡然无为,神气自满,此长生之药"(《昨非庵日纂(卷七)》),又说,"让他说话我只闭口,让他指责我只袖手,这个中省了多少闲气"(《昨非庵日纂(卷十三)》)。这种顺世甚至几乎玩世的思想,对于民族精神和文化的发展来说,是一种阻碍。

显而易见,佛教随缘而安、与世无争的思想既与儒家乐天知命、安贫乐道、顺应时势的思想相联系,又与道家无为不争、安时处顺的态度相沟通,特别是与庄子避世、游世的思想相一致。这也是儒、道、佛相容相摄,最后可以熔铸为一的一个重要原因。

第九章　中国传统文化与艺术

中国艺术是中国文化的重要组成部分（由于中国文学的习见性，我们不作介绍），比如先秦的"乐"与"礼"一道，共同构成礼乐文化；又比如，宫廷建筑和寺庙建筑本身就是封建文化的物化形态；还比如，历朝历代以宗教为题材的雕塑和绘画都是宗教文化的主要形式。中国艺术源远流长的发展史中，各个门类都取得了辉煌的成就。下面分别按照绘画、雕塑、书法、建筑和音乐五个不同的艺术门类，介绍中国艺术的发展历史、主要成就以及各门艺术在中国文化中的价值和地位。

第一节　绘　　画

中国绘画起源于岩画和陶画，其种类主要有宗教画和山水画、人物画，中国绘画的繁盛期是宋元明清。

一、中国绘画的起源

中国绘画的起源是陶画、岩画、帛画和壁画。中国绘画起源很早，尽管我们还没有发现像欧洲石器时代那样的洞窟壁画，却发现有相当数量的画在岩石上的岩画，和距今六七千年前新石器时代早期画在陶器上的陶画。陶画，是先民用兽毫做成类似毛笔的工具，在彩陶上绘出的几何纹样或动植物图案。从西安半坡遗址的人面纹、鱼形纹和鹿形纹陶器，河南陕县庙底沟遗址的蛙形纹陶器等，都可以看出萌芽中的绘画迹象。

我国现存最早的岩画，是江苏连云港市锦屏山的将军崖岩画。这处岩画也属于新石器时期，距今大约4 000年，主要内容为人面、兽面、农作物以及各种符号。在近十个人面相中，基本上都有一条线向下通到禾苗、谷穗等农作物的图案上，中间杂以许多似为计数的圆点符号，反映出古代东方民族对土地的崇拜和依赖。

在战国时期，中国以线条为主要手段的画风得以确立，这从长沙出土的战国楚墓中的帛画《凤夔美女帛画》和《人物御龙帛画》可以得到证实。这些帛画用黑色勾描，造型生动优美，线条圆劲流畅，风味浓重典雅，略加淡彩，显示出先秦时代绘画所达到的水平。后世中国绘画的笔墨造型以及勾线法、没骨法、填色法等基本技法，在先秦帛画中均已显现出来了。

这一时期,还出现了关于绘画的史料和理论,如《吕氏春秋·勿躬篇》有"史皇作图"的记载,又如《韩非子·外储说》有"画鬼怪容易,画狗马难"的精到论述。从韩非子的话中,也可以推测当时已有了写实性的绘画。

秦朝二世而亡,故在绘画方面留下的史料很少。但 1976 年后,在咸阳秦宫遗址陆续发现了一批壁画,内容有人物、车马、建筑、图案等,使我们得以看到秦代绘画的真面目。到了汉代,不仅有了丰富的文献,记载着绘画艺术的情况,还有丰富的绘画遗迹,主要有壁画、帛画以及画像石、画像砖等。

汉代壁画以人物为主,从地上的宫殿、官衙、祠堂、庙宇、住宅,到地下的墓室,壁上多画有人物,如麒麟阁云台的功臣名将像、甘泉宫的天地鬼神像、鸿都门学的孔子与七十二弟子像等。我们现在能看到的汉代壁画,是不易湮灭的地下壁画。这些汉代壁画,不仅有直接反映现实生活的,如渔猎、农事、宴会、乐舞等情景,也有神话传说、历史故事等其他题材。

汉代的帛画则更加精致,其艺术水准更高。20 世纪 70 年代以来,在长沙马王堆和山东临沂银雀山出土了不少的汉代帛画。这些帛画用分栏形式,上栏绘有墓主图像及其阔绰生活的场景,下栏多绘传说鬼怪祥瑞迷信,且有气功的图解,线条遒劲,色彩明丽,说明当时的绘画已有相当高的水平。1972 年马王堆汉墓出土的彩绘帛画,是汉代帛画中最有代表性的杰作。其画面内容十分丰富,有人物,有日月,有人身蛇尾的神像,有龙、蛇、龟、虎、马和各种奇禽异兽。帛画的艺术形式,无论是构图、布局、色彩、线条、形象刻画等,都达到了那个时代的最高水准,是世界艺术史上罕见的珍品。此外,起于西汉盛于东汉的画像砖和画像石在四川、山东、河南等地多有发现,其内容十分广泛,艺术风格古朴生动,均为两汉遗珍。

汉代画家的姓名流传下来的很少,最有名的是西汉的毛延寿。他是一位"画人形丑好老少必得其真"的宫廷画家,只是品行欠佳。相传王昭君不肯向他行贿,他便故意将王昭君画得姿色平常。昭君遣嫁匈奴时,汉元帝才发现昭君的美貌,一怒之下便杀了毛延寿。

二、中国绘画的形成

中国绘画史上真正有画迹可考的画家出现在魏晋南北朝时期,如三国时的曹不兴及弟子卫协,两晋时的顾恺之、张墨、戴逵,南北朝时的宗炳、陆探微、谢赫、张僧繇等,均有佳作传世。就绘画种类而言,这一时期最为著名的是宗教画和山水画。宗教画和山水画标志着中国绘画的形成。

宗教画在六朝画坛取得支配地位的原因,是佛教文化对于中国艺术的影响。这一时期盛行在寺庙、石窟内绘制壁画,其规模和成就都远远超过汉代。著名的石窟壁画有敦煌莫高窟的魏窟壁画,这是后代敦煌壁画的先驱。壁画的内容是宗教性题材,大都宣传佛教悲惨牺牲的善行。如第254窟《萨埵那故事》,描绘三个太子出游,看到七只小虎围着饿得奄奄一息的母虎,三太子萨埵那顿生恻隐之心,瞒着两个哥哥舍身跳崖,以自己的血肉喂母虎,母虎得救,小虎亦得到保护。这幅壁画曲折地反映了那个时代的人民渴望舍己救人的"救世主"出现。

佛教艺术还影响了当时的画法。曹不兴以善画佛像而著称于世,他的学生卫协在西晋时与张墨同以佛画著名,并称画圣。卫、张二人一变汉魏绘画的朴拙而别立新法,在轮廓内加以细致的描写,尤其是注意所画人物的风范气韵,为南朝绘画的发展开辟了新的道路,也反映了中国传统画风由于吸收异域艺术而得到丰富和提高。

六朝众多的画家中,艺术成就最高、对后世影响最大的是东晋的顾恺之。顾恺之博学多才艺,《晋书》本传说他有"三绝":画绝、文绝、痴绝。他最擅长的是宗教画和人物肖像画。有一次到江宁(今南京)瓦棺寺游玩,僧人请他布施,他大笔一挥写下一百万钱。僧人见他衣着普通,以为他在开玩笑。恺之并不解释,只在寺内墙壁上画了一幅没有眼珠的维摩诘像,让僧人用布罩住。次日清晨僧人揭幕,恺之当众点睛,光照一寺,施舍之人不可胜数,顷刻得钱百万。

顾恺之也是绘画理论家,是他在中国绘画史上最先提出"传神说",他说,"传神写照,正在阿睹(指眼睛)中"(《晋书·顾恺之传》)。顾恺之还提出"迁想妙得",所谓"迁想"就是艺术想象,"妙得"就是艺术思维突然所获之"妙"。顾恺之的传世名作有后世摹本《女史箴图卷》和《洛神赋图卷》。《洛神赋图卷》以曹植的《洛神赋》为题材,描绘了曹植渡洛水时与洛水女神相遇而恋爱,终因人神路隔而无奈分离的动人故事。画家把人物的神韵、风姿表达得惟妙惟肖。作品的线描如"春蚕吐丝",连绵弯曲,不用折线,也没有粗细的突变,含蕴、飘忽,使人在舒缓平静的联想中感到虽静犹动。后人称这种线描为"高古游丝描",被列为人物画技法十八描之一,对后世的中国画线造型产生了很大影响。

南朝刘宋时的宗炳兼擅山水画和人物画,他的山水之作开六朝山水画之先,他还专门著有《画山水序》一文,这是中国绘画史上第一部山水画论,具有很高的理论价值。《画山水序》提出"澄怀味像",所谓"澄怀"就是心灵纯净、胸怀澄明;所谓"味像"就是体味或品味宇宙万象所包孕的意味和意义。只有"澄怀"才能"味像",而只有"澄怀味像"才能在山水画中生动地传达出自然万物的"质有而趣灵"。大约与宗炳同时代的谢赫著有《古画品录》,对前代二十七位画家进行品评,并提出了绘画之"六法":气韵生动、骨法用笔、应物象形、随类赋彩、经营位置、传移摹写。谢赫的"六法"涉及绘画艺术从构思到表现,从创作到鉴赏的各个方面,从而构成较为系统的绘画理论,对后代的绘画艺术产生了很大的影响,如北宋郭若虚《图画见闻志》称"六法精论,万古不移",对之极为推崇。

三、中国绘画的发展

中国绘画发展到隋唐五代,取得了令后世惊叹的艺术成就,其中最为突出的特点有二:一是以敦煌莫高窟为代表的壁画,二是涌现了一批蜚声中外的艺术大师。

隋唐壁画有宫殿壁画、寺观壁画、石窟壁画、墓室壁画等数种。宫殿、寺观壁画之盛,可见诸文献记载。随着建筑物的毁灭,这些壁画今已荡然无存。现在所能见到的只有石窟和墓室里的壁画。敦煌莫高窟遗存的隋代洞窟有110个之多,这个数目相对于统治时间不到40年的隋朝来说,确实十分惊人。而且这些洞窟中的壁画,其艺术成就远远超出北魏时的洞窟壁画。敦煌莫高窟发展到唐代进入全盛时期,其壁画表现的思想,也由南北朝以来流行的忍耐精神,逐渐转变为宣扬享受和娱乐。而且,无论是画佛画菩萨,还是画天王、力士、伎乐、飞天,都更加世俗化。千佛洞的壁画也反映出唐代社会的生产和生活情况,如耕地、收获、拉纤、伐木、射猎以及角抵、乐舞等。

唐代墓室壁画以西安附近的永泰公主李仙蕙墓、章怀太子李贤墓、懿德太子李重润墓规模最大,画工亦精。李贤墓中的出行图、客使图、仪仗图、马球图等,描绘了宫廷贵族生活的奢侈豪华,画面生动,呼之欲出。李仙蕙墓中的《宫女图》描绘了宫女们的姿态多端,不但衣着华贵,而且形象美丽,飘飘欲仙,更是一幅完整而细腻的杰作。

隋唐是画家辈出的时代,就人物画而言,著名的画家有阎立德、阎立本兄弟,尉迟乙僧和吴道子,张萱和周昉等。阎立本是初唐成就最大的画家,其画作流传至今的有《步辇图》、《历代帝王图卷》、《醉道图》等。他的艺术成就和他认真学习前人的经验是分不开的。一次,他到荆州,听说当地有张僧繇的壁画,慕名而观。初次观看,认为只是"徒有虚名";第二次看,觉得"还算得近代佳手";第三次再去,仔细观摩,终于佩服得五体投地,说是"名不虚传",坐卧观摩了十天仍舍不得离去。

唐代中期,最负盛名的画家是吴道子(又名吴道玄),他是画工出身,对人物画和山水画都有很高的造诣,在中国绘画史上被尊为"百代画圣"。北宋苏轼认为:"诗至杜子美,文至韩退之,书至颜鲁公,画至吴道子,而古今之变,天下之能事毕矣。"相传因为吴道子画了《地狱变相图》,使得京师许多以屠宰为业的人惧怕死后遭报应而改业。吴道子的画风格奔放,注重线条笔法,迹近写意,点画之间时见缺落,人称"疏体",开后世简笔人物画和水墨山水画的先声。吴道子喜用焦墨勾勒,略加淡彩,自然传神,所谓"天衣飞扬,满壁风动",有"吴带当风"之誉。稍后于吴道子的人物画家还有张萱和周昉,二人以画仕女图而著名。他们的画影响了当时和后代的许多画家,形成了中国绘画史上一个专门的画科——仕女画。

中国山水画在隋唐也有进一步的发展,其代表画家有隋代的展子虔,唐代的王维,还有李思训、李昭道父子(人称大小李将军)等。现存最早的山水卷轴画《游春图》为展子虔所作,这幅画在处理空间远近关系方面颇有特色。王维是诗人兼画家,他的作品是诗与画相结合,诗中有画,画中有诗,其绘画作品在营造意境、抒写诗性方面达到了很高的水准,被后人奉为文人画的始祖。唐代晚期的绘画还不断地开拓新的领域,如孙位之画水、张南之画火,就是突出的例子。

五代十国分裂局面历时半个世纪之久,许多著名的画家都集中在战乱较少的西蜀和南唐小朝廷的画院中。当时的山水画和花鸟画极盛,并且日益趋向于以写实手法表现自然景物。著名的山水画家有荆浩、关仝、董源、巨然等,花鸟画家则有徐熙、黄筌父子等。徐熙多用勾勒为主的淡彩画法,黄筌则喜重彩敷色,富丽堂皇,故有"黄家富贵,徐家野逸"(《图画见闻志·论徐黄异体》)之称。黄、徐不同的画体,演变成为后世花鸟画的工笔、写意二派。因此,从花鸟画的发展来看,五代是一个很重要的时期。

四、中国绘画的繁盛

宋代是中国文化的发达时期,绘画也取得了多方面的成就。五代时,西蜀、南唐开始设立画院。北宋初年,也在宫廷中建立翰林图画院,征召大批著名画家到画院供职。到宋徽宗时,画院发展到了鼎盛。凡进入画院的,先须经过绘画考试,而试题往往是前人的诗句,如"深山藏古寺"、"踏花归去马蹄香"之类,这就推动了画家向山水、花鸟画方面发展,使得山水、花鸟画的艺术成就在宋代达到了中国绘画史的顶峰。

宋元绘画艺术成就的一个突出特点,就是风格的多样化。诸如擅长表现寒林平原景色的李成,被称为"燕家景致"的燕文贵,开创"米派"的米芾及其子米友仁,南宋画院四大家李唐、刘松年、马远、夏珪,元代人物画家赵孟頫、张渥、王振鹏和山水四大家倪瓒、黄公望、王蒙、吴镇等。宋朝因立翰林书画院而形成华丽、精密、工细的院体画风;与之相对的,则是以李公麟、苏轼、米芾为魁首的表现士大夫审美情趣的文人画风;而到了元代,画家大都遁迹山林,于时流行的画风是逃避现实、超然世外、寄兴遣情、抒发幽愤。元代画风还有山水与花鸟之别:山水画风着重抒发主观意兴,讲求以书入画,轻视形似,追求枯淡幽远的境界,充分发挥水墨的特色;花鸟画风则是以水墨写意为上。

宋代绘画最杰出的作品是张择端的《清明上河图》。张择端是山东诸城人,曾在北宋画院任职。他的《清明上河图》描绘的是北宋首都汴梁(今河南开封)的世俗生活与节日景色,是一幅写实生动的长卷风俗画。《清明上河图》摒弃已往人物画只能表现贵族生活和宗教内容的陈规,重点刻画新兴市民阶层的生活和风俗人情,广阔而详尽地展示了当时市井人物的生活动态。全图有人物 500 多个,还有各种建筑、交通工具等,给后人留下了许多珍贵的历史资料,画面全长 528.7 cm,宽 24.8 cm,是我国古代现实主义绘画最突出的代表。

宋代画家中还值得一提的是宋徽宗。宋徽宗赵佶在政治上是一个昏庸无能的帝王,而在艺术方面却是一个天才,山水、人物、花鸟皆精,尤以花鸟画造诣最高。他的《芙蓉锦鸡图》,画的是一只羽毛华美的锦鸡,眈眈注视着翩飞的蛱蝶,巧妙地表现出锦鸡于刹那间跃跃欲试的神情。此外,在宋代还兴起了以梅、兰、竹、菊为描写对象的"四君子图",代表画家有苏轼、文同、郑思肖、赵孟坚、杨无咎等。

明清绘画的一个重要特点是多种画派纷呈,其中较为著名的画派有"明四家"、"清四王"、"清初四僧"、"扬州八怪"、"金陵八家"、"新八派"等。

"明四家"是指继承元代山水四大家之传统,在绘画上有很高造诣的四位明代画家沈周、文征明、唐寅和仇英,他们都是"吴门画派"的代表人物。四人的代表作是:沈周的长卷《沧州趣图》,文征明的细笔山水《兰亭修禊图》,唐寅(唐伯虎)的山水人物《骑驴思归图》和仇英的山水《桃源仙境图》。唐寅的《骑驴思归图》主体是一座大山,左侧有一垂直瀑布入涧,流到山下,右半部有一骑驴人行于山中小径。山体用笔细而柔和,用墨亦轻淡柔和,虽有宋人画中的险山突峰,但不像他们用笔锋芒毕露,这里的山峰于奇峭中包孕着秀爽清润的雅逸之气,充满文人画的气息。

"清四王"指清初的四位著名画家王时敏、王鉴、王原祁和王翚。他们在艺术思想上的共同特点是仿古,把宋元名家的笔法视为最高标准,这种思想因受到皇帝的认可和提倡而被尊为正宗。"四王"以山水画为主,其代表作是王时敏的《夏山飞瀑图》、王鉴的《仿黄公望山水图》、王原祁的《烟浮远岫图》和王翚的《平林散牧图》。

"扬州八怪"指清乾隆时期在江苏扬州活动的一批职业画家,他们有着相同的艺术思想和命运。八怪究竟是哪几位画家,各说不一,一般认为是汪士慎、李鱓、金农、黄慎、高翔、郑燮、李方膺和罗聘。他们靠卖画为生,对现实抱怀疑和不满的态度,对百姓之疾苦寄予同情。在艺术上他们不受成法和古法的束缚,在题材选择和内容含意上翻新创造,将平民生活用品入画,扩大了花鸟画的范围。他们的笔墨豪放洒脱,力求神似。如郑燮(板桥)的《竹》图,两枝茂竹相依而立,下面两枝嫩篁相辅,竹叶疏密浓淡,处理得当,气势连贯,构图精美。左下角以画家独创的"七分书"题诗道:"衙斋卧听萧萧竹,疑似民间疾苦声;些小吾曹州县吏,一枝一叶总关情。"看画读诗,联想当时的灾荒、饥馑,可以窥见艺术家的良知。"扬州八怪"的许多作品都表现了体察民情、同情穷苦百姓以及对现实不满的政治态度。从艺术特征上考察,其作品大多追求笔墨情趣,表达独特的审美感受和艺术个性,为近现代国画的发展开辟了道路。

第二节 雕 塑

中国雕塑的基本题材是宗教和陵墓,其代表作品是历朝历代的陶俑和石窟造像及彩塑。

一、先秦两汉雕塑

中国最早的雕塑是原始社会的陶制动物和商代的青铜装饰器皿。这些东西在当时大多是生活用具,但形象直接取材于生活,具有主体形态,完全具备了雕塑的特征。

原始社会的陶制品,模拟猪、狗、羊、兔、鸡、鱼等动物的形体,用泥土塑造再经火烧制成容器物。近年出土的新石器时代晚期的陶兽形壶,是一种贮水用的器皿,形体宽大而扁圆,四条直而粗壮的腿略向外分开,稳固地支撑着上面的重量。头颈向上直伸,竖耳张嘴,尾巴上卷,刻画了家狗在遇到生人或野兽时的机警神态。为了实用的需要,在背上加塑了一桥形的把手和一圆柱状的注水口,既实用又不破坏生动的自然形象。整个塑品形体概括,线条流畅,风格古朴、庄重,体现了当时人们的审美水平。这是早期雕塑的代表。

商周时代的雕刻工艺已经十分发达,《诗经》中"如切如磋,如琢如磨"的诗句,反映了雕刻工艺的制作过程。商代青铜器虽是奴隶们创造的艺术品,却是奴隶主的属物。奴隶主为了加强其统治,常刻有兽面纹、夔龙纹、虎头纹等图形,庄严而神秘,是青铜器的艺术特色。1975 年在湖南出土的象尊,体态稳健、饱满,比例适当,造型生动,铸造工艺精湛,通体呈碧绿色,饰纹变化无常,神秘莫测,气势逼人。青铜器以它的独特工艺和风格创建了我国光辉的青铜文化,为形成中国雕塑的民族风格奠定了基础。

先秦雕塑的另一种样式是"俑"。在商周时代,奴隶主死后常以奴隶殉葬,后来改用木雕俑、陶塑俑代替活人。俑像一般都是当时现实生活中的各种人物、动物的再现,具有明显的时代特征。我国目前发现的古俑以楚国(公元前 230 年)的最早,一般为木制的,造型也较简单粗糙,是俑的低级阶段。

中国陶俑在秦代发展到了新阶段,其代表作是举世闻名的秦兵马俑。秦兵马俑以其个大(人高约 1.85 m,马高约 1.5 m)、量多(6 000 多件)、形象表情变化丰富而著称于世,是迄今为止世界上仅见的规模庞大的雕塑艺术品。所有俑像在地下排列成雄伟的军阵场面,气势磅礴,远远望去,活现一幅秦代将士威武雄壮的出征图。秦俑艺术独特的文化魅力,既表现于这些将士俑的生动而具体的个性,更表现于兵马俑的整体力量和气魄。它以数量上和体积上的巨大,昭示着中华民族的生存伟力。秦俑崇高和壮美的艺术风格,在整个中国雕塑史上是不可多见的。

和秦俑相比,汉俑造型夸张,手法简练,注重整体效果,种类也有所增多。在表现人物情感方面,汉俑采用圆雕、浮雕和线雕相结合的表现方法,形成了中国雕塑的技法特点。就题材而言,汉俑比秦俑更为丰富,既有小巧玲珑的生活用具,亦有形制庞大的建筑、人物、动物等。四川成都天回山东汉墓出土的一个说唱艺人俑,造型逼真。艺人左手抱鼓,右手执棒,面部表情有声有色,可能是故事已进入高潮,这位说唱艺人连右脚也情不自禁地翘了起来。这件汉俑准确而生动地表现了人物在瞬间的动作情态,堪称中国雕塑艺术的珍品。

汉代的石雕艺术也十分发达,其工艺技法可分为圆雕和平雕两种,平雕作品中表现一定情节内容的称之为"画像石"。画像石是祠堂、墓室等建筑的装饰画,题材大致上有宴饮车骑、乐舞百戏、神话传说、历史故事,以及天文星象等,其风格粗略豪放,富于简朴美。李泽厚指出,汉代雕塑"表现在具体形象、图景和意境上则是力量、动力和速度,它们构成汉代艺术的气势与古拙"(李泽厚:《美的历程》。北京:文物出版社,1981年,第79页)。

汉代雕塑中还值得一提的是玉雕。汉代以前的玉雕大多以造型为主,汉代则发展了透雕、刻雕、粟纹等多种装饰加工方法。由于玉雕制艺的精细,两汉的王侯贵族都时兴以"玉衣"作葬服。玉衣又称"玉柙"或"玉匣",以编缀玉片的金属丝的不同,分为金缕玉衣、银缕玉衣和铜缕玉衣三种。1968年,在位于河北满城的西汉中山靖王刘胜和其妻窦绾的墓中出土了两件金缕玉衣。据估算,在西汉时要制成这样一件玉衣,需花费一名玉工10年的时间。

二、魏晋南北朝隋唐雕塑

与绘画相似,中国雕塑从魏晋南北朝开始便与佛教结下不解之缘。在六朝绘画中,以佛教为题材的宗教画是主要的种类;而六朝雕塑的主要种类,则是以表现佛教内容为主的石窟雕像。

石窟雕像是我国古代依山崖开凿洞窟,在里面雕刻的造像。石窟造像始于印度,由于佛教的东传,中国从魏晋南北朝起也开始开洞造像,形成了具有中国民族特点的石窟艺术。至今现存石窟遗迹有120多处,最重要的有山西云冈石窟、河南龙门石窟和甘肃敦煌莫高窟,被称为我国石窟艺术的三大宝库,其中云冈石窟和龙门石窟开凿最早,石刻造像量多质高,莫高窟因洞内沙石崖不能雕刻,造像是在石坯上用泥塑彩绘。

云冈石窟在今山西武周山南麓,依山开凿,长约 1 km,先后 53 个洞窟里共造像 51 000 多尊,最大的高达 17 m。云冈石窟雕像不大追求细部,却表现了动人的整体效果,早期有仿印度的造型风格,如第 20 窟中释迦牟尼坐佛高约 14 m,雕像的神态慈祥和悦。龙门石窟位于今河南洛阳伊水两岸,自北魏陆续开凿,规模宏大。现存窟龛 2 100 多个,造像 10 万余具,浮雕、佛塔 40 余座,题记、碑碣 3 600 多块。龙门石窟的雕像不同于云冈石窟的,佛和菩萨的脸清丽俊秀,神情怡淡,服饰以汉服为主。

敦煌位于甘肃河西走廊,佛教经此传入内地,因此较早接受佛教文化的影响。366 年,人们在鸣沙山断崖上开始凿崖洞,绘壁画,塑佛像,其中洞窟最大、塑像最多、水平最高的是莫高窟。莫高窟建在粗糙的沙砾崖上,匠师就地取材,以石为基,用泥堆塑,制成彩塑造像。

莫高窟现存彩塑像 2 100 余尊,不同时代的塑品,技法虽异,但总的风格是由早期印度造型逐渐向中华民族的造型转变,由超尘的神像向世俗的人物模式过渡。如第 243 窟北魏时代的释迦牟尼塑像,恭正端坐,身上斜披印度袈裟,头顶扎扁圆形发髻,保留着"犍陀罗"样式。中唐时期制作的第 79 窟中胁侍菩萨像的样式却是另一种风格:上身赤裸,半跪坐式;头上合拢成的两片螺圆发髻,是唐代平民的发式;脸庞、肢体的肌肉圆润,施以粉彩;肤色白净,表情随和温存,虽然眉宇间仍点了一颗印度式红痣,却更像生活中的真人。莫高窟塑像优美动人,艺术水平很高。如第 159 窟中唐时期的两胁侍菩萨,端立姿势自然,其中一菩萨上身裸露,斜结璎珞,右手抬起,左手下垂,头微向右倾,上身有些左倾,胯部又向右突,动作协调,既保持平衡,又显露出女性化的优美身段。另一菩萨全身着衣,内外几层交代清楚,把身体结构显露得清晰可辨;衣褶线条流畅,色彩艳丽绚烂,配置协调;身材修长,比例恰当,使人觉得这是两尊有生命力的"活像"。李泽厚在谈到中国古代宗教雕塑时指出:魏代雕塑以理想胜,宋代雕塑以现实胜,而唐代雕塑则以二者之结合胜(李泽厚:《美的历程》。北京:文物出版社,1981 年,第 184 页)。我们从莫高窟胁侍菩萨的塑像中,不难看出唐代雕塑所体现出的理想与现实的完美结合。

唐代雕塑最著名的当数龙门奉先寺的卢舍那大佛,这尊像通高 17.14 m,身披通肩袈裟,面容丰满,嘴角微翘,两眼微张平视,表情静穆,神态温文慈祥,已完全是中国人的脸型和气质。旁边的文殊、普贤两菩萨各高 13 m,颜面和悦,肌体柔润,具有中国的女性美。其余诸菩萨,也都是中国和尚或武士的化身。卢舍那佛像不仅是唐代雕塑的典范,也是中国雕塑的典范,是中国文化鼎盛时期文化精神的写照。

隋唐时期,牙雕、石雕和泥雕皆有出色的成就。牙雕艺术中有新创的拨镂法。所谓"拨镂",是指将象牙染成红绿诸色,表面再刻以花纹,有的在刻纹上涂以色彩,倍增华美。石雕艺术散布的地区更加广泛:如甘肃炳林寺 80 号石窟的文殊像,刻画精巧,堪称艺术珍品;又如四川乐山大佛,高 71 m,是我国最大的石佛;还如长安附近唐太宗昭陵的六骏石雕,姿态迥异。各具神韵。唐代石雕中最精巧的莫过于刻在碑侧的花纹,它大多用卷曲波折的牡丹构成带状花边,其间点缀凤凰、鸳鸯、仙佛等人物花草图案,富丽华贵,鲜明生动。这些作品现大多集中在西安碑林之中。

唐代出现了许多著名的雕塑家,其中以号称"塑圣"的杨惠之最为杰出。据说他曾为长安一位名演员留杯亭塑像,行人一看到这个塑像的背影,就能认出是谁,可见杨惠之雕塑技艺之高明。

三、宋元明清雕塑

宋元时期,中国牙雕艺术创造出刻制象牙套具的绝技,这是从整块象牙中雕刻出层层叠合而每层又可自由转动的镂花套球,既玲珑剔透又圆转活脱。雕塑艺术运用玉雕制造中"巧色"技能的成就也极为突出,雕塑师能根据玉材的不同色泽、纹理和形状雕琢出各种自然物象,如宋代的玉雕子母猫,母猫为白色,六只子猫有黄、黑、玳瑁等色,制作十分精美。

宋代的砖雕、石雕、木雕及泥塑作品也都显示出极精湛的技艺,其中以泥塑最有特色。现存山西太原晋祠圣母殿的40多尊北宋时期的侍女塑像,动作各异,个性鲜明。山东长清县灵岩寺中也有40多尊宋代彩色罗汉像,人物生动传神,栩栩如生。这些泥塑作品在人体比例上都十分匀称,体态自然,注意写实,表现出李泽厚所说的那种"以现实胜"的特征。民间泥塑作品更受人喜爱,陆游在《老学庵笔记》中提到陕西鄜州(今陕西富县)有位叫田垍的艺人"作泥孩儿,名天下,态度无穷,虽京师工效之,莫能及"。

宋代的文人画是中国绘画史上的高潮,但宋代雕塑的成就却不如绘画。宋代统治者是"重文轻武"的,这种偏于文弱的文化思潮,缺乏雕塑艺术所需要的和适宜于表现的生命力度,所以宋代雕塑给人的感觉是生命力的弱化,是空间意识的内倾。

明清时期的雕塑,从工艺上讲是更加精细更加成熟,如玉雕、竹雕、石雕、彩雕等;但从艺术价值和文化意义上讲,则远远不如汉唐。可以说,曾经有过辉煌成就的中国雕塑文化,在明清两代全面衰退了。随着佛教衰落时期的到来,龛窟造像在明清时代已基本绝迹。明清佛教雕塑主要集中在寺院,其代表作是山西平遥双林寺的明塑和昆明筇竹寺的清塑,但远没有汉唐佛教雕塑的那种神采和魅力。明清的陵墓雕刻也大多流于形式,虽然在体积和置放形式上并不小于过去,但无论明陵或是清陵,在气势上远不能与过去相提并论。

中国雕塑的两大基本题材(宗教与陵墓)到明清都已衰败,取而代之的是建筑装饰雕塑和工艺性小品雕塑。明清建筑装饰雕塑一般呈现的是华丽、繁缛、堆砌的特点。山西大同明代五彩琉璃的九龙壁和北京北海清代七彩琉璃的九龙壁,色彩绚丽，场面热烈，在明清建筑装饰雕塑中属上乘之作。明清工艺性的小品雕塑与民间泥塑，恰似中国雕塑园中的一朵小花，雅致喜人，其构思的巧妙，造型的自然天趣，工艺水平的精细，是颇有可取之处的。但是，工艺性小品雕塑的价值和作用，决定了它只能是玩赏性、装饰性和补充性的。

值得一提的是清代彩塑的地方特色，其中著名者有天津的泥人张和无锡的惠山泥人。泥人张一家五代都擅长彩塑，成为闻名于世的彩塑世家；惠山泥人以制作阿福最有特色，所塑阿福形态逼真，憨态可掬，又称"大阿福"或"惠山阿福"。清代的彩塑，由于它明快的色彩和对人物情态的夸张表现，很受人们尤其是儿童的喜爱。

第三节 书 法

书法是中国特有的艺术，因而也是中国文化最具审美魅力的内容之一。

一、最早的文字与最早的书法

书法，是以汉字为表现对象，以毛笔为表现工具的一种线条造型艺术。它具有很大的实用价值，又具有很高的审美价值，用简练的线条造型就可以表达复杂的思想情趣。一幅优秀的书法作品，能够使观赏者像欣赏绘画、雕塑、音乐、舞蹈、戏曲、诗词一样，得到美的享受。古人谓书法艺术为"无声之音，无形之相"，正是概括了书法艺术的抽象精神之所在。

书法是中国特有的艺术。其所以是"中国特有"，除了特有的书写工具毛笔外，最重要的原因则是中国特有的汉字。一般来说，每个进入文明时代的民族都有自己的文字，如埃及的象形文字，古代两河流域的楔形文字等，但只有中国汉字的书写形成一门艺术，所以，我们讲中国书法文化，首先要从汉字讲起。

汉字的诞生，为书法艺术的源起奠定了基础。汉字是中国书法艺术产生的直接源头和唯一载体。在汉字的发展史上，从大的方面说，甲骨文、金文、大篆、小篆基本上依据"六书"的原则，属于古文字。自隶书以后，汉字脱离了"六书"，成为单纯的文字符号，属于今文字。

甲骨文，是殷商时代刻在龟甲兽骨上用以记事的文字，又叫"卜辞"、"龟甲文"、"殷契"等。甲骨文也有极少数是用墨或漆写的，还有刻好以后再填以朱砂的。从书法的角度来看，刀刻的多是方笔，瘦劲挺拔；笔写的以圆笔居多，体肥雄浑。前期甲骨文纯系自然状态，有错落疏朗之美；后期甲骨文则严整稳重，已开始注意字的修饰和美化。甲骨文的章法全都纵无列，横无行，字或大或小，参差错落，上下左右相呼应,自上而下一气贯通,尤其是甲骨文朱书、墨书作品,更能看到运笔的轻重缓急,线条的起落运收,转折的圆融流畅,字距的疏密相间,章法的天真自然。全篇浑然一体,标志着中国书法审美意识的觉醒。总之,甲骨文的章法反映了先民对美的追求,令人叹为观止。

金文,即秦汉以前刻在钟、鼎、盘等铜器上的铭文。使用甲骨文的殷商社会已经进入了青铜时代,这些青铜器铭文的书写,刚劲古拙,端庄凝重,成为整个铜器美的有机部分。商周时铭文篇幅较短,到周代,甲骨文渐渐退出历史舞台,长篇铭文开始出现。青铜制作愈益精美,金文也更趋成熟。这一时期的铭文书法,结构整齐,用笔环转,略呈方形,有向篆字转化的趋势。金文的"款"、"识"分别指凹下去的阴文和凸起来的阳文,其文字象征一种森严威吓的权力。青铜器起初的纹饰和铭文包蕴着一种恐怖的神秘力量。尤其是商代青铜器上的饕餮纹,在那令人生畏的形象中,积淀了一股深沉的历史力量,弥漫着当时的精神氛围。宗白华先生说:"中国古代商周铜器铭文里所表现章法的美,令人相信传说仓颉四目窥见了宇宙的神奇,获得自然界最深妙的形式的秘密。"

篆书是大篆、小篆的统称。相传周宣王时,太籀创造了一种新体文字,称"籀文",即大篆。它是从甲骨文转化来的,体态更严整,文字的象形图画因素基本消失,有趋向线条的韵味,朝着抽象化的方块字迈出了最后一步,其代表作是遗世的石鼓文。石鼓文是刻在10个石鼓上的记事韵文,字体宽舒古朴,具有流畅宏伟的美,是典型的大篆。小篆是秦代统一文字以后的一种新书体,又称为"秦篆"。同大篆相比,小篆在用笔上变迟重收敛、粗细不匀为流畅飞扬、粗细不匀,更趋线条化,结构上变繁杂交错为整饬统一。小篆的艺术特征十分明显,字形呈长方形,上密下疏,显得线条匀称,婉通圆转,秀美挺拔。章法纵横成行,自右至左,显得简洁流畅,婉转圆润。现在可以看到的秦代小篆书法作品有《泰山刻石》、《琅琊台刻石》等,是秦始皇统一中国后,到泰山等地祭天时刻石记功的碑刻,相传都是由李斯书写。与此同时,隶书也开始流行,它改篆书圆转笔画为方折,书写方便,字型更趋向笔画化,又具有一种古朴美,所以在西汉时期大为流行。

二、汉隶与章草

西汉始设藏书阁,鼓励人们向朝廷献书;朝廷则聘专人抄写,所用的字就是隶书,从而促进了隶书的发展,中国的书法艺术史从此进入汉隶时代。

早期的隶书脱胎于草篆,用笔化篆书的曲线为直线,结构平衡对称。隶书给人以整齐安定的美感,但它向上下左右挑起的笔势却能在安定之中又给人以飞动之感。隶书的美同建筑的美很有类似之处。

东汉顺帝时,隶书进入了成熟期。古隶平实、朴拙的风格转变为华美的风格。

其形体呈偏方横式,左右舒展,平匀端稳之中寓变化挪移、挺拔纵横之趣。东汉时,官僚贵族们不仅生前要人歌功颂德,死后还要人树碑立传,加上从西汉就已经开始的"独尊儒术",时人多用碑石刻写经典,所以这一时期树碑立传之风极盛。碑刻多由当时的书法名家来写,如《礼器碑》、《华山庙碑》等,笔画或方劲沉雄,或瘦劲刚健,或飘逸俊秀,开魏碑之先河。

汉隶化繁为简,象形因素大大减少,符号性更强。汉隶上承前代篆书的遗范,下启后世楷书的先声,是汉字和书法演进史上的一个转折点。隶书又是今体书的鼻祖,后代所产生的草书、楷书均源自隶书。隶书一变篆书的圆笔为方笔,变篆书的曲线为直线,将长形结构变为扁形结构,将繁复的笔画化为简洁的笔画,从而使横势与笔墨意趣成为中国书法的基本特征传承下来。

存世的大量汉碑,神韵异趣,风格多样。最负盛名的有工整精细的《史晨碑》、飘逸俊秀的《曹全碑》、厚重古朴的《衡方碑》、方轻高古的《张迁碑》、奇纵恣肆的《石门颂》、清劲精整的《朝候小子》等。近代出土的大量汉简,笔墨奇纵,结构厚重,表现出一种自然浑厚的美。

秦汉之交,还出现了由隶书变化而来的"章草",又叫"隶草"或"古草"。草书没有太多的规矩约束,比较随意,可以写得较快,所以在民间首先大量运用。东汉章帝非常喜欢书法家杜度的草书,特地准许杜度用草书写奏章。由于隶草可以用来写奏章,后来就称经过规范化的隶草为"章草"。

汉灵帝是位昏庸的皇帝,但他却于光和元年(178年)在洛阳鸿都门设立了一所官学,叫做"鸿都门学"。这是中国历史上第一所设有书法课程的学校,对书法艺术的普及与提高起了积极的推动作用。此外,东汉笔、墨的改善尤其是植物纤维纸的发明和推广,为书法艺术的进步提供了重要的物质条件。

在东汉众多的书法家中,最为著名的就是蔡邕。蔡邕是女诗人蔡文姬的父亲,也是汉末最著名的学者之一,他不仅擅长篆隶书,还创造了"飞白书"。据说汉灵帝时修饰鸿都门,蔡邕见工匠用刷白粉的帚写字,从中得到启发,从而创造出"飞白书"。这种书体,笔画中露出丝丝白道,像枯笔写的模样,很适合用来写装饰性的文字。

汉隶之后善隶的书法家为数不少,但大多失之俗靡,难得汉隶风神。一直到清代,隶书才得以复兴,出现了金农、邓石如、何绍基等隶书大家。但从总体上看,其艺术性仍不能与汉代比肩。

三、王羲之与魏晋南北朝书法

汉隶到了汉末三国时,因为笔画更见平直遒劲,结构愈加方正整严,逐渐演变成了正楷。正楷又叫"楷书"、"正书"、"真书"。楷书始于汉末,盛行于东晋、南北朝。汉以后的魏碑,明显地处在从隶书到楷书的转变过程之中。楷书用笔灵活多变,讲究藏露悬垂;结构由隶书的扁平变为方正,追求一种豪放奇伟的美。现存最早的楷书遗迹,有魏钟繇的《宣示表》、吴碑的《九真太守谷朗碑》等。钟繇以后,到南北朝时期,大江南北形成不同书风,世称南派(以王羲之为代表)和北派(以索靖为代表)。南派擅长书牍,呈现一种疏宕秀劲的美;北派精于碑榜,注重一种方严古拙的美。到隋代,南北熔为一炉,成为唐代书法的先导。

魏晋南北朝在中国书法艺术史上是承上启下、繁花似锦、书体大备的时代。篆、隶、楷、行、草等诸体书法同时发展,俱臻完美,风格多样,产生了一大批优秀作品,涌现出钟繇、王羲之等书法大家。他们揭开了中国书法艺术史新的一页,树立了楷书、行书、草书美的典范。此后历代,乃至东邻日本,学书法者莫不宗法"钟王"。钟繇师承蔡邕、曹喜,又习众家之长,完成了楷书的定型化。祝嘉在《书学史》中评钟繇的作品"点如山颓,满如雨骤,纤如丝毫,轻如云雾,去若鸣凤之游云汉,来若游女之入花林,灿灿分明,遥遥远霭者矣"。

王羲之是魏晋书法艺坛上的另一位巨星,他的艺术成就更是非凡,因而被尊为"书圣"。王羲之,字逸少,琅琊临沂(今属山东)人,曾做过右军将军,故人称王右军。他七岁开始学书法,经过十几年的悉心钻研,博采众长,创造了具有自己特殊风格的楷、行、草书。梁武帝认为他的书法"字势雄强,如龙跳天门,虎卧凤阁",还有人说他的书法"清风出袖,明月入怀"。唐太宗对王羲之的书法佩服得五体投地,据张彦远《法书要录》记载,唐太宗收藏王羲之真迹3 600纸,临死时还将《兰亭序》真迹带入昭陵。

《兰亭序》是王羲之的书法代表作,是他与友人宴集会稽山阴兰亭,修袚禊之礼时所书,被后人称为"天下第一行书"。正如宗白华先生所说:"晋人之美,美在神韵(人称王羲之的字韵高千古)。神韵可以说是'事外有远致',不沾滞于物的自由精神(目送归鸿,手挥五弦)。这是一种心灵的美,或哲学的美"(宗白华:《美学与意境》。北京:人民出版社,1987年,第1941页)。《兰亭序》体现了晋人精神解放的自由之美,在那英气绝伦的氛围中,在遒媚劲健的笔画中,可以见出魏晋风度中所包含的宇宙人生之境,体会书家的人格美境界。而从骨力寓于姿媚之中、意味蕴涵于自然之势,从遒丽爽健的线条、圆融冲和的气韵之中,可以见出书家独特的艺术个性。

中国书法的艺术风格是多种多样的,有雄浑美、秀逸美、古朴美、险劲美、清雅美、狞厉美、刚健美、丰润美等,大体上又可分为优美清逸与壮美雄浑。王羲之的书法属于优美清逸的风格,而后来唐代张旭、怀素的狂草则属于壮美雄浑的风格。

晋代书法家,不仅有"书圣"王羲之,还有"小圣"王献之,并称"二王"。王献之字子敬,是王羲之第七子,从小酷爱书法,幼学于父,后来又取法东汉书法家张芝的草书。王献之兼擅隶、行、草，其行书以《鸭头丸帖》、《中秋帖》著名，楷书以《洛神赋》著名。南北朝时的书法，风格多在"二王"影响之下，值得一提的是王羲之的七世孙智永，他的书法作品对初唐四大家影响很大。

鲜卑族拓跋氏统一北方建立北魏政权，魏孝文帝迁都洛阳，积极吸收中原文化。由此，包括书法艺术在内的汉文化得到了进一步发展，书法崇尚方挺规整，代表作有《郑文公碑》、《张猛龙碑》、《龙门十二品》等。这些作品共同的艺术风格，是在楷书中保持隶体的气息，用笔方折劲健，质朴雄浑，被称之为"魏碑体"或"魏体"，对后世书法产生了重要影响。

四、从初唐四大家到北宋四大家

唐宋两代，都是中国书法艺术史上的黄金时代，不但大书法家较前代为多，而且书法理论专著也胜于前代。著名的书法家主要有初唐四大家、北宋四大家、张旭、怀素、颜真卿、柳公权、赵佶等；著名的书法理论著作主要有唐代孙过庭的《书谱》、张怀瓘的《书断》、张彦远的《法书要录》、宋代沈括《梦溪笔谈》中的相关章节以及姜夔的《续书谱》等。

初唐四大家是虞世南、欧阳询、褚遂良、薛稷。虞世南是智永的外甥，直接从智永那里亲受"二王"笔法。他的书法笔圆体方，外柔内刚，发笔出锋如抽刀断水，其楷书极佳，传世名作是《孔子庙堂碑》。欧阳询早期学习王羲之的书体，又广泛学习北朝的碑刻，吸取各家之长，融会贯通，形成"刚健险劲，法度森严"的独特风格，世称"欧体"，代表作有《九成宫碑》、《皇甫诞碑》。他的楷书被推为唐人楷书第一，与其子欧阳通并称"大小欧阳"。褚遂良的书法习王羲之，介乎虞、欧之间，别开生面，自成一体，细如丝发而遒劲如精钢。相传虞世南死后，唐太宗没有谈书写字的朋友，有人推荐了褚遂良，为太宗所赏识，其代表作是《雁塔圣教序》。薛稷的书法用笔纤细，结字疏通，自成一家。

"颠张狂素"是指盛唐以狂草独步的大书法家张旭和怀素。张旭的书法得于"二王"而又能独创，以狂草得名，号称"草圣"。相传张旭看见担夫争道各不相让而悟书法之道。他常酒后运笔，"每醉呼号狂走，索笔挥洒，变化无穷，若有神助；时人号为张颠"（《旧唐书·贺知章传》）。张旭的狂草流走快速，连字连笔，一派飞动，把悲欢情感倾注在笔墨之间。诗人杜甫在《饮中八仙歌》中写道，"张旭三杯草圣传，脱帽露顶王公前，挥毫落纸入云烟"，从中可以想见他的狂态和醉态。张旭的草书极富神韵和意趣，笔画颠而不乱，狂而不怪，具有音乐的旋律、诗的激情和绘画的意趣，艺术境界极高。在中国文化史上，"草圣"张旭与"诗仙"李白齐名，其代表作为《草书古诗四帖》。

怀素是继张旭之后的又一位草书大家。他因家贫而为僧，无钱买纸，就在寺院附近种芭蕉万株,以叶代纸,每日练字不断。他的草书气势磅礴,独具一格,兴到运笔,如骤雨旋风,飞动圆转,随手变化而不失其度。其狂草代表作《自叙帖》是草书中的极品,是得"气"、得"神"、得"境"的"酒神精神"的审美体现。在刚健中透出狂放颠醉之气,在雄浑中颇具龙游蛇惊的旋律。《自叙帖》又是艺术理性与诗性统一的结果。帖的前半段叙其学书经历,"担藉锡杖西游上国"的际遇,写得舒缓飘逸,带有古淡浑穆之气;后半部写其狂草惊动京华,受到美誉,而狂态毕具,纵横奔放。飞动的线条意趣,刚健的笔力神采,行气如虹的生命力,构成了《自叙帖》的壮美意境。

"颜筋柳骨"是对唐代另外两名书法大师颜真卿和柳公权书法艺术风格的形象性表述。颜真卿是北齐颜之推和唐初颜师古的后裔,其书法上承王羲之传统,学习初唐四大家长处,并受张旭指导,师法前辈而又有独创。他把篆隶笔法用于楷行草书,又有意识地把楷书的横画写得细瘦,把点、竖、撇、捺写得肥壮,世称"颜体"。苏轼诗曰,"颜公变法出新意,细筋入骨如秋鹰",是说颜真卿用笔肥厚粗拙却内含筋骨,显得劲健洒脱,因此后人用"颜筋"状其书法特征。颜真卿传世书迹据说有138种之多,最为著名的有《多宝塔碑》、《东方画赞》等。

柳公权官至太子少师,也称柳少师,由于善书法而历任穆宗、敬宗、文宗三朝侍书。唐穆宗曾问他用笔之法,他说,"用笔在心,心正则笔正",致使皇上改容,"悟其以笔谏也",从此"笔谏穆宗"成为千古美谈。柳公权初学"二王"及唐代书家,又学颜字。他在结字上吸取了"颜体"的纵势,舍弃了颜字竖画肥壮等写法,把笔画写得均匀瘦硬,把点画写得如刀切一般,棱角分明、方折峻丽、骨力遒健,创造了独树一帜的"柳体",世称"颜筋柳骨"。他的代表作有《玄秘塔碑》、《神策军碑》等楷书作品,其中《神策军碑》字体较大,意态雄豪,笔法精练,典型地表现出柳书浑厚中见锋利,严谨中见开阔的艺术特点。

北宋四大家是苏轼、黄庭坚、米芾、蔡襄。其中苏、黄以"尚意"为主要特色,米芾则以独创的"米字"最为著名。苏轼在宋代书坛的地位,可以用"承前启后"来概括。所谓"承前",是指他继承唐风,初学"二王",中年后喜学颜真卿,善书碑碣;所谓"启后",是指他创造了宋代行书的独特风格,用笔直锋多变,时时转换而藏锋不露;结体取横势,宽舒厚实,具有豪放飘逸的风格。在书法理论方面,苏轼提出意造的看法,从而开创了"尚意"的书风。"尚意"即抒情,是书法创作的动因和目的,他的《黄山寒食诗帖》是其"尚意"的典型代表,而他的《前赤壁赋》被誉为"坡公之兰亭也"。

宋代在书法上成就最高的是米芾。米芾曾居湖北襄阳,人称"米襄阳",为人癫狂,时称"米颠"。他真、草、隶、篆、行书都能写,其中尤以行书和草书见长。他的书法取苏、黄两家的特色,用苏之翻笔作书,而取黄书之纵势,形成自己奇纵变幻、雄劲清新、痛快淋漓的特点。他对自己的书法十分自负，称蔡襄的书法如美貌女子，行步缓慢，体态娇娆，而称自己的书法是刚猛少年，狂放不羁。

唐宋两代的书法理论也取得了骄人的成就。唐代孙过庭《书谱》对书法的艺术规律进行了探讨，认为书法家的情感要符合书写内容的特点，同时要运用不同的书体来体现不同的情感，在此基础之上，再加上风神、妍润审美方面的要求，才能达到书法艺术美的境界。在书法的艺术技巧方面，孙过庭要求骨力与遒丽、劲速与淹留、燥与润、浓与枯等对立的方面相生相济，表现了他的艺术辩证法思想。张怀瓘《书断》将书法艺术分为神、妙、能三品，提出"风神骨气者居上，妍美功用者居下"的标准，反映出书法艺术领域中审美鉴赏的深入。宋代姜夔《续书谱》标举书法之"风神"："风神者，一须人品高，二须师法古，三须笔纸佳，四须险劲，五须高明，六须润泽，七须向背得宜，八须时出新意。"姜夔的"风神"论，对书法作品从内容到形式，从人品到书品提出了全面的要求。

五、元明清书法

书法到元代，除了继承宋代书法的新型书体，还注意渗透书家的个人性情，形成了在传统方面下工夫，力追晋唐神情的作风。在这方面，赵孟𫖯起了示范作用，被公认为元代书法的领袖，并成为与颜真卿、柳公权、欧阳询并称的楷书四大家之一。他的篆、隶、真、行、草均冠绝一时，以腴润秀婉之貌而统领一代，其代表作有传世小楷《洛神赋》《道德经》和大楷《玄妙观重修三门记》《四体千字文》等。

明代书法家多擅长行草，苏州文徵明、祝允明，松江董其昌为其代表。文徵明的书法小楷宗右军（王羲之），草书师怀素，行书仿苏轼、黄庭坚、米芾，隶书法钟繇，而尤以小楷、行书见长。他的小楷"疏密匀称，位置适宜，如八面观音，色相俱足"（谢肇淛：《五杂俎》），可与赵孟𫖯比美。祝允明的小楷，法度严谨，用笔矫健，结体错落多姿，章法左顾右盼，古雅精肃。他的狂草，感情充沛，情貌多变，有黄庭坚的舒展、米芾的劲健和苏轼的浑厚。明代王世贞称祝允明的书作"变化出入，不可端倪，风骨烂漫，天真纵逸"（王世贞：《艺苑卮言》）。董其昌书法作品的独特之处，是以绘画的水墨之法用于书法，多用淡墨，时出浓墨，笔画浓淡变化多端，而全篇又空灵剔透，清静雅致。董其昌的书法名气很大，至清初由于康熙皇帝的提倡，仿习者众多。

明末清初，金石篆刻复兴，帖学渐渐衰落，碑学开始崛起。清中晚期，以嘉庆、道光为界分为前后两个时期，前期重帖学，书法很不景气；后期重碑学，注重继承与革新，突出个人风格，书法出现了新局面。早期碑学主要在民间开展，习碑者多是在野文人，他们取法秦汉碑刻，在篆、隶上取得了一定的成绩，尤以隶书成绩最大。此时擅长隶书的"扬州八怪之一"金农，其书法作品极具创造性。早期隶书笔法方中寓圆,结体略扁,体势微斜;晚年笔法变化,笔画扁方,横粗竖细,结体修长,拙中遇巧。

"扬州八怪"中除金农外,另一位富有创造性的书法家是郑板桥,他也是从秦汉碑刻中获益颇多。郑板桥以隶书入行楷,杂以草篆,间以画法,"一字一笔,兼众妙之长",这是他在书法艺术上的大胆独创。其字的大小、宽窄无定法,而且悬殊极大,通篇章法如乱石铺街,大小错落,疏密相间,呼应有致,生机盎然。

六、书法艺术的审美特征

首先,书法的美是线条造型的美。作为书法的线条,尽管外形不一,有笔画、书体、流派等各种因素的差别,但它们应具备的共同特征是有力度,这种力度在传统书法中称之为"笔力",凡有"笔力"者,必有美感。判断有无笔力,要看是否"圆",是否"涩"。所谓"圆",就是线条"中心有一浓墨正当其中"(刘熙载:《艺概·书概》),这样线条就显得饱满、结实,有立体感、浮雕感,从而表现出力度来。所谓"涩",是指线条冲破纸面阻力,挣扎奋进的艺术效果。

其次,书法的美是一种整体的美。书法的线条造型不是以单线条形式而是以成组线条出现,只有成组的线条按照一定的规律构成一个完美的整体,书法的美才能最终体现出来。书法整体美的关键是"结构"和"章法",应遵循的原则是"呼应"和"对比"。呼应的作用是将各个独立的线条贯穿为有机的统一体,形成一种整体上的美感;而对比的作用则在于产生变化,形成节奏和韵律的美。

最后,书法的美是一种情感和个性的美。书法以简练的线条造型表现各种复杂的意境和情趣。自然界和社会生活中的美,唤起书法家内心深处的美好情感;而书法家又通过艺术手段将这种情感用线条造型抒发出来,从而去打动观赏者,去唤起观赏者的情感。书法艺术十分强调个性即独创性,书法史上凡无独创性不能成自己面目者,均不得称大家。为"圣"者,都是开一代风气的人物,如王羲之变隶法为行楷,被称为"书圣";张旭变"二王"草法为今草,被称为"草圣"。如果千人一面,千字一体,就失去了个性,也就失去了书法艺术的生命力。

第四节 建 筑

中国建筑的文化特征主要表现在宫殿、庙宇、园林、民居等建筑种类之中。

一、民居与园林

中国建筑历史悠久,它以卓越的成就和独特的风格,在世界建筑史上占有极其重要的地位。在距今约五六十万年的旧石器时代初期,原始人过着"冬则居营窟,夏则居橧巢"的生活。到旧石器时代后期,先人们仍然以天然崖洞为居住的基本形式。大约到了原始社会的中晚期,随着农业的出现,黄河流域的氏族部落开始用木石等工具挖掘土穴,供自己居住。虽然简陋,却摆脱了对自然穴洞的依赖,成为中国建筑史的开端。

在距今6 000年前至5 000年前的仰韶文化时期,圆形或椭圆形、也有方形或长方形的民居建筑已经出现,如陕西半坡遗址的第37号房和第41号房。圆形民居的四周都有木骨泥墙,房内有四或六根中柱,出口有高门槛,顶盖上有出烟口。方形民居则是门向南,四角有四根大柱,东墙和西墙除两角大柱外另增加一根大柱。

仰韶文化时期以后,民居建筑又有了新的发展。在陕西龙山文化时期,民居建筑已有了单室和双室两种,房屋平面呈"吕"字形,创造了"一明两暗"和"前堂后室"的新格局。在山东章丘县龙山文化遗址中,房屋由土台、墙基、墙外护坡、室内地基及门窗等构成,这是台基式木构架建筑的雏形。

从夏商周开始,中国的民居已有了等级的区别:奴隶是穴居的窝棚,而奴隶主贵族的住宅则是高大宽敞的宫室建筑。西周最具代表性的民居是在陕西雏村发现的建筑遗址,它是一座四合院式的建筑,由二进院落组成,按南北中轴线对称布局,以堂为中心,前建影壁、大门,后建室、房,这是中国最早的四合院。

到了秦汉,中国民居建筑已初步定形。大型的民居基本上按中轴线左右对称排列,有完整的廊院和多层楼阁。由几个四合院式庭院组成的贵族宅第也普遍出现。当时的建筑材料除了木、石之外,又有了砖、瓦,这是中国建筑的一大进步。随着门阀制度在两汉之际的形成,从西汉末年开始,出现了坞堡式庄园住宅。这种建筑到南北朝时期发展到极盛,也成为后世南方客家人的住宅样式,今日的江西赣南地区还保留着不少这种类型的建筑。

唐代的民居仍然采用对称结构,但其华丽多姿已远非秦汉可比。宋代是中国古代城市及商业发展的繁盛时期,城市建筑打破了唐代坊、市分离的格局,居民住宅也打破了对称式的单调格局,呈现出多样化特点。从张择端的名画《清明上河图》可以看到北宋汴京城内的瓦房以及城郊农村的草屋。这些建筑许多都不呈对称状,其中有的还高达三四层,突破了唐朝"不得造楼临视人家"的规定。

明清时期,北方的四合院建筑和南方的园林化建筑,代表着官僚家庭住宅建筑的两大潮流。北京保存的四合院,苏州的拙政园、留园,分别是这两类建筑的典型代表。从建筑分类的角度看,拙政园、留园既是民居,也是园林,是私家园林,它们和皇家园林、寺庙园林、自然园林一道,共同构成中国的园林建筑。

中国园林建筑历史悠久,相传黄帝时代就有名叫"悬圃"的花园。明确见于史书记载的园林是商纣王的沙丘苑台,苑里放养着许多珍禽异兽(《史记·殷本纪》)。此后,周宣王、周幽王,春秋时代的齐桓公、晋文公,以及秦始皇等,都有过筑宫建苑的历史。秦始皇即位,大修苑囿,并把宫殿和苑囿结合起来,为后世帝王的宫苑建筑开创了先例。秦始皇所修建的朝宫上林苑规模极大,阿房宫只是其中的一处建筑。此外,秦始皇还在咸阳造长池、引渭水、筑土蓬莱山,为后世帝王宫苑中设置海上仙山的布局开创了先例。

皇家园林的修建要以国家的经济实力为后盾,在这方面汉武帝比前代帝王有着更为优越的条件。经过汉代前期五六十年的休养生息,到汉武帝即位时已是国力强盛,因此他大兴土木,修建皇家园林。汉武帝将上林苑扩建至周围三百里,南傍终南山而北滨渭水。我们今天读司马相如的《上林赋》,还可以想见上林苑的壮丽和天子游猎其间的盛举。汉武帝还在长安城西筑建章宫,在宫内挖太液池,依据方士所说的神仙胜境的模样,在池内堆造三山,象征蓬莱、方丈、瀛洲等仙山。这是中国建筑史上模仿自然山水建造园林的典型,并成为后来中国造园的基本传统。今天园林"一池三岛"的布局就是从汉代开始的。

现存完好的最大的皇家园林是承德避暑山庄,其由宫殿区和苑景区两部分组成。避暑山庄的苑景区分为山岭景区、平原景区和湖泊景区三部分。山岭景区峰峦竞秀,气势浑厚,既有"高山流水"、"南山积雪",也有"锤峰落照"、"四面云山"。平原景区南临湖泊,西北依山,东界宫墙,建筑多沿山麓布置,以突出平原的空旷。景区东部麋鹿成群,一派"风吹草低见牛羊"的塞北风光。湖泊景区广植杨柳,郁郁成阴,湖光变幻,洲岛错落,亭榭掩映,花木葱茏,呈现一派江南景色。

私家园林的代表作是苏州园林。苏州是中国古代私家园林最集中、规模最大、品类最全、艺术价值最高的"园林之城"。苏州园林运用中国绘画的传统手法,把山、水、建筑、花木四者巧妙地组合起来,构成一幅自然山水风景画,达到"不出城郭而享山水之乐"的艺术效果,其中拙政园、留园、沧浪亭、狮子林久负盛名,被称为苏州"四大园林"。而拙政园、留园和北京的颐和园、承德的避暑山庄,又被称为"中国四大园林"。

中国园林是一种艺术创造,它将天与人、情与景融为一体,体现了中华民族传统的审美意识和文化精神。中国园林既注重再现自然山水的美丽风光,也注重表现园林主人的文化理想和美学趣味。在画面的安排和景色的布局上,则讲究含蓄、曲折、变化,于有限的空间显示出大自然的无限层次;在园林艺术的表现手法上,讲究小中见大、主次分明、高低互见、远近相衬、动静结合等,并多用"借景法",将园外的景物组织到园内所能看到的画面上来,与园内景物融为一体,从而达到事半功倍的艺术效果。

二、宫殿建筑

宫殿建筑代表着中国古代建筑的最高成就，是古代建筑技术和建筑艺术的集中体现。夏朝开始修建宫室和台榭，商代都城的宫殿建造在高约 1 m 的土台上，周代的宫殿则建在王城的中央。

秦始皇统一中国以后，大搞土木建筑，除了修长城，修驰道通达全国外，又在咸阳大修都城、宫殿和陵墓，其规模之大是空前的。著名的阿房宫"东西五里，南北千步"（《汉书•贾山传》），前殿"东西五百步，南北五十丈，上可以坐万人，下可以建五丈旗，周驰为阁道，自殿下直抵南山。表南山之巅以为阙"（《史记•秦始皇本纪》），可见阿房宫是何等富丽堂皇（今考古挖掘，阿房宫并没有火烧的痕迹，是一座并没完工的宫殿，包括前殿）。

两汉都城的规模更为宏伟，宫殿建筑更加庞大和华丽，如未央、长乐两座宫殿，周围长均达 10 km 左右，是自成体系的大建筑群。从东汉开始，中国的宫殿建筑开始确立"前朝后寝"的格局，整个宫殿群由南至北分成前后两大部分，前殿是办理朝政的地方，后殿则是皇帝起居之处。

唐代的帝王宫殿包括太极宫、大明宫和兴庆宫等。其中大明宫建于唐贞观八年（634 年），是一组规模宏大的建筑群，除去太液池以北的内苑地带，遗址范围还相当于明清紫禁城总面积的三倍多。大明宫的主建筑沿着中央的轴线布置，从丹凤门经第二道门至龙尾道、含元殿，再经宣政殿、紫宸殿和太液池南岸的殿宇而达到蓬莱山，整个轴线长约 1 600 m。主殿含元殿建造在地势略高的台地上，前面有很长的坡道直达殿前，主殿两侧还有伸向前方的配殿，形成三面环抱的格局，气势十分雄伟，衬托出王权的威严气氛，反映了那个时代强盛的国力。

明清时期北京的故宫是古代宫殿建筑的典范，也是我国现存最完整的古代建筑群。故宫始建于明朝永乐年间，占地 700 000 m^2，其中建筑面积约 50 000 m^2，有大小宫殿居室 9 000 多间，平面呈长方形，周围有高约 10 m 的围墙和宽约 50 m 的护城河环绕。为了体现封建宗法礼制和突出皇权神授的感染作用，故宫从整体规划、建筑形制到图案装饰，都按高度的集权政治和森严的等级制度来建构，全部建筑分为前朝和后寝两个部分。前朝由南到北以天安门、端门、午门、太和门、太和殿、中和殿、保和殿为主要建筑和中轴线，左右两侧有文华殿、英武殿两组宫殿群，是皇帝和大臣们议论、决定国家事务以及举行大典的地方，也是封建皇权的象征，表现出一种君临天下、雄视万物的气势。后寝由南到北以乾清门、乾清宫、交泰宫、坤宁宫为主要建筑和中轴线，东西两侧有东六宫、西六宫，是皇帝和后妃们的起居之地，建筑风格较前朝轻松，其间还点缀了奇花异石。

中国的宫殿建筑尤其讲究色彩的运用，有人说，中国之建筑，色之建筑也。比如故宫的太和殿就采用大面积色彩对比的方法来酿造建筑的气氛。在蓝蓝的天幕下,影映着金黄色的琉璃瓦顶,使建筑物与环境色调形成强烈对比,从而增加了建筑物的壮美。屋檐下的阴影部分用冷色调的青绿彩画,同阳光下暖色调的黄金琉璃瓦和红色的柱身、门窗又构成鲜明的对比,使建筑物更显得富丽堂皇。建筑物下部,洁白的玉石栏杆又同富丽的柱、梁构成对比,使建筑物显得既辉煌富丽又淡雅高洁,具有很强的艺术魅力。

三、宗教建筑

宗教对艺术的影响是全方位的,前面已谈到宗教对绘画和雕塑的影响,这里要谈宗教对建筑的影响。宗教建筑是中国建筑艺术的重要组成部分,佛教、道教、伊斯兰教建筑各具特色,其中佛教建筑包括佛寺、佛塔两大类。佛寺是供奉佛像、居住僧侣的地方;佛塔本是为埋葬舍利(释迦牟尼遗骨)供佛徒做礼拜而建,传入中国后,与中国多层木结构的楼阁相结合,形成了中国风格的木塔、砖塔和石塔。

位于河南洛阳东郊的白马寺,是中国最早的佛教寺院,被称为"中国第一古刹"。白马寺始建于东汉初年,其后数度废兴,饱经沧桑,其中唐代建得最为精美。今白马寺坐北朝南,是一座长方形的院落,现存天王殿、大佛殿、大雄殿、接引殿等建筑。殿内有许多佛像、罗汉等雕塑作品,神采奕奕,栩栩如生。南北朝时期,全国的佛寺已达几万所,其中北魏都城洛阳有1 300多所,南朝都城建康有500多所。唐代诗人杜牧《江南春绝句》描述当时建康佛寺之盛云:"千里莺啼绿映红,水村山郭酒旗风。南朝四百八十寺,多少楼台烟雨中。"

南北朝时的佛寺奇观是建于北魏晚期的山西浑县的悬空寺。寺内凿崖为基,上铺龙骨,向外悬空,起三层檐歇山顶殿阁,构思巧妙。大小40间殿宇台阁一字排开,南北长如蟠龙,东西窄如衣带。两座山顶殿阁,南北高下对峙,中间隔着断崖,以栈道相通,其上又是重檐楼阁两层,整个建筑高低错落,参差适度有致,曲曲折折,协调秀丽,内部联系奇幻迷离,饶有诗意。悬空寺的悬空之谜,突现出中国宗教建筑的高超成就,也是世界罕见的。

中国现存的历史最为悠久的佛寺,当推山西五台县的南禅寺大殿和佛光寺东大殿。南禅寺位于五台县城南约22 km处,寺院的山门、龙王殿、菩萨殿等建筑都重建于明清时期,唯大殿建于唐德宗建中三年(782年),是中国现存最早的佛寺和最古老的木结构建筑。唐武宗曾在会昌五年(845年)下令禁止佛教,强行拆毁寺院,佛教徒称这件事为"佛难",南禅寺因地处偏僻而幸免于难。

佛光寺在五台县城东北大约32 km处的佛光山,建于武宗灭佛之后的大中十一年(857年)。东大殿位于佛光寺内山腰,居高临下,俯瞰全寺。大殿基石用片石砌成,基址上再筑台基,大殿就建在台基之上,使得整座大殿具有雄伟古朴的气势。

殿身面宽七间,进深四间,殿顶用板瓦仰俯铺盖,顶脊是黄绿色的琉璃瓦,一对高大的琉璃鸱吻矗立在正脊的两端,威严壮丽。殿内殿外的木柱建成斗拱状,分别承托梁架和屋檐。殿内结构精巧,释迦佛、弥勒佛、弥陀佛及普贤、文殊菩萨和五百罗汉栩栩如生。

下面谈谈道教宫观建筑。宫观是道教活动的场所,宫观空间内的殿堂楼阁、壁画彩饰、神像雕塑、供案幡幢、钟鼎香炉等,用无声的语言一刻不停地阐述着道教教义。宫观是道教信仰的产物,其建筑内涵以宗教为要义,比如湖北的武当山,自道教形成之初就被称"道山"、"仙山",古往今来,不少的道客羽士来此隐居修持。武当山现存的道观建筑主要有金殿、太和宫、紫霄宫、南岩宫、遇真宫等。金殿坐落在海拔1 612 m的天柱峰顶,旧时又称"转运殿"、"金顶"。该殿是中国最大的铜铸鎏金大殿,高5.54 m,深4.2 m,宽5.8 m。殿顶四坡重檐瓦脊上分立着68个铜善兽,殿身由12根立柱支撑,殿内供奉着披发跣足的真武大帝,金童玉女、水火二将侍立两旁。这些神像魁梧豪迈,勇猛威严,形象生动,姿态各异。

从建筑风格上看,道教宫观与佛教寺院没有太大的区别,但在建筑物的布局上却大不相同。以江西龙虎山天师府为例,天师府为历代张天师的住处,占地50 000 m²,有房舍五百多间,由府门、大堂、后堂、私第、书房、花园、万法宗坊等部分组成。大堂和后堂是天师接待官府使者及处理家务之处,也是公堂。万法宗坊供奉着三清、四圣、南北斗、二十八宿、三十六将等神像,是天师与上天对话、求雨禳灾、画符捉鬼之处。私第有大门、仪门、大庭院、三省堂等建筑,是天师及其家属的起居之地。府内古木参天,典雅幽静,既有宗教气氛又有世俗情趣。这种宫观、衙署、私第三位一体的道教建筑,与佛教寺庙是大异其趣的。

道教宫观大多修建在名山胜水之处,所谓"钟天地之毓秀,蒙道教之神奇",使得诸多道教宫观既是道教徒修身养性之所,也是普通人游览观光之地,更是文人墨客即景抒情之处。如辽东半岛的千山、江苏西南的茅山、江西贵溪的龙虎山、东海之滨的崂山,还有更为著名的泰山、华山、青城山、武当山等,都是集自然山水、宗教建筑和风景名胜于一体的驰名中外的道教圣地,体现出中国文化所特有的魅力。

最后谈谈伊斯兰教建筑。中国古代的伊斯兰教建筑带有更多的中亚特色,它包括礼拜寺、教经堂、教长墓等几种类型,其中以礼拜寺为主要建筑。礼拜寺又叫清真寺,是伊斯兰教聚众礼拜的场所。广州的圣杯寺、泉州的圣友寺、杭州的真教寺、扬州的仙鹤寺,并称为中国伊斯兰教四大清真寺。四大清真寺名声并重,风格却各异。如泉州的圣友寺又名清净寺,是中国沿海地区现存最早的一座伊斯兰教建筑,青白花岗石砌成的高大顶类拱门,内部的尖顶型壁龛,以及阿拉伯文字的铭刻等,带有明显的中亚风格。较晚一些的杭州真教寺,在受中亚建筑风格影响的同时,又融入中国传统建筑的艺术风格。

需要指出的是，中国建筑除了上面所谈到的民居、园林、宫殿、宗教四大类之外，还有城墙、桥梁、陵寝、水利等多种类型，比如以万里长城为代表的古代城墙建筑、以赵州桥为代表的古代桥梁建筑、以明十三陵为代表的古代陵寝建筑、以都江堰为代表的古代水利建筑，等等，都有很高的艺术价值和文化价值，都是中华民族宝贵的文化遗产。

第五节 音 乐

中国音乐的起源与发展，一方面与中国礼乐文化紧密相关，同时又与中国的诗歌、舞蹈融为一体。

一、上古的雅乐与俗乐

中国音乐艺术有两大特征，一是与绘画、雕塑等艺术一样起源很早，二是在其起源期与诗歌、舞蹈是三位一体的。音乐起源于原始人类的生产劳动，起源于人们对自然和动物声音的模仿。随着人类的不断进化，音乐成为人类表达感情的重要方式，成为一种艺术。

早期的音乐，反映出先民们的原始生活习俗、劳动方式以及对自然威力的恐惧和崇尚心理，同时也表现出部落群体与恶劣自然环境相抗争的进取精神。这一时期的音乐与原始宗教祭祀活动有着密切的关系。据文献记载，传说中的远古帝王和夏商周三代，都有自己的乐舞，如黄帝的《云门》、尧的《咸池》、舜的《大韶》以及夏商周的《大夏》、《大濩》、《大武》。周代将这六代的乐舞合为六部，称为"六乐"或"六舞"，分别用以祭祀天地、日月、山川、先祖。《大夏》是歌颂大禹率众治水的作品，因为用形状像笛的吹奏乐器龠作为主要伴奏乐器，所以又称《夏龠》。《大濩》是赞颂商代君主成汤功绩的作品，表演时场面庄重，形式宏伟，音乐壮美，堪称商朝乐舞之集大成者。《大武》是赞颂周代君主武王伐纣并取得胜利的作品，表演时舞分六场、乐分六章，其音乐共有六个段落，这六篇乐歌后来都被收录在《诗经》的《周颂》中，均属于上古时代的雅乐。

夏商周统治者和王公贵族十分强调音乐的教化作用，称之为"乐教"。据《周礼》记载，宫廷设有专门管理音乐教育和音乐事务的乐官"大司乐"，由他来制定体现音乐表演制度的"成均之法"，使音乐能发挥治理国家、辅佐朝政的政治作用。为完成这一使命，大司乐采取重大措施，通过训练乐队来培养称为"国子"的学员（"国子"即王侯和公卿大夫们的子弟），使他们在"乐德"、"乐语"、"乐舞"三方面都得到提高，将来成为国家的栋梁。这些与教化礼仪相结合的音乐，被称为"雅乐"。

周平王迁都洛阳后，王室日益衰落，奴隶制走向崩溃，作为奴隶社会上层建筑的礼乐制度和宫廷雅乐处于"礼崩乐坏"的局面。以"郑卫之音"为代表的新兴的"俗乐"逐渐进入各诸侯国的宫廷，取代了旧时雅乐的位置，比如《诗经》中的十五国风，就是各诸侯国的地方通俗音乐。

为了解各地的风俗民情，周代宫廷设立整理民间歌谣的采诗之官，共搜集民谣3 000多首，这种"天子命史采诗谣，以观民风"的采风制度，使音乐与诗歌、舞蹈密不可分。相传孔子从搜集的民谣中选择整理出305篇，编成《诗经》。《诗经》中的作品原本都是可以演唱的歌曲，分为风、雅、颂三大部分。这种分类的依据不是别的，正是音乐。风，即十五国风，是指十五个诸侯国的地方音乐；雅，是周王朝京畿地区的音乐；颂，是宗庙祭祀的音乐。雅和颂都是雅乐，多是祭祀、礼仪歌谣和歌舞曲；而风是俗乐，大部分是反映地方风俗民情的歌曲，其中不少是民俗音乐的代表。

孔子不但搜集和整理民谣，而且毕生热爱音乐活动。孔子之重音乐，既是一种艺术审美的心理需求，也有政治教化的伦理目的。他认为音乐作品应该像《韶》乐那样尽善尽美。他在齐国欣赏《韶》乐而"三月不知肉味"，并且感叹"不图为乐之至于斯也"(《论语·述而》)。对于孔子来说，音乐的滋味超过乃至取代了佳肴的滋味。孔子认为，音乐的教育与修养对于人的人格塑造和道德完善是非常重要的，所谓"兴于《诗》，立于礼，成于乐"(《论语·泰伯》)，从而将音乐放在与礼教、道德同等重要的位置。

《诗经》篇章中还涉及不少的古代乐器，据统计有29种之多。在周代，文献记录的中国乐器达70种之多，并出现中国历史上最早的乐器分类——八音。所谓"八音"就是乐器的八大类，而这种分类的依据是乐器的制作材料，比如用金属制作的编钟、镛、钲、铃等归为"金"类，用石或玉制作的磬、编磬等归为"石"类，用陶土烧制的埙、缶等归为"土"类，此外还有"革"、"丝"、"木"、"匏"、"竹"。"八音之中，金石为先"，商周时代的金石类打击乐器，在宫廷和贵族的祭典活动中受到特殊的重视，被称为"重器"，也是主人社会地位和权势的象征。比如编钟就是这一时期的重要乐器，其特点是组合性、系列化、大规模，用大小不同的铜钟来显示音质。迄今为止，最大的编钟是湖北随州曾侯乙墓出土的战国编钟，共计65枚，分三层悬挂。全套编钟音色优美，音律准确，其规模之大、音质之好，反映出那个时代的音乐艺术已经达到了很高的水准。

在各种乐器中，古代知识分子(士)最钟爱的是八音系统中属于"丝"类的古琴，它成为古代士大夫寄情抒怀的主要乐器，甚至成为古代知识分子确认自我身份的标志。古人常用"琴棋书画"来概括士人的艺术才能，古代许多才子佳人的爱情故事都与琴相关。春秋战国时出现了师襄、师旷、高渐离等大音乐家，出现了"伯牙鼓琴"、"知音难得"、志在高山流水的音乐典故，出现了"韩娥悲歌"余音三日不绝的动人故事,还出现了我国最早的音乐理论专篇《荀子·乐论篇》和最早的音乐理论专著《乐记》。

二、从《乐记》到《声无哀乐论》

中国的音乐理论与音乐创作一样,都是早熟的,早在先秦时期就已经取得了很大的成就。这里我们专门介绍中国早期(从先秦到六朝)的音乐理论。

中国古代音乐史上第一部系统的音乐理论专著是《乐记》。《乐记》的著者至今尚无定论,成书时间大约在战国,旧传有二十三篇,现存十一篇,同时保存在《礼记》和《史记》中。《乐记》总结了秦以前的音乐理论,内容涉及音乐的社会功能和音乐的本质特征等问题。

《乐记》对音乐在社会生活中的地位和作用的论述,概括起来就是六个字:"礼辨异,乐和同。"《乐记·乐论篇》说:"乐者为同,礼者为异。同则相亲,异则相敬。乐胜则流,礼胜则离。合情饰貌者,礼乐之事也,礼义立,则贵贱等矣;乐文同,则上下合矣。"这一段话,将"礼"和"乐"的社会作用说得十分清楚。"礼者为异"就是说礼的作用在于别异,亦即按照奴隶社会的等级制度规定每一等级的人的欲望的满足的界限,防止人们超出界限;"乐者为同"就是要通过音乐的作用,从感情上来协调不同等级之间的关系,使各个等级的人都能相亲相爱。"乐者为同"显然是《乐记》著者的一种幻想,但在这种幻想里又包含有对音乐社会作用的重要理解:音乐所涉及的是把人们联系起来的共同的东西,音乐艺术具有作用于不同的人的情感的普遍性。《乐记》又说:"夫乐(音乐)乐(快乐)也,人情之所必不免也。"音乐对情感的表现能普遍地作用于一切人,能使地位、处境各不相同的人之间互相结合、交流情感。

《乐记·乐本篇》对音乐的本质特征进行了探讨,提出:"凡音之起,由人心生也。人心之动,物使之然也。感于物而动,故形于声。声相应,故生变,变成方,谓之音。比音而乐之,干戚羽旄,谓之乐。"音乐是由人的心中产生的,是为了表达人的情感而产生的。而人的情感的产生,是由于受到外界事物的影响。音乐的产生,包含了一个由自然的"声"到艺术的"音"的转化过程。"声"必须有节奏的变化,要合乎旋律,要和谐,才能成为艺术,才能成审美的对象,才叫"音",也就是我们说的音乐。作为人的内心情感表现的音乐,与政治伦理直接相关,所谓"治世之音安以乐,其政和;乱世之音怨以怒,其政乖;亡国之音哀以思,其民困。声音之道,与政通矣"。通过具有美的形式的"音",表达出与政治伦理相关的情感,这就是《乐记》所理解的音乐艺术的本质特征。

汉代《淮南子》一书也涉及音乐理论,其主要观点是关于音乐鉴赏方面的。《淮南子·齐俗训》说:"夫载哀者闻歌声而泣,载乐者见哭声而笑,哀可乐者,笑可哀者,载使之然也。是故贵虚。"所谓"载哀"或"载乐",是指音乐鉴赏者在接受作品之前就预先存有或哀或乐的情感,以至于影响了对作品的鉴赏。《淮南子》提倡"贵虚",也就是要保持审美心境的无载和虚静。《淮南子·泰族训》认为鉴赏者必须具有"师旷之耳":"六律具存而莫能听者,无师旷之耳也……律虽具,必待耳而后听。"师旷是古代的大音乐家,师旷之耳就是指鉴赏音乐的才能,就是我们常说的"知音"。若没有师旷能欣赏音乐的耳朵,六律虽存亦无意义,这就像马克思所说:"对于不辨音律的耳朵说来,最美的音乐也毫无意义"(马克思:《1844年经济学哲学手稿》。北京:人民出版社,1985年,第82页)。

前面说过,琴在古代是知识分子的身份性标志。到了汉魏六朝时期,琴的艺术进入一个更高的境界,从司马相如到阮籍、嵇康,从王羲之父子到戴逵父子,许多名士都是抚琴高手,都是以琴名世。比如嵇康,少好音声,妙解音律,精通琴道,素谙乐理,在《与山巨源绝交书》中自谓"浊酒一杯,弹琴一曲;志意毕矣"。最让人感动的,是嵇康将音乐与他的生命融为一体:"康临刑自若,援琴而鼓,既而叹曰:'雅音于是绝矣'"(《三国志·魏志·王粲传》注引《魏氏春秋》)!嵇康还是一位音乐理论家,其乐论代表作是《声无哀乐论》。他认为音声只有"自然之和",只有包括音的单复、快慢、高低、美丑之变化与协调在内的形式美。鉴赏者听音乐之所以发生不同的情感变化,不在于音乐作品本身具有或哀或乐的情感内容,而在于鉴赏者主观上预先就有了或哀或乐的情感,这种先在的情感一旦被音乐的形式美所引发,就产生了音乐的审美心理效应。这种观点虽然具有其片面性,但其中所包含的注重音乐形式美的倾向,是值得肯定的。

三、隋唐燕乐与宋元词曲

隋朝统一中国之后,官方全面整理六朝遗留下来的乐舞和百戏,在乐府机构内设置了包括各民族乐舞百戏在内的"七部乐"、"九部乐"和散乐百戏。所谓"七部乐",就是燕乐(也写成"宴乐",是宴请宾客时专用的宫廷音乐),按音乐来源和乐队编制分为七种,分别是国伎(西凉伎)、清商伎、高丽伎、天竺伎、安国伎、龟兹伎、文康伎。

唐代经济繁荣,也是音乐艺术的鼎盛时期,其特点是对一切有用的外来文化都吸收和消化,表现出一种恢弘的气度和文化的开放性、交融性。唐代的"九部乐",以燕乐为第一,并在编制上分为"坐部伎"(在堂上坐着演奏)和"立部伎"(在堂下站着演奏)两种形式,使燕乐发展到了顶峰时期。诗人白居易《立部伎》一诗写道:"太常部伎有等级,堂上者坐堂下立;堂上坐部笙歌清,堂下立部鼓笛鸣。"可见二部既有表演形式的不同,也有演奏技术的高下之别,还有艺术风格的差异:坐部伎抒情典雅,立部伎粗犷热烈。唐代著名的《破阵乐》、《霓裳羽衣曲》、《泛龙舟》等,都是宴乐中的乐舞。

除了燕乐以外,还有曲子和变文。所谓曲子,就是配词演唱的歌曲,所配的歌词称为曲子词。曲子和曲子词是市民生活的产物,用曲配以长短句的歌词,以通俗流畅的语言和活泼多样的节奏,演唱于歌楼舞肆之间,赢得市民和士大夫的欢迎。变文是一种说唱艺术,起源于佛教的讲经宣传。佛教为了扩大影响,取民间说唱形式宣扬佛教经义,从而形成一种音乐文化,并由寺院走向民间,这就是变文。变文内容除了佛教经义外,还有民间传说和历史故事。变文的表演,往往与图画相配合,一边说唱故事,一边向观众展示图画。变文演唱后来发展为宋元时期的诸宫调。

唐朝燕乐的繁盛,与其庞大的音乐机构是分不开的。唐代的音乐机构有太乐署、鼓署、教坊和梨园,用以统领各色艺人。唐代音乐机构所统领的音乐艺人,总数达数万之多。其中,梨园艺人是从燕乐的"坐部伎"中挑选,由唐玄宗亲自审听确定的,是各类音乐人员中专业水平最高的一部,号称"皇帝梨园弟子"。唐代的梨园和教坊,不仅为盛唐各民族乐舞的发展作出了贡献,也对中国通俗音乐的发展起到了推动作用。

宋元时代,城市商业经济有了很大的发展,手工业者和市民阶层日益壮大,与之相适应的音乐文艺迅速发展起来,为说唱音乐和戏曲音乐的兴起,奠定了重要的发展基础。唐代的曲子词到了宋代成为词,文人雅士作词唱曲,蔚然成风。宋人作词唱曲有两种方式:一是词人利用原有曲调依声配上新词来歌唱,称为"填词";另一种是先作好词,再根据词韵和结构谱上曲,称为"自度曲"或"自制曲"。宋代词人大都通晓音律,其中以南宋姜夔、张炎为代表。

曲子发展到元代,被散曲所代替。元代散曲包括散套和小令两种。散套一般用同一诸宫调的若干曲子组成,长短不论,一韵到底。小令一般以一支曲子为独立单位,但可以重复,各首用韵可以不同。元代著名的文学艺术家关汉卿、马致远、张养浩等,各自都有优秀的散曲作品。现存散曲作品最多的集子,是杨明英编集的《朝野新声太平乐府》和《阳春白雪》。

宋代民间音乐的表演场所叫"瓦肆"、"勾栏"。"瓦肆",也叫"瓦子"、"瓦舍",是市镇内的商品交易场所;"勾栏",也称"游棚"、"乐棚",就是瓦肆中四周围起栏杆、顶上张着避雨棚、专供民间艺人收费演出的场地。勾栏艺人的演出曲目中,最有代表性的样式是"鼓子词"和"诸宫调"。"鼓子词"因为用鼓作为节拍乐器而得名,它以一个词调夹在说白之间反复使用,留存下来的作品有宋代赵令畤写莺莺张生故事的《蝶恋花》鼓子词。诸宫调是一种运用歌曲来咏唱长篇故事的说唱艺术,它从变文和教坊大曲演变而来,伴奏乐器主要有鼓、板、笛,留存下来的作品有金人董解元的《西厢记诸宫调》。

这一时期的音乐理论专著是北宋陈旸的《乐书》，共200卷，全书包括音乐史、音乐理论、各种乐器、歌舞、杂乐和各种典礼，是一部百科全书性质的音乐著作，反映了宋代以前的音乐成就。

四、明清的民间音乐与乐律学理论

明清音乐的特点是民间音乐发展很快，大量乡村民歌进入城市并逐渐演变为城市小曲、小调。内容以情歌为多，表现出对传统礼教的反叛和对精神自由、个性解放的追求，比如《月儿弯弯照九州》这首民间小调，在当时是家喻户晓、争相传唱。民间流传的曲目成百上千，不胜枚举。明末文学家冯梦龙刊行民间歌曲集《挂枝儿》和《山歌》。冯梦龙在《山歌序》中明白地提出，他编选民歌集，就是要"借男女之真情，发名教之伪药"。在中国音乐史和文学史上，冯梦龙是私家刊行民间歌曲集的第一位文人。

明清说唱音乐主要有两种样式：流行北方的鼓词和流行南方的弹词。鼓词说唱艺术因用鼓作为主要乐器来掌握节奏和渲染气氛而得名，后来又称为"大鼓"。至清代，鼓词类说唱艺术已有"京韵大鼓"、"乐亭大鼓"、"西河大鼓"、"梨花大鼓"等几十种不同风格的曲种，演唱技艺也达到了很高的水平。弹词说唱艺术因用琵琶、三弦等弹拨乐器作为伴奏乐器而得名，主要流传于南方，其中苏州弹词最具代表性，影响也最大。至清代，弹词艺术有了较大的发展，杰出艺人层出不穷，演唱技艺也达到了很高水准。乾隆皇帝南巡到苏州，听了弹词名家王周士的演唱后，赞赏他的技艺并封他为七品京官。其他弹词名家如陈遇乾、俞秀山、马如飞等人，被公认为"陈调"、"俞调"、"马调"等具有代表性的唱腔流派的创始人。

明清民间音乐的发展，也为戏曲音乐提供了新的营养，民间音乐与戏曲音乐相结合，从而催生出许多新声腔，促进了新剧种的诞生。经宋元杂剧，到明代发展为传奇，后来又演变为昆曲、秦腔、京剧，成为别具特色的戏曲音乐。

明清民间音乐还促进了器乐的发展。明清器乐一是发展了有地方特色并与说唱艺术相关的种类，同时也吸收了欧洲和西亚的乐器。明清时期的琴曲虽然没有出现十分优秀的作品，但在琴谱的整理和刊印方面却有显著的成绩。自1425年汇集较多琴曲的第一部琴谱集《神奇秘谱》出版之后，陆续刊印的琴谱为数不少，保存了大量琴曲，是研究音乐历史的珍贵资料。

在明清刊印的琴谱中，有不少传世名作，比如琵琶曲《十面埋伏》。这首曲子大约在16世纪以前就开始流传于民间，相传是描绘楚汉相争时，刘邦和项羽在垓下决战的情景。乐曲一开始，琵琶在高音区奏出强烈而雄壮的"鼓声"，然后模拟号角、马蹄声，表现战场的紧张气氛和壮阔场面。然后，乐曲的曲调好似唢呐吹奏，使听众联想到戏曲舞台上大将出场的情景。接着是整齐的节奏，仿佛军士在列队行进,不一会儿,节奏由慢而快,这是表现汉军兵士分散埋伏的紧张。紧接着是刀枪相接、两军搏杀的强烈音响,中间出现一段细腻的曲调,模拟箫的音色,使人想起"四面楚歌"。这首乐曲内容壮丽辉煌,风格雄伟奇特,显示出中国古代音乐文化的高度发达。

  明清时期音乐科学的重大成就是十二平均律的发明。明代杰出的音乐理论家朱载堉,经过数十年的音乐实践和大量精密的计算,撰写出《乐律全书》,创造了"新法密率"即"十二平均律",解决了千百年来旧的三分损益律和旋宫转调的创作要求之间的矛盾,为音乐艺术和音乐科学的发展作出了不可磨灭的贡献。所谓"十二平均律",就是在音律学上将七声音阶平均分为十二个半音的律制。音乐上因为有十二平均律,人们才能制造出钢琴、风琴之类的键盘乐器,才可能在这些键盘乐上演奏任何调高的乐曲,近现代音乐技术也才因之有了充分发展的理论依据和律制基础。

第十章　中国传统文化与教育科技

我国的教育传统源远流长,所包含的思想博大精深。中国历代建有宫、院、堂、馆等各种各样的教育机构,产生过无数的教育家和丰富多彩、极具价值的教育思想,形成了比较成熟、比较完备,且独具特色的一整套制度系统。这些都是古代先贤、哲人及人民群众对教育的创造,闪烁着中华民族的智慧之光。中国传统教育中,官学与私学相互补充的教育体制、以道义人生为教育目标的教育思想,对于中华民族文化的形成、传播和发展,对于培植中华民族的民族心理、凝聚中华民族的民族精神,产生了巨大而深远的影响。中华民族历经几千年的大风大浪和兴衰变化而一直稳固地凝聚在一起,并一直保持着伟大民族的生机和活力,这一现象与中国的传统教育是分不开的。

中国古代所创造的科技文化不仅对中国而且对世界科学技术的发展都产生了巨大的影响。秦汉至唐宋期间,中国是世界上最先进的国家,在科技领域的创造发明,可以说是包罗万象,涵盖天地。正如英国著名科学史家李约瑟所说:中国人"在许多重要方面有一些科学技术发明,走在那些创造出著名的希腊奇迹的传奇式人物的前面,和拥有古代西方世界全部文化财富的阿拉伯人并驾齐驱,并在公元3世纪到13世纪之间保持一个西方所望尘莫及的科学知识水平"。但13世纪以后,中国的科学技术就停留在经验阶段,科学技术的理论没有进一步发展,其根本原因是与中国社会的伦理性结构、中国科技的实用性特点和科学研究的整体性观念密切相关的。

第一节　教育与科举

一、中国古代教育机构和考试制度

(一) 教育机构

中国教育机构产生于何时,尚难确认。《尚书·舜典》中有关"舜命契作司徒,布敷王权,命夔典乐,教胄子"的记载,虽不完全可信,但也可能有些历史的影子。

根据传说,中国最早的学校叫庠、序、校。孟子在谈到早期的教育机构时说:"庠者,养也;校者,教也;序者,射也。夏曰校,殷曰序,周曰庠;学则三代共之,皆所以明人伦也"(《孟子·滕文公·上》)。其他古籍也有类似记载。这也可能是孟轲等人的附会,不过,夏朝已进入奴隶社会,奴隶主为了维护自己的统治,使贵族子弟接受教育而设立某种形式的教育机构是有可能的。商朝很重视教育,所设立的贵族学校,是中国最早官学的雏形。西周则具有较完备的学校体制,明确地划分出小学和大学两级学制。春秋时期,私学兴起,学校自此形成官学、私学两大类别。

1. 官学

(1) 学在官府

最初的学校是奴隶主为培养自己的子弟而设立的,庠、序、校是政教合一的场所,这些教育机构都设在官府,此即常言所说的"学在官府",又称"学术官守"。这是夏、商、周时期教育的一个重要特点。

"学在官府"的表现形式之一是官师不分,居官之人,亦即教民之人,为师者必为官或退仕;表现形式之二是政教不分,学校既是施教的场所,又是养老、祭祀献馘和举行各种典礼的场所。但这种政教合一的形式不同于欧洲中世纪的"政教合一",不是教会办学,而是官府办学。"学在官府"是我国奴隶制社会特殊条件下的产物,是原始的、自然形态的教育到专门化的学校教育的过渡形式。到了春秋末年,由于社会经济、政治与文化的变革,"学在官府"不适应时代发展的需要,终于完成了它的历史使命,而被私学和封建官学所代替,这是教育的又一进步。

(2) 太学

太学即古代的大学,周代已有其名。《大戴礼记·保傅》载:"帝入太学,承师问道。"《礼记·王制》:"天子命之教然后为学……大学在郊,天子曰辟雍,诸侯曰泮宫。"关于这两个名字的来源,吕思勉有个很好的解释,"大学虽在郊,犹作池以环之,称为辟雍;诸侯则减其半以示诎于天子,而称泮宫也"(吕思勉:《燕石续札·古学制》)。太学是专为统治阶级的上层贵族子弟而设的。天子所设大学,规模较大,有四学、五学之称,五学即中"辟雍"(环水而建)、南"成均"、北"上庠"、东"东序"、西"瞽宗"。负责教育的官员兼教师有师氏、保氏,又分大师、小师,还有大司成、大乐正、小乐正等。天子到此,承师问道,南学学乐,北学学书,东学习武,西学演礼。五学之中又以辟雍最尊,故周天子的太学又通称为辟雍。诸侯的太学比较简单,仅有一所,半面临水,故称"泮宫"。这种设计上的差别,是西周的等级制度在教育上的具体反映。

西周太学是政教合一的组织形式,而专门研究学问、传授知识的太学则创立于西汉武帝时期。汉武帝接受儒学大师董仲舒、公孙弘的建议,于元朔五年(前124年)在都城设立太学,为全国最高学府,隶属于太常,后被历代沿用。太学以五经博士（汉平帝时改称博士师）为教官，博士中的领袖叫博士仆射，东汉时改称博士祭酒。太学的学生称为"博士弟子"，东汉时也称为太学生或诸生。太学创建时置弟子50人，后来名额逐渐增加，汉成帝时增至3 000人，平帝时达到10 800人，到东汉末年多至30 000人。

汉代博士弟子是统治者选拔官吏的后备队，成分不限于贵戚和官僚。平民子弟德、貌、才佳者也可以被推荐入学。初置时入校选拔比较严格，后来就不怎么坚持标准了，有些官僚子弟可以靠父荫，不经选拔，直接入太学。质帝时，梁太后下了"大将军下至六百石，悉遣子就学"（《后汉书·儒林传》）的诏书，因此这些官僚子弟可以直接入太学。

为博士官置弟子是汉武帝的创制，这一制度开创了封建时代学校制度的先河。汉代太学规模宏大，"劝学修礼"之风甚盛。中央政府又广开献书之路，收集民间书籍。东汉末年，还把经过校正的经传，刻于石碑之上，立于太学门外，供天下学子学习，当时"观视及摹写者，车乘日千余辆，填塞街陌"（《后汉书·蔡邕传》）。文字整理工作也风行一时，或正字体，或正读音；关于文字的著述日多，特别是许慎的《说文解字》一书，对后世影响极大，为整理古籍者所必读，对于文化的传播作出了重要贡献。

晋设国子学后，太学与国子学并存，明以后不设太学只有国子监。

(3) 国子学

国子学是中国封建社会为贵胄子弟而设的最高学府，始创于晋咸宁四年（278年），名称取法《周礼》所谓"国之贵游子弟受教于师者也"。国子学简称国学，隶属于太常，内设祭酒、博士各一人，祭酒为国学之长，博士取"履行精淳，通明典义"者；又设助教十五人"以教生徒"（《通典·职官志九》）。从此，国子学与太学并立的一种双轨的大学教育制度形成。晋惠帝元康元年（291年）规定五品官员以上子弟入国子学，六品以下官员子弟入太学，生徒入学之法始定，这是门阀士族享有政治、经济、社会各种特权在教育上的反映。此后为历朝所效仿，所谓"国子寺"、"国子监"等名异而实同，一直到清朝仍旧沿用。

(4) 国子监

国子监是封建王朝的教育管理机构和最高学府。其前身叫国子寺，北朝北齐始立，隶属于太常，规定"国子寺可备立官属，依旧置生，讲习经典，岁时考试……外州大学亦仰典司勤加督课"（《北齐书·孝昭纪》）。隋文帝大兴学校，正式设立国子寺为统一的教育行政管理机关，置祭酒一人主持。隋炀帝大业三年（607年），又改为国子监，下辖国子学、太学、四门学、书学、算学共五学。"国子监依旧置祭酒，加置司业一人，从四品，丞三人，加为从六品。并置主簿、录事各一人"（《隋书·百官志下》）。唐承隋制，国子监是最高教育行政机关，掌管中央六学（国子学、太学、四门学、律学、书学、算学)。宋代国子监与唐代同。元代设国子学,有蒙古国子学、回回国子学等,也称国子监。明代国子学与国子监合一,在北京和南京分别设立国子监,称"北雍"和"南雍",规模很大。清代国子监与明代同,到光绪三十一年(1905年)废国子监,设学部。

(5)府州县学

府州县学是古代地方政府设立的官学,因周代地方学校叫乡学,故后来的地方官学也称乡学。

汉代郡国官学不受重视。景帝末年,蜀郡太守文翁率先在益州(今成都)开办地方学校,为开发蜀地培养了不少人才。后来汉武帝令全国推广。汉平帝时下令天下设立官学,规定郡国曰学,县道邑侯国曰校,乡曰庠,聚(村)曰序。汉代乡学没有正规的课程设置,也与中央没有从属关系,还没有形成体系,但却为后代地方学校制度的发展奠定了基础。

魏晋时期地方设有学官,负责具体的教育事务。南北朝时战争频繁,社会动荡不安,教育时兴时废,在社会上发挥作用的是私学。

唐代学校教育发展较快,从中央到地方建立了较为完备的学校教育体制。地方学校分为京都学、都督府学、州学、县学和乡学,州府之学分医学和经学两种,学生名额依州府人口多少而有差异,经学生分别为 40 至 60 名,医学生分别为 10 至 20 名。县学只设经学,名额 20 至 50。州县学生经毕业考试合格者,可参加相应的科举考试,也可升入四门学为俊士。乡学是唐代地方官学的重要组成部分,每乡一所,不过师资、生员、经费均无统一规定,一部分经费要依靠捐献。

宋元时期,州县学校建立有"学田"制度,这在一定程度上保证了学校的正常发展,而不受其他变故的影响。元代地方教育最有特色的是建立"社学"体制。"社"是元代乡村的地方组织,五十家为一社,元政府规定每社立一所学校,农闲送子弟入学,因此社学发展很快。明代地方教育十分发达,入学人数较多,为防止地方官吏滥用职权干涉学校事务,政府委任不受地方政府管辖的提学官专门负责地方教育。明代社学扩大到偏僻边远地区,成为政府在乡村和边远地区实行普及教育的一种主要形式。清代地方学校设置与明代基本相同,且在"穷乡僻壤,皆立义学"以教育孤寒幼童。

2. 私学

私学系指民间或私人创办的与国学相对应的学校类型。中国私学开创于春秋时期,具有 2 000 多年的优秀传统,对中国古代教育的普及与文化学术的传播作出了巨大的贡献。

(1)私学的兴起和发展

春秋时期,随着王权失坠,官学衰落,私学开始萌生并迅速星布各地,于是出现了"天子失官,学在四夷"(《左传·昭公十七年》)的局面。孔子是这一时期在中国教育史上留下辉煌一页的著名私学创办者,传说他"弟子三千,贤者七十二"。春秋末年到战国时期,学派林立,百家争鸣,一些持不同政见者为宣扬自己的学说,纷纷创办私学,从而为中国几千年私学的发展奠定了基础。

秦禁私学,私学处于低谷。秦亡汉兴,私学如雨后春笋般地发展起来,许多隐匿民间的私学大师纷纷出山,开门办学,儒、道、法、刑名、黄老各种流派百家争鸣又相互兼收并蓄,各种类型的私学几乎遍布全国各地。即使在官学制度建立以后,私学仍是与之并驾齐驱的一块重要教育领域,私学中由经师大儒自立的"精舍"、"经庐",生徒数倍于太学生,而教育儿童的学馆、书馆、书舍等,几乎完全承担了社会蒙养教育的任务。

魏晋南北朝时期,战乱迭起,官学废弃,私学相沿不衰。到了唐代,在国家完备的学校教育体制下,私学暂时出现了衰微,但却兴起了一种新的私学形式——书院。宋代私学再度兴起,名师硕儒讲学遍于民间,特别是书院制度更加勃兴,形成了中国封建社会独具特色的教育组织形式。南宋时私学教育有了明显的分化,大体上可分为两类:一类是教授识字和日常基本知识的小学和蒙学,主要有乡学、村学或富有人家的家塾或由宗族设立的义学;另一类则是为年龄较长、程度较高的学子设立的研究学问或准备科举的书院和学馆。南宋以后,私学发达,但总起来看,历代都具有这两种基本类型,特别是书院和学馆,随着统治阶级文化专制的加强和科举入仕的诱惑,逐渐成为科举的附庸。

(2)私学的地位和作用

纵观中国古代的教育发展状况,私学发挥着极其重要的作用,其表现主要在于以下三点。第一,私学几乎完全承担了蒙养教育的任务。在中国古代,蒙养教育还没有纳入官学教育体系之中,因此,上至王公贵族,下到平民百姓,其子女的蒙养教育都要由私学来承担。蒙养教育为私学所独占,这是中国古代教育的一大特色。第二,私学对中国古代教育的普及作出了贡献。私学招收学生时不讲出身,无论贫富贵贱,只要愿意学习,都可以入学。这就扩大了教育范围,使教育对象遍及社会各个阶层。私学在学费的征收上也没有强制的统一的规定,对于一般的私学教师来说,只要学生能凑够其维持生活的资俸,便能维持正常的教学活动。这种办学方式,是带有普及教育意义的教育形式。第三,私学为中国文化的发展和传播作出了贡献。由于私学办学灵活、讲学自由,许多有价值的学术思想如墨家学说、儒家学说、汉代经学、宋明理学、清代朴学,都在其中产生和发展,许多大思想家、大哲学家、大教育家的思想观点都是通过创办私学或到私学讲学而得到传播和发展的。而每当国家政治动荡、官学衰败之时,中国文化的传播则主要依靠私学。

3. 书院

书院是我国封建社会独具特色的文化教育模式。作为中国教育史上与官学平行交叉发展的一种教育制度，它萌芽于唐末，鼎盛于宋元时代，普及于明清时期，是我国封建社会中后期集教育、学术、藏书为一体的文化教育机构，对我国的传统文化产生过巨大而深远的影响。

书院之名，最早见于唐代。唐玄宗开元中，乾元殿更名丽正修书院，后又改名集贤殿书院，但这是设于朝省的藏书和修书机构，并非学子受业之地。真正具有教学性质的书院出现在唐末五代，兴盛于宋代。书院兴起与发展的原因，一是由于五代宋初学校荒废，"士病无所于学"；二是有些士大夫和学者要求发表自己的政治主张和学术观点；三是一些学者受禅林的影响，愿选择山林名胜施教。这样，书院便应运而生并逐步衍变成具有学校教育、学术研究、图书整理和出版性质的机构。

宋代闻名的有四大书院：白鹿洞书院、应天府书院、岳麓书院和嵩阳书院。

(1) 白鹿洞书院

白鹿洞位于江西庐山五老峰下，原为唐李渤与其兄李涉隐居读书之处，南唐升元年间，因洞建学馆，以李善道为洞主，当时称"白鹿洞国庠"。宋太平兴国二年（977 年），皇帝赐九经。皇佑五年（1053 年），孙琛就故址建学馆 10 间，榜曰：白鹿洞之书堂。南宋孝宗淳熙六年（1179 年），南康守朱熹重建。朱熹在经营白鹿洞书院过程中，为书院制定学规，完善制度，置田建房，延请名师，充实图书，使书院名声大震，也深受宋代历朝皇帝的重视。淳祐元年（1241 年），理宗赵昀亲书《白鹿洞书院教规》，"颁之学宫"。从南宋到清朝，这一学规为大多数书院和官学所共同遵守。

(2) 应天府书院

应天府书院位于河南商丘，原为宋初戚同文旧居并讲学授徒之所，应天府民曹诚就此建学舍 150 间，聚书数千卷，与戚同文嫡孙戚舜宾一起招生讲学。宋真宗大中祥符二年（1009 年），诏赐额为"应天府书院"。仁宗景祐二年（1035 年），应天府书院改为府学，官拨学田十顷，充作学校经费。当时，北宋著名文学家晏殊任应天府知府，大力聘请名师，王洙、范仲淹等先后任教其中，使应天府书院成为中州一大学府。

(3) 岳麓书院

岳麓书院位于湖南长沙岳麓山下，宋太祖开宝九年（976 年），潭州守朱洞在岳麓山抱黄洞下，造了讲堂、斋舍以待四方学者。真宗咸平二年（999 年），潭州太守李允扩大了规模。大中祥符八年（1015 年），皇帝赐名"岳麓书院"。两宋期间，岳麓书院享有盛名。理学家张栻、朱熹曾在此讲学，从学者千余人。

(4) 嵩阳书院

嵩阳书院位于河南登封市太室山南麓，原为嵩阳观，五代后唐进士庞式曾在此讲学，后周时建院。宋太宗至道二年(996年)赐"太室书院"院额及九经。景祐三年(1036年)重修，改名"嵩阳书院"。程颢、程颐曾在此讲学。

宋代建立的书院制度，到元代有了进一步的发展。元世祖曾下诏设立书院，故元时大多数的路、府、州、县都设立了书院。明初书院并不发达，到明中期，随着政治腐败，官学徒具形式，一些理学家为救时弊，多立书院讲学，一时书院大兴，其中王守仁、湛若水两位理学大师影响最大。明代书院的规模和数量都超过元代。由于有不少书院既论学又论政，为统治阶级所不容，明中叶以后接连发生了禁毁书院的事件。

书院是教学的场所，又是学术研究的基地。在几百年的教育实践中，形成了一些优良的学风。第一，刻苦学习、深入钻研的学风。书院中的教师，多是德高望重、学术上有造诣的学者，这些大师刻苦自励、深入钻研的治学精神对学风影响很大。很多学生慕名而来，质疑问难。第二，注重创发、提倡求真的学风。书院教学重视学生自行理会、独立思考，如朱熹要学生读书做事"须是更经思量方得"(《朱子语类·为政篇·下》)，张栻要学生读书"如其可取，虽庸人之言有所不废；如其可疑，虽或传以圣贤之言，亦须更加审择"(《宋元学案·南轩学案》)。在名师的指导下，书院中不囿旧说，注重创新，注重求真之风盛行，培养出了许多有创建的学者。第三，师友讲习、自由讨论的学风。师友讲习有两个方面，一是学生向大师质疑问难，大师指点开导，可以相互争辩；二是同学朋友之间，不同学派之间可以讲辩讨论。在书院中师生聚于一堂，朝夕讲问，各大师之间又频频来往，相互切磋，这种学风在历代书院中一直保持。第四，修身养性、重在做人的学风。书院都重视对学生的道德教育，要求学生通过研讨经书，修身养性，完备自身，完善人格。朱熹曾手订白鹿洞书院教规规范学生行为。陆九渊建象山书院，旨在"教人做个人"。因此，追求自身人格的完善成为历代书院的传统。第五，尊师爱生的学风。书院生徒是自由择师，倾慕在先，道义为重，一日为师，终生不忘，故以尊师著称，"程门立雪"是其典型例子。而教师传道、授业、解惑，尽心尽力，直至终老，有的还资助贫寒学生。师生关系融洽，感情甚笃。第六，关心时事、学政兼论的学风。不少书院是既论学，又论政。宋朱熹、张栻曾指摘科举之弊，明东林书院则"讽议朝政，裁量人物"。至今，东林书院旧址的石柱上仍然刻着顾宪成题写的名联——"风声、雨声、读书声，声声入耳；家事、国事、天下事，事事关心"。

宋代书院是民办性质，元代加强了对书院的控制，出现了官学化倾向。明代官办书院增多，官学化比元代更盛，从山长的任命到课程的设置和州郡学校无多大差别。官学的考课制度也推行到了书院。清代书院急剧增加，但却完全官学化了，政府不仅控制了书院主持人和教师挑选任命之权，而且控制了生源的选择和学行考察之权，除极个别民间书院还保留传统书院的特点外皆归于科举考试一途，舍弃了自由讲学的传统,背离了书院办学的原则和精神,真正沦为科举的附庸。

鸦片战争以后,随着教会书院在中国的设立,西方的教育制度、教学方法和学制管理对传统书院产生了深远的影响。书院的传统教育形式已不符合历史发展的要求,在国人变革学制的要求下,清政府于1898年下令改书院为学堂,然却一波三折,直到1905年废除科举制度,士子通过科举考试步入仕途的希望完全破灭后,具有独特模式的书院才终于走完了全部的历史路程,被新式的学堂所代替。

(二) 科举制度

科举制度是封建王朝通过考试选拔官吏的一种制度,因采用分科取士,故名科举。它从隋朝开始,到清末被废除,存在了1 300多年,一直是封建统治阶级重要的统治工具。

1. 科举制的起源

科举制起源于隋。隋文帝统一全国后,为了加强中央集权、扩大封建统治阶级的统治基础,废除了压抑人才、维护门阀士族地位的九品中正制,令京官五品以上和地方总管、刺史以志行修谨(有德)、清平干济(有才)二科举人。隋炀帝大业三年(607年)置进士科,用考试的办法选取进士,主要考时务策即政治论文,叫策试。进士科的创制,标志着科举制度的开始。隋代除进士科外,还有秀才、明经两科。隋代科举虽属草创时期,还未起到应有的作用,但其用公开考试来甄别人才高下,从而量才录用的方法,则是中国选官制度的重大改革。

2. 科举制度的完备

科举制度完备于唐代。其考试科目分常科和制科两种。常科每年举行,分秀才、明经、进士、明法、明书、明算等多种。学馆生徒可直接报考,不在学的自行向州县报考,合格者再由州县送中央参加考试,考取者曰"及第"。秀才科后来停止,明法、明书、明算为专门科目,应试者以进士、明经两科最多。考试内容初为经义和时务,后虽有变化,但其基本上是进士重时务策和诗赋,明经重经义。时务策和诗赋需要分析能力和文学修养,得第最难,故有"三十老明经,五十少进士"(《唐摭言(卷一)》)之说。进士得第者升迁最快,许多宰相多是进士出身,尤为时人所重,竞争十分激烈,"缙绅虽位极人臣,不由进士者终不为美"(《唐摭言(卷一)》)。进士及第称登龙门,第一名曰状元或状头,同榜人要凑钱举行庆祝宴会,宴会后同到慈恩寺的雁塔下题名,以显荣耀。不过,唐代进士只是取得了一种做官的身份,正式授官还须经吏部复试,叫选试;或者先在下面当幕僚,经地方长官推荐后才能正式为朝廷命官。

制科由皇帝临时立定名目。设科之名近百种,其中主要有贤良方正直言极谏科、文辞清丽科、军谋越众科等。士人和官吏均可参考。考中者,是官吏可立即升迁,非官者由吏部授予官职。但制科出身当时并不被视为正途,而看成"杂色"。

此外,唐代还设有童子举,由10岁以下儿童应试。武则天时还设武举,由兵部主持。

3. 宋代科举制的发展

两宋科举制基本上因袭唐制,进士、诸科、武举为常科,常科之外有制科、童子举等。进士科最受重视,进士一等多数可至宰相,所以宋代以进士科为宰相科。宋代科举制度的发展主要表现在以下几个方面。

(1)实行殿试

宋太祖为避免贡举一考定终身、科名为权势者子弟独揽和考官办事不公,于开宝六年(973年)亲自主持复试,是为殿试。此后,举人经礼部举行的省试后还要进行殿试,殿试成为科举中最高的一级考试,殿试后合格者不须经吏部考试直接授官。另规定及第者不准对考官称"师门"或自称"门生",以防止形成宗派。这样,所有及第者都成了"天子门生"。

(2)确立三年一次的三级考试制度

宋初科举每年一次或两年一次不定,宋英宗治平三年(1066年)正式定为三年一次。秋天,各州进行考试(取解试);第二年春,礼部进行考试(省试);接着进行殿试,殿试后分三甲放榜,南宋后称一甲第一名为状元,第二名为榜眼,第三名为探花。

(3)实行糊名和誊录

为了防止科举考试中徇私舞弊,宋代建立了糊名和誊录制度。糊名,就是把考卷上的姓名、籍贯等密封起来,又称弥封或封弥。糊名之法武则天时已实行过,但未形成制度。宋太宗时根据将作监丞陈靖的建议,对殿试进行糊名。宋仁宗时,诏省试、州试皆糊名。但糊名之后还可以认识字迹,根据袁州人李夷宾的建议,将考生试卷别行誊录,使考官无从辨认字迹。这种制度对于防止考官徇私舞弊起到了一定作用,但到宋代后期,随着政治日趋腐败,糊名和誊录也就流于形式了。

(4)扩大录取名额

宋代进士分三等,一等赐进士及第,二等赐进士出身,三等赐同进士出身,录取名额比唐代成倍增加。唐代录取进士,每次多则二三十人,少则几人、十几人,宋代每次录取二三百人,甚至五六百人。对屡考不中者,朝廷也给予特殊照顾,赐以出身资格,委派官吏,开后世恩科的先例。

元代科举考试举棋不定,到仁宗皇庆二年(1313年),才议定科举程式,就四书出题,以朱熹《四书集注》解释为准。

4. 科举制的鼎盛

明清时期是科举制的鼎盛时期,其特点是趋向单一化:科举仅设进士一科,以八股文取士,将学校与科举紧密地结合起来,制定了严密的考试制度。

(1)科举与学校紧密结合

明清科举的起点,须取得生员、监生资格。监生是入国子监学习的学生;生员是入府、州、县学的学生,其资格的取得,要通过县试、府试、院试三级考试,统称童试,应考人员不论年纪大小,通称童生。其中院试由各省学政主持,通过后取得生员资格,俗称秀才或相公,是读书人走上仕途的起点。各省一方面要从府州县学选拔学生入国子监成为监生,直接参加科举;一方面由提学官举行岁考、科考选取参加乡试的科举生员。这样就把科举和学校紧密地结合起来,进入学校成了参加科举的必由之路。

(2)严格的三级考试制度

明代科举考试分为乡试、会试、殿试三级。乡试是各省每逢子、卯、午、酉年八月,集中府州县考选通过的秀才,在省城举行的考试,又称乡闱或秋闱。考中者称举人,俗称孝廉,第一名称解元。会试是每逢丑、辰、未、戌年二月,国家集中举人在京城举行的考试,由礼部主持,又称春闱或礼闱。考中者成为贡士,俗称出贡,第一名称会元。殿试是会试中的贡士于同年三月初由皇帝问策于奉天殿,重新安排名次。殿试后分一、二、三甲放榜,一甲三名,为状元、榜眼、探花,合称三鼎甲,赐进士及第,如一身兼解元、会元、状元,被称为"连中三元",是科举上的佳话;二甲若干名,赐进士出身;三甲若干名,赐同进士出身。进士榜称甲榜,用黄纸书写,故称黄甲,也称金榜,中进士叫金榜题名。殿试后,状元授翰林院修撰(从六品),榜眼、探花授编修(正七品),其余进士经考试后入翰林院,称翰林院庶吉士。考不中者发各部任主事,或以知县优先委派。明代以翰林为贵,当时有"非进士不入翰林,非翰林不入内阁"之语。

清代举试与明基本相同,只是满人在考试中享有特殊优待,如只需满译汉一篇。明清科举考试对考试日期、考官人数,试卷的弥封、誊写、对读、受卷、搜检都有严格的规定。罢免的吏役、倡优、居父母丧者不得参加考试。

(3)八股取士

明清乡试、会试各考三场,头场考八股文,能否考中取决于八股文的优劣。八股文又称"时文"、"制义"或"制艺",每篇由破题、承题、起讲、入手、起股、中股、后股、束股八部分组成。破题用两句话说破题目要义;承题接破题的意义而阐明之;起讲为议论的开端;入手为起讲后入手之处;起股至束股是正式议论,以中股为全篇重心。在这四段中都有两股排比对偶的文字,合称八股,也叫"八比"。篇末用大结。八股文用四书五经中的句子做题目,所论内容根据朱熹《四书集注》等,不准自由发挥。这种形式死板的文体,严重束缚人们的思想同时也将科举考试制度本身引向绝路。

(4)科举制的利弊

科举制取代九品中正制,打破了魏晋南北朝门阀士族对官位的垄断,使人才的选拔归于中央,在政治上有利于巩固中央集权。它以公开考试的方法选拔人才,为广大庶族地主敞开了入仕之门,使封建政权有了更广阔的统治基础。科举制为历代王朝网络了大批知识分子,对于巩固封建统治有一定的积极作用;但它以功名利禄为诱饵来笼络士人,使大多数读书人把精力消磨在儒家经典章句之中,特别是明清两代以八股文取士,把知识分子的思想完全束缚在孔孟之道和程朱理学之中,严重禁锢了人们的思想,大大阻碍了科学文化的发展。

二、中国古代教育思想及其特征

(一)教育思想

我国的教育传统源远流长,所包含的思想博大精深。纵观古代历史,先秦诸子百家各具特色、极具价值的教育思想奠定了中国传统教育思想的基础。自汉以后,儒家的"独尊"地位使儒家教育思想得到了贯彻、继承和发扬,并一直处于正宗地位,成为中国古代教育思想的主流和核心。

1. 教育目的

教育目的问题是指教育所要培养的人的规格和标准。在我国奴隶制社会时期,奴隶主贵族垄断着教育,教育的主要目的是使奴隶主的子弟学习一套管理国家、镇压奴隶和参与作战的本领。在漫长的封建社会里,儒家思想成为统治思想,孔子的伦理学说被提到最高的地位,教育的主要目的是要"明人伦",即学会按照伦理道德去处理人际关系,为维护封建社会秩序培养统治人才。孟子说:"设为庠序学校以教之……皆所以明人伦也。人伦明于上,小民亲于下"(《孟子·滕文公上》)。《大学》发挥了儒家的教育目的论,提出了以三个纲领(明明德,亲民,止于至善)和八个条目(格物、致知、诚意、正心、修身、齐家、治国、平天下)作为教育目的。两千多年来,儒家的这一教育目的始终处于主导地位,教学的任务就是为统治阶级培养"修身、齐家、治国、平天下"的统治人才。

2. 教育内容

夏商时期,武备教育和礼治教育是其重要内容。从甲骨文中可以看出,殷商学校里学习的主要内容在习礼和习武两个方面,习礼主要是学习祭祀和乐歌,习武主要是习射。西周有比较完备的学校制度,大学教育内容,据《周礼·地官司徒》记载,师氏教国子以三德,保氏教国子以六艺,即礼、乐、射、御、书、数。小学教育内容据《汉书·食货志》记述,"学六甲、五方、书计之事",六甲即六书,五方即方名之学,书计之书当为写字,计是算数之学。

春秋战国时期,私学兴盛,各种学派教学内容极不相同。关于孔子教育的内容,《论语·述而》有载:"子以四教:文、行、忠、信。"他以《诗》、《书》、《礼》、《乐》、《易》、《春秋》作为教材,主要对学生进行伦理道德教育;同时,也注意用教材中的历史文化知识和科学知识来教育弟子。后来儒家基本上是以六经教学,其内容局限于伦理道德的教育和培养,不能直接为发展社会生产力培养人才。墨家重视生产知识和应用技术,教育的内容主要是自然科学方面的知识,从近代科学的分类看属于几何学、物理学方面的知识。西汉董仲舒根据其天人感应的神学目的论,把孔子的君君臣臣、父父子子的伦理纲常和道德思想加以改造,提出了一整套维护封建等级制度的三纲五常学说,以其作为封建教育的主要内容。汉武帝接受董仲舒的建议,"罢黜百家,独尊儒术"。此后,学校主要以儒家经典教育学生,汉武帝时有五经(诗、书、礼、易、春秋),后来经学分为多家,逐渐演变为十三经。宋代书院兴起后传授理学,注重义理阐发。元明清时教育的主要内容是程朱理学,四书五经是必修科目,学校教育主要是围绕科举考试来组织教学。

中国封建教育的主要内容是儒经,经学之外也设有一些其他学科,如唐代中央六学中律学以法律为主要教学内容;算学以古典数学和应用数学为主要内容;书学以研究书法为主要内容等。明清国子监里还兼教诸家的学术以及兵刑、天官、河渠、乐律等科。但这在整个古代教育中是微不足道的。从教育内容看,它适应了封建时代统治阶级的需要,除了某些语文教育和道德教育的内容可以为我们批判地吸收外,其余基本上都是应该抛弃的糟粕。但是,古代教育实践中所产生的教学思想却闪烁着理性的光辉。

(二) 教学思想

1. 因材施教

因材施教就是根据学习者的个别差异,有的放矢、因势利导地组织和进行教学和教育工作。这一思想产生于孔子,他在教学实践中,常按不同情况因材施教,但他没有明确提出"因材施教",这一概念是由宋代思想家、教育家二程和朱熹从孔子的教育和教学实践中概括出来的,"孔子教人,各因其材"(《论语·先进》"朱熹集注")。

孔子之后,孟子曾对因材施教的思想进行了具体的论述,"君子之所以教者五:有如时雨化者;有成德者;有达财者;有答问者;有私淑艾者。此五者,君子之所以教也"(《孟子·尽心·上》),就是将学生分为五种不同类型,对不同类型的学生采用不同的教育方法。思孟学派的《学记》也对因材施教作了论述,提出教学必须了解学生的心理特点和个别差异,达到"长善救失"的目的。唐代韩愈对因材施教的思想进行了形象化的描述,他认为人的才能各有不同,就像树木的材质不同一样,有的能做栋梁,有的只能做房屋的户枢、门限和门旁的木柱,如果教师能像工匠一样因其材而教之、用之,就能造就各式各样的人才。宋代张载进一步发展了因材施教的思想,提出了教人"必人尽其材"(《张子全书·语录抄》),"必知至学之难易,知人之美恶。当知谁可先传此谁将后传此"(《张子全书·正蒙·中正篇》)的主张,认为既要充分挖掘和发展学生的才能,又要考虑学生的接受能力;既要考虑来自教学内容方面的"难易",又要考虑来自学生才资方面的"美恶",从而切合学生的实际来传授知识。明代的王守仁、明清之际的王夫之等都论及了这一思想。

2. 温故知新

温故知新是孔子提出的一个重要教学思想。《论语·为政》提到:"温故而知新,可以为师矣。"何晏注释为:"温,寻也。寻绎故者,又知新者,可以为人师也。"即教师必须自己经常温习故业,又能够吸取新的知识,做到融会贯通,有新的体会、新的发现,才能胜任教师工作。温故的"故",亦可训为"古",温故知新也体现了孔子重视历史知识、吸取历史经验,从而认识现实的思想。

孔子提出温故知新,要求做到"学而时习之"、学思并重、学思结合,认为学习以后,必须时时温习和练习,才能把所学的东西纯熟巩固;学习还必须思考,"学而不思则罔,思而不学则殆"(《论语·为政》)。后来历代教育家阐发了孔子"时习"、"温故"、"学而思"的观点,要求教学注重学习过程中的复习、练习,在温习中获取新的理解和体会,在复习旧知识的基础上去探求新知识。

3. 由博返约

博是宽广,约是简要。由博返约就是在博学的基础上,融会贯通之后归纳起来,得其要领,取其精粹。我国古代教育家都非常重视博学,又强调用一贯之道去统领驾驭广博的知识。

孔子说"君子博学于文,约之以礼"(《论语·雍也》),第一次提出了由博返约的问题。孟子则明确提出了由博返约的思想,他说,"博学而详说之,将以返说约也";又说,"言近而指远者,善言也。守约而施博者,善道也"。这里已经依稀认识到了博与约的关系问题,即具体与抽象问题,获得知识的深度和广度问题。后来的教育家都注重探讨博与约的关系,认为掌握知识必须由博返约,由博学到专精。荀子强调,博学而不能杂乱,要善于对各种知识加以取舍、归纳、选择。《学记》也认为,贪多务得,过于庞杂,或浅薄窄狭、过于贫乏,都是陷于片面性的表征。王夫之对博与约的关系作了非常精辟的论述:"约有博之约,而博者约之博,故将以反说约,于是乎博学而详说。反其为博而详者,皆为约致其功也。若不以说约故博学而详说之,则其博其详,假道谬途,而深劳反复,果何为哉!"(《读四书大全说(卷六)》)。这就是说约是建立在博的基础上的约,而博则是约指导下的博,是为了提炼精华才广泛地博学,广泛地掌握材料;如果博学不是为了从丰富的材料中提炼出精华来,光为博学而博学,是没有意义的。

4. 教学相长

教学相长是说教之中必含有学,学之中必含有教,教与学二者相互促进,相得益彰。这是《学记》首先提出的一种教学思想。《学记》说:"是故学然后知不足,教然后知困。知不足,然后能自反也;知困,然后能自强也。故曰教学相长也。"这是把教与学组成一对矛盾,教师同学生在教与学的过程中相互推动,并使这个矛盾运动得到发展。因为只有学生的"知不足",才会引起教师的"知困"。学生"知不足",反而求诸己,更感到有赖于教师的指导;教师"知困",必然加强进修,努力钻研,以提高教学质量。这样又引起学生的"知不足",师生双方都在获得新的或矫正性的信息提示下,来调整自己的教与学活动,学因教而长进,教因学而得益,教学双方在相互作用中彼此相长。

5. 启发诱导

启发诱导就是教师在教学中充分调动学生学习的积极主动性,指导他们有所领悟,触类旁通地掌握知识。这是我国古代重要的教育思想,受历代教育家所重视。

最早提出并实行启发教学的是孔子,他说,"不愤不启,不悱不发,举一隅不以三隅反,则不复也"(《论语·述而》)。目的是要学生在一定基础上进行积极的思维,触类旁通,举一反三。这不仅注意了教学要掌握恰当的时机和难易的程度,并且要求学生在启发后进行积极思维。孔子善于启发诱导,多方面激发学生"好学"、"乐学"的兴趣,使学生始终处于"欲罢不能"的状态,因此他的弟子称赞他"循循然,善诱人"。孟子也很重视启发诱导,认为教师只需"与人规矩","引而不发"(《孟子·尽心·上》),让学生自己动脑筋,自得自求,独立思考,"则取其左右逢其源"。《学记》对启发教学作了最完善的发挥:"君子之教,喻也。道而弗牵,强而弗抑,开而弗达。道而弗牵则和,强而弗抑则易,开而弗达则思。和、易以思,可谓善喻矣。""喻",就是启发诱导,引导而不是硬牵着走,勉励而不强使其屈从,讲解透彻而不告以全部现成结论,就是"善喻",即启发诱导的最优化。这种教学思想为后代教育家屡屡论及,成为我国传统教育中优秀的教育思想。

三、中国古代教育思想的总体特征

两千多年来,中国产生过无数的教育家,有丰富多彩的教育观点,在此基础上形成的以儒家教育思想为主流的传统教育思想的总体特征,可概括为如下三点。

1. 伦理道德与教育的统一

伦理道德与教育的统一,指的是教育以道义人生为目标,把功利排斥在外。这是中国传统教育思想的典型特征。《礼记·儒行》曰:"苟利国家,不求富贵。"孔子认为,通过教育培养出来的士或君子并不单纯是追求富贵名利,而是卫道者和殉道者。他要求弟子"志于道,据于德,依于仁,游于艺"(《论语·述而》)。"道",朱熹解释为"人伦日用之间所当行者",是人生追求的终极目标,教的第一任务是传道,使人明道、行道、守道。"入则孝,出则悌,谨而信,泛爱众而亲仁。行有余力则以学文"(《论语·学而》)。孔子这种教育以道义为目标的观点为历代教育家所尊奉,从而决定了中国古代教育与伦理道德教育密不可分,其具体表现在以下三个方面。

第一,重整体关系轻个体发展。中国古代强调个人与社会的统一,重视社会整体关系的和谐与稳定。教育的任务就是"明人伦",即按人伦道德处理人际关系,以保持社会整体的和谐与稳定。这种整体价值取向,使教学对个体来说,不是启智而是育德;对国家来说,不是培养发展生产所需要的人才,而是维护封建统治的士人君子。

第二,强调知识教学道德化。中国古代教育以伦理道德为主,一般文化知识教育服从于道德教育的需要,强调知识教学道德化。正如王守仁所说,"明伦之外无学矣。外此而学者,谓之异端;非此而论者,谓之邪说……背此而驰者,谓之功利之徒,乱世之政"(《全书·万松书院记》)。学校教育的内容以经学为主,学生通过学习儒经,掌握封建纲常礼教,与伦理道德联系不大的自然科学知识基本上被排除在教学内容之外。

第三,重义轻利,忽视教育的实用价值。义指人的思想符合一定的准则,利指人们的物质利益和功利。中国古代重义轻利,正所谓"正其谊(义),不谋其利。明其道,不计其功"(朱熹:《白鹿洞书院教条》),崇尚教育的伦理价值,而忽视和贬低教育的实用价值。言利者被斥为小人,科学技术、生产知识、劳动技艺被视为浅薄或雕虫小技,基本上不列入教育内容,教育如何满足社会生产经济发展的需要更是不屑一顾。

2. 教学过程的辩证统一

中国古代教育家视教学为一个整体过程,每一次教学活动、教学活动中的每一个步骤,都是完整的身心修养过程的一个环节,学、问、思、行是彼此连贯的统一整体。对作为整体过程的教学活动,则充分运用了辩证发展的观点来观察和认识问题。《学记》说,"学(同敩字,音 xiào)学半","教学相长",就是把教学看成矛盾的统一体,并用辩证发展的观点揭示二者之间的关系;同时也要求教师从辩证角度认识学生,因材施教,长善救失,以做到教与学的辩证统一。

古代教育家重视教学过程中学、问、思、行的统一,并用辩证的观点看待学与思、学与问、学与行的关系。如孔子常用学与思的辩证关系去开导学生:"学而不思则罔,思而不学则殆。"要求学生"敏而好学,不耻下问","学而时习之","温故而知新",学以致用,言行一致,强调学思结合,学习结合,学问结合,知行一致。《中庸》

对孔子学、问、思、行的学习过程进行了系统的阐述和发展,提出了学、问、思、辨、行相统一的学习过程,即"博学之、审问之、慎思之、明辨之、笃行之"。这种观点对后世影响极大,朱熹曾将其列为白鹿洞书院学规的一部分,称为"为学之序"。王守仁更认为学习过程是"知行合一并进"的过程。他们用辩证统一的观点看待整个教学过程和教学过程各个阶段或步骤的联系和发展,强调为学与修身的统一。

3. 注重内省与内求

中国古代教育思想的又一重要特征是注重内省与内求,强调启发主体的内在道德功能和自觉性。孔子主张内省,《论语·里仁》说:"见贤思齐焉,见不贤而自内省也。"孔子的学生曾参尝言:"吾日三省吾身。"即通过自我检查和反省判定自己的言行是否合"礼"。要合"礼",就要自觉"克己",自觉反省。克己的思想到孟子那里进一步发展成寡欲,《孟子·尽心·下》说"养心莫善于寡欲",《大学》说"君子必慎其独",都是要求道德主体时时处处谨慎而虔诚地内心反省和自我检查。

孔子认为,一个人能否提高自己的道德修养,不在别人,而在自己,因此主张学贵求诸己,并且把学习的内求与教育的培养目标联系起来,强调"君子求诸己,小人求诸人"(《论语·卫灵公》),注重激发学生的内在学习动机,使其达到"好学"、"乐学"的地步。孟子也认为,知识与修养的提高,在于内在的动机和自觉性,强调学习要"自求自得"。孔孟的这一观点到宋代发展成认识内求说。程颐说,"学也者,使人求于内也,不求于内而求于外,非学也"(《二程遗书(卷二十五)》)。因此特别强调学习的内求和自得,要求教学必须调动学者的学习积极性和自觉性。后来学者朱熹、王阳明等,无论是强调理欲之辩还是心性之学,其核心都是强调启发主体的内在道德功能和自觉性。

第二节 科 技 文 化

科学技术是文化的主干,它侧重于物质文化。中国文化最辉煌的内容之一在于科技。科技及其相关的文化构成了科技文化,本节拟对中国科技文化的源流及科技成就作简要介绍。

一、科技沿革与特点

科技的重要性日益被人们认识,科技的水平可以大致反映社会的文明程度。中国古代科技一直是国内外学术界的一个研究热点。作为一个中国人,我们了解了中国古代科技,无不感到自豪。但是,传统科技与当代科技文明之间有很大的隔越,如何利用传统科技,如何促进传统与现实之间的转换,这是当前的艰巨任务。

1. 中国古代科技的发展

科学是指人们所获取的关于自然、社会、思维的知识体系,技术是指那些人们为能有效地实现其目的而采取的方法和程序。广义的科学包括自然科学和社会科学,狭义的科学指自然科学。自然科学又有广义和狭义之分。广义的自然科学泛指基础科学和技术科学。基础科学研究自然界本身的事物及其规律,如物理学、化学、生物学、天文学等。技术科学研究技术运用,如建筑学、冶金学等。有些学科,如医学、工程力学等介于两者之间。狭义的自然科学仅指基础科学。

中国古代无"科学"一词,仅有"科"字,是类别、等级的意思。《论语·八佾》云:"射不主皮,为力不同科,古之道也。"中国古代很早就有了"技术"一词,如"医方诸食技术之人,焦神极能,为重糈也"(《史记·货殖列传》)。技术是实践中积累的经验,是人们生产和生活的手段。

中国是人类的发源地之一,也是科技萌生最早的国度之一。在黄河流域、长江流域、珠江流域、北方和东北的游牧地区都有科技发生的线索,如1986年辽宁牛河梁遗址发现的石器时代的积石冢群和女神庙。女神庙承重合理、稳定性强,表现了先进的建筑思想和技术水平。

发生科技的原因是多方面的,如人们的好奇心,人类生育和防病的需要,人类生产活动的经验总结等。屈原在他的《天问》中提出了178个问题,其中涉及天文、地理、建筑、生物、水利、医学等,正是这种探索精神,引导人们迈向科技之路。科学在技术的胎盘中孕育,在哲学的襁褓中度过童年,从神话、宗教的迷雾中走出来。历史上,重大的发明创造往往成为神话的表现,有发明创造的杰出人物往往成为神话般的人物,神话给科技发展插上翅膀。

中国科技的发展,大致经历了三个阶段。

第一阶段是先秦时期。从原始社会到商周,这是科技的产生期。我们可以从历史文献、考古发现和当代民族学资料考证这一时期的科技水平。春秋战国形成了古代科技的第一个高峰,主要标志在于三个方面:一是青铜文化和生铁冶铸技术很精湛;二是天文记录翔实,历法上确立了四分历系统;三是产生了《墨经》、《管子》、《素问》、《考工记》等科技书籍,奠定了中国古代科技的基础。

第二阶段从秦汉到宋元,这是中国科技的发展期。西汉时重视农业技术的推广和交流,赵过推广牛耕和代田法,《氾胜之书》总结了北方的农业经验。"医圣"张仲景著《伤寒论》,蔡伦改进造纸术。数学方面有《周髀算经》、《九章算术》等著作。魏晋南北朝时,晋朝裴秀提出了"制图六体",祖冲之推算出圆周率,贾思勰著《齐民要术》,郦道元著《水经注》。这时产生的炼丹术,促进了化学知识的丰富。隋唐五代时,形成了以纺织、陶瓷、建筑三大技术为主体的科技体系,唐三彩和唐长安城就是精湛技术的结晶。这时发明雕版印刷并得到传播。重要的科技著作有《十部算经》、《唐本草》、《千金要方》等。宋元时,农业著作大量出现,古典数学取得了很大成就,产生了《农书》、《梦溪笔谈》等名著。纺织技术与造船技术也十分先进。

这一时期,传统科技侧重于技术的发展,而在科学方面缺乏质的突破。整个科技不仅未能加速度发展,反而有减缓发展的趋势。

第三阶段是明清,这是中国科技的转折期。这一时期传统科技继续发展,明末产生了四大科技名著(李时珍的《本草纲目》、徐光启的《农政全书》、宋应星的《天工开物》、徐霞客的《徐霞客游记》)。西洋文化传人利马窦等传教士介绍西方科技,使中国传统科技受到了挑战。中国人开始接受近代先进科技知识,如天文、数学、机械、力学等。明代杰出的科学家有徐光启、李时珍、宋应星等,清代有王锡阐、梅文鼎等。西方科技与中国传统科技并存,中国科技在吸收外来文化中获得生机。

2. 阴阳五行学说与传统科技

中国古代学者习惯于用阴阳五行学说来解释科学技术。阴阳五行学说构成了传统科技哲学的主干。天文方面,古代以向日为阳,背日为阴;以天体运行为阴阳变化。《后汉书·张衡传》记载天文学家张衡"研核阴阳,妙尽璇机之正,作浑天仪"。古代把明显见到的五个行星称为金星、木星、水星、火星、土星。当五星同时现于一方或各居一宫时,称为五星联珠,预示着吉祥。

历法方面,古人认为季节不过是阴阳的变化。《管子·乘马》说:"春秋冬夏,阴阳之推移也;时之短长,阴阳之利用也;日夜之易,阴阳之化也。"他们以春季为少阳,属木;以夏季为太阳,属火;以秋季为少阴,属金;以冬季为太阴,属水。他们以《周易》的十二消息卦与廿四节气相配。

地理方面,古人把勘察地形称为看阴阳,《诗经·大雅·公刘》有"既景乃冈,相其阴阳"句,说的是周族祖先公刘择地建城的过程。古代以山南水北为阳,山北水南为阴。对于地壳运动,古人以阴阳学说加以解释。西周末年,泾渭洛三水流域发生地震,百姓恐慌,有人以为是上天在警告人世,有人以为将有不测之事发生。士大夫伯阳父论地震说,"周将亡矣,夫天地之气,不失其序;若过其序,民乱之也。阳伏而不能出,阴迫而不能烝,于是有地震。今三川实震,是阳失其所而镇阴也"(《国语·周语》)。这种用阴阳二气解释地震的观点,比用天帝鬼神降临灾异的观点要进步得多。

医学方面,中医理论体系的核心是阴阳五行学说。中医用阴阳五行学说解释生理、病理、代谢、功能、病因、病势。中医最基本的理论书籍《黄帝内经》专讲阴阳五行与医学的关系。中医认为人是阴阳的合体,气为阳,血为阴;六腑为阳,五脏为阴;机能为阳,机体为阴。中医认为偏阴偏阳谓之病,阳盛阴衰是热症,阴盛阳衰是寒症。阳证的现象在表、热、实,阴证的现象在里、寒、虚。阴阳失衡,人就不健康,中医治病就是调整阴阳。《素问·至真要大论》说:"谨察阴阳所在而调之,以平为期。"以平衡阴阳为最佳疗效。中医术语有"培土生金"、"滋水涵木"、"扶土抑木"等术语,当肾虚不能滋养肝阴,就称为水不涵木,导致肝阳上亢。

阴阳五行思想是朴素的辩证唯物论,没有神学色彩,但不是科学的辩证唯物论。用阴阳变化说明万事万物,用五行生克解释吉凶,笼统模糊,不可能清晰准确地认识自然,不可能引导科技发展到更高层次。

3. 传统科技的特点与局限性

中国传统科技在几千年的历史中造福中华,泽被世界,成为人类文化的宝贵遗产。但是,中国传统科技亦有其自身的特点和局限性。

(1) 务实

农耕民族最务实。务实才能有温饱,才能生存。为了得到衣食和保持健康,人们一直重视农业技术,以及与农业相关的天文历法,还有建筑技术、医疗技术、数学中的计算测量方法。在科学与技术这两方面,技术与人们的生产、生活有很密切的关系,技术比科学更受重视,而化学、声学等则被忽略。

(2) 偏重经验

传统科技偏重经验,忽略实验;偏重记载,忽略分析。中国先民对天象有连续的、详细的记载,但缺乏对天象规律的综合分析。如哈雷彗星,中国先民已有许多记载,但英国人哈雷最先指出其规律,所以该彗星用哈雷的名字命名。

由于重视经验,因此不重视探索新方法,仅满足于许多记录和简单的比附。

(3) 政治附庸

在古代,中国传统科技没有独立发展的条件,它在很大程度上是为政治服务的。如天文学一直是官办,朝廷设置机构观察天,把天当作有意志的神,把天象与人事附会,以维护统治秩序。又如动物阉割术,本是对狗、马、鸡等家养畜禽进行的手术,有助于改良动物品种和人工饲养动物,但统治者却把它用于阉人,造就了一大批太监。又如,中国的宫廷建筑技术、微雕工艺技术、丝织缝纫技术的发展也都是为特权贵族服务的,以至于出现畸形。

(4) 神秘色彩

中国传统科技往往与神秘的义理混杂在一起,科技术语常与神秘哲学的道、气、理、玄、阴阳、五行相联系。如天文学中的"气"很抽象,化学中的阴阳很难说明,中医中的经络、丹田也难以考证。这样,科技就陷于迷雾之中,难以得见真面目。

4. 传统科技发展迟缓的原因

中国古代科技在汉代以后一直未能出现持续大发展,也未能在理论上出现质的突破,未能通过自身的进步而过渡到更理性化的近现代科技,究其原因,主要有以下几个方面。

第一,中国古代一直是自给自足的自然经济,农民以一家一户为生产单位,满足于男耕女织的生活方式。如《老子》主张"绝巧弃利";"小国寡民,使有什佰之器而不用,使人重死而不远徙,虽有舟舆,无所乘之"。这种保守心理一直普遍存在于农民的思想当中,导致农民对科技缺乏热情。人们重本轻末,导致手工业、商业不发达,工商没有受到应有的重视。明代中期虽然出现了资本主义萌芽,但稀稀疏疏,主要存在于东南一隅,并备受摧残。在这种经济土壤下,科技只能以传统的方式缓慢发展。

第二,统治阶级不重视科技,知识分子地位低下,缺乏进行科技活动的条件和积极性。如秦始皇焚书坑儒,虽然没烧医药、种树之书,但也从未倡导过科技,知识分子在高压政策下难以有所作为。从事科技必须要有宽松的政治氛围,要有时间和资金保证,在封建专制条件下,这都不可能实现。

此外,统治阶级的种种行为也不利于科技的传播。如中国历代战争摧毁了文化,扼杀了科技,使许多发明创造失传。中国的皇室或贵族在死后往往用书籍陪葬,致使有些科技失传。如长沙马王堆三号汉墓出土的帛书有《五十二病方》、《胎产图》、《养生图》、《杂疗方》、《五星占》、《天文气象杂占》、《筑城图》、《相马经》,在被埋没几千年后偶然地被发掘出来。现在尚不知道还有多少科技文献被埋没在地下。

第三,独尊儒学,不利于科技发展。孔子创建的儒学重视伦理,不重视科技。儒家经典在认识论方面缺乏探讨,对自然规律和世界本质很少论述。儒学的独家统治造成了哲学的贫困,科技很难从哲学那里获取理论思维,因而很难进入深层次。中国人长期用阴阳五行作为科技思维,科技只会滞缓,走不出怪圈。

第四,科举制不利于科技。科举入仕是古代知识分子的主要出路,但科举内容不考科技,学校教育也不学科技,科技被作为小道末技,因而知识分子不愿进入科技的死胡同,他们皓首穷经,老死于科场,以为只有金榜题名才实现了人生的价值。由于中国古代的绝大多数知识分子或优秀人才都被吸引到科举入仕的路上,很难形成科技群体。

二、中国古代在科技方面的主要成就

马克思曾经告诫人们要重视研究东方农耕民族在天文学、农学等方面的成就,他高度评价了火药、指南针、印刷术对近代文明的重大影响。中国古代科技成就是世界公认的,在科技的许多方面曾经是领先的,直到清朝初年,中国科技仍具有一定的优势。21世纪是高科技时代,中华民族应再创辉煌。

1. 天文、历法、气象方面的成就

中国是个农业国,农事与天文、历法、气象有着密切的关系,所以,先民很重视天文和季节变化。

中国有从古至今连续的、丰富的、细致的天象记录,这是世界上任何国家和地区都望尘莫及的。商周时有了日食的记录,春秋时有了哈雷彗星的记录,汉代时有了太阳黑子的记录。历史文献记载了从春秋到清同治十一年2 600多年中的985次日食;记载了从公元前43年到1638年的112次太阳黑子;记载了从公元前240年到1910年的29次彗星;记载了10世纪以前的108次极光;此外,还记载了日珥、月食、新星、流星、陨石、木星。1973年在长沙马王堆出土的《五星占》是世界上现存最早的行星运行记录,表明当时的天文观测水平已居于世界前列。

天体认识方面,先民建立了一个完善的赤道分区体系,主要是三垣和廿八宿。战国时代甘德所著的《天文星占》、石申所著的《天文》,后世合称《甘石星经》,这是世界上最古老的星表。我国最早的星图可以追溯到秦汉以前,东汉张衡根据浑天说测绘的《灵宪图》,是我国最早的星图之一;现存最早的平面球形星图实物是五代吴越王墓出土的星图刻石和苏州石刻天文图。20世纪初在敦煌发现的初唐绘制的星图存本是世界上留存的古星图中星数最多而又最古老的星图。唐代一行是世界上最早发现恒星运动的天文学家。古代论天,有盖天、宣夜、浑天三派,后来又有昕天、安天、穹天三派,丰富了天体知识。

测量技术方面,早在战国时代,中国人就已经能够测定赤道坐标值,公元前成书的《周髀算经》记载的赤道坐标数据是将前人结果改造而成的。元代郭守敬造简仪,其赤道系统是很先进的。东汉张衡造浑天仪;唐代一行造水运浑天仪;北宋苏颂等人造水运仪象台,其中的天关、天锁是擒纵器,相当于近代钟表的擒纵器。中国历史上有世界第一流的天文台,如河南登封测景台、洛阳灵台、北京古观象台、南京鸡鸣山观象台。春秋后期,中国已测得回归年长度为365.25日,这是当时世界上所使用的最精密的数值。南朝祖冲之改进测量方法,测得回归年长度为365.242 8日。南宋杨忠辅确定回归年长度为365.242 5日,这是历史上所使用的最精密的数值。汉代冯恂准确测定了交食周期,为预报交食提供了依据。晋朝虞喜发现岁差,岁差是赤道沿黄道滑动的结果。南朝祖冲之明确给出了交点月长度值。唐朝一行主持了世界上第一次子午线长度的实测,浑天说取代了盖天说。

依据科学的天文学知识,中国独创了历法系统。其基本形式是阴阳合历,它把日月五星等天体运动都纳于其中,还与二十四节气相联系,并且不断修改和完善历法。从战国到太平天国,中国有过九十多部历法,著名的有殷历、三统历、大统历、时宪历等。早在春秋时期,一方面用366日的阳历,另一方面又用闰月配合月的周期,当时发明了十九年七闰法来调整阴阳历。战国时代《管子·幼官》记载了三十个节气,后来演变为二十四节气。《淮南子·天文训》载录了二十四节气的名称,它对于安排农业是很有益处的。商代已开始流行干支记日法,以天干与地支相配,为人们计算时间提供了方法。汉太初以前是采用古历时期,以后至明末是旧历时期,以后至近代是西洋历法输入时期。

先民很重视气象,宋代有了雨量器,还有计算雨雪量器之容积的数学。汉代有了风向器和风速计,张衡造候风地动仪,晋代有了木制相风鸟。汉代用木炭、羽毛测量空气中的湿度。唐代李淳风在世界上第一次给风定级,共十级二十四个方位。北宋沈括最早提出"蒙气差",即"大气折射改正"。先秦时期的《夏小正》、《礼记》记载了丰富的物候知识,北宋沈括在《梦溪笔谈》中记载了植物与纬度、物候与植物的关系。南宋吕祖谦的《庚子—辛丑日记》记载了全年的详细的物候特征。唐代窦叔蒙完成了中国现存最早的潮时推算图表,揭示了潮汐的变化规律。

中国古代天文、历法、气象方面的成就有个显著的特点,即重实用,少玄想,西方在技术运用上远不如中国。以农业为主要生产方式的古老国度,必然重视自然变化,特别务实,所以成就也很大。

2. 地学的成就

中国地域辽阔,山川多姿,先民很重视研究地理,在许多方面领先于世界。

世界上现存最古老的地理著作是《尚书·禹贡》。《禹贡》在春秋战国时成书,全篇分总纲、九州、导山、导水等章,它是有关土壤学、水利工程学、经济地理学的重要文献。

战国至秦汉间完成的《山海经》是一部千古奇书,所记山川四百多处,其中的《五藏山经》是世界上最古老的矿产地质文献,现在很难考证清楚为什么古人能够写出这样的鸿篇巨制。

战国时成书的《管子》记载了地理学知识,如其中的《地员》叙述了土壤植被与地下水位、地表植物垂直分布的情况,《地数》则记述了矿苗勘矿法。

汉代司马迁著有《史记》,其中的《货殖列传》是世界上最早的经济地理著作,其中叙述了农业地理、城市地理、商业地理、区域经济地理;其中的《河渠书》是水文地理著作之始。

班固的《汉书·地理志》是专写疆域地理的著作,对于研究区域地理有重要影响。

北魏郦道元的《水经注》是古代地学史上最系统、最完备的水文地理著作,其中记载了大小水体2 596个,还记录了鉴别水系演变的方法、河谷地貌、水系干支等。

汉代开始,出现了大批地方志,如《吴越春秋》、《华阳国志》等,从宋代至民国时期的方志有8 500多种,有人估计历代所修方志数达15 000多种,这是世界上最大的地理学宝库。地方志记载了地形地势、气候、水文、生物地理等方面的知识。

唐代李吉甫编的《元和郡县图志》,按区域记载了天下地理和物产;玄奘的《大唐西域记》是研究西域、西亚、南亚史地的珍贵资料。

明代《徐霞客游记》是世界上最早记录岩溶地貌的科学文献,该书记录了岩溶地貌的类型、名称、成因,是研究岩溶学的力作。

中国早在西周时期就有了地图,《周礼》、《孙子兵法》都有所记载。1973年在长沙马王堆出土了三幅古地图(地形图、驻军图、城邑图),这是世界上现存最早的具有一定科学水平的地图,有符号系统,绘制清晰。西晋裴秀提出了最早的平面地图绘制理论"制图六体"。南宋杨甲所撰《六经图》中的《十五国风地理之图》是世界上现存最早的印刷地图。中国第一部世界地图是唐代贾耽的《海内华夷图》,他按照当时对世界的认识,绘出了域外地理,唐朝疆域只占全图面积的15%。

中国人重视地形模型,《史记·秦始皇本纪》记载骊山墓塑造了天地模型,东汉时马援用米粒堆模型,南宋谢庄制作木质模型,沈括制作木刻山川地形模型。

中国人在地理学上有许多卓越的认识,如元代郭守敬第一个提出了"海拔"的概念,以海面为绝对高度。宋代沈括最早提出了"流水侵蚀"概念,即任何岩石都会受到流水侵蚀。晋代葛洪在《神仙传》中运用了"沧海桑田"术语,反映了海陆变迁思想。汉代人已经知道龙骨化石,晋代人知道了松树化石,唐代人注意到冰川特征。

中国是世界上最大的地震区之一,历史文献就记载了15 000多条地震史料,记录地震8 100多次。《吕氏春秋》记载的公元前1177年的地震,是世界地震记录中最早的具体记录。《春秋》对地震的破坏作了最早的描述,地震资料涉及地震的地点、时间、前兆、预震、抗震,根据这些资料,可以逐步掌握地震规律,为预防地震提供依据。为了防震,汉代张衡发明了世界上第一架地动仪,地动仪是利用了地震波的传播和力学的惯性原理制成的。

明代郑和率领庞大的船队七次下"西洋",足迹遍布南太平洋和印度洋,船队最远到达红海沿岸和非洲东部赤道以南的海岸,比哥伦布发现美洲早近80年。

清代康熙年间,中国人利用传教士带来的测绘技术,举行了世界上最早的大规模的三角测量。测量由中外科学家合作,以地球经线制定长度标准,绘制了中国地图,编成《皇舆全览图》和《大清一统舆图》,对世界有很大影响。这次测量不仅发现了世界最高峰——珠穆朗玛峰,还证实了地球为椭球体。

3. 农学的成就

作为一个古老的农业大国,中国在农业科技方面的成就是很大的。

早在新石器时期,中国就形成了"南稻北粟"的农业局面。在浙江余姚河姆渡遗址中发现了大量稻谷,这是我国迄今发现最早的人工栽培稻谷遗物,证明中国是世界稻作物栽培的起源地之一。在仰韶文化遗址发现粟,说明黄河流域广泛种植粟,作为主食。在安徽亳县(旧县名,在安徽西北部)新石器时代遗址中发现小麦炭化籽粒,这是中国最古老、最完整的普通小麦化石标本,证明小麦是中国的原产。在仰韶文化遗址还发现了豆类遗物,证明中国是大豆的原产地。

春秋战国时代，中国已确立耕作与时令的关系，按季节种庄稼，不违农时，大兴农田水利，有了整套田间灌溉系统，都江堰就是一个成功的范例。

为了充分利用土地，战国就有了土地连作复种的利用方式。汉代在南方有"一岁再种"的双季稻。汉代，在土地多余的地方，轮作制和牛耕技术被普遍推广。

战国时成书的《吕氏春秋》中有《任地》、《辩土》、《审时》等文，这是中国现存最早的农学论文。汉代的《氾胜之书》总结了北方的耕作经验，介绍了区种法和溲种法，它是中国现存最早的农书。北朝贾思勰撰的《齐民要术》，记载了大田作物的种植技术、树木栽种技术，它是中国现存最完整的古农书。唐代陆龟蒙撰的《耒耜经》，介绍了常用的农具。南宋陈旉的《农书》是现存第一部全面探讨南方水稻区域农技的专著。元代王桢所撰的《农书》，强调风土之宜并介绍了农器图谱。明代朱棣所撰《救荒本草》是世界上最早研究野生可食植物的著作。明代徐光启的《农政全书》是中国农学的巨著，全书 20 卷，70 万字。

农业技术方面，汉代就有了耕犁，唐代有江东犁。汉代还有龙骨水车，这是比较先进的灌溉和排水机械。汉代还有耧车，类似于播种机。

田地改良方面，江南有一种浮田，以筏盛土，浮在水面，无旱涝之患。北方有一种石子田，具有蓄水保土的作用。

蔬菜种植方面，蔬菜品种有一百多种，合理利用土地种植，发明了加温培育法。汉代有了温室种菜技术。汉代还有食用菌人工栽培技术。唐代普遍栽培木耳和冬菇。南宋陈玉仁撰的《菌谱》，这是中国最早的有关食用菌的专著。

经济作物方面，浙江钱山漾新石器时代遗址发现的苎麻布，说明中国是苎麻的原产地。中国是世界上最大的果树原产地之一，桃、李、柑橘、橙、龙眼、荔枝、银杏、猕猴桃都是中国的原产。中国也是最早发现茶树和制作茶叶的国家，唐代陆羽的《茶经》是世界上第一部茶业专著。中国还是世界上最早植桑养蚕的国家，丝绸享誉世界。

4. 数学的成就

数学是一切自然科学的基础，也是衡量每个国家科学技术发展水平的一个标志。中国古代在数学方面硕果累累，雄居世界前列。

记数法十进制是最简便而合理的方法，商代甲骨文的自然数就是采用十进位制。先秦时期普遍采用算筹记数，使计算方法领先于世界其他民族。古代罗马数字只有 7 个基本符号。古希腊用 27 个字母才能表达 1 000 以内的数目。美洲玛雅人用二十进制，古代巴比伦用六十进制，都没有十进制科学。

先秦的八卦学说是古老的二进制，二爻生四象，四象生八卦，依次类推，以至无穷。近代德国学者莱布尼兹研究八卦，创制了科学的二进制，为计算机的运算提供了前提。

战国时期成书的《墨经》,论述了各种几何问题,如平行线、圆心、四方形等,比古希腊欧几里得的《几何原本》早近1个世纪。

夏禹治水时,已采用了勾股术,西汉成书的《周髀算经》就明确记载了商高的勾股定理。商高定理比古希腊毕达哥拉斯定理早500多年。

春秋时期流行洛书,洛书是九宫数、三阶纵横图,这是组合数学之祖。南宋杨辉编制四至十阶幻方,每一行、每一列及对角线上的数的和都相等。

西汉成书的《九章算术》对分数运算作了最早而系统的叙述,其中还提到了最小公倍数、约分、通分,这比其他国家早得多。

魏晋时代的刘徽在计算时用小数,当时称为"微数"。南北朝时的祖冲之把圆周率精确到小数点后的六位数。而外国人在15世纪以后才开始应用小数。

汉代的《九章算术》明确提出了负数的概念及其加减法则,这实际上是对汉代和汉代以前数学中负数的总结;后来,刘徽、杨辉在其著作中也运用了负数;元代朱世杰在《算学启蒙》中写出了正负数的乘法法则。

《九章算术》中记载有"今有术",即从三个已知数求出第四个数的比例算法,这是独创的比例算法。

《九章算术》中记载有多元一次方程组,未知数最多的达五个,解题方法相当于加减消元法,这是线性代数的萌芽。

《九章算术》中还有盈不足术,盈为正,不足为负,这实际上是求解线性方程。

北宋贾宪利用"贾宪三角"把沿用了1 000年的开平方、开立方的方法推广到开任意高次方,又创造了增乘开方法,领先于世界。宋代秦九韶把高次方程求正根的增乘开方法发展到完备的程序化。

在公元4世纪的《孙子算经》中有"物不知数"题,其解法需要运用数论中关于一次同余式问题,秦九韶在《数书九章》中成功地用"大衍求一术"作了计算,被世界公认为"中国剩余定理"。

13世纪的李冶最早对天元术进行了叙述,天元术是半符号代数,省去了用文字表示的麻烦。李冶还改进了小数运算,把各项位数上下对立。

元代朱世杰在《四元玉鉴》中介绍了他发明的四元术,创造了用消元法解二、三、四元高次方程组的方法。

公元前1世纪成书的《周髀算经》和公元3世纪成书的《海岛算经》中都提到了重差术,这是当时最先进的测量技术。

至迟到宋元时代,社会就流行珠算。在此之前,《数术记遗》一书提到了"珠算",用可以移动的算珠计算。算盘构造简单,使用方便,在计算中发挥了重要作用。

总之,中国是世界上数学历史最长的国家之一。秦以前的数学家有商高、墨翟等人,主要成就有结绳记数、规矩作图、算筹十进制、八卦二进制、乘法九九口诀、勾股定理。汉唐时期的数学家有刘徽、祖冲之、一行、夏侯阳、甄鸾等,主要数学书有《周髀算经》、《九章算术》、《缀术》、《辑古算经》等,主要成就有分数与小数的应用、开平方、负数、孙子定理、圆周率计算、今有术、盈不足术等。宋元时期的四大数学家是秦九韶、杨辉、李冶、朱世杰,那时主要数学书有《数书九章》、《测圆海镜》、《算学启蒙》等,主要成就有增乘开方法、正负开方术、天元术、四元术、大衍求一术、幻方、重差术等。明清时期数学家有程大位、徐光启、梅文鼎、李善兰、华衡芳,主要著作有《直指算法统宗》、《数理精蕴》,主要成就有珠算的普及、对西方数学的引进、对传统数学的升华。

关于中国古代数学科技水平,今人常常用现代知识分析古代的图文,从而作出判断。如今人分析太极图,发现两仪的面积正好相等,两个小对称圆的面积正好是大圆太极面积的一半,于是得出结论说古人已在太极图中蕴涵了几何知识。又如,今人分析六十四卦,认为其中有了等比级观念,有了排列组合,有了二进制,有了相对论,等等。这种结论很难令人信服,因为古人在做一项发明创造时,只是用感性的经验,用朴素的知识,并没有上升到今人的理论高度。

5. 医学的成就

中国古代医学在世界医学史上自成特色,它有独特的医学理论和实践体系,是人类文化的宝贵遗产。

中国医学的源头可以追溯到原始社会,人们在从事农业、畜牧业,同自然界作斗争的过程中,萌生了医药卫生知识。传闻上古的伏羲画八卦、制九针,神农尝百草,黄帝教民治百病。最早的医生是巫,最早的医疗工具是针和砭。在商朝发明了汤液,在西周开始医学分科和医事制度,在殷周有了初步的医学理论。

1973 年在长沙马王堆三号汉墓发现大量医学帛书,如《五十二病方》、《足臂十一脉灸经》等都是上古的重要医书,其中出土的《帛画导引图》是世界上最早的医疗体操图解。

春秋战国流行针灸疗法和经络学说,这种独树一帜的方法使得近代以来的国际医学界刮目相看。现存最早的针灸学专著是西晋皇甫谧整理前人著作编成的《针灸甲乙经》,此书被当代国际针灸学会列为必读的参考书之一。现存最早的针灸铜人由北宋医官王惟一创制,至今仍被国内外医学界仿制。

中国现存中医古籍近 8 000 种,这在世界上是绝无仅有的。成书于公元前 3 世纪的《黄帝内经》是我国现存最古老而完整的医学典籍,它论述了中医理论,兼述临床实践,涉及脏腑学说、血液循环、诊断方法等,成为中医理论的渊源。

切脉诊病是中医一绝,早在战国时期扁鹊就已经熟练地将它运用于临床。西晋太医令王叔和著《脉经》,这是中国第一部脉学专著,其中提到二十四种脉象,后来发展为脉学。

东汉时张仲景写了中医史上第一部理、法、方、药齐备,用于临床的杰作《伤寒杂病论》,书中创造性提出了"六经辨证",首次记载了人工呼吸急救措施、药物灌肠、胆道蛔虫,比世界上同类记载要早得多。此书是中医方书的鼻祖。

中医骨科方面,隋代巢元方著的《诸病源候论》,是世界上最先记载骨伤科清创缝合技术的医书。元代危亦林著的《世医得效方》,首次记载了脊椎骨折的复位法。明代成书的《普济方》则首次记载了颈椎骨折复位法和髋关节脱位的复位法。

中医麻醉方面,扁鹊研制出"毒酒"麻醉法,华佗发明麻沸散,《后汉书》记载华佗施行了腹部外科手术。此外,中国古代还有放血麻醉法、压迫颈部血管麻醉法、冷冻麻醉法、催眠麻醉法、针刺麻醉法,根据不同的人和不同的病,采用不同的麻醉法。

中医法医学方面,早在2 000多年前的《礼记·月令》中就有法医检验的记载,秦代竹简中有尸检鉴定书。现存最早的法医性质著作是五代时和凝著的《疑狱集》,宋代又有《内恕录》、《折狱龟鉴》问世。系统的法医专著是南宋宋慈著的《洗冤集录》,这是世界上最早的法医权威性著作。

中医胚胎学方面,长沙马王堆汉墓出土的帛书《胎产书》,完整地记述了胎儿在母体中的发育情况,从一月怀胎到十月瓜熟蒂落,都有很具体的记载。

中医妇产科学方面,宋代唐慎微著有《证类本草》,最早记载了应用催生素催生的方法,实际上是用兔的脑垂体激素催产。宋代成书的《小儿卫生总微论方》最早提出对脐带进行科学处理,以便预防新生婴儿破伤风。明代万全的《幼科发挥》提出用火烙断脐带,因为脐带没有反映疼痛的神经末梢,所以安全可靠。

中医免疫学方面,世界上古老文明区域大多遭到过大规模的传染病摧残,中国依赖独特的医学技术防止了传染病泛滥。如天花病曾使欧洲中世纪的每五个人中就有一个麻子。中国人在明朝就使用了用人痘接种法预防天花,有旱苗法和水苗法,成功率很高。清朝康熙皇帝还在全国推广种痘免疫。

中医口腔科方面,宋代张杲在《医说》中提出早晨漱口不如晚上漱口。考古发现辽代墓葬中有牙刷。早在商代甲骨文中已有龋齿的记载,在唐代有了修补龋齿的技术。

中医药物学方面,现存最早的本草专书是《神农本草经》,有多种辑本传世。南朝陶弘景编有《本草经集注》。北齐徐之才是方剂分类的创始者,著有《雷公药对》。南朝雷敩是药物炮制的改进者,写有最早的制药学专著《雷公炮炙论》。唐朝苏敬等编的《新修本草》,这是世界上第一部由国家正式颁行的药典。明朝李时珍编写的医学巨著《本草纲目》,200万字,载录了1 892种药物,分类严密,享誉世界。

中医制度方面,西周有了疾医、疡医、食医、兽医的具体分工。唐代的太医署是医疗行政及医学教育的最高机构,有医科、针科、按摩科、咒禁科。明清时代分为十三科。医科学校产生于南北朝时期,至唐朝时已很完备。汉朝淳于意开始采用"诊籍",实为后世病历医案的创始。

6. 建筑技术的成就

建筑是一门综合性的技术。中国古代建筑技术一直很发达,有很多杰出的建筑传世。

早在7 000年前,我国先民就已经使用木材建屋,在浙江河姆渡遗址发现木构件之间采用了榫接法。在4 000多年前的龙山文化中,已能烧制石灰作为建筑材料,筑城墙已采用小版夯筑法。

夏、商、周三代经常采用高台建筑,夯土技术已成熟,木构架成了主要结构形式。城市布局、宫殿设计、防御工程都有较高水平。周代流行的"四合院"式的建筑,对后世影响很大。《考工记》对当时的城建有所记述。

秦代修建阿房宫、骊山墓、长城,虽是暴政所致,但其中凝结的则是劳动人民的智慧。特别是阿房宫,它是世界古代史上罕见的大型宫殿(据今考古挖掘,阿房宫并未完工,即使是前殿)。

汉代确立了木构建筑体系,抬梁式、穿斗式屋架的构筑技术已成熟。高级建筑已使用斗拱。当时就有了楔形砖和企口砖。

北魏在河南登封建嵩岳寺塔,距今已1 400多年,它是我国现存最早的密檐楼阁式砖塔。它有12边形,出檐15层,做工精致。

隋代李春设计制造了赵州安济桥,这是世界上最早的敞肩石拱桥,比欧洲同类桥梁早1 200多年,至今仍保存完好。隋代宇文恺精通土木,按比例绘制建筑图,他设计的观风行殿可随装随拆。何稠造六合城,用预制好的木构件装配,一夜之间可筑成一座城池。

隋唐修建了长安城,它东西宽9 000多米,南北长8 000多米,12个门,城中正北为宫城,两边对称排开街区平直方整。这是中世纪世界最大的城市之一。

唐代建的佛光寺大殿和南禅寺大殿,至今仍保存在山西省五台县,是目前所知国内最早的木构建筑。

北宋木工喻皓主持建成高层的开宝寺木塔,他还著有《木经》,已佚。宋代建泉州万安桥,首创"筏形基础";在潮州兴建的广济桥是世界上第一座开关活动式大石桥。李诫著的《营造法式》是经典性的建筑学著作。

辽代在山西应县建佛宫寺木塔,塔高67 m,虽经多次地震,仍保存完好。

明代扩建元大都,建成北京城。北京的故宫是明清两代的皇宫,是世界上现存最大、最完整的古代宫殿建筑群。宫内有900多间殿宇,建筑面积约150 000 m²。在故宫的中轴线上布列着15重建筑,整个宫殿以简单的标准化的个体组成丰富的群体空间。

清代,西藏人民重建拉萨布达拉宫,它依山而建,高13层,代表了藏文化精粹。北京工匠雷发达及其子孙先后主持修建了圆明园、颐和园、清陵。

明清两代,园林艺术达到了很高水平,如承德的避暑山庄、苏州的拙政园都是园林精品。计成的《园冶》是园林艺术的总结。

7. 水利的成就

水利是农业的命脉,中国古代很重视水利,不论在理论上,还是在实践方面都有突出的成就。

先秦时期是水利的初步发展期。传闻在原始社会末期发生了大洪水,黄河中下游变成一片泽国,共工氏在住处周围雍土为堤防或从高处取土把居住的地势垫高。鲧以土挡水,大禹疏导洪水。《史记·夏本纪》记载大禹已经使用了表木、准绳、规矩等仪器。《竹书纪年》记载夏桀二十九年(约公元前1561年)"凿山穿陵以通于河",这是我国最早的水利工程记录。

春秋时楚国修建芍陂水利工程,可灌田一百多万亩,这是我国最早的大型蓄水灌溉工程。公元前6世纪到公元前4世纪,吴、魏等国先后开凿了邗沟、鸿沟等运河。公元前4世纪,战国时魏国的西门豹主持修建了引漳灌渠12条。公元前256年到公元前251年,秦国李冰父子主持修建都江堰,综合规划,合理控制水流,建成世界上最早的农田灌溉系统,使成都平原成为天府之国。公元前246年开始,秦国用韩国水工郑国领导修建了郑国渠,渠长100多公里,灌田200多万亩,使关中成为沃野。芍陂、漳水渠、都江堰、郑国渠被称为春秋战国时期的四大水利工程。

战国时成书的《管子》有《度地》篇,该篇记述了水流的运动规律,总结了水利工程的实践经验,在世界上最早提出水动力学概念。

从秦至东汉,农田水利有了较大发展,秦始皇时开凿灵渠,连接湘江、漓江,沟通了长江、珠江流域的水上运输。汉武帝时,在修龙首渠时开凿了10多里的隧道工程,创造了开凿地下水渠的井渠法。汉代新疆人民修建了地下水渠"坎儿井"。汉代在东海岸修建了海塘工程。

汉代很重视治理黄河。西汉末年的张戎提出治河计划,已认识到水流速度与挟沙力之间的关系。东汉王景治黄河,以疏浚和修堤的方法,取得了很好的效果。这时期出现了中国第一部水利通史《史记·河渠书》和专记西汉水利史的《汉书·沟洫志》。

魏晋南北朝时期,水利工程逐渐向江淮发展。公元3世纪,曹操派人开凿睢阳渠等渠道,沟通了海河、黄河、淮河、长江四大水系。江淮间建有许多塘堰,如吴坡塘、七门塘、陈公塘等。塘堰是发展农业生产的产物,但在洪涝时期容易形成水患。

北魏郦道元著的《水经注》,记载了当时的水道、湖泊、水利工程、水利故事,是重要的水利史专著。

从隋至北宋,北方水利兴衰起伏,南方持续发展。605年到610年,隋代在原有的汴渠、邗沟的基础上开凿大运河。大运河以洛阳为中心,北达北京,南抵杭州,长1 300 km,成为全国重要的交通干线,也是世界上最长的运河。运河上有世界上最早的升船机和船闸。1048年,黄河决口,北宋河工高超创造了"三埽合龙门法",巧堵决口。1069年,王安石实施"农田水利法",在全国修建了1万多处水利工程,可灌田36万多公顷,他还推广了引洪放淤的经验。这时期水利文献较少,散见于《隋书》、《唐书》及一些类书中。

从南宋至明,对黄河也采取了大规模治理行动。当时,黄河的水患日益突出,黄河改道泛滥,民不聊生。元代贾鲁用疏、浚、塞的方法,在堵口技术上有创新。16世纪,明代潘季驯用"筑堤束水,以水攻沙"的方法治河,并著有《河防一览》。清代,靳辅和平民出身的陈潢主持治黄工作。陈潢提出从上游根治黄河的主张,他还发明了测定流速量的测水法。

这一时期非常重视京杭大运河的疏浚,以保证漕运畅通。元代开凿了济州河等运河,与隋唐大运河相接。水利工程向东南沿海及珠江流域发展,太湖、鄱阳湖、洞庭湖等圩垸迅速发展,出现了"围湖造田"和"废田还湖"的争议。

从明清开始,长江的水患日益突出。荆江是典型的冲积性平原河道,迂回曲折,成为防洪重点。明代已用石块护堤,不断加高堤岸。此外,岳阳、武昌、九江都是重点的防洪段。

这时期的水利文献极其丰富,钦定的水利书有《河渠书》,地方上有区域性水利书,如《三吴水利录》、《长江图说》。重要的水利文献有元色目人赡思的《河防通议》、元李好文的《长安志图·泾渠图说》、明谢肇淛的《北河记》、清傅泽洪的《行水金鉴》,这些都是治水经验的总结。

8. 机械的成就

中国古代发明了许多机械,如机械磨、浑仪、地动仪、指南车、计里鼓车、耧车、纺纱车等。英国学者李约瑟在《中国科学技术史》中说,中国向西方传播的机械有20种以上,如龙骨车、活塞风箱、提花机、河渠闸门等。

据学者对殷商的绮进行研究,认为当时已有专门的提花机,提花机有竖式和卧式两种。

战国时有了桔槔,子贡曾教农夫使用这种取水机械。当时的采矿业已较发达,矿井应有各种机械才能顺利地开采和运输。

战国时鲁国的巧匠公输班削竹木为鹊,制成最初的飞行器,后来失传。东汉张衡创制了"木雕独飞"的木鸟。晋代有一种"竹蜻蜓"也可飞行。五代时,有人在纸鸢上安装竹哨,风入竹哨,声如筝鸣,人们称为风筝。

东汉杜诗制造水排用来鼓风炼铁,比欧洲早1 200年。灵帝时有人做翻水渴乌以洒道。

三国时马钧是著名的机械制造家,他制成的指南车,已能使齿轮离合,他不但改进龙骨水车和提花织机,还做翻车,使儿童也能转水灌溉。

三国时诸葛亮制作"木牛流马",他还把弩机改制成连弩。

晋代已有用水力作动力的水磨,有的动力是卧式水轮,有的是立轮,水轮通过齿轮使磨转动。

晋代有了计程车,当时称为"计里鼓车",行一里则打一槌。

南北朝时,祖冲之造铜机欹器、千里船、水碓磨,陶弘景造浑天象。

唐代张遂和梁令瓒共同制造水动天象仪"浑天铜仪",这是世界上最早的自动报时仪器。

宋代有了走马灯,它利用热气流产生机械旋转。苏颂等制浑仪,有了复杂的机械环节。

南宋有了"飞虎战舰",旁设四轮,四人旋斡,航行如飞。

元代郭守敬发明了滚珠轴承,黄道婆改进了轧花机、织布机。王桢的《农书》记载有了用水力推动的纺纱机械。

明代造船业发达,郑和率领的船队有150 m长的大船,机械设备先进。宋应星的《天工开物》记载了许多机械。

中国古代虽然发明了许多机械,但真正用于农业生产的并不多,缺乏传播和应用;同时机械总是失传,使得后世又重新创造;对机械理论总结不够,如杠杆原理、滑轮原理、齿轮换算原理都没能科学地归纳。

9. 纺织的成就

我国是世界上最早养蚕、缫丝、织造丝绸的国家。早在仰韶文化时期就出土过纺轮,说明6 000多年前已有了纺织技术。1958年在浙江钱山漾遗址出土的丝麻纺织品,均为平纹,还发现用蚕丝织成的残绢片。相传黄帝的元妃嫘祖发明了养蚕与织丝。黄帝时代距今5 000多年。原始的纺纱方法有两种,一种是用手搓捻和续接,另一种便是使用纺坠进行加工。纺坠是用木棍支撑,利用旋转的力偶将纤维加捻并合股。纺轮同纺坠功能相同,用木杆插在圆形石片上,利用其自重和连续旋转而纺纱。

1973年在河北藁城台西村商代遗址发现了麻布残片,麻片由大麻纤维织成。

西周有许多织物种类,如锦、罗、绢、纨、绮等,主要原料为丝、麻、葛。西周设有"典丝"等专管纺织的管员,说明纺织已成为独立的经济部门。

西汉的家庭纺织业兴盛。《西京杂记》记载钜鹿人陈宝光的妻子发明了一种织花绫的提花机,"机用一百二十镊,六十日成一匹,匹值万钱"。1973年在长沙马王堆汉墓发现了绢、纱、罗、绮、锦等丝织物200多件,其中有一件素纱禅衣长160 cm,总重量仅48 g,说明丝织技术已相当精湛。墓中出土的纺织品有漂亮的印花,线条流畅。东汉画像石上有脚踏斜卧式织机图。

汉代以后,徭役部分地改征织物,使得纺织成为家庭必不可少的一部分,妇女用纺织为谋生手段。唐代的织锦有吉祥文字和祥禽瑞兽。唐代的印花技术也有了发展,出现绞缬、夹缬、蜡缬、碱剂印花等工艺。

北宋时,纺织品的主要原料还是丝麻,葛布的生产量增大。当时已有比较复杂的缫车,提高了劳动效率。宋代有了卧式手摇纺车、立式手摇纺车、脚踏纺车。

元朝大力推广种植棉花,并且有了水力大纺车。民间开始流行棉纺织技术。著名纺织家黄道婆从海南岛来到松江府乌里泾传播棉纺技术,她把用于纺麻的脚踏纺车改成三锭脚踏棉纺车;她改革了原棉去籽工具,创造了轧车;她改进弹花技术,用大弓代替小弓;她总结了织布中的"错色、配色、综线、挈花"等技术。

10. 四大发明

中国古代对世界文明作出了多方面的贡献,尤以四大发明最有影响,对近代资本主义的产生起到了推进作用。

(1) 指南针

指南针,又称罗盘针,是用来测定方向的仪器。我国祖先很早就知道了磁石吸铁的性质。《管子·地数》记载"上有磁石者,下有铜金"。《韩非子·有度》记载"立司南以端朝夕",可见在公元前3世纪,中国人就已利用了司南工具。汉代有了杓形指南针,《论衡·是应》记载:"司南之杓,投之于地,其柢指南。"张衡在写《东京赋》时,第一次把"司南"改为"指南"。

宋代至少有了两种形式的指南针,一为鱼形,一为针形。鱼形指南针又名指南鱼,沈括在《梦溪笔谈》中记载了磁针的四种装置方法:水浮法、指爪法、碗唇法、缕悬法。沈括还论述了磁偏角。当时已在航海中运用指南针,朱彧在《萍洲可谈》(1119年)中记载他在广州见到的中国海船"舟师识地理,夜则观星,昼则观日,阴晦观指南针"。

南宋时的罗盘有刻度。曾三异的《因话录》记载了"地螺(罗盘)或用子午正针,或用子午丙壬缝针"。当时,阿拉伯人、波斯人、罗马人从海道来中国经商,指南针很快就传到了波斯、阿拉伯以及欧洲。

(2) 造纸术

纸使人类文化得以很好地保存和传播,因此纸的发明具有划时代的意义。我国古代劳动人民很早就探索着文化传媒载体,从金石到竹帛都曾经作为书写工具。至迟在西汉已有植物纤维纸,从新疆罗布淖尔汉峰燧遗址发现过一张公元前1世纪的西汉麻纸。从陕西西安坝桥砖瓦厂发现了公元前2世纪的纸。此外,在陕西扶风中颜村、甘肃居延金塔县等地都发现过西汉麻纸。

东汉时，蔡伦改进造纸技术，他扩大造纸原料，不仅用麻、破布、渔网，还用了树皮为原料。他造出的纸质地优良，书写方便，他向皇帝汇报，使这种造纸技术迅速推广。

汉代以后沿用蔡伦的造纸工艺，把含有纤维素的原料经碱化处理后粉碎，制成纸浆，滤为纸张。中国古代称用竹料制的纸为竹纸，称用树皮制的纸为皮纸，称用稻秆或高粱秆制的纸为稿纸。唐代宣州造的宣纸，颇便写字、绘画、印书。

大约在东汉班超出使西域以后，纸张已传到西域。公元 1906 年，英国人斯坦因在西北古长城的一座烽燧发现了中国人在公元 2 世纪用破布褴褛制成的纸。推测阿拉伯人来中国经商，把纸带到了阿拉伯。唐代时，阿拉伯帝国的势力一度扩展到葱岭，中国的造纸法传到了阿拉伯。1150 年，阿拉伯人征服了西班牙以后，在那里开设了造纸厂，欧洲人很快学会了由中国人发明的造纸技术。

（3）印刷

在没有发明印刷术以前，书籍是靠手抄或摹拓。手抄费时且容易出现错误，摹拓昂贵且不便利，于是我国祖先开始寻找新的方法，至迟在隋代已发明了雕版印刷术。这种方法是把文字写在木版上，雕刻成阳文反字的模板，字面向上放置，然后刷墨、贴纸、揭下来成为带字的书。传闻隋文帝杨坚下令崇佛，在开皇十三年（593 年）印行佛经，当时已采用了雕版。

唐代咸通九年（868 年）王玠印造《金刚经》，扉页是释迦牟尼像，画面简洁流畅，表明刻工精细。五代时，毋昭裔印《文选》，冯道印六经，都采用了雕版印刷。

雕版印刷传入朝鲜，11 世纪初，朝鲜雕印《大藏经》6 000 卷。雕版印刷又传入越南、伊朗、埃及和欧洲各国。欧洲现存最早的雕版印制实物是 1423 年的《圣克利斯道夫像》。

宋代毕昇改进雕版印刷，创造了活字印刷。他用胶泥做成方块，刻上凸出的反体字，然后烧硬成"活字"。他又在铁板上涂松脂和蜡，把铁框子放在铁板上，在框里排活字。排完后，把铁板放在火上烤，使松脂和蜡固定活字，并压平，于是印刷。

元代王桢创造了用木活字印书的方法。先用木板刻字，再锯开并修整，分韵排列于排字盘，取用很方便。木活字易于着墨，印书效果更好。

此外，元代还有铜活字，明代有铅活字。

元朝的木活字印刷很快向西传入中亚，后来传入欧洲；向东传入朝鲜和日本。

（4）火药

火药的发明有一个渐进的过程。汉唐间盛行炼丹术，术士烧炼各种矿物，试图得到灵丹妙药，逐渐知道了一些药物的燃烧和爆炸性能。唐代郑思远著《元真妙道要略》记载有人用硫黄、雄黄与硝石、蜜一同混合燃烧，导致"焰起烧手面及烬房屋"。

自公元7世纪发明火药后,人们尝试着用发石机抛射火药弹。唐哀帝时,郑璠攻打豫章(今江西南昌),采用了用于燃烧的火药弹。宋代时,火药已经常用于军事。《武经总要》记载火药用于三方面,一是燃烧剂,二是作爆炸物,三是作发射药,制成管形火器,该书还记载了火药的配方。宋元时期,军事上利用火药攻击敌方,有了霹雳炮、震天雷、管形火器。火药还用于造鞭炮、放焰火,制作火戏、狩猎。它甚至被用来治病。公元十三四世纪,火药和火器的知识传入西亚,又转传到欧洲。

中国先民在认识世界和改造世界的过程中积累了丰富的科技知识。作为一个农耕民族,先民特别重视农业技术、水利技术、建筑技术、地理知识、天文历法知识、生物知识,以及各种实践经验。中国在科技方面对世界有卓越贡献,一度领先于世界,然而,中国科技在近代却呈现落后的状态。认真总结古代科技的特点,全面推进中国社会改革,科技才可能有新的腾飞。

第十一章　中国传统文化的现代化

近代以后，随着中西文化冲突的加剧，中国传统文化的危机日深，中国文化的现代化无可避免地被提上日程。文化的现代化是整个现代化过程的重要方面，同时又是经济、政治、社会现代化过程的综合反映。中国文化的现代化过程始于晚清，中经"五四"运动而全方位推进，至今也未最终完成。如何处理传统与现代化的关系，如何看待中西文化的冲突与融合，始终是文化现代化的中心论题，也是今天重建中国特色社会主义新文化不得不深入思考的问题。

本章将在前述各章的基础上，进一步讨论中国文化现代化的发生与发展，中国文化现代化的各种模式与论争，以及中国文化的重建和当代走向问题。

第一节　现代化中的文化问题

一、现代化与文化现代化

现代化是指人类社会从传统农业社会向现代工业社会转变的历史过程，这一过程涉及全球的经济、政治、社会、思想、文化、心理等各方面的巨大变迁。现代化又是一个连续不断的长过程。大体说来，它发源于16世纪的欧洲，中经18世纪工业革命而向全世界传播，一直持续到今天也未停止。尽管现代化有种种不同的模式，比如资本主义模式和社会主义模式，但是这一历史过程又存在某些基本的共同特点。这些特点如机械化、自动化、专业化和都市化程度的提高，非生物性能源的广泛使用，经济持续增长，职业分工复杂，教育的高度普及，高出生率、高死亡率向低出生率、低死亡率发展的趋势，个人自主性和理性思想的增强，等等。而对这一历史进程所做的专门性、系统性阐释和探索，则形成所谓现代化理论。

文化现代化是整个现代化过程的重要方面，同时又贯穿于经济现代化、政治现代化和社会现代化的各层面。作为一个自西向东的历史过程来考察，现代化的诸特征主要是从西方文化中抽象出来的。在文化意义上，现代化包括许多方面的内容。第一，宗教、哲学、科学等主要价值体系的分化。第二，伴随着这种分化的，是传统主义与文化创造的自主性的对抗，并形成传统、反传统、文化与科学"三极"文化力量,文化精英、文化组织与活动大多围绕这"三极"而发展。第三,教育的普及与世俗化、专门化,信息媒介的扩展,社会沟通与交往的扩大。第四,在文化取向上,现代文化注重社会的改良与进步,注重科技知识的普及与传播,认为科学是社会发展的力量,强调发挥人的创造性;在伦理取向上,现代文化注重人的情感的自我表现,突出个性的培养与塑造,强调人的尊严和兴趣的广泛发展。

文化现代化的理论基础和出发点,是传统与现代化的区分。文化的现代化是相对于传统而言,既是对传统的离异,又是对传统的回归;离异中间有回归,回归中间有离异。讨论文化现代化问题,必须涉及传统文化与现代化的关系问题。如果没有对传统文化秩序的怀疑和否定,文化现代化问题就无从发生。观念的变革往往先于制度的变革,可以说现代化发生的最先标志是在文化领域,而最终达于完成的标志,也在文化领域。物质的现代化、制度的现代化最终都要落实到人的现代化,落实到整体文化形态的脱胎换骨。

然而,强调现代文化对传统观念和文化的否定,并不意味着现代文化可以脱离传统而发展。不管承认与否,传统文化始终在制约、影响着现代文化的发展。一个民族的现代文化,只能从本民族传统文化中"生长"出来,而不可能凭空产生。有时候,最现代化的观念也难免借用传统文化的某些形式,这是文化具有内在继承性的明证。因此,文化的现代化,不是对传统的全盘否定,而是在更大程度上对传统的转化,是传统在现代的再生。

落实到中国文化的现代化,一个回避不了的主题,便是西学与中学或西方文化与中国文化的冲突。由于西方是现代化的起点与中心,近代中国处于现代化的边缘,于是,文化冲突中一种"西向"或"西进"的趋向是无可避免的,这也就是中国近代史上通常所说的"向西方寻求真理"。但是,文化史研究的一个通病,是太过于强调中西文化的冲突而忽略了二者的相互吸纳与融合。事实上,从长过程来看,中西文化双方在巨大的冲突中,也存在着每个层面上的融合,尤其是中国文化一方,更在很大程度上通过吸取近代西方文明的长处而使自身得以更新。这当然是一个痛苦的民族反省过程,也是一个充满刀光剑影和血与泪的过程,不过,中华民族毕竟迈出了这一步,而且至今还在持续进行民族文化的更新。这并非一个民族软弱的标志,而恰是一个民族有自信和有希望的象征。

当然,尽管有文化融合的事实存在,中西文化在近代的冲突却仍然是中国文化现代化过程的起点。

二、西方的挑战与中国传统文化的危机

鸦片战争以前,中国传统文化经过数千年的演变,形成以儒家文化为主体,道家、佛家为辅翼的比较稳定的形态,塑造了中华民族的基本心态和性格,使中国成

为世界文明古国中的"礼仪之邦"。但另一方面,由于长期处于相对封闭的大陆农耕环境之中,且一直处于比较领先的地位,又使中国传统文化具有封闭、保守和相对稳定的特征,无法从文化内部发生根本性的变化。虽然明清时期曾经由王夫之、顾炎武、黄宗羲等掀起了一股具有反叛意味的启蒙思潮,对传统文化进行了一定程度的批判,但从根本上讲,传统文化的整体结构和体系并没有发生大的变化,原有的基本框架仍然被维持。

明清之际,中国传统文化与西方近代文化开始了早期的接触,主要由利玛窦等耶稣会传教士在传教的同时,把西方的文化、科学知识也一起传入中国。如利玛窦便同中国士人徐光启一道将欧几里得的《几何原本》等科技著作译成中文。明清之际 200 年间,耶稣会传教士在中国共译著西书 437 种,其中纯宗教书籍 251 种,占总数的 57%;人文科学书籍 55 种,占总数的 13%;自然科学书籍 131 种,占总数的 30%,总体上是以宗教和自然科学知识的介绍为主(钱存训:《近世译书对中国现代化的影响》,见《文献》1986 年第 2 期)。此时的中西文化交流基本上是在平等的基础上进行的,其最明显的表征,就是当时在"西学东渐"的同时,还存在一个逆向的"东学西渐",耶稣会传教士不断地而且是带有几分惊奇地把中国古老文明介绍给欧洲大陆。并且当时的西学传播还仅限于京城及沿海几个为数有限的城市,其对象也主要是少数比较开明的士大夫。

西方文化对中国的强大挑战和冲击,主要发生在鸦片战争之后。随着 1840 年鸦片战争的失败,西方终于用坚船利炮轰开了古老中国的大门,西方文化随之大量涌入,中国传统文化的危机也随之发生。

爆发于 1840 年的中英鸦片战争,是英国为了向亚洲扩张而发动的一场殖民主义战争。尽管鸦片战争的严重后果要到以后若干年才逐步显现出来,但由此而引起的中华民族的危机却是极为深刻的。中华民族不仅遇到了通常意义上的"亡国"、"亡天下"的民族危机,而且遇到了封建经济和政治制度解体的社会危机和政治危机,以及与之相联系的传统文化的全面危机。从广义文化的视角看,中国近代的民族危机根本上就是一种文化的危机,中西文化之间的竞争构成中外矛盾的关键。西方帝国主义侵略所至,总是要破坏被侵略国的传统文化,争夺被侵略国的文化控制权,这在中国尤其明显。正因为没有进行大规模的直接领土占据,不存在像殖民地那样的直接政治统治,因此,西方在中国更需要不仅在物质上,而且更多的是在文化上表现其霸权和优越性,希望以文化渗透来为其攫取经济利益铺路。这是与以往任何一次"亡国"或"亡天下"的民族危机都不同的新问题。可能正是有感于此,李鸿章才提出了"数千年未有之变局"与"数千年未有之强敌"的命题,多少察觉到了近代民族危机和文化危机的严重性。

鸦片战争后的文化危机,主要表现在两个方面:一是"华夷之辨"的儒家传统世界秩序观的崩溃;二是儒学中心地位的逐渐丧失。

"华夷之辨"和与之相联系的中国中心观,是儒家士大夫对世界秩序的基本看法。以这种观念来观察世界,士大夫往往认为华夏民族在文化上优于其他少数民族和世界民族,有一种根深蒂固的文化优越感。同时,他们自认为中国是世界的中心,其他诸夷(即少数民族或外来民族的贬称)皆是中国的属臣,应定期来朝拜。但鸦片战争后,部分最早"开眼看世界"的士大夫已意识到中国传统文化并不优于西方文化,甚或在某些方面还落后于"外夷",于是以魏源的"师夷长技以制夷"为口号,终于提出了学习西方的问题。从不以西方为对手,到不得不以西方为对手;从自认为优于西方,到放下架子要学西方,这显然是传统"华夷之辨"旧观念开始破灭的征兆。同时,也是在鸦片战争前后,人们才逐步形成以近代地理科学为基础的世界观念,那种茫茫宇内,中国既是大地的中心,又是"天下"之"共主"的愚昧、陈腐观念亦开始破灭。严峻的现实是:唯我独尊的华夏文化非但没有受到国际社会太多的恭维,反而被摆在"落后"的位置,被"洋人"所轻视,由此而产生的心理震动和文化危机意识的确是创深而痛剧的。

另一方面,鸦片战争后的中西文化冲突,明显表现为中学的步步退缩、西学的步步紧逼,似已成为一种不可逆转的时代潮流。其突出表征是:儒学逐渐脱离其中心位置,对时代的精英再无昔日的吸引力,他们在思想上和行动上都纷纷远离这种正统思潮,而成为其叛逆;相反,时代精英们对西学却趋之若鹜,顶礼之并膜拜之,与儒学的门庭冷落形成鲜明的对照。在中国近代史上,从魏源到康有为、梁启超、章太炎、严复,没有一个不表现对儒学的反叛(至少在早期是如此)和对西学如痴如醉的学习与吸取。相反,那些饱学的儒学大师如倭仁等,则显得黯然失色,不能入居时代的主流。

儒学中心地位的失落,又同儒学内部文化秩序的崩溃是分不开的。儒学的核心公式是"内圣外王",由"仁心"的内核向外层层扩展,最后为天下王。在这种内部秩序中,格物致知是微不足道的,因为它仅是修身的准备;经世致用是次要的,因为政治的基础是教化而非施政能力本身。但由魏源、龚自珍等在近代学术中首倡的"新经世致用",重点却在"用"与"器"之上。虽然儒家"本末"、"道器"的思考程序仍然在支配着士大夫们的头脑,但他们中的很大一部分人,都越来越"本末倒置",离传统的儒学相去甚远了。这些,均是传统文化秩序逐渐崩溃的象征。

为什么同是中西文化间的遭遇与碰撞,鸦片战争前后的情势与明末清初时期竟有如此之大的不同呢?

考其原委,乃是因为鸦片战争后的"西学东渐"过程是与"西力东渐"过程相联系的,与清朝相比,西方已经经过了工业革命的洗礼。所谓"西力",一言以蔽之,就是西方的物质文明和制度文明,但又不是一般意义的物质文明和制度文明,而是特指由18世纪工业革命所造成的现代生产方式、组织方式和生活方式,直言之,即西方新兴的近代大工业文明。它首先体现为以蒸汽(以后是电力)为标志的巨大生产力,这种生产力像变魔法似的"使千百个工厂,千百根烟囱瞬时拔地而起,机器的轰隆声震动大地,汽笛的尖啸声划破长空。人成了自然的主人……大批人走出农村,走进工厂,无数人群在飞旋的车轮旁流汗劳动,农村被遗忘了,城市成了一切"(钱乘旦:《第一个工业化社会》。成都:四川人民出版社,1988年,第13~14页)。其次,近代工业文明又体现为一种很难如同机器一般直观感受到的组织力。工厂制的出现使人类可以通过分工和劳动集体化来大幅度增加产量,提高效率,从而促进社会生产力的发展。

西方工业文明的东来,犹如"潘多拉的盒子",一旦打开之后,便释放出无法控制的"魔鬼",工业化意义上的西方化是无可避免的了。从"西力与西学"的关系来看,西学是以西力为其基础和载体的。"学"往往借助于"力"而开辟其传播渠道。这就不难理解为什么传教总是跟随于通商和大炮之后,传教士的地位要等到第二次鸦片战争之后才日隆。西方文化的优越性,实要靠西力——武力和经济实力的综合来加以证明,而后才能为中国士人所折服。单这一历史过程就花了两三百年的时间。

总之,正是由工业革命所激活的巨大生产力、组织力、创造力,以及与之紧密相连的政治经济制度、价值观念、思想意识、文化形态(即"西学")融会成一股气势磅礴、无坚不摧的"西潮",滚滚东来,对东方农业民族形成巨大的压力和挑战,威胁到包括中国在内的东方民族的基本生存方式和社会组织框架,当然也包括其千百年来所形成的传统文化。这便是中国近代民族危机和文化危机的根本由来。

三、西学的传入与中国传统文化结构的改变

鸦片战争所引发的文化危机,也是中国传统文化走向近代的重要契机。

严格说来,中国人对西方世界和西方文化的认识,是从鸦片战争开始的。明清时期传教士虽然也介绍了一些西方文化和科技到中国,但并没有引起中国士人的普遍注意,更谈不上有何大的震动。根据利玛窦在中国的观察,在他所生活的时期,中国人把所有外国人都看作是没有知识的野蛮人,并且就用这样的词句来称呼他们。他们甚至不屑从外国人的书里学习任何东西,因为他们相信只有他们自己才有真正的科学和知识。直到鸦片战争爆发前,中国士大夫对西方世界了解得很少,真正知道英国、美国正确地理位置的人寥寥无几。甚至像林则徐这样素来讲求经世致用的封疆大吏,有关外部世界的知识也是少得可怜。到1839年春天,林则徐开始在广州查禁鸦片走私时,才开始意识到应该认真了解和研究英国和其他西方国家的情况,于是组织人员搜集有关英国的情报,并主持编译了《四洲志》。该书

系根据英国人慕瑞的《地理大全》编译,书中介绍了世界五大洲三十多个国家的地理、历史、政治、风俗。由于这部书是近代中国第一部向国人系统介绍世界地理的著作,可以说是中国人睁眼看世界的起点,因此,林则徐通常被认为是近代中国睁眼看世界的第一人。

继林则徐之后,魏源于1842年编成《海国图志》100卷,姚莹写成《康輶纪行》,徐继畬编成《瀛寰志略》,何秋涛著成《朔方备乘》,梁廷枏写成《海国四说》,等等。这些介绍外国史地或研究中外关系的著作,体现了中国人最初的世界意识。尽管这种意识一开始是十分朦胧的,但却具有文化启蒙的意义,使中国人开始了了解、学习西方的历程。

魏源在《海国图志》的"序言"中,明确提出:"是书何以作?曰:为以夷攻夷而作,为以夷款夷而作,为师夷之长技以制夷而作。"其"师夷长技"的主张,可以说是当时最早的学习西方的思想。虽然魏源所强调的仅仅是在技术上向西方学习,所看重的也仅仅是西方的坚船利炮,但"师夷长技"这一口号本身,却具有划时代的意义。它开始改变了过去那种封闭、保守的文化观念,承认至善至美的传统文化中也存在不足,而且要通过西方的"长技"来加以弥补。这就在文化封闭的怪圈中打开了一个缺口,推进了近代中西文化的交流融合,也就意味着开始了中国文化近代化的历程。

严复是继魏源之后在晚清积极传播西学的重要启蒙思想家。他14岁考入洋务派所创办的福州船政学堂,1876年被派往英国学习海军。在英国留学期间,他广泛涉猎了西方的自然科学、哲学、社会科学,具有深厚的西学修养。严复先后翻译了《天演论》、《原富》、《名学》、《群己权界论》、《法意》等著作,向中国介绍了进化论、古典经济学、逻辑学、社会学、法学等西方近代先进文化,给中国近代思想文化界带来了深刻的影响。

康有为、梁启超、谭嗣同也是近代中国重要的启蒙思想家。他们和严复不同,并不直接从事翻译西书、引进西学的工作,而主要是用西学来解释中国的传统文化,在西学与中学之间进行"嫁接"的工作。如康有为便试图以"托古改制"的办法来变革现实,他声称西方的经济制度、政治制度和教育制度都是符合古典儒家经义的,而清朝现行的制度反倒不符合儒家经义,因此要加以变革。显然,他所宣扬的儒学已不再是传统意义上的儒学,而是一种"儒表西里"的新儒学,一种体现着近代资产阶级思想和观念的新儒学,实即新学。康有为还是最早接受德国康德、法国拉普拉斯"星云说"和传播进化论的人。他曾用西方的"电气"、"星云"来解释中国的"元气",还曾把神秘莫测的"电"附会为"不忍之心"——"仁",作为宇宙发展之动力。作为康有为的弟子,梁启超虽然并不精通外文,但却凭借其深厚的国学修养和一支出神入化、"笔底常带感情"的笔,介绍了大量的西方学术文化和进步思想。梁氏曾坦言,他们的目的,就是要努力创造一种"不中不西,即中即西"的新派文化,实际上就是宣传资产阶级维新派的思想主张,通过"变法"来改变中国传统的封建制度和文化。

谭嗣同是著名的"戊戌六君子"之一。1896年著成在近代学术史上颇具影响的《仁学》一书中不仅宣传了"以太"为"原质之原"等西方近代自然科学知识,同时也宣传了西方提倡的"自由"、"平等"、"博爱"。他以"冲决罗网"的无畏气概,大胆冲击了传统的封建纲常伦理。

1898年的戊戌政变失败后,革命思潮逐渐取代了维新改良思潮而成为时代的主流,以国内新式学堂师生和留日学生群为主体的近代新式知识分子群开始形成,他们以空前的热情译介西方的政治学说,成为西学输入的主力,从而再度掀起了西学东渐的热潮。根据《译书经眼录》中的介绍,在20世纪初翻译的书籍中,有自然科学类书籍164部,占总数的19.6%;社会科学类书籍327部,占60.9%。另据《东西学书目录》中的记录,在1900年以前翻译的西学书籍中,自然科学类437部,占总数的75.3%;社会科学类仅80部,占13.9%。20世纪初的知识分子对译介西方社会政治学术著作的兴趣空前浓厚,实是时代风气的转移使然。这一时期在翻译西书的总量上也是增长最为迅猛的一个时期。从1900年到1911年,中国共翻译了各种西书至少有1 599种,占晚清100年译书总数的69.8%,超过此前90年中国译书总数的两倍。当年的青年学子对款款东来的西学称颂不已,简直到了无以复加的地步。梁启超指出,当时的风气是"国家欲自强,以多译西书为本;学者欲自立,以多读西书为功"(梁启超:《西学书目表后序》,见《饮冰室合集·文集之一》。北京:中华书局1988年重印本)。

随着西方文化大量传入中国,中国开始有了近代自然科学,有了近代民主、自由意识,中国传统文化的结构也随之而发生了改变,传统文化本身逐渐向近代转型。

四、三层次变革与文化重建

中国传统文化的近代转型,是与整个中国近代社会从传统农业社会向现代化工业社会的转型相一致的,是这一大过渡过程的产物与体现。在近代变革的潮流中,中国社会和文化至少发生了三个层面的转型,存在三个层次的变革。一是物质层面的转型。它包括从魏源的"师夷之长技以制夷"到曾国藩、左宗棠、李鸿章等所倡导的"开铁矿、制船炮"的洋务运动,再到私人民间企业的创办,各类事业开发活动的兴起。二是制度层面的转型。它始于康有为、梁启超领导的戊戌维新运动,这一运动的实质和关键,即是将工艺—科技的物质层面改革推向改造政治经济制度的更深层次。三是社会心理和思想观念层面的转型。在中国这样一个具有2 000

多年儒学文化传统的国度,与农耕社会相适应的心态和观念可以说是根深蒂固、无孔不入,因此,深层文化心理结构的变革极为困难。尽管"西学"传入中国后,就已经开始了冲击和改变中国人文化观念和文化心理的过程,但这一过程的发展又是缓慢和曲折的。直到"五四"新文化运动,中国才于根本的政治革命之外,发生了较为正规意义上的资产阶级思想启蒙运动。

从发生次序和内在逻辑关系看,上述经济、政治、观念三个层面的转型和变革,是一种层层递进、步步深入的过程,它与西学东渐的轨迹大致重合。但在实际历史过程中,这三方面的转型和变革往往又交错重叠,很难清楚划分开来。并不是说在某个阶段中只有某一方面的转型和变革,而是说在某一阶段中某一层面的转型和变革居于主导地位。如果从大文化视角加以观察,三个层面的变革反映了中国文化在近代历史上的整体演变历程,三方面缺一不可。近代产业发展不充分和思想启蒙的不彻底,已使资产阶级政治革命吃尽苦头,得而复失。反过来,政治革命的失败,又造成发展资本主义经济障碍重重,民主启蒙更加难以进行。那种看来形似"补课"的历史回复,似乎正以一种辩证的方式反映出文化转型在三层次变革的均衡、互补中螺旋式推进。

传统文化转型的过程也就是近代文化重建的过程。但究竟应当如何在传统与近代的两极构筑中国的新文化,却困扰了中国好几代人。在近代中国,西学几乎成了新学的代名词,因此,如何处理西方文化与中国传统文化的关系,构成中国近代文化重建的关键,谁也无法回避。

大体上讲,"五四"新文化运动之前,在处理中西文化关系上,中国士人的认识基本上停留在以"中学"(中国传统文化)为主,"西学"(西方近代文化)为辅的"中体西用"论的阶段,以此作为重建新文化的基本模式。

作为19世纪下半叶居主流地位的中西文化观,"中体西用"论又经历了一个从比较模糊到比较明晰,从不太系统化、理论化到较为系统化、理论化的发展过程。1861年冯桂芬在其《校邠庐抗议》一书中,最早提出"以中国人之伦常名教为原本,辅以诸国富强之术"的主张。这里的"伦常名教",实为"儒家学说"的别称,也为中国传统文化的根本。而这里的"术",则主要指西方的科学技术。其目的是要以西方的自然科学来补"中学"之不足,而"中学"(即中国传统文化)本身却不需要加以任何变革。冯氏的这一主张,可以说是"中体西用"论的最早表述,尽管它本身还并没有明确从"体用"关系来思考问题。

到1876年,薛福成比较明确地提出了中西文化关系中的"道器论"主张。他提出,"尝谓自有天地以来,所以弥纶于不敝者,道与器二者而已……中国所尚者道为重,而西方所精者器为多"(薛福成:《代李伯相答彭孝廉书》,见《薛福成选集》。上海:上海人民出版社,1987年,第103页)。显然,他是以"道"来概括中国传统文化的特点,而以"器"来归纳西方文化的特征的。他认为中国文化的长处在于道德伦理和典章制度这些更为深刻和根本的内在规定性,而西方文化的长处仅仅主要在于经验性的应用科学方面。一为哲理的、制度的,一为工具的、技艺的。总之,仍然是中国文化在总体上优于西方文化,西方文化只能是作为补充和辅助性的手段,而且,中国文化最终会"用夏变夷",征服和同化西方文化。如他在《筹洋刍议·变法》中就明确指出:"取西人器数之学以卫吾尧舜禹汤文武周孔之道,俾西人不敢蔑视中华。吾知尧舜禹汤文武周孔复生,未始不有事乎此;而其道亦必渐被八荒,是乃所谓用夏变夷者也。"这里包含有两层意思:第一是借用西方文化的"器"来加强和巩固中国固有的传统文化;第二是用中国固有的文化去改造和征服西方文化。前者是目的,后者是抱负,但出发点都是中国文化本位论和中国文化优越论。早期改良派的代表人物王韬、郑观应也有类似的思想主张。例如,王韬说,"形而上者中国也,以道取胜;形而下者西人也,以器胜"(王韬:《弢园尺牍(卷四)》)。郑观应也说过,"道为本,器为末;器可变,道不可变。庶知所变者,富强之权术而非孔孟之常经也"(郑观应:《危言新编·凡例》)。

"道器论"虽然在魏源"师夷长技以制夷"的基础上又向前推进了一步,扩展到西方整个自然科学成果的借用,以及用中国文化反向影响西方文化的问题,但将西方文化仅仅限定在狭小的"器"的范围,却仍是对西方文化的误解,更无法实现"道器兼备"的初衷。

关于中国文化在西方冲击下的重建问题,到 19 世纪末,在"中道西器"的主张基础上,最终明确提出了著名的"中体西用"说。此说借用中国传统哲学思想体系中"体"、"用"这对范畴,从文化的结构与功能相关角度来论述中西文化的关系,反映了近代中国人对于中西文化的认识已从文化本体论、主位论过渡到更为深刻的文化功用论、价值论。因为"中体西用"一说有更强的思辨色彩和更大的涵括性,因此一经提出,便引起了极大的反响和争议,深刻影响了近现代中国文化的走向。

一般认为,身为湖广总督的封疆大吏张之洞是"中体西用"论的始作俑者,其实"中学为体,西学为用"的明确表述最早是由沈寿康提出来的。1896 年 4 月,沈寿康在《万国公报》上发表《匡时策》一文说:"夫中西学问,本自互有得失,为华人计,宜以中学为体,西学为用。"同年 8 月,孙家鼐在《议复开办京师大学堂》一文中,也明确提出:"应以中学为主,西学为辅;中学为体,西学为用。中学有未备者,以西学补之;中学有失传者,以西学还之。以中学包罗西学,不能以西学凌驾中学。"这些表述为时人思考中西文化关系问题提供了直接的思想素材。

但以发表《劝学篇》著称的张之洞的确是"中体西用"论的集大成者和鼓吹最力者。这与张之洞当时的地位和权势也不无关系。张之洞在 1898 年的一份奏折中即提出:"以中学为体,以西学为用,既免迂陋无用之讥,亦杜离经叛道之弊。"在同年发表的《劝学篇》中,他又进一步阐释了"中体"和"西用"的关系,"中学为内学,西学为外学;中学治身心,西学治世事。"在"中体"和"西用"的内涵上,他提出:"不可变者,伦纪也,非法制也;圣制也,非器械也;心术也,非工艺也……夫所谓'道'、'本'者也,三纲四维是也。"在张之洞看来,与"体"、"用"相对应的有"经义"和"治事"的区分,应视"经义"为不变的精神原则,以"治事"为外在的应变方策。中国文化仍然必须以"三纲五常"这类儒家的道统为本体,这是不能轻易加以改变的;但可以以西方的科学技术作为应事之术,来加强和巩固儒家道统的主体和本体,最终建立一种既能体现中西合璧但又以中国传统文化为主体的"新文化"。

张之洞的"中体西用"论,尽管允许在一定程度上吸取西方先进文化,但本质上却是保守的、折中主义的,是一种典型的文化保守主义。如他提出:"故知君臣之纲,则民权之说不可行;知父子之纲,则父子同罪免丧废之说不可行;知夫妇之纲,则男女平权之说不可行也。"对近代思想和政治变革基本持完全否定的态度。正因为如此,"中体西用"论一经出台,便受到一些有远见的启蒙思想家的批评。严复便认为,"中体西用"论最大的问题是在于割裂了体和用的统一,使中学有体而无用,西学有用而无体。而事实上,"中学有中学之体用,西学有西学之体用。分之则两立,合之则两亡",必须把二者作为一个文化整体来看待。"西人立国,自有本末……育才于学堂,论政于议院,君民一体,上下一心,务实而戒虚,谋定而后动,此其体也;大炮、洋枪、水雷、铁路、电线,此其用也。"然而,"西体中用"论者却"遗其体而求其用";本末倒置地搞中西折中,就如同"牛体马用"般十分可笑:"有牛之体,则有负重之用;有马之体,则有致远之用。未闻以牛为体,以马为用者也"(严复:《与〈外交报〉主人书》,见《严复集(第3册)》。北京:中华书局,1986年,第558~559页)。

当然,如果把问题置于一定的历史范围之内,"中体西用"论在中国近代史上确也起过某些进步的作用。在当时普遍封闭保守、妄自尊大的旧文化氛围中,"中体西用"论毕竟严肃地思考了如何处理中西文化二者的关系,通过以西学补中学,给僵化的封建文化打开了一个缺口,为西学在中国的传播争得了合法地位,的确起到了"开风气"的社会作用。应当承认,围绕"中体西用"的辩论,推进了中国文化向近代转型,开启了中西文化结合的思路。在当时的历史条件下,离开"中学为体"来讲引进西学基本上是不可能的。因此,"中体西用"是中国近代向西方学习的第一种可能的文化模式,也是中西文化融合交流的第一个阶段。

但是,中体西用论的历史进步作用毕竟是有限的。随着历史的发展,人们对西学的认识日渐加深,对中学的不足也日益了解,"中体西用"的保守性质和它自身所存在的矛盾便日益明显地暴露了出来,"中体"越来越成为发展"西用"的障碍。人们通过"西用"逐渐窥探到了其背后更为坚实的"西体",于是提出了申民权、设议院、实行"君主立宪"等政治要求,对"中体"构成严重的威胁。尤其到20世纪初年,随着资产阶级革命思潮的兴起,其目标的指向,已是要彻底推翻或再造"中体"。就这样,中国近代文化的重建,沿着西学为用方向,最终走上了中学不能为体的不归路。

第二节 "五四"新文化与现代文化论争

"五四"新文化运动具有里程碑意义,它不仅标志着中国传统文化向现代新文化全面转型的开始(离最终完成尚十分遥远),而且在"五四"运动以后,无产阶级领导的新文化兴起并逐渐取得主导地位,近代新文化的性质也从旧民主主义文化转变为新民主主义文化。

一、"五四"新文化运动

孙中山等资产阶级革命派所领导的辛亥革命,推翻了清王朝的腐朽统治,创建了"中华民国",标志着近代中国的制度变革取得了突破性的进展。但辛亥革命具有不彻底性,没有能建立起真正的资产阶级政权。革命的成果被袁世凯篡夺,先后又发生了袁世凯称帝和张勋复辟两次倒行逆施事件。尽管复辟很快归于失败,但从另一个方面说明,政治体制的变革离不开更深层次的观念变革,思想启蒙应是政治革命的先导,如果没有一个类似于西方从文艺复兴到宗教改革大规模的思想启蒙运动,没有国民性的根本改造和国民素质的真正提高,中国向现代化社会的转型是不可能顺利实现的。正是有见于此,陈独秀、李大钊等以1915年创刊的《新青年》为阵地,高举科学与民主两面旗帜,发起了以思想启蒙和改造国民性为目的的新文化运动。

新文化运动具有很强烈的针对性,提出"打倒孔家店"的口号。矛头所向,直指封建的纲常名教,对思想文化领域的封建复古思潮进行了深入的批判,主张以最彻底的态度向西方寻求真理,从而把中西文化问题的论争推向一个新的阶段。

陈独秀认为,"'孔教'本失灵之偶像,过去之化石,应于民主国宪法,不生问题"(陈独秀:《宪法与孔教》,见《新青年》第2卷第3号)。从社会进化的角度看,孔孟之道已不适应于现代生活,更不能定为国教。李大钊也基于进化论的观点指出,社会与道德都应随历史的发展而不断进化,"孔子之道,施于今日之社会为不适于生存"(李大钊:《李大钊文集(上册)》。北京:人民出版社,1984年,第264页)。他们还集中批判了封建纲常名教的危害,认为孔教的要害在于是"吃人的礼教","儒者以纲常立教,为人子为人妻者,既失个人之独立人格,复无个人之财产"。

倡导科学与民主是"五四"新文化运动最根本的主张。到20世纪初期,科学与民主已成为一种社会思潮,新文化运动时期提出的科学与民主的口号,是继承以往的科学和民主思想而来的,但又有所不同。以往提倡科学与民主,并没有着眼于改造人的心理素质,而主要着眼于社会政治制度的改造和国家的振兴。到"五四"时期,当时所面临的主要任务是如何巩固共和制度,因此,新文化运动的先驱们认为最重要的是如何提高国民的觉悟,而提高国民觉悟的主要方法便是宣传科学与民主,培养国民的科学与民主意识。陈独秀曾经写道:"国人而欲脱蒙昧时代……当以科学与人权并重"(陈独秀:《敬告青年》,见《新青年》第1卷第1号),要求青年树立科学的人生观和人生态度。

在新文化运动的先驱者们看来,国民性的改造归根结底是革除旧的价值观念和道德观念,建立新的价值观念和道德观念。这种新的价值观念和道德观念的根本之点就在于"重人的价值",树立"独立的人格"。陈独秀、李大钊等把唤醒"国民之自觉"作为新文化运动的根本任务。所谓"国民之自觉",即是要使大多数国民"完成其自主自由之人格之谓也"(陈独秀:《敬告青年》,见《新青年》第1卷第1号)。陈独秀具体提出了"自主的而非奴隶的"、"科学的而非想象的"等六项青年应努力的人生准则,要求青年树立科学的人生观和人生态度。中国传统文化基本上是一种伦理型文化,新文化运动的目的则是要从伦理上最终改造旧文化,把伦理的觉悟视为"吾人觉悟最后之觉悟",表现出强烈的与传统相决裂的倾向。因此,如果说从戊戌变法到辛亥革命时期,中国文化的近代转型主要集中在政治体制方面,那么,到"五四"运动时期显然已推进到伦理和心理的更深层次。

二、"五四"运动以后的文化论争

"五四"运动以后,围绕如何处理中西文化关系的论争并没有最终结束,中国社会面临的文化建设问题,仍然是如何看待中国传统文化与西方近现代文化的历史定位和价值功能问题。只不过问题提得更为尖锐,论争双方的立场更为鲜明,逐渐形成"全盘西化"论与"中国文化本位"论两大论战阵营。

"全盘西化"派与"中国文化本位"派,大体上是依据他们对待中国传统文化与西方文化的不同态度来划分的。"全盘西化"派的主要代表是胡适、陈序经、张东荪等。胡适早在1926年发表的《我们对于西洋近代文明的态度》一文中便全面比较了东方文化的缺点和西方文明的优点,认为"西洋近代文明能够满足人类心灵上的要求的程度,远非东洋旧文明所能梦见"。1929年他首次使用"全盘西化"这个词来表达他的文化主张。但到20世纪30年代,他又对此作出修正,认为"数量上的严格'全盘西化'是不容易成立的",所以改为"充分世界化"(胡适:《充分世界化与全盘西化》,见《大公报》1935年6月30日)。不过意思还是一样的。张东荪说得则非常明确:"我早就主张'中国应当彻底采用西洋文明'……'纯粹走西洋这条路'"(张东荪:《西方文明与中国》,载《东方杂志》第23卷第24号)。

应当指出,胡适等人"全盘西化"的主张,主要是针对"五四"前的复古思潮和"中国文化"派等的文化保守主义提出来的,有其产生的特定历史背景,同时,在主张物质文明和精神文明的不可分割性和内在统一性上,也有一定的道理,如胡适已认识到,"精神的文明必须建筑在物质的基础之上"。中国的传统文化是建立在农业宗法社会的基础上的,西方现代文明是建筑在工业文明的物质基础之上的,因此,中国要想在物质文明方面效法西方,就必须在政治社会道德上也同样效仿西方,不能只要西方的物质文明,而拒斥西方的精神文明。

但是,"全盘西化"论者在坚持文化的统一性时,又对此作了过于机械化的理解,完全忽视了文化交流中的可选择性。如陈序经便说过:"文化本身是分开不得,所以它表现出各方面都有连带及密切的关系……所以我们要格外努力去采纳西洋的文化,诚心诚意地全盘接收他,因为他自身是一种系统,而他的趋势,是全部的,而非部分的。"这就意味着,要接收西方文化就必须照单全收,不能有所区分和选择。这显然是错误的。因为西方文化本身也有精华和糟粕之分,有时代和国别不同之分,根本就不存在一个统一的西方文化。工业文明本身也是善与恶并进,只是在不同的时段表现出不同的方面。在两个不同民族之间进行文化交流时,一个民族总是根据自己的物质文明的发展水平去吸收另一个民族的文化,于是就表现出文化的选择性。在这一意义上,文化又是可分的。

再者,学习西方文化对于近现代中国人来说,固然是必需的,但却并不意味着中国就应该彻底抛弃自己的文化传统,全盘照搬西方的。历史已经反复证明,一个民族的文化传统是不可能完全抛弃的。你主观上想全部学西方文化,但在事实上你又只能从既定的传统出发去有选择地学西方文化。民族文化,尤其是其中的民族心理、民族习惯,本民族特有的思维方式、审美情趣等,都是经过长期的历史积淀而形成的,具有不可割断的历史继承性,与生俱来便制约和影响着一个人的成长。特别是在中国这样的具有几千年文明史的古国,文化传统的制约性更为强大。就连胡适这样一个鼓吹"全盘西化"的人,一生也主要在"整理国故"中度过,充满了"古典"与"现代"、"东方"与"西方"的内在矛盾。

"中国本位文化"论是指与"全盘西化"论相对立的一种文化观点。其形成有一个发展过程。"五四"前后的"本位文化派"主要以《东方杂志》为阵地,故又称"东方文化派",其核心人物有杜亚泉、章士钊等。1916年,杜亚泉针对陈独秀等人的西化理论,在《东方杂志》上发表了《静的文明与动的文明》一文,提出:"吾国固有之文明,正是以救西洋文明之弊,济西洋文明之穷者"。1919年,章士钊更明确地强调,"不有旧,决不有新,不善保旧,决不能迎新";"道德上复旧之必要,必甚于开新"。

对此,《新青年》、《晨报》等趋新派报刊均刊载了文章,对上述观点进行了反驳。1920年,梁启超游欧归来,发表了一部《欧游心影录》,根据他的耳闻目睹,证明西方的物质文明已经破产,必须用东方的精神文明去拯救。梁氏原来是宣传西方文化的代表人物,现在反戈一击,自然大大加强了东方文化派的声势。无独有偶,这年梁漱溟又正好发表了"东西文化及其哲学"的演讲,认为文化之所以不同,主要在"意欲"之不同。西方文化是以意欲向前为其根本精神,中国文化是以意欲自为调和持中为其根本精神,印度文化是以意欲反身向后要求为其根本精神。他断言,"世界未来文化就是中国文化的复兴",并说:"中国的文化复兴,应当是中国自己人生态度的复兴。"

"中国本位文化"论的正式提出是在1935年1月。由王新命、何柄松、陶希圣、萨孟雄等十位教授在上海《文化建设》月刊上联名发表了《中国本位文化建设宣言》,正式提出了"中国本位文化"的理论。其主要观点是:"此时此地的需要,就是中国本位的基础。"他们认为这也就是处理中西文化关系的准则。在中西文化的具体抉择上,他们主张,"把过去的一切,加以检讨,存其所当存,去其所当去";"吸收欧、美的文化是必要而应该的,但当吸收其所当吸收……吸收的标准,当决定于现代中国的需要"(《中国本位的文化宣言》,见《文化建设》1935年第1卷第4期)。在抽象的原则上,"中国本位文化"的提法似无大错,它毕竟提倡从中国现实的需要来吸取西方文化,但问题的关键在于究竟什么是中国"此时此地的需要",即中国当前究竟要建设一种什么样的文化,这才是问题的关键和实质。在"中国本位文化"派看来,现在有三种西方文化,即英美的资本主义、新的国家主义和苏俄的共产主义。这三样均不符合中国的国情,中国真正需要的是"第四套文化"。到底什么是第四套文化呢?陈立夫对此作了注脚:"'将我国固有之道性智能从根救起,对西方发明之物质科学迎头赶上'二语,实足为中国本位文化建设之方针也。"不难看出,这实际上就是"中体西用"论的现代版本而已。所以,中国本位文化论实际上也是偏颇的,同时还是保守的,自然会引起各方面的反驳,尤其成为"西化派"所全力攻击的对象。

1923年的"科学与人生观"的论战,虽然主要是哲学观点方面的论争,但就其政治思想和文化思想的倾向来看,也应该看作东西方文化论争的继续。在这场论战中,被称为"玄学鬼"的张君劢、梁启超是玄学派的主角,可以看作东方文化派;丁文江、胡适、吴稚晖等代表所谓科学派,可以看作西方文化派。这场争论的焦点是由科学还是由玄学解决人生观问题。张君劢认为:人生观的特点是"主观的"、"直觉的"、"自由意志的",所以人生观与科学是不相容的,只能由玄学来管。梁启超在《人生观与科学》一文中也提出,"生活的原动力,就是情感","关于情感方面的事项,绝对的超科学"。玄学派在人生态度上的观点,是和他们的政治主张密切相关的。他们反对中国的社会变革,反对西方的"偏重工商",反对发展资本主义,也反对社会主义。张君劢认为:"我国立国之方策,在静不在动,在精神之自足,不在物质之逸乐,在自给之农业,不在谋利之工商。"为了实现以农立国,就应该提倡"内生活修养之说"。

科学派与玄学派不同,主张效法欧美,发展资本主义,主张"科学在人生观上发生影响",而反对"侧重内生活之修养"。但是,他们在对"科学"本身的解释上,也是非科学的。如丁文江说:"我们所晓得的物质,本不过是心理上的觉官感触,由知觉而生概念,由概念而生推论。科学所研究的不外是这种概念和推论。"这就是说,物质并不是客观的存在,而是觉官感触的集合,所以说,这场科学与人生观的论争,从哲学意义上说,具有较强的唯心主义内部论战的色彩。

三、新民主主义文化

超脱于本位文化论与全盘西化论的一种新的文化主张,是由毛泽东后来所概括的"民族的科学的大众的文化",也就是新民主主义文化。

1937年,陈伯达、张申府、胡绳等倡导"新启蒙运动",提出发展无产阶级领导的新文化,而这个新文化应该是以科学的方法即"唯物、客观、辩证、解析"的方法总结和继承"五四"新文化运动的科学和民主传统。并指出:"这个启蒙运动应该不只是大众的,还应该带有民族性。"从而初步明确了新文化的性质和方向。

1940年,毛泽东发表了《新民主主义论》,对于新民主主义的政治、经济和文化做了经典性的阐述。关于新民主主义文化,毛泽东指出,鸦片战争以后产生的新文化,是一种资产阶级的文化形态。在"五四"运动以前,它是由资产阶级领导的,是旧民主主义性质的文化,属于世界资产阶级的资本主义文化革命的一部分;在"五四"运动以后,中国的新文化是由无产阶级领导的,是新民主主义性质的文化,属于世界无产阶级的社会主义文化革命的一部分。"五四"运动以后,无产阶级跃居于时代的前列,以无产阶级思想即共产主义思想为指导的新民主主义文化才是最先进的文化。这样,毛泽东就从新文化的阶级性和时代性的统一上,科学地解决了新文化的发展方向问题。

毛泽东将新民主主义文化的特征凝练地概括为"民族的科学的大众的文化",即中国的新文化应当具有民族性、科学性和大众性。

所谓民族性,有两层含义。一层含义是说:"它是反对帝国主义压迫,主张中华民族的尊严和独立的。"这就意味着,新民主主义文化必须为解决中国近代社会的首要任务——挽救民族危机、维护民族独立而服务。另一层含义是说:"它是我们这个民族的,带有我们民族的特征。"这是强调新民主主义文化应该具有中华民族特征,在中西文化交流中应具有中华民族主体意识。为此,毛泽东对"全盘西化"的错误主张进行了批判,指出,"中国应该大量吸收外国的进步文化,作为自己文化粮食的原料……但是一切外国的东西,如同人们对于食物一样,必须经过自己的口腔咀嚼和肠胃运动,送进唾液胃液肠液,把它分解为精华和糟粕两部分,然后排泄其糟粕,吸收其精华,才能对我们的身体有益,绝不能生吞活剥地毫无批判地吸收。所谓'全盘西化'的主张,乃是一种错误的观点"(毛泽东:《新民主主义论》,见《毛泽东选集(第二卷)》。北京:人民出版社,1967年,第667页)。这里,毛泽东强调了吸收外来文化时的主体性问题。这种主体性不仅表现为吸收外来文化时的主体选择性,而且表现在消化外来文化的能力上。即使是外国的优秀文化,也不能完全照搬过来,而必须结合中国的实际情况,经过中国人自己的"消化",使之成为中国"自己的"文化,即具有中国特点的文化。

所谓科学性,首先是指新文化的内容是科学的,"它是反对一切封建思想和迷信思想,主张实事求是,主张客观真理,主张理论和实践一致的"。其次是指新文化在方法上是科学的,主要采用辩证的方法:一是不能割断历史,二是必须批判地继承。前者同民族虚无主义划清了界限,后者同文化保守主义划清了界限。

所谓大众性,就是新文化要为广大工农大众服务,并成为他们的文化,使人民群众享有文化权。为此,毛泽东特别强调新民主主义文化"应当为全民族中百分之九十以上的工农劳苦民众服务,并逐渐成为他们的文化"。这一点对于发展新文化具有特别重要的意义。新文化运动的重要任务之一,就是要使广大人民群众掌握文化,增强民主意识,而不能让文化成为少数精英分子的垄断品。离开了这一点,新文化运动也就失去了自身的意义。

毛泽东在《新民主主义论》中所提出的文化主张,明确指出了中国近代文化发展的方向,反映了时代发展的潮流,在中国新文化的建设上起到了重要的指导作用。但是,由于历史条件的限制,新民主主义文化的建设并没有得到充分的实现,中国文化从传统到现代的转型并没有很好地完成,中国新文化建设上遗留的许多难题以及面临的许多问题,都需要中国人民长期不懈地进行探求才能最终解决。

第三节　新时期的文化建设

1949年中国共产党领导的革命取得胜利,中华人民共和国成立,中国的文化建设也随之进入了一个崭新的阶段。1949年召开的中国人民政治协商会议通过的《共同纲领》规定:"中华人民共和国的文化教育为新民主主义的,即民族的、科学的、大众的文化教育。人民政府的文化教育工作,应以提高人民文化水平,培养国家建设人才,肃清封建的、买办的、法西斯主义的思想,发展为人民服务的思想为主要任务。"

一、中国文化发展的新阶段

从1949年到1956年,中国共产党领导中国人民逐步实现了从新民主主义到社会主义的转变,在文化建设上,批判与重建并举,建设具有高度民族性、科学性、大众性的新型文化,使新中国文化事业呈现繁荣景象。1956年,毛泽东提出了"百花齐放,百家争鸣"的旨在繁荣学术文化的"双百"方针。尽管这一方针在贯彻执行过程中曾一度受到"左"的路线的干扰,但由于这一方针正确反映了学术文化发展的规律和具有鲜明的时代特征,因此还是极大地促进了我国文学、艺术、哲学、社会科学、自然科学和技术科学的繁荣与发展,使中国出现了历史上从未有过的文化复兴的时代。

这一文化复兴时代的特征之一,首先在于文化事业从由少数人掌握、为少数人服务转变为由多数人掌握、为全体劳动人民服务,因而极大地解放了文化所蕴含的精神生产力。在半封建半殖民地的旧中国,由于贫穷和落后,80%的人是文盲和半文盲,尤其广大劳动人民根本享受不到受教育的权利。通过大力普及教育,推广文化事业,新中国的教育事业有了长足的发展。根据1990年的统计,全国在校学生为19 675.58万人,其中大学生为206.47万人(1949年为11.7万人)。学龄儿童的入学率从1949年的25%增长到1990年的97.8%,文盲人数占全国人口比率从1949年的80%降低到20%左右。40年培养的各类高等学校毕业生,相当于新中国成立前36年毕业生总数的49.1倍。以提高全体人民的文化素质为目标,新中国的群众性文化事业也有了很大的发展和进步。20世纪90年代,学龄儿童入学率更是达到99%以上,文盲比率进一步缩小,高等学校毕业生数量更有突飞猛进的增长。图书报刊发行量增加了数十倍,公共图书馆、博物馆、文化馆、艺术表演团体、电影放映场所等群众性文化事业单位均成倍地增加。新中国的文物考古、古籍整理和文献出版工作的成绩也十分突出。

其次,从新民主主义文化发展而来的中国社会主义文化,是以马克思主义的世界观和方法论为指导的,因此必然要批判封建主义和资本主义的旧文化,同时又要善于从人类过去创造的文化成果中吸取有用的东西,为建设社会主义新文化提供养料。在这方面,新中国的文化建设既有成功的经验,也有挫折和失误的教训。

从1957年起,新生的人民共和国出现了一系列天灾人祸,加之指导思想的失误,新中国的文化事业也遇到了挫折。在新民主主义文化与社会主义文化的过渡衔接上,出现了加速"社会主义改造"的急于求成的做法。在思想文化建设方面,"破"字当头,以批判的思路来对待文化问题,搞唯政治化,特别是总体上对知识分子思想倾向的错误判断,导致了文化上严重的失误。

以政治代替学术，用政治斗争方式解决学术问题的错误思路，在20世纪50年代中期，集中表现在关于电影《武训传》的讨论和关于《红楼梦》的研究。本来是正常的学术研究和讨论，却采取运动和批判的方式，混淆了学术和政治的界限，打击了一批不该打击的知识分子。违背科学、文化、教育的发展规律，在这些领域中搞"大跃进"，搞一哄而起的群众运动，造成浮夸和虚假的繁荣，实际上是降低了科学、文化、教育的质量。更为严重的是，"左"的思想路线成为一种积患，在"文革"前一直未能真正从思想路线上根绝，以致为后来更大的失误埋下了祸根。

从1966年5月到1976年10月，中国经历了"十年动乱"的"文化大革命"时期。这场以"左"的思潮达于登峰造极为标志的所谓"革命"，并不是真正文化意义上的革命，相反，它是要革"文化"的命。

所谓"文化大革命"，实质上是一场摧残、毁灭文化的非理性运动。其矛头所向，所有中国历史上形成的文化传统都是封建主义的，都是反动的，都是所谓"革命"的对象。同样，西方文化是资产阶级文化，也是反动的，也要彻底消灭。这种极"左"的做法造成了严重后果，既导致了创造性地转化中国传统文化的断层，又造成了批判吸收西方文化传统的断层，给中国人民带来了无穷的苦难和创伤，不仅把国民经济推到了崩溃的边缘，而且使人民正当的民主权利丧失殆尽。在"知识越多越反动"的口号下，我国的科学技术、文化教育事业在"十年动乱"期间遭到了毁灭性破坏。

"文化大革命"可以说是一场民族的灾难和文化的浩劫，给新中国的文化建设以致命的打击。在中国重新自我封闭，沉醉于"破四旧"（"四旧"指旧思想、旧文化、旧风俗、旧习惯）和"反修防修"，"白卷英雄"耀武扬威，鼓吹"知识越多越反动"之时，世界却在飞速地发展。曾几何时，在战败的废墟上重建的日本，已赫然跃居世界经济第二大国；号称"东亚四小龙"的中国的台湾和香港地区以及新加坡、韩国抓紧时间，在20世纪六七十年代成功实现了经济起飞。中国整整贻误了20年的宝贵时间。等到结束"十年动乱"，粉碎"四人帮"，对外开放政策重新打开中国人的眼界，中国人才惊愕地发现，当我们的工业化还尚未最终完成时，世界已经开始进入信息时代，中国已被远远地抛在后面了。

当然，我们也要看到，十年"文化大革命"的迷误只是一种暂时的历史倒退现象，因为新中国的成立、生存和发展这一事实本身就决定着中国文化不断进步的总的趋势是不可逆转的。

二、20世纪80年代的"文化热"

党的十一届三中全会以后，中国共产党开始着手纠正"文革"的失误，实行改革开放的政策，中国的文化建设又开始复苏，人们的文化视野得以不断拓展。伴随改革开放由经济到政治层面的不断深入,在思想文化领域出现了一个持续十余年的文化研讨热潮。从时间上看,这一热潮主要发生在 20 世纪 80 年代,所以人们一般称之为 80 年代的"文化热"。

任何一种文化现象的出现,无不有其深广的社会历史背景,往往是政治、经济、社会等多种因素的综合反映。20 世纪 80 年代兴起的"文化热",持续时间之长、涉及范围之广,讨论之深入和热烈,均属以往所少见。其出现的原因,最根本的是对造成民族巨大灾难的十年"文革"浩劫的反思,是一次思想大解放,也反映着中国人民对中国走向现代化的渴求。总之,"文化热"的出现,绝不是偶然的,它是在中国的社会主义改革和对外开放中应运而生的,是改革开放的巨大社会变革在人们思想深处引起共鸣的必然反映。改革本身是一场深刻的革命,不可避免地会发生新旧两种经济体制以及新旧两种观念之间的对立和冲突。我国几千年积累下来的文化观念,并不是与市场经济和工业社会相适应的文化观念,而是农业社会的观念、封建宗法观念和小生产的观念。从戊戌维新到辛亥革命,再到"五四"运动,我国近代发生的旧民主主义革命和新民主主义革命,以及新中国成立后的社会主义革命,都没有能彻底完成破除旧观念的消极影响的任务。我们历史上的"左"的错误,特别是"文化大革命"的巨大失误,使潜藏在我们民族心灵深处的一些落后观念得以表现出来并泛滥成灾。时至今日,反映这些观念的平均主义、重农轻商等僵化保守的传统习惯和社会心理,还在妨碍着社会主义市场经济的发展,成为影响改革开放深入发展的阻力。在政治生活中,官僚主义、以权谋私、贪污腐化现象的屡禁不绝,以及社会上的"官本位"思想、等级观念等,民众中封建迷信活动的回潮,无一不与传统文化中消极落后的方面相联系。改革就是要打破人们的思想禁锢,消除人们的落后观念,必然要涉及人们的生活方式和思维方式,必然要引起人们思想深层的震动。因此,这场全民族的思想解放运动不可避免地会引发人们对文化的反思、关注和讨论。各种思想观点的碰撞、交锋以至形成"文化热",也就是十分自然的事情了。

80 年代的"文化热",主要表现在当时全国各地先后围绕文化问题召开了各种类型的座谈会、研讨会,对文化方面的问题,尤其是对传统文化的现代价值问题进行了广泛而深入的探讨;在一些高等院校和科研单位,陆续建立起一批研究文化的机构和团体,并由这些机构创办了若干文化研究刊物。在众多报刊和出版机构的推动下,有关文化研究的成果如雨后春笋般涌现出来。据不完全统计,仅 1985 年至 1986 年公开发表的研究文化的论著,就达 200 多种。估计整个 80 年代出版的文化研究著作可数以千计。而从 1949 年至 1979 年的 30 年中,中国内地出版的文化学著作只有《中国文化史要论》一种。因此,总的来说,80 年代的文化研究与讨论,表现出以往几次文化讨论所不曾有过的新内容和新特点,它所取得的成就是巨大的、多方面的，对中国在新时期的社会主义文化建设起到了强有力的推动作用。

如果作一个简略的归纳，80年代的"文化热"主要表现出以下四个方面的特点。

一是广泛性。20世纪80年代的"文化热"已远远超出了传统的文、史、哲研究的学科范围和领域，成为全民族关注、参与的一种热潮。伴随着对传统文化的反思，人们对文化研究采取全方位、多角度的研究方法，人们的思想观念、社会心理、思维模式、行为方式、伦理道德、审美情趣、文化比较等都成为研究的热点。文化已不再是学者的专利，而是和大众生活结合起来，开辟出企业文化、校园文化、旅游文化、饮食文化等新的文化学研究分支。

二是现实性。"文化热"是伴随着改革开放的深入而兴起的，在对"左"的思潮进行反思，对改革开放问题进行文化视角的研究中，人们的思想再次获得了大解放。可以说，"文化热"与改革开放的进程是息息相关的，是直接为改革开放服务的，它促进了社会主义精神文明的建设，具有思想解放的意义。

三是深刻性。与"五四"时期的文化论战相比，80年代的"文化热"已不再是绝对地、片面地进行诸如中西文化孰优孰劣的论战，而是在马克思主义已经在中国传播和实践之后，以开放的心态，对思想文化问题进行深刻的思考。"文化热"的视野比"五四"时期广阔得多，文化的内涵也深刻得多，对文化问题的反思也要成熟得多。简言之，80年代的"文化热"已不是"五四"时期中西文化论争的简单重复，而是意味着历史已进入了一个更高的循环层次。

四是世界性。在改革开放的新形势下，中国当代的文化思考已把自己置于世界文化的背景之中，把民族意识和全球意识结合起来，把民族精神与时代精神结合起来，带有改革开放的时代特征。它以多维视野反省中国文化，审视世界文化，承认世界文化的多元格局和互补性。在全球经济一体化进程空前加剧的今天，再也不可能在封闭的情况下孤立地进行文化研究，中国当代文化必然要受到世界文化思潮的影响。事实上，在80年代的"文化热"中，除以中国内地学者为主导力量而外，还有热衷于中国文化研究的西方"汉学家"以及港台学者的参与，具有广泛的对话渠道和世界性的关注意识。

"文化热"从主流上来看，是与中国改革开放的方向一致的，对我国社会主义新文化建设的推动作用不可低估，但在这场大讨论中，也不可避免地夹杂着一些不甚和谐的音调，有某些比较偏激的主张，这些观点大致有以下几种。

全盘西化论。这种论调比"五四"时期的西化派有过之而无不及，宣称要"全方位开放"，不加选择地引进西方文化。在这种理论指导下，有人鼓吹中国要当"三百年殖民地"才有可能走上现代化的进程。可见，如果说20世纪二三十年代的"全盘西化论"还不失为一种文化主张，人们还可以从中获得一些可供借鉴的思想资料的话,那么,80年代的新的"全盘西化"论则毫无积极的文化意义可言,只是一种毫无掩饰的民族虚无主义和崇洋媚外意识,在政治上也是毫不可取的,实际上是要想效法西方走资本主义道路。

彻底重建论。一些人认为,立足当前来审视过去,中国的文化传统在总体上已一无是处,必须以不调和的态度,"根本改变和彻底重建中国文化","以反传统的态度来继承传统",通过"全力动摇、瓦解、震荡和清除旧传统",使中国文化得到彻底的置换。这种对中国传统文化不做具体分析的主观主义形而上学观,是一种不负责任的偏激化、情绪化的产物,显然有悖于马克思主义的辩证唯物论。文化传统可以创新、转换,但是不能随便割断、抛弃,也不能随意把今天所犯的错误,统统挂在传统的账上。

儒学复兴论。这是"文化热"中相对趋于保守的观点,但到20世纪90年代演为"国学热"。持这种观点的人认为,中国社会的出路在于文化出路的解决,而文化出路的根本解决又在于儒学的复兴。

20世纪80年代的文化讨论中,还涉及"西体中用"、"新启蒙"等不同的思想主张,都必须从马克思主义的理论原则出发,给予具体的分析和评价,不宜简单赞成或反对。

三、20世纪90年代的"国学热"

1."国学热"的兴起和繁荣

进入20世纪90年代后,以弘扬传统文化为主调的"国学热"迅速兴起。1990年10月,中国孔子基金会和联合国教科文组织联合举行了"孔子诞辰2540周年纪念与学术讨论会"。五大洲20多个国家和地区的300多位学者和知名人士出席了大会。此次会议论文集收入与会者论文180篇,共计200余万字。会议提出了探索"孔子及中国传统文化的现代价值","建设具有民族特色的、适应时代要求的新文化"的任务。从总体上看,这是一次学术性重于现实性的讨论会。儒学的基本精神、内在结构、理论的发展演变等,是会议的中心议题。在这次会上,已经没有过去那种激烈批判的论调,对儒学在现代社会的作用加以肯定和基本肯定已明显地成为主流思想。

1992年,中华孔子学会、四川省孔子研究学会和四川德阳市对外文化交流协会共同主办的"儒学及其现代意义国际学术研讨会"在四川德阳市召开。这次会议明确地以探讨儒学的现代意义为宗旨。儒学与现代化协调论几乎已成为会上压倒一切的声音。与会者讨论了"关于儒学的现代意义"、"关于儒学与东南亚经济发展"、"关于儒学的教育、伦理思想及其现代意义"等三大主题。每一主题的讨论都集中在探讨儒学与现代化的相成关系之上,即使为数不多的学者认为原始儒学开拓不出现代社会来,也只是主张儒学革新。这表明从80年代的"文化热"到90年代的"国学热",学界对儒学的讨论已经发生了从否定到肯定的根本性转变。

以弘扬传统文化为主旨的"国学热"到1994年达到高潮。把这一讨论推向高潮的契机是当年10月中国孔子基金会在北京主办的"孔子诞辰2545周年纪念与国际学术讨论会"。有来自全世界20多个国家和地区的300多位代表莅会。这是一次规模空前的学术盛会,与会者从多层面、多角度更广泛地探讨了儒学在现代化建设中已经发挥出的诸多积极作用及其在21世纪将产生的重大意义。会议不仅高度评价了儒学重视教育、重视道德修养对现代社会的积极作用,并提出了儒学普及的任务。当时,我国教育部门正在编定并陆续出版《中国传统道德丛书》,通过各种渠道大力推广。

此后,国内陆续出版了一系列儒家经典和其他国学名著的现代汉语译本,对普及儒学起了重要作用。可以说,在几年之间,中国全社会对儒学思想和精神的了解超过了以往任何时期。学界对儒学的讨论基本沿着1994年大会形成的方向——努力探讨儒家思想对现代化建设的意义的方向——进行,其间尽管也还时有不同声音出现,但相对而言已十分微弱,几乎未再引起注意与反响。持儒学与现代化协调论的学者对儒学在未来的命运已抱有颇为乐观的看法。有学者在1998年初发表的一篇论文中说:"在一个很长的时期内,许多人曾经认为,东方的传统思想与市场经济是不相容的,只能起阻碍作用,因而对传统文化抱否定的态度。围绕这个问题曾经有许多争论。现在这种观念已经被打破了。近几十年东亚的一些国家和地区走出了一条具有东方特色的发展道路,它们的发展证明了,在保存东方文化教育的前提下,同样可以走上现代化的道路,而且可以有高速度的发展。""东亚经济发展的事实确实证明了,儒学和东方传统思想可以在市场经济的发展中起积极的作用。这一点已经不用再争论了。"这是一个颇具代表性的见解,它体现了学界当时对儒学和中国传统文化的基本看法,也是大陆学界诸流派在儒学与现代化关系问题上共同心态的写照。

2."国学热"关注的重点由"冲突论"转向"协调论"

儒学与现代化之间具有协进关系的持论,尽管20世纪90年代中期才成为中国文化讨论的主流观念,但此类持论也是与80年代及其他各个时期的中国文化讨论相始终的观点。而且,就整个80年代的讨论来看,持此类观点的学者及其著述的数量之多远非"冲突论"可比。仅90年代前期的几次文化讨论会,即纪念孔子诞辰2540周年、2545周年国际学术讨论会和1992年四川德阳"儒学及其现代意义国际学术讨论会"论文集收入的论文就多达400余篇。纵观近20年文化讨论中大量持儒学与现代化具有协进关系著述的思想来源主要有下述几种。

第一,来源于人类文化发展的共时性理论。在1986年1月北京大学哲学系和中国文化书院举办的中国文化讲习班上,尽管儒学与现代化冲突论备受重视,但也有部分学者指出,人类文化发展史表明,东西方文化各自的价值都曾大放异彩,并未出现世界各民族文化殊途同归,走向以西方文化为范式的大一统现代文化的趋势。论者强调中国文化、西方文化各有自己的民族性和时代性,强调两种文化并非一个统一的文化发展序列的不同阶段形态,而是各有自己的发生发展历程、各有各的价值、各有各的现代化形态的共时性存在。现代化建设不存在一个以某个先进文化取代一个落后文化的问题,中国的现代化建设只能在中国自己的长期历史发展过程中形成的以儒学为主流的传统文化基础上进行,或者说中国的现代化只能由以儒学为主体的传统文化提供其不可或缺的价值支撑和传统依凭。

第二,建基于东亚儒学文化圈经济发展的巨大成就。近半个世纪以来,东亚经济长足进步,取得了举世瞩目的巨大成就。在20世纪80年代中期,就有部分学者站在过去30年我国的台湾地区以及韩国、日本等国经济奇迹的支点上,提出"儒家的价值观和思想,不仅与现代资本主义的实质相互协调,而且前者还包含着后者产生的原因,或动力"的见解。到90年代,随着儒学价值肯定声浪的日益高涨,不少学者对"21世纪是儒学的世纪"、"21世纪必将在全世界复兴儒学"、东亚经济的发展是"儒家资本主义"的成功等观点采取了迎受的态度。在1994年前后举行的三次儒学与现代化大型学术讨论会上,有相当多学者持这一观点。认为"亚洲四小龙"的经济腾飞,说明儒家思想与现代化是可以协调的,儒家伦理对实现现代化具有积极的推动作用。

第三,出自对现代性负面影响的认知。西方后现代主义思潮的兴起为儒学现代价值肯定论提供了又一个颇为有力的基础。海内外许多持儒学与现代化协进关系论的学者在肯定儒学在现代社会的价值时,都自觉或不自觉地沿后现代主义反叛现代性的理论提出问题和回答问题。绝大多数学者认为,不管儒学对现代化的正面有何作用,但它对消除现代化的负面影响具有重大意义。它不是现代文明的助产士,却是现代文明的医师。有学者指出,在现代化的初、中期,儒学主要是一种负面力量;在现代化的中后期,即在现代工业社会中,儒学的潜在价值开始显现出魅力。在日益陷入效率与技术旋涡的现代工业社会,儒学的有机整体人本主义是一个把人带到既能与自然又能与天(价值源)互接交流的世界中心,并使人成为现实世界与机器世界两者的主人的合理方案。这类观念颇具代表性,既有对儒学的现代意义持悲观论的学者,也有对儒学在后工业时代的前途抱有乐观的见解。

第四,从儒学理论结构中发掘现代化的动力因素。这主要体现在以下几个方面。①儒学的整体观与现代科学精神具有协调性。②儒学关于和谐、稳定、有序、公道、正义、权利、义务等思想与现代法制观具有一致性,儒学对现代化法制建设具有思想上的推动作用。③孔孟的"独立人格意识"与现代社会的个性解放相适应。

从这些思想资源中可以开发出现代社会需要的现代人生价值观。④儒家伦理思想对现代化具有推动作用。现代化建设是充满挑战与危机的进程。儒家伦理提倡的"社会责任感、历史使命感转化来的精神力量","是一种社会整体的觉醒意识",必然转化为现代化建设中迎接挑战、战胜危机的动力。儒家"齐家"和"孝"的伦理精神所具有的道德力量召唤人们向社会和家庭奉献自己的精力和劳动,这种传统精神"也能转化为一种推动现代化运行的动力因素"。⑤儒家学说的开放精神与中国现代化进程指向一致。中国的现代化正是要"光大中华民族传统的开放精神,既充分发挥和利用本民族历史上的优秀成果,又吸收与利用外民族直至全人类的优秀文化成果",以"加快现代化步伐"。⑥儒学在现代管理中具有积极作用。论者认为,"儒学所包含的许多做人准则"都可"推而广之",成为成功的经营者的经营指南,成为现代管理科学中有益的组成部分。

当然,以儒学为代表的传统文化本身并非尽善尽美,更不是包医百病的神丹妙药。何况未来社会应是多元文化相互撞击、相互融合的时代。因此,主张批判地吸取传统儒学中的有价值的思想来进行文化建设,是积极的和可取的,但要一厢情愿地恢复儒学在中国的统治地位,使儒学重新成为一种官方哲学,则又是不可取的,只能是历史的倒退。不过,随着中国的"和平崛起",中国传统文化中的精华更会深入人心。西方文化的负面性越来越被人们所认清,而中国传统文化的闪亮点却越来越耀眼。21世纪的文化中,中国文化将占据越来越突出的地位,我们期待着这一天的早日到来。

第四节 中国文化发展的展望

一、21世纪中国文化的走向

人类已经迈进21世纪,在这一个新的世纪中,中国文化的走向究竟如何,世界文化发展的趋势又究竟如何? 这是值得我们认真思考的问题。

自冷战结束后,文明冲突的声浪又起,宗教纷争、种族冲突每每演化成流血的国际争端或内战,以至有的学者预言,"新世界的冲突的根源主要的将不是意识形态上或经济上的,人类的巨大分化以及冲突的支配性根源将是文化上的……文明的冲突将导致全球政治的冲突"(亨廷顿:《文明的冲突》。见《二十一世纪》1993年6期)。面对新的一轮文明冲突,中国文化将如何自处? 我们认为,在文明间的暂时冲突和错综复杂的文化纷争局面下,我们绝对不应丧失对人类文明发展前景的信心,绝对不能迷失中国文化发展的根本方向。从长远来看,人类文明的发展应是

第十一章 中国传统文化的现代化

从冲突走向融合,从纷呈走向归一,从而达到人类优秀文化的共享。所以,21世纪中国文化的走向将遵循两个相互联系的方向,即充分的现代化与充分的世界化。

中国人和中国文化的现代化是中国社会现代化的前提。中国文化的现代化实质上就是要实现中国传统文化的现代转化。实现这种现代转化有三个方面的工作要做。

1. 要让传统文化与现实生活发生密切关系

要让优秀传统文化充分展现其价值,与现实生活发生密切的关系。文化本来是生活的创造,来源于生活,它的功用和价值也就在于干预和指导生活。但是,中国传统文化本身在漫长的历史时期中,过分注重内在的个性修养和人格的完善,不太注意实用和功利,这和现代社会、现代生活是脱节的,也影响了传统文化价值的发挥。要想使古老的中国传统文化走向现代化,就要使它走进人们的生活,指导人们的生活。换言之,就是要使优秀的传统文化渗透中国人的人生观、价值观、伦理观,经适当转化后,成为现代人不竭的精神源泉,使现代中国人能在横流的物欲和激烈的竞争中始终保持清醒的文化头脑,不失其赤子之心。

2. 要把传统文化应用于现代社会管理与现代经济发展之中

要努力把传统文化应用于现代社会管理与现代经济发展之中,在社会发展中来体现传统文化的价值。经济发展离不开文化建设,通过文化建设来促进经济发展,在东南亚社会特别是在新加坡取得了成功的经验。在那里,东方文化在创造东南亚经济奇迹中起到了重要的作用,当然也合理地吸收了西方文化的长处和优势,用以调整和控制社会的政治体制和经济组织的运行机制、人际关系的和谐等,从而创造了以东方文化为背景走向现代化的思想范式。根据新加坡等国的发展经验,我国在建设社会主义市场经济体制的过程中,应特别注意提倡"物质文明"与"精神文明"的同步发展。所谓"精神文明",主要是指一个社会的道德水准和社会风尚,很大程度上又依赖于对优秀传统文化的继承。通过"精神文明"建设可以直接推动社会管理体制和经济管理体制实现现代转化。

3. 使传统文化与现代文化相交融

使传统文化与现代文化相交融,创造出一个适应现代社会发展,满足现代社会生活需要的理论形态和思想结构,这是中国思想文化走向现代化的重要标志。一方面,在保持优秀传统文化的精神追求和内在价值时,要吸取现代文化的思想形式,使之与现代文化接轨;另一方面,要对传统文化进行现代诠释,使人人都能领会其精神价值,人人都能接通自己的心灵。通过两方面的转化,创造出一种能融合古今的新的思想结构和新的理论形态。

在中国传统文化向近代转变的艰难历程中,特别是中国文化与西方文化的交流与撞击中,中国文化既显示了其优秀的品质和丰富的内涵,同时也暴露了其种种缺陷与弊端。其优秀品质主要表现为以下几个方面。

(1)中华民族的独特而曲折的历史经历,磨砺出了一种刚健奋进、沉毅坚韧、礼让互助、克己奉公的精神

这是几千年形成的我们民族的灵魂,是我们民族被誉为"礼仪之邦"的核心所在,是不可或缺的精神资源。恰恰在这些方面,是我们现实生活所缺失的。文化的重建,首先要在精神上"补钙",使之足以支撑起一个民族的脊梁。这一任务对于当今的人文工作者可谓任重道远。

(2)中国传统文化以"兴灭国"、"继绝世"、"举逸民"为代表的博大、宽容的人文精神具有顽强的生命力

这是中华民族的民族内聚力与文化同化力的象征,是在人道的基础上联合全民族的精神纽带。中国在历史上多次沦于外来民族统治之下,文化始终没有断裂,反而把入主民族的文化同化入中华民族。这其中的原因,关键在于这种符合人性的中华文化的生命力与凝聚力。只要文化在,民族就不会解体,一旦文化灭亡了,也就意味着民族的真正灭亡。世界上许多盛极一时的民族相继在历史上消失,中华民族却世代相传。这一观念把文化与民族的关系讲得十分清楚,同时也说明了传统文化在中华民族生存与发展中的重要地位。

(3)传统文化具有很强的吸收、消化外来文化的功能

就中华民族的传统文化自身的发展过程看,确曾吸取了不少外来文化的养料。这一功能与儒家经典《易经》倡导的变易思想以及儒家见贤思齐的思想有关。另外,应当指出的是,不管怎样吸收外来文化,传统文化的基本精神却是由本土文化所规定的,由外部输入的文化因素,最终还要经过儒家思想的消化和吸收。中国文化史上有所谓儒释道"三教合流"的有趣现象,在西方一些国家是无法想象的。这也表明以儒家思想为主体的传统文化兼蓄并包的历史特质。

(4)民族、爱国传统和大同理想

在中国古代,产生了主张仁政、反抗暴政的现实主义传统以及天下为公的思想和理想。中华民族古代文化发展的过程,就是在不断同黑暗、愚昧作斗争中逐渐得到启蒙和觉醒的过程。中国古代还产生了"民本"思想。虽然这并不是近代的民主,也不可能摆脱封建思想的制约,但却是中国古代比较富于原始民主性和人民性的精神成果。这些都是中国传统文化不可磨灭的、宝贵的历史遗产。

(5)不尚玄虚,直面社会现实生活

章太炎先生说:"国民常性,所察在政事日用,所务在工商耕稼,志尽于有生,语绝于无验"(章太炎:《驳建立孔教论》,见《章太炎政论选集(下册)》,第689页)。这种"君子务实"的思想,比较确切地刻画了以农业为主体的中国人"重实际而黜玄想"的民族性格。在务实的基础上,中国传统的优秀文化力图从各个历史时代所提出的迫切现实问题出发,"究天人之际,通古今之变",探求宇宙、社会发展的趋势与规律,寻求"治世之道"。它具有强烈的使命感、责任感,"天下兴亡,匹夫有责",经世致用,救世之危,济世之穷,力求"富天下、强天下、安天下"。这种优秀的文化传统为21世纪中国文化的重建提供了基础性的精神资源。

虽然经过伴随现代化进程的一系列巨大的历史变迁,中国传统文化体系已经瓦解,新的文化体系已粗具规模。但是,由于种种历史原因,中国文化的现代化与传统价值观的冲突并没有得到完善的解决。这一方面表现在对传统文化中积极健康、充满活力的因素继承发扬得很不够;另一方面表现在对其中消极陈腐、不利于现代化的东西批判得还不彻底。因此,这些都与我们的社会主义现代化建设发生着尖锐的冲突。中国传统文化的弊端主要表现在以下几个方面。

(1)平均主义传统与社会主义各尽所能按劳分配原则的冲突

平均主义思想既是"重农抑商"的原因,又是其结果。它反映了儒家治国安民的理想手段,如孔子所说:"不患寡而患不均,不患贫而患不安。"这种平均主义思想与中国文化中知足、安贫、不争、克己等一系列反映农业经济特点的价值观念相协调,成为支配人们行为模式的普遍理想和要求,甚至成为农民起义、改朝换代的思想武器。这一传统的价值观念与小农经济相适应,与现代社会、特别是与社会主义社会各尽所能按劳分配的原则相抵触,严重扼杀了人们积极性、创造性的发挥。

(2)因循守旧的传统与现代革新创造精神的冲突

中国几千年的农业社会,形成一种安于现状、因循守旧、不思进取的思想习惯,缺乏对于未知事物的强烈兴趣和对新知识的渴望。"述而不作","率由旧章",懒于变革,不愿变革,这同现代社会不断探索未知领域,不断弃旧图新,讲求创造与革新的精神是格格不入的,与现代化的发展恰相冲突。

(3)家长制(权威主义)传统与现代民主平等精神的冲突

中国长期农业经济和宗法社会赖以生存的基础是家庭。中国传统的家庭主义以一整套家规、族规、家教培养了每个人对家庭、家族的归属感、依附感和认同感。父母要求子女顺从、孝敬,"孝亲"成为中国的道德本位。强调家庭本位和"孝亲"的结果,使个性的发展受到限制,往往屈从于独断的权威或传统的家庭礼教,失去了独立的人格。在"父为子纲"的伦理关系的长期束缚下,养成了一种一切听命于"一家之长"的传统观念。在"家长"的管理下,子女无权过问家长的事情,而家长却可以操纵和代替子女的事情,这样就造成了一种家庭关系中的不平等。这种不平等的关系又被逐渐推广到整个社会,造成君与臣、官与民、上级与下级、领导与群众之间的"管"与"被管"的关系。现代社会中所顽固存在的封建家长制作风,作为传统文化的遗存,与现代的平等观念严重冲突。

封建专制主义权威传统的另外一种表现是尊官贵长。在这种观念的束缚下,往往把"民主"当作"长官"的恩赐,不敢争取。这种观念与社会主义民主精神处于对立地位。

(4)人治传统与现代法制精神的冲突

中国自古以来,就有深厚的人治传统,《中庸》中的"人存政举,人亡政息"便是比较典型的人治观念。这种观念认为政治好坏完全取决于为政之人本身品格和道德的好坏,因此不论为政者还是平民百姓,都把希望寄托在圣君贤相、清官廉吏的身上,而很少从制度上、法制上考虑为政的根据与方法。这种不重法制而重人治的传统一直延续到近现代,形成一种牢固的价值观念,并以此判断政治的得失。显然,如果不改变这种传统价值观念,即使有种种立法,建立起法制制度,也难以真正实行。

综上所述,可以看到中国传统文化的确存在不适应现代化的一面,否则,就很难理解为何"五四"一代人会提出如此激烈的反对封建传统的口号,为何近代史上的仁人志士总是在向西方寻求真理。对中国文化进行综合调整,使之适合现代社会的需要,是一项复杂和艰巨的文化系统工程,只有通过这项文化改造工程,克服中国传统文化与现代化的种种冲突的方面,中国文化才能最终实现自身的现代化,这是一个客观的事实。当然,这并不意味着中国传统文化已积弊重重,一无是处,必须彻底摧毁,从根本上全盘抛弃中国的传统;而是说,我们在继承传统的同时,又要有一种理性的批判精神,不继承和发扬传统文化中的优秀成分与拒绝接受新思想新观念,对中国文化的现代化来说,都同样是不可取的。

中国文化的现代化与中国文化的世界化是密切相关的。随着科学技术日新月异的飞跃发展,尤其随着人类社会开始进入以知识经济为主体的信息社会时代,世界正在更紧密地连成一个整体,任何地区和民族文化的发展都离不开世界文化的相互影响和共同发展。所谓中国文化的世界化,一方面是中国文化走向世界,另一方面是世界文化走进中国。这是中国文化自身发展的需要,也是世界文化和人类文明不断发展的需要,是一种必然的历史发展趋势。21世纪将是一个怎样的世纪呢?和平与发展仍将是人类社会的主题,世界未来文化的发展趋势将是东西方文化的渗透、互补与相互融合。在过去的世纪里,西方社会的物质得到了高度发展,为人类文明的整体进步作出了巨大的贡献,相比之下,东方相对落后了。但是,第二次世界大战以后,东亚的崛起,特别是最近二十年中日本、新加坡、韩国以及中国经济的高速发展,说明东方正在迅速地追赶西方,21世纪将是东方和西方激烈竞争的世纪。中国文化将对21世纪人类争取和平与发展作出更大的贡献。在科学技术高度发达的当今世界,人类面临种种危机的困扰,如生存环境的危机、价值信仰的危机、道德与精神追求的危机等。以"天人合一"观念为哲学基础,强调伦理道德的中国文化在解决当今人类所面临的危机上和西方文化相比,具有特殊的作用和价值。

但是，我们并不能据此认为东方文化又会压倒西方文化而成为21世纪的主流文化。那种认为"21世纪是东方文化的世纪"的提法并不正确，不能强调哪一种文化优越于哪一种文化，只能比较哪一种文化有何长处，哪一种文化有何短处，达到不同文化之间取长补短的目的。世界文化应该永远是多元的和多彩多姿的，应该不断吸取各国优秀文化，不断建设与丰富人类的整体文化。中国文化的优秀部分将被人类未来所创造的文化与文明所吸取，将为人类未来的文化增添新的光彩。总之，中国文化越是现代化，就越是要充分地世界化。在21世纪，中国文化应大踏步地走向世界，我们要努力做到向西方进一步传播中国文化，让西方和世界更多地认识中国和中国文化，同时，我们也要进一步认识西方文化，使中西方文化在新的世纪中达到新的交融、新的发展。

二、21世纪中国文化建设的指导原则与途径

弹指之间，21世纪已走过将近五分之一的历程，世界变化更大。科学技术日新月异，人类进步一日千里，"百花齐放，百家争鸣"。在这样的时刻，我们更需要一种共同的"精神家园"。

党的十八大以来，习近平总书记高度重视和弘扬中国优秀传统文化，在多次讲话和相关著述中都有论述。例如：在党的十八届一中全会当选中共中央总书记后，他在会见中外记者发表的讲话中强调：我们中华民族是伟大的民族，在五千多年的文明发展历程中，为人类的文明进步作出了不可磨灭的贡献；在十二届人大一次会议当选国家主席后，他在讲话中指出：实现中华民族伟大复兴的中国梦，创造全体人民更加美好的生活，任重而道远，"功崇惟志，业广惟勤"，需要我们每一个人继续付出辛勤劳动和艰苦努力。习近平总书记关于继承和弘扬我国传统文化的思想，站在当代中国和世界发展的平台上，与时俱进地阐明了科学对待传统文化的基本原则。

就继承而言，习近平仍然坚持取其精华，去其糟粕；批判改造，推陈出新；古为今用，洋为中用的方针。他多次指出：传统文化在其形成和发展过程中，不可避免会受到当时人们的认识水平、时代条件、社会制度的局限性的制约和影响，因而也不可避免会存在陈旧过时或已成为糟粕的东西。这就要求人们在学习、研究、应用传统文化时坚持历史唯物主义立场，古为今用、推陈出新，结合新的实践和时代要求因势利导、正确取舍，而不能一股脑儿都拿到今天来照套照用。他在解释"古为今用"时说：这就是以古鉴今，对于"古"，要有鉴别地对待，要扬弃地继承，使其在新的时代条件下发挥积极作用，而不能搞厚古薄今、以古非今。对于外国文化，他指出：中华文明与世界各国文明在相互学习借鉴中，要坚持从本国本民族实际出发，坚持取长补短、择善而从，讲求兼收并蓄。但兼收并蓄不是囫囵吞枣、莫衷一是，而

是要去粗取精、去伪存真，经过审慎的鉴别和扬弃后使之为我所用。

就与时俱进和与世俱进而言，习近平更加强调弘扬优秀传统文化，把弘扬优秀传统文化、吸纳人类先进文化和发展现实文化有机统一起来，紧密结合起来，在继承和吸纳中发展。他说：中国共产党人是马克思主义者，坚持马克思主义的科学学说，坚持和发展中国特色社会主义，但中国共产党人不是历史虚无主义者，也不是文化虚无主义者，而是中国优秀传统文化的忠实继承者和弘扬者。我们从来认为，应该科学对待民族传统文化，不忘本来才能开辟未来，善于继承才能更好地创新。优秀传统文化是一个国家、一个民族传承和发展的根本，如果丢掉了，就割断了精神命脉。我们要努力实现传统文化的创造性转化、创新性发展，使之与现实文化相融相通，从传承优秀历史文化基因和延续民族文化血脉中开拓前进，完成以文化人、以文育人的时代任务。同时，习近平还指出：我们不仅要了解中国的历史文化，还要睁眼看世界，了解世界上不同民族的历史文化；对人类社会创造的各种文明，我们都应该采取学习借鉴的态度，都应该积极吸纳其中的有益成分，使人类创造的一切文明中的优秀文化基因与当代文化相适应、与现代社会相协调，把跨越时空、超越国度、富有永恒魅力、具有当代价值的优秀文化精神弘扬起来。习近平强调，继承优秀传统文化要与时代发展相适应，与现代社会相协调，这一原则将会使中华民族博大精深的灿烂文化更加发扬光大。

2014年9月24日，习近平总书记在纪念孔子诞辰2565周年国际学术研讨会的讲话中指出，中国优秀传统文化的丰富哲学思想、人文精神、教化思想、道德理念等，可以为人们认识和改造世界提供有益启迪，可以为治国理政提供有益启示，也可以为道德建设提供有益启发。首先中华优秀传统文化中关于道法自然、天人合一的思想，关于苟日新日日新又日新、革故鼎新、与时俱进的思想，关于中和、泰和、求同存异、和而不同、和谐相处的思想，体现了中国人关注整体、关注事物普遍关联、关注变化发展的思维倾向，成为区别于西方主客二分互相分离、关注个体的东方思维模式，体现了深邃的哲学智慧，是中华优秀传统文化的思想基础。其次，在与思想观念的相互作用下，中华优秀传统文化形成了注重整体价值与和谐共生的价值取向，关于天下为公、大同世界的思想，关于自强不息、厚德载物的思想，关于以民为本、安民富民乐民的思想，关于为政以德、政者正也的思想，关于仁者爱人、以德立人的思想，关于以诚待人、讲信修睦的思想，成为中华优秀传统文化的主要内容，展现出了高度成熟的道德文化形态。最后，中华优秀传统文化不同于有宗教传统背景的文明，它在发展初期就形成了以人为本、关心社会人生的人文精神，关于脚踏实地、实事求是的思想，关于经世致用、知行合一、躬行实践的思想，深刻塑造了中华民族的民族性格，使中国人形成了务实、入世的人生态度。可以说，思想观念、传统美德、人文精神这三个方面相互贯通、互为支撑，共同构成中华优秀传统文化的有机统一体,是今天我们传承发展中华优秀传统文化的主体内容。

"丝绸之路"是中国古代连接亚洲、非洲和欧洲的商贸路线,成为东方与西方经济、政治、文化交流的主要通道,并形成以和平合作、开放包容、互学互鉴、互利共赢为特征的"丝绸之路"精神。习近平借用"丝绸之路"历史符号,2013年在哈萨克斯坦提出共同建设"丝绸之路经济带"、在印度尼西亚提出共同建设"21世纪海上丝绸之路",旨在唤起沿线国家历史记忆,继承和发扬"丝绸之路"精神,把中国发展同沿线国家发展结合起来。"一带一路"倡议顺应时代要求和各国发展愿望,具有深厚历史渊源和人文基础,彰显中国作为"负责任世界大国"的责任意识和担当意识。通过"一带一路"倡议,中国展现出一个拥有深厚历史底蕴的大国应有的胸怀和心志,"以天下为己任",大力弘扬中华文化优秀传统,积极承担国际责任和义务,在实现自身发展的同时为人类共同发展进步作出积极贡献。

当前,国际形势呈现世界多极化、经济全球化、文化多样化和社会信息化等前所未有的"新常态",日益严重的环境保护问题、气候变化问题、资源短缺问题、网络犯罪问题、恐怖主义问题等,对国际秩序和人类生存构成严峻挑战。人类只有一个地球,各国共处一个世界,"人类命运共同体"意识逐渐成为各国共识。习近平初任党的总书记时就指出,国际社会日益成为一个你中有我、我中有你的"命运共同体",面对世界经济的复杂形势和全球性问题,任何国家都不可能独善其身。因此,要以"命运共同体"的新视角,寻求人类共同利益和共同价值的新内涵。2014年习近平在德国指出:"中华民族是爱好和平的民族,一个民族最深沉的精神追求,一定要在其薪火相传的民族精神中来进行基因测序。有着五千多年历史的中华文明,始终崇尚和平,和平、和睦、和谐的追求深深植根于中华民族的精神世界之中,深深溶化在中国人民的血脉之中。中国自古就提出了'国虽大,好战必亡'的箴言。'以和为贵''和而不同''化干戈为玉帛''国泰民安''睦邻友邦''天下太平''天下大同'等理念世代相传。中国历史上曾经长期是世界上最强大的国家之一,但没有留下殖民和侵略他国的记录。我们坚持走和平发展道路,是对几千年来中华民族热爱和平的文化传统的继承和发扬。"2015年9月28日,习近平在美国纽约联合国总部举行的第七十届联合国大会一般性辩论时发表了以"携手构建合作共赢新伙伴,同心打造人类命运共同体"的讲话,2017年初习近平在联合国日内瓦总部全面阐述"共同构建人类命运共同体"理念:"海纳百川,有容乃大。"要推进国际关系民主化,不能搞"一国独霸"或"几方共治"。世界命运应该由各国共同掌握,国际规则应该由各国共同书写,全球事务应该由各国共同治理,发展成果应该由各国共同分享。他说,大道至简,实干为要。构建"人类命运共同体",关键在行动。国际社会要从伙伴关系、安全格局、经济发展、文明交流、生态建设等方面做出努力,坚持对话协商、共建共享、合作共赢、交流互鉴、绿色低碳,建设一个持久和平、普遍安全、共同繁荣、开放包容、清洁美丽的世界。同时,他明确表示,中国维护世界和平、促进共同发展、打造伙伴关系、支持多边主义的决心不会改变。中国古人说:"善学者尽其理,善行者究其难。"构建"人类命运共同体"的美好目标,需要一代又一代人接力才能实现。中国愿同联合国成员国、国际组织和机构一道,共同推进构建"人类命运共同体"的伟大进程。

习近平总书记立足坚持和发展中国特色社会主义、实现中华民族伟大复兴的战略全局,对传承发展中华优秀传统文化作出一系列重要论述,鲜明提出坚定文化自信的根本要求,深刻揭示了中华优秀传统文化的地位作用,梳理、概括了中华优秀传统文化的历史源流、思想精华和鲜明特质,集中阐明了我们党对待传统文化的立场与态度。习近平总书记的重要论述,运用马克思主义立场、观点、方法,科学回答了传统文化"从哪里来、向哪里去"和"传承什么、怎样传承"等重大理论和现实问题,是马克思主义文化理论的丰富发展,集中体现了当代中国共产党人的鲜明文化观,充分反映了我们党高度的文化自觉、坚定的文化自信和强烈的文化担当。2017年初,党中央下发的《关于实施中华优秀传统文化传承发展工程的意见》,以习近平总书记重要讲话精神为指导,对传承发展中华优秀传统文化工作进行了全面部署,明确了总体要求、方针原则、重点任务、保障措施,是传承中华文脉、推动中华文化现代化的战略举措,是建设社会主义文化强国、推动中华民族伟大复兴的文化宣言,必将在中华文化发展史上留下浓墨重彩的一笔。

党的十九大报告指出,要深入挖掘中华优秀传统文化蕴含的思想观念、人文精神、道德规范,结合时代要求继承创新,让中华文化展现出永久魅力和时代风采。这为中国特色社会主义发展进程中广泛弘扬中华优秀传统文化,"推动中华优秀传统文化创造性转化、创新性发展"指明了方向。中华民族立足中国历史、中国国情、中国国土,吸吮着五千多年历史文化积累的精神养分,延续着中华优秀传统文化的血脉,凝聚着十三亿多中国人民的磅礴之力,具有无比广阔的时代舞台,具有无比深厚的历史底蕴,具有无比强大的前进定力,具有无比美好的发展前景,一定能够实现伟大复兴的中国梦。

概括而言,建设有中国特色的社会主义新文化,在指导原则上,既不能走故步自封的老路,又不能重蹈"全盘西化"的歧途,而应该坚持"古为今用,洋为中用,批判继承,综合创新"的方针,辩证地处理好"古"与"今"、"中"与"外"的关系,坚持物质文明与精神文明一起抓,以开放的心态和创新的精神,构建有中国特色的社会主义的新型文化。

第一,必须以马克思主义作为现代文化建设的指导思想和理论基础。马克思主义是在批判地总结全人类文明成果的基础上产生的,是人类文化历史上最科学的思想文化成果。马克思主义作为无产阶级的精神武器,具有极强的革命性,但与此同时,马克思主义又是在社会主义实践中不断得到丰富和发展的、具有开放意识的思想文化体系,以马克思主义作为中国文化现代化的指导思想和理论基础,是中国人民近代以来经过无数次失败、无数次探索而最终作出的历史抉择。

第二,要辩证地处理好"古"与"今"即历史传统和时代精神的关系。辩证地处理好这一对矛盾的关键,是站在时代高度,批判地继承中华民族的传统文化。传统是历史上沿袭而来的思想、道德、风俗、艺术、制度等,是特定民族在漫长的历史实践活动中积累而成的稳定的社会因素,它体现在劳动方式、生活方式、思维方式、行为方式等社会活动的一切方面,涉及政治、经济、意识等广阔的领域,并通过社会心理结构及其他媒介得以世代相传。

中华民族是一个具有悠久历史和优秀传统的伟大民族。中华民族的优秀文化传统,作为民族精神中积极向上、充满生机和活力的具体体现,是中华民族生生不息、繁衍发展的巨大的精神力量。传统文化可以造就一个民族的自尊心、自豪感和自强精神,有了它,一个民族在遇到难以应付的历史挑战的时候,就有可能激发民族活力,解决面临的复杂问题,使民族获得新生。优秀传统文化还有着巨大的思想统摄性和精神凝聚力,它可以超越地域、阶级、党派、种族、时间的界限,将民族文化的甘甜乳汁灌入每个中华儿女的心田,使其凝为一体,同心同德地为民族整体利益和长远利益而不懈奋斗。正因为如此,每当历史上出现外敌入侵之时,中华民族往往都能够万众一心地抵抗外侮,表现出强烈的民族意识和文化认同感。

近代以来,不断有人提出中国文化的出路在于与传统文化的"断裂"或"自我超越",对自己的传统文化抱有很强的偏见,将传统文化说得一无是处,不可救药。其实,一个民族的历史是不能割裂的,它的传统文化也不能强行"断裂"或"超越"。这种貌似激进的主张包含有很强的主观随意性,决不能真正给民族文化找到正确的出路。新时代的文化建设,必须立足于中国的国情,从时代的要求出发,将优秀的传统文化继承下来并且发扬光大,同时扬弃传统文化中不适应现代发展的部分,从而构造出适应社会发展需要的新文化。离开时代精神,优秀传统文化不可能独立存在,只有将时代精神与优秀传统文化有机结合起来,才能形成生机勃勃的富于时代精神的社会主义新文化。这便是当代文化建设中处理"古"与"今"、传统与现代的唯一正确的态度。所以,我们在构建有中国特色的新型文化的时候,必须注意文化的继承性,不能割断历史,不能先破后立,而应当批判与重建并举,取其精华,去其糟粕,创造转化,推陈出新。

第三,必须把握好文化的民族性、世界性和时代性的关系,处理好"中"与"外",即立足本国面向世界的关系,走中西文化融合之路。

文化的民族性,是指体现在特定民族文化类型中、并作为其基本内核而存在的民族文化心理素质的特征,是对于特定民族的文化特征的最高层次的抽象。它反映民族的精神、价值观念、思维方式、理想人格、国民品性、伦理情趣等方面的本质特征,是文化的民族风格、民族气质的表现。它使得一种文化区别于另一种文化,具有较强的稳定性和普遍性特点。对一种充满生机的文化来说,它首先应具有鲜明的民族性,越是民族的就越是世界的,但同时它还必须具有世界性,融入世界文化的潮流,以时代精神的养分,使其茁壮成长。

文化的世界性,是指特定民族文化的价值系统中含有超越本民族利益而为其他民族文化所缺少的有益成分,是指不同民族文化之间的相互交流、相互渗透和相互吸收。文化的世界性反映出不同的民族文化在推进世界文化发展的基础上,在保护本民族的利益和遵循本民族文化价值系统的基本准则的前提下,是具有文化整合和协同性的。所以文化的发展必须依赖于文化的交流与融通,脱离世界文化的主流抽象地谈民族文化的发展,必然会陷入民族自我中心主义,必然产生封闭保守、妄自尊大的狭隘民族主义心态,使民族文化的发展走上绝路。

文化的时代性,是指民族文化在其发展中,所包含的时代内容和表现出来的特定历史阶段的特征。文化不能脱离时代,具有明显的阶级性和目的性,作为科学技术的文化内容,表现的只是人类征服自然的能力,并不直接反映其时代性和阶级性。但是从思想文化角度来说,在任何时代,占统治地位的思想,总是统治阶级的思想。因此文化还反映着不同时代和不同的社会形态,体现在文化的时代性中,这也是区别文化进步与落后的重要依据。

文化的民族性、世界性和时代性,是既相区别又相联系的。在社会主义新文化建设过程中,我们必须加强中外文化的接触与交流,立足于本国文化,学习世界上一切先进的经验,使中华民族更加充满生机活力。所谓立足本国文化,就是中国文化建设要根据中国的国情、中国人的习惯和中国现代化的需要来进行,而不是简单地照搬照抄外国的办法。中国有自己特殊的国情:人口多,幅员广,经济文化发展不平衡,尤其东西部差距更大。有些地区近百年来已经受到现代经济和文化的洗礼,而更多的地区在生产方式、生活方式和文化心理方面还没有完全脱离自然经济、半自然经济的传统社会模式;知识分子有较高的科学、民主与法治的要求,而文化程度较低的人们又对传统的文化习俗比较适应。凡此种种都必须加以具体分析,因时因地因人制宜地加以解决。所谓面向世界,就是说中国文化建设必须实行开放政策,不能搞文化封闭主义。近代世界和中国的历史都表明,拒绝接收外国的先进文化,任何国家、任何民族要发展进步都是不可能的。总结而言,中国社会主义新文化的建设,在具体途径上,必须处理好"古、今、中、外"这四方面的关系,坚持做到古为今用,洋为中用,批判继承,综合创新。

关于中国文化建设的具体道路和走向,从"五四"以来直至今日,议论纷纭,莫衷一是,但归结起来,无非有三种典型看法,三条发展道路:第一是故步自封,因循守旧,自以为高明,这是没有前途的;第二是全盘西化,完全抛弃固有的文化传统,这是办不到的,也是没有前途的;第三是主动吸收世界的先进文化成就,同时保持民族文化的独立性,发扬固有的优秀传统,创造自己的新文化,争取与发达国家并驾齐驱,这是惟一正确和可取的文化创新之路,也可概括为"综合创新"论。"综合创新"论运用辩证思维的方法,立足于多维广阔的文化背景,超越中西对立、体用二元的简单思维模式,从社会主义现代化建设的实际出发,展示了中国新文化建设的可供操作的具体思路,体现了正确的理论导向。"综合创新"论是建立在对文化结构进行分析的基础上的。任何一种文化体系作为完整的结构,可以分解为不同的层面,每一层面又可以分解为若干要素。在空间上并存的不同文化系统包含一些共同的文化要素,也各自包含一些不同的文化要素。前者表现了文化的普遍性,后者表现了文化的特殊性。这些不同文化系统的要素之间也存在可离与不可离的关系、相容与不相容的关系,这既是它们各具有相对独立性的根据,也是它们可以互相吸收、相互融合的根据。

正是基于这样的认识,我们既反对东方文化优越论,也反对全盘西化。无论对于中国传统文化系统,还是对于西方文化系统以及其他民族的文化系统都应该分门别类地进行整理、研究、分析、剔抉,对于当代中国两个文明建设有益的就借鉴,无益的就舍弃,有害的就加以批判。这样就能够像海纳百川一样,吸收各个文化系统的优势和长处,建立古今中外的合理互补结构。在这样的基础上所建构的社会主义新文化,必能取各种文化之所长,使中国传统文化实现质的飞跃,实现文化的创新和发展。

总之,我们坚信,处于改革开放新时代的中国人民,以开放的胸襟吸收人类历史上一切先进的文明成果,以创造性的精神建立古今中外的最佳文化互补结构,形成既批判继承历史传统又充分体现时代精神的、立足本国而又面向世界的社会主义新文化,定能使我们古老的民族焕发出文化的青春活力,为世界文明发展作出具有时代特色的贡献。

附录A 国学常识

"国学"一词始于清代,一般是对于中国学术而言,也就是中国一切学问的总称。经学、子学、史学、文学等方面的著述,均在中国学术的范围中。

对记录中国学术精华的历史典籍,前人已有分类。《汉书·艺文志》载,汉成帝诏令刘向校订经传、诸子、诗赋等书,刘向死后,哀帝令刘歆继承父业,完成了《七略》,这是我国最早的一部图书目录书籍。《汉书·艺文志》图书的分类,便是依照《七略》的七分法。辑略,相当于图书总目;六艺略,包括《易》、《书》、《诗》、《礼》、《乐》、《春秋》、《论语》、《孝经》、小学等方面的书;诸子略,包括儒、道、阴阳、法、名、墨、纵横、杂、农、小说等十家的著作;诗赋略,包括屈原等赋、陆贾等赋、孙卿等赋、杂赋、歌诗等;兵书略,包括兵权谋、兵阴阳、兵技巧等类的书;术数略,包括历谱、五行、蓍龟、杂占、刑法等类的书;方技略,包括医经、经方、房中、神仙等类的书。

三国魏郑默编《中经》,到西晋荀勖加以整理,是为《中经新簿》,将图书分四类。甲部,包括六艺及小学的书;乙部,包括古代诸子、近代诸子、兵家、术数家的书;丙部,包括史记、旧事、皇览簿、杂事等书;丁部,包括诗赋、图赞、汲冢书。南朝宋王俭的《七志》,沿刘歆的《七略》而有所增减,分类为:经典志包括六艺、小学、史记、杂传的书;诸子志包括古今诸子的书;文翰志包括诗赋的书;军书志包括兵书;阴阳志包括阴阳图纬的书;术艺志包括方技的书;图谱志包括地域、图谱、佛书和道书。

《隋书·经籍志》依荀勖《中经新簿》的图书分类,但不用甲、乙、丙、丁部,改为经、史、子、集。经籍一·经,包括《易》、《书》、《诗》、《礼》、《乐》、《春秋》、《孝经》、《论语》、及图纬、小学等方面的书;经籍二·史,包括正史、杂史、霸史、起居注、旧事、职官、仪注、刑法、杂传、地志、谱系、簿录等类的书;经籍三·子,包括儒、道、法、名、墨、纵横、杂、农、小说、兵、天文、历数、五行、医学方面的书;经籍四·集,包括《楚辞》,及别集、总集、道经、佛经类的书。其后四部的分法,大致以此为准。

清代乾隆三十八年(1773年),设馆编修《四库全书》,历十年完成,分经、史、子、集四部,故名四库。收录图书3 460种,共79 330卷。全书分抄七部,分别收藏于清宫的文渊阁、奉天行宫的文溯阁、圆明园的文源阁、热河承德行宫的文津阁、扬州的文汇阁、镇江的文宗阁以及杭州的文澜阁。咸丰时,英法联军入北京,火烧圆明园,文源阁被焚毁;洪杨事起,文宗阁、文汇阁相继被毁,今存文渊、文溯、文澜、文津四部。文渊阁为正文,现存台北故宫博物院,其余存放大陆。《四库》的分法为:经部包括《易》、《书》、《诗》、《礼》、《春秋》、《孝经》、五经总义、《四书》、乐类、小学的书;史部包括正史、编年、纪事本末、别史、杂史、诏令、奏议、传记、史钞、载记、时令、地理、职官、政书、目录、史评的书;子部包括儒家、兵家、法家、农家、医家、天文算法、术数、艺术、谱录、杂家、类书、小说、释家、道家的书;集部包括《楚辞》、别集、总集、诗文评、词曲的书。

另清代姚鼐将中国学问分义理之学、考据之学、词章之学。曾国藩更增列经世之学,合前三者,于是有新四分法分类的成立。不过就传统文化而论,经、史、子、集四部影响更大。

第一节 经学常识

一、概论

中国文化以儒家思想为主流,流传最早的儒家典籍有《易》、《书》、《诗》、《礼》、《春秋》,当时并不称经,大概战国以后才称为经。至于"六经"这个名称,最早见于《庄子·天运》:"丘治《诗》、《书》、《礼》、《乐》、《易》、《春秋》六经,自以为久矣。"但自唐以后,经的数字并不限五经、六经,而有七经、十经、十三经诸多不同的名称。

那么,"经"是什么意思呢?班固《白虎通》:"经,常也。有五常之道,故曰五经,言不变之常经也。"刘勰《文心雕龙·宗经》:"经也者,恒久之至道,不刊之鸿教也。"刘熙《释名·典艺》:"经,径也,常典也。如径路无所不通,可常用也。"当然,这是一种引申或曰发挥、发扬。其实经字的本义,是"织布的纵丝",许慎《说文解字》:"经,织从丝也。"段玉裁注:"织从丝谓之经,必先有经,而后有纬。是故三纲五常六艺,谓之天地常经。"因为一些儒者认为《易》、《书》、《诗》、《礼》、《春秋》是记载天道人事常理的书,所以就称之为经书。

经书有哪些呢?首先提出有六经的是《庄子·天下》:"《诗》以道志,《书》以道事,《礼》以道行,《乐》以道和,《易》以道阴阳,《春秋》以道名分。"其次,司马迁的《史记·滑稽列传》说:"六艺于治一也。《礼》以节人,《乐》以发和,《书》以道事,《诗》以达意,《易》以神化,《春秋》以义。"六艺就是六经,《庄子》与《史记》所论六经之用,原是一致的。不过六经排列的次序,有不同的说法:《庄子·天下》、《史记·儒林列传》等按《诗》、《书》、《礼》、《乐》、《易》、《春秋》的顺序排,《汉书·艺文志》、《汉书·儒林传》则按《易》、《书》、《诗》、《礼》、《乐》、《春秋》的顺序排。为什么会出现这种情况?蒋伯潜在《经与经学》说:"六经的次序,有两种不同的排列法:一、《易》、《书》、《诗》、《礼》、《乐》、《春秋》。二、《诗》、《书》、《礼》、《乐》、《易》、《春秋》。主张第一种排列法的学者,认为六经是周公的旧典,所以依其制作的时代先后次序:《易》由于八卦，八卦是伏羲画的，故列第一；《书》的第一篇为《帝典》，是记尧舜的事的，故列第二；《诗》的《豳风·七月》是周末离豳迁岐时的作品，《商颂》是商代郊祀的乐章，故列第三；《礼》、《乐》是周公所制，故列第四、第五；《春秋》是孔子就鲁史记修成，故列第六。主张第二种排列法的学者，以为六经是孔子所作，用以教人的，所以依其本身程度的浅深为次序：《诗》、《书》是文字的教育，程度比较浅，所以排在前面；《礼》是约束人的行为的，《乐》是陶冶人的品性的，已是进一步了，所以列在其次；《易》是明阴阳之变、天人之际，如其拿现代的话来比喻，是从'宇宙论'以推论'人生哲学'；《春秋》则是孔子的政治主张，借褒贬往事以示其微言大义的，所以并他们下列的'文学'一科的子游、子夏，对于他的笔则笔，削则削，都不能赞一辞，这两种书，程度最为高深，所以列在最后。"蒋氏所说，是今文家和古文家所持的不同的意见。其实，六经本来只是六种书籍，其排列的先后，可以说是全无关系。不过，由于古书中记载的次序不同，今文家和古文家的见解不同，因此又使六经排列次序成为经学的问题。

当然，六经虽有其名，而《乐经》却始终未见其书。古文家认为六经是周公的旧典，当然有《乐经》，后世不见此书，那是因为秦火焚书。此说固然言之成理，但秦火之后，其他的经书都能复出，何以《乐经》竟全无痕迹，而且先秦流传至汉的书籍，也无一句引过《乐经》的话，所以此说不免令人怀疑。认为《乐经》本无其书，所谓《乐》只是附于《诗》的乐谱，似乎可信。《论语·子罕》："吾自卫反鲁，然后乐正，雅颂各得其所。"由孔子之说观之，古代"乐"和《雅》、《颂》有着密切关系不容置疑；不过，六经中的《乐》是否就是《诗》的乐谱，却无确实证据。王静芝在《经学通论》中推测："乐是合于《诗》而用于《礼》的。《诗》的唱谱便是乐调；乐的用场便在礼中。礼中用乐重在形式，奏乐出自《诗》的乐谱，二者都不是专靠文字记载的，所以没有专书。"

既然没有《乐经》，那么所谓六经只有其名，实际上是五经。其中《易》、《书》、《诗》、《春秋》，师传虽有不同，但都是"经"；至于《礼》，西汉立博士时，是以《仪礼》为"经"，唐孔颖达作《五经正义》却取了《小戴礼记》。其次，汉代立《春秋》博士，只有《公羊》、《谷梁》二传，但到唐代孔颖达作《五经正义》，《春秋》却取《左氏传》，而五经中便没有《公羊》、《谷梁》二家。至于今天人们所说的五经，一般指孔颖达所说的五经。

自唐以后，经书的范围多有不同，有七经、九经、十经、十二经、十三经之说。南朝宋时，设国子助教十人，分掌十经：《周易》、《尚书》、《毛诗》、《礼记》、《周礼》、《仪礼》、《春秋左氏传》、《春秋公羊传》、《春秋谷梁传》，《论语》、《孝经》合为一经，名义上是十经，实际上已有十一经。唐文宗开成间石刻十二经，置于太学，则于十一经又多了一种《尔雅》。宋明又添《孟子》，便是所谓十三经。南宋光宗绍熙年间已有《十三经注疏》的合刊本,包括:《周易正义》,魏王弼、晋韩康伯注,唐孔颖达正义;《尚书正义》,汉孔安国传,唐孔颖达正义;《毛诗正义》,汉毛亨传,郑玄笺,唐孔颖达疏;《周礼注疏》,汉郑玄笺注,唐贾公彦疏;《仪礼注疏》,汉郑玄注,唐贾公彦疏;《礼记正义》,汉郑玄注,唐孔颖达正义;《春秋左传正义》,晋杜预注,唐孔颖达正义;《春秋公羊传注疏》,汉何休注,唐徐彦疏;《春秋谷梁传注疏》,晋范宁注,唐杨士勋疏;《论语注疏》,魏何晏等注,宋邢昺疏;《孝经注疏》,唐玄宗注,宋邢昺疏;《尔雅注疏》,晋郭璞注,宋邢昺疏;《孟子注疏》,汉赵岐注,宋孙奭疏。严格地讲,其中《易》、《书》、《诗》、《仪礼》、《周礼》、《春秋》是"经";而《左传》、《公羊》、《谷梁》是"传";《礼记》、《论语》、《孝经》、《尔雅》是"记";《孟子》一书,宋以前是一部子书。

二、经书简介

经书是古代最早的书籍,是古人遗留智慧的累积,其中蕴藏着古人的伦理、政治、哲理思想,反映了中国传统文化的价值体系,对中国传统社会的政治思想、文化学术、社会意识等有着深刻影响。

(一)《周易》

《周易》是我国最早的一部经书,汉司马迁以为"群经之首"。相传伏羲画卦、文王重卦、孔子作十翼。其中的六十四卦三百八十四爻,本来是用来卜筮的;春秋战国之际,据传孔子读《易》作"十翼",是谓《易传》并附之于《易》,而成为哲理之书。郑玄《六艺论》:"《易》,一名而含三义:易简,一也;变易,二也;不易,三也。"《易经》就是从卦爻的变化来探讨宇宙一切事物变与不变的规律。

1. 卦爻

卦爻本是一些具有象征性的符号,它分为两种:一种是阳爻"—";一种是阴爻"--"。八卦就是由这些卦爻组合而成的,如☰乾卦、☷坤卦、☳震卦、☶艮卦、☲离卦、☵坎卦、☱兑卦、☴巽卦。八卦虽然只是由三画的卦爻组合而成,可是它却代表八种不同的物象:乾天,坤地,震雷,艮山,离火,坎水,兑泽,巽风。这八种物象只是八卦的原始含义,由此引申,则每卦所代表的意义就更复杂了。

这八卦错综相重就成为六十四卦,每卦六爻,都是用来象征宇宙的万物万事。至于卦爻名称,阳爻叫做"九",阴爻叫做"六";每卦的最后的一爻,阳爻叫做"初九",阴爻叫做"初六"。从第二爻到第五爻,阳爻叫做"九二、九三、九四、九五",阴爻就叫做"六二、六三、六四、六五"。每卦最上的一爻,阳爻叫做"上九",阴爻叫做"上六"。

2. 卦爻辞

卦爻下面所写的字,用来说明卦爻象征意义的,叫做卦爻辞。卦爻辞分为下面两种。

(1)卦辞

在每卦下面所缀联的辞,叫做卦辞。如"乾卦":"乾:元亨利贞。""乾"是卦名;"元亨利贞"是卦辞。

(2)爻辞

在每爻下面所缀联的辞,叫做爻辞。如"乾卦":"初九:潜龙勿用。九二:见龙在田,利见大人。九三:君子终日乾乾,夕惕若厉,无咎。九四:或跃在渊,无咎。九五:飞龙在天,利见大人。上九:亢龙有悔。""初九、九二、九三、九四、九五、上九"是爻名,"潜龙勿用……亢龙有悔"是爻辞。

卦辞阐述一卦卦象的含义,爻辞诠释每爻爻象的含义,所以卦辞、爻辞是《易》的经文。

3. 十翼

十翼是《周易》的传,用来解释经文的含义,相传是孔子所作。张守节《史记正义》:"夫子作十翼,谓《上彖》、《下彖》、《上象》、《下象》、《上系》、《下系》、《文言》、《序卦》、《说卦》、《杂卦》也。"

(1)《彖传》

《彖传》又名《彖辞》。《彖传》是解释卦辞的,其文辞精醇,蕴藏着天人之道。每卦中"彖曰…"云云,即是《彖传》。

(2)《象传》

《象传》又名《象辞》,分为两种:解释一卦卦象的,叫《大象》,如"乾卦":"象曰:天行健,君子以自强不息",即是《大象》;解释一爻爻象的,叫《小象》,如"乾卦":"象曰:潜龙勿用,阳在下也",即是《小象》。

(3)《系辞》

《系辞》又名《系辞传》,汉人或名之曰《易大传》。泛论阴阳、象数变化的道理,分上下两篇。其对经义、《易》道的诠释至为精辟。

(4)《文言》

《文言》又称《文言传》。乾坤二卦为《易》的门户,故作《文言》以诠释卦爻辞的义蕴,今本《周易》分隶乾坤二卦中。

(5)《序卦》、《说卦》、《杂卦》

《序卦》诠释六十四卦先后次序的含义;《说卦》论说八卦的德业、变化及法象;《杂卦》杂糅众卦,如"乾刚坤柔"、"比乐师忧",多用两卦相对的道理来说明。其言近而旨远,颇能发人深省。

总之,《周易》的要义是讲天人之道,"推天道以明人事"。它不但说明自然界的一切现象和法则,而且更从自然的现象和法则中体现出人类生存的道理,即待人处世、安身立命的哲学。

(二)《尚书》

《尚书》,古代只称《书》。"书"的本义是记述、著录的意思。古代政府的公文档案,由史官记录之后,保存在官府。到了东周,王官失守,档案流散民间。相传孔子将这些史料加以编集,作为教材,是为百篇《尚书》。汉初,称《尚书》,其后相沿。孔安国《尚书序》:"以其上古之书,谓之《尚书》。""尚"即上古之意,因为这部书中所记录保存的都是上古的史料,所以就称之为《尚书》。

《尚书》是我国现存最早的一部历史文献汇编,相传为孔子编定。《史记·孔子世家》称孔子:"序书传,上纪唐虞之际,下至秦缪,编次其事。"共有百篇,每篇各有篇名,最早的是《尧典》,最晚的是《秦誓》。《汉书·艺文志》:"《书》之所起远矣,至孔子纂焉,上断于尧,下讫于秦,凡百篇,而为之序,言其作意。"孔子所编《尚书》百篇,经过秦始皇焚书之后,到了汉代已经亡佚四十二篇。今日所传的《尚书》五十八篇中,有二十五篇是东晋人所伪作,此即所谓"伪古文尚书"。至于其余三十三篇,《舜典》是从《尧典》的后半篇分出来的,不是原来的《舜典》;《益稷》是从《皋陶谟》的后半篇分出来的,不是原来的《益稷》;《盘庚》三篇原本为一篇;如此去除四篇,得二十九篇。此二十九篇,为"今文尚书",汉初伏生所传。《史记·儒林列传》:"汉定,伏生求其书,亡数十篇,独得二十九篇,即以教于齐鲁之间。"由是观之,今日所传《尚书》,只有二十九篇的今文《尚书》,最为可信。现在依据孔安国《书经》的体式,将这二十九篇的内容略述于下:

①典体,如《尧典》记载尧舜命官任职、赞扬王庭之事。

②谟体,如《皋陶谟》记禹、皋陶、伯益与帝舜谋议国事之言。

③训体,如《高宗肜日》记述祖庚肜祭武丁时,祖乙告诫殷王之事;《无逸》记周公戒成王戒逸乐之辞。

④诰体,如《盘庚》记盘庚自奄迁殷,告诫百姓之辞;《大诰》记周公伐殷时告诫属下的文辞;《洛诰》是洛邑建成后,周公诰成王之辞;《多士》成王迁殷之遗民于洛,周公代成王告殷民之辞。

⑤誓体,如《甘誓》记夏启伐有扈氏的誓师辞,《汤誓》记商汤伐夏桀的誓师辞,《牧誓》记武王与商纣战于牧野的誓师辞,《费誓》是鲁僖公伐淮夷的誓师辞,《秦誓》秦穆公伐晋的誓师辞。

⑥命体,如《文侯之命》是记周平王锡命晋文侯之辞,《顾命》记成王临终遗言。

总之,《尚书》用语简要质朴,有"昭昭如日月之代明,离离若参辰之错行"的美誉。但至唐代就很难读懂,韩愈谓之"佶屈聱牙"。《尚书》中保存了上古大量的政治、哲学、天文、地理、刑法等方面的珍贵史料,对于金文学、甲骨学、古器物学和考古学等研究亦有重要参考价值。

(三)《诗经》

《诗经》是我国最早的一部诗歌总集,古代称"诗"或"诗三百",收诗三百零五篇,均配乐演唱。另有六篇笙诗,有目无辞。孔子时用作教材,教授弟子。战国晚期,学者尊之为经,始称之为《诗经》。

1.《诗经》有关问题

(1)采《诗》与删《诗》

《诗经》包含风、雅、颂三部分:颂是朝廷祭祀的乐章,雅是朝廷宴飨的诗歌,都出自朝中士大夫之手,在"献诗"之列,当然不必去采集。只有风是民间的歌谣,根据古人的说法,周代的时候,政府设有专人,分别到各地去采集民间歌谣。《汉书·艺文志》:"古有采诗之官,王者所以观风俗,知得失,自考正也。"

那么古代所采集的诗篇,是否经过了孔子的删订呢?《史记·孔子世家》:"古者诗三千余篇。及至孔子,去其重,取可施于礼义……三百五篇,孔子皆弦歌之,以求合韶武雅颂之音。"司马迁主孔子删《诗》之说,似不可信。《左传·襄公二十九年》记季札在鲁观乐,所见的《诗》已和今本略同,只是国风的次第有异以及《颂》没有周、鲁、商之分。那时孔子才八岁。可见删《诗》之说,不足凭信。孔子极有可能对"诗"做过"正乐"的工作。甚至可能对"诗"的内容和文字有过加工整理,《论语·子罕》:"吾自卫返鲁,然后乐正,《雅》、《颂》各得其所。"

(2)《毛诗》与三家《诗》

自秦始皇焚书之后,到了汉代,出现了今文的齐、鲁、韩三家诗。西汉时立为博士,成为官学。《齐诗》出自齐人辕固,《鲁诗》出自鲁人申培,《韩诗》出自燕人韩婴。到了魏时,《齐诗》首先亡佚;西晋时,《鲁诗》失传;只有韩婴的《韩诗外传》流传至今。古文《诗经》晚出,仅《毛诗》一家。毛公是赵人,名亨,其学自谓是子夏所传,他作有《毛诗故训传》三十卷,而毛苌传之。当时的人称亨为大毛公,苌为小毛公。《毛诗》虽然只在平帝时一度立为博士,但在民间广泛传授,并最终压倒三家诗,至东汉以后盛行于世。汉末,郑玄根据《毛诗故训传》作《笺》,于是《毛诗》一直流传于今。

(3)"四始"与正变

《诗经》"四始"之说,《毛诗》、《鲁诗》、《齐诗》各不相同。《毛诗》以为"四始"之意,是以《风》、《小雅》、《大雅》与《颂》为王道所兴废的四端。"是以一国之事,系一人之本,谓之《风》。言天下之事,形四方之风,谓之《雅》。《雅》者,正也,言王政之所由废兴也。政有大小,故有《小雅》焉,有《大雅》焉。《颂》者,美盛德之形容,以其成功告于神明者也。是谓四始,《诗》之至也。"(《毛诗序》)司马迁也说到"四始",是指《诗经》中的《风》、《小雅》、《大雅》和《颂》的第一篇诗。《史记·孔子世家》："《关雎》之乱以为《风》始,《鹿鸣》为《小雅》始,《文王》为《大雅》始,《清庙》为《颂》始。"司马迁学的是《鲁诗》,他的"四始"之说,应该是《鲁诗》的说法。《齐诗》的"四始"之说法,见于《诗纬泛历枢》:"《大明》在亥,水始也;《四牡》在寅,木始也;《嘉鱼》在巳,火始也;《鸿雁》在申,金始也。"是用五行家的理论,指夏秋冬四时奏乐开始的诗篇,似乎显得很神秘。比较三种说法,我们宁可相信鲁诗。

《诗经》中的《风》和《雅》又有"正变"之说,《毛诗序》:"至于王道衰,礼义废,政教失,国异政,家殊俗,而变《风》、变《雅》作矣。"以盛世之诗,安乐和平,为正声;衰世之诗,困苦怨怒,为变声。不过三百篇中何者为盛世之诗,何者为衰世之诗,固难确定,但汉代的郑玄却提出他的看法:"文、武之德,光熙前绪,以集大命于厥身,遂为天下父母,使民有政有居。其时《诗》,风有《周南》、《召南》,雅有《鹿鸣》、《文王》之属。及成王、周公致太平,制礼作乐,而有颂声兴焉,盛之至也。本之由此风雅而来,故皆录之,谓之《诗》之正经。后王稍更陵迟,懿王始受谮亨齐哀公;夷身失礼之后,邶不尊贤。自是而下,厉也幽也,政教尤衰,周室大坏,《十月之交》、《民劳》、《板》、《荡》勃尔俱作。众国纷然,判怨相寻。五霸之末,上无天子,下无方伯,善者谁赏?恶者谁罚?纲纪绝矣。故孔子录懿王、夷王时诗,讫于陈灵公淫乱之事,谓之变风变雅。"(《诗谱序》)以西周初叶的《诗》为正,懿王以后之《诗》为变,此虽是臆测之辞,但文献不足的今天,也只好留待考证。

2.《诗经》的内容

《毛诗序》:"《诗》有六义焉:一曰风,二曰赋,三曰比,四曰兴,五曰雅,六曰颂。"认为"风、雅、颂"是诗的三种体裁,"赋、比、兴"是诗的三种作法。

《风》共收录十五国一百六十首诗,都是各国所采集的民歌。《毛诗序》:"风,风也,教也。风以动之,教以化之。……上以风化下,下以风刺上,主文而谲谏,言之者无罪,闻之者足以戒,故曰风。"把"风"解作"讽",恐怕不是"国风之风"的本义。宋人郑樵《六经奥论》:"风土之音曰风。""风者,出于风土,大概小夫贱隶妇人女子之言。其意虽远,其言则浅近重复,故谓之风。"此说甚是,《国风》的"风",应该解作"风土之风",即地方土风土乐。这一百六十首诗,都是各地民间歌谣,有的描述各地的风土人情,有的抒写青年男女的情怀。

《雅》分《小雅》与《大雅》,共收诗一百零五首。"雅"字的意义,本来是乐器之名。《周礼·春官·笙师》郑司农注云:"雅,状如漆筩而弇口,大二围,长五尺六寸,以羊韦鞔之,有两组,疏画。"周代歌唱雅诗时,就是以雅这种乐器为主,因此即以乐器之名作为乐歌之名。至于"雅"又何以谓之正乐,那是因为古代雅字又与夏字相通,周王畿一带原为夏人旧地,故周人有时也自称夏人。王畿乃政治文化中心,其言称"正声",也称"雅言",即标准音。当时宫廷和贵族所用乐歌即为正声、正乐。

《诗经》中的《雅》便指王畿之乐,是相对于地方"土乐"而言的"正乐"。雅分大、小雅,大概是从它的音节、内容来的,朱熹《诗集传》:"正《小雅》,宴飨之乐也;正《大雅》,会朝之乐,受釐陈戒之辞也。……词气不同,音节亦异。"《小雅》七十四篇,大多是士大夫宴飨的乐诗;《大雅》三十一篇,大多是士大夫会朝的乐诗。另外和产生时代的远近有关,《大雅》大部分作于西周初期,《小雅》大部分作于西周晚期。

《诗经》中的颂诗分为《周颂》、《鲁颂》与《商颂》,共收诗四十首。颂字的意义,清人阮元的《释颂》以为,"颂"即容,是歌而兼舞之意。颂是宗庙祭祀之乐,祭祀祖宗、祈祷神明、赞颂王侯功德,是其内容上的特点,诗、乐、舞合一则是其形式上的特点。《周颂》三十一篇,大致都是西周初年的诗篇;《鲁颂》四篇,全都作于春秋中叶鲁僖公之时;《商颂》五篇,古文经学家认为是殷商中后期的作品,今文经学家认为是春秋时宋人所作。

(四)三礼

1.《周礼》

《周礼》原称《周官》,荀悦《汉纪》:"刘歆以《周官》经十六篇为《周礼》。王莽时歆奏以为《礼经》,置博士。"《周官》到了西汉末年的刘歆,始称为《周礼》。而"周礼"这个名称,自从郑玄为《三礼》作注以后,就成为世人习惯的定称。

(1)《周礼》的作者和成书时间

秦始皇焚书以后,汉初未见《周官》。武帝时,河间献王从季氏得到这部书的古文本,但亡佚《冬官》一篇。《周礼》一书的作者,传为周公所作,现已难确考。成书时间,梁启超《古书真伪及其年代》以为"《周礼》是战国以后的书"较为可信。

(2)《周礼》的内容

《周礼》叙述周代的行政官制和职掌,收有《天官》、《地官》、《春官》、《夏官》、《秋官》、《冬官》等六篇,所以过去有人称为"六官"。六官象征天地四方六合,体现了"以人法天"的思想。六官每官各下辖六十官,共三百六十官,象征周天三百六十度。也许"周官"有"周天之官"之意。汉初,《冬官》亡佚,后来就用《考工记》补缀。因此今本的《周礼》虽然还是六篇,但已经不是《周礼》的原文。全书的内容,最重要的包括以下四个部分。

①总序:《周礼》每篇文章的前面,都有"惟王建国,辨方正位,体国经野,设官分职,以为民极",是《周礼》六官的总序。

②总职:每篇总序以下,接着就是总职,如:"天官冢宰,掌邦治","地官司徒,掌邦教"。不过,《冬官》亡佚,没有"冬官"总职的说明。后人就根据《天官·小宰》及《尚书·周官》篇来增补,认为"冬官"的总职是:"冬官司空,掌邦事。"

③序官:每篇总职以下,都列有序官,说明各官的僚属,以及官秩的高低和编制

的人员。

④职掌:每篇序官以下,又列出各属官的专司职掌,这是《周礼》的正文。

总之,《周礼》不但是我国最早的一部职官治事的政典,同时也是一部儒家思想的渊鉴。为研究我国古代政治制度提供了重要的依据。

2.《仪礼》

《仪礼》原只称作"礼"。班固《汉书·艺文志》但云"礼古经"及"经",并无"仪礼"的名称。东晋元帝时,荀崧奏请置仪礼博士,始有"仪礼"之名,但未成为通称。唐文宗开成年间石刻《九经》采用"仪礼"之名,遂成为通称,沿用至今。

(1)《仪礼》的作者

《仪礼》传为周公或孔子所作,现已难确考。其实,礼仪是在生活中渐渐约定俗成的,不可能由一人强制规定。今人王静芝先生《经学通论》认为:"礼仪是生活中渐渐形成的,初时无书,渐有文字记载。文字记载可能很多,秦火后散失。高堂生得十七篇,以今文传之,于是有了一部《仪礼》",是有道理的。

(2)《仪礼》的内容

《仪礼》有今古文的分别,而且篇数也不同。班固《汉书·艺文志》,"《礼》,《古经》五十六卷,《经》七十篇(刘敞校云:此七十与后七十皆当作十七,计其篇数则然)"。"古经"就是"古文仪礼","经"就是"今文仪礼"。后来古文流传不广,渐渐亡佚,而今文十七篇一直流传至今。

汉代《仪礼》有三种传本:戴德本、戴圣本、刘向《别录》本。东汉郑玄注《仪礼》采用《别录》本。而十三经郑玄《注》的篇目是:①士冠礼;②士昏礼;③士相见礼;④乡饮酒礼;⑤乡射礼;⑥燕礼;⑦大射礼;⑧聘礼;⑨公食大夫礼;⑩觐礼;⑪丧服;⑫士丧礼;⑬既夕礼;⑭士虞礼;⑮特牲馈食礼;⑯少牢馈食礼;⑰有司彻。主要记述古代冠、昏、丧、祭、乡、射、朝、聘等八种礼节的仪式。

总之,《仪礼》是记述古代习俗礼仪的书。虽然礼仪随时代变化而有所因革损益,但是社会上许多相沿成习的礼俗,还是可以从中找出根源。所以《仪礼》是研究我国古代社会文化所必读的一部书。

3.《礼记》

《礼记》,汉时有时称"记",如班固《汉书·艺文志·六艺略》:"《记》,百三十一篇。"不过,有时也称"礼记",如班固《汉书·景十三王传》:"献王所得书皆古文先秦旧书,《周官》、《尚书》、《礼》、《礼记》、《孟子》、《老子》之属,皆经传说记,七十子之徒所论。"后世通称《礼记》。孔颖达《礼记正义》引郑玄《六艺论》:"戴德传《记》八十五篇,则《大戴记》是也;戴圣传《礼》四十九篇,则此《礼记》是也。"《大戴记》今存四十篇,其中有与《小戴记》相重复者,也有杂入《小戴记》篇中者,而《小戴记》四十九篇,至今没有散失,就是现在的《礼记》。

(1)《礼记》的作者

《礼记》四十九篇,是一部搜集编辑而成的书。具体作者已难确考,大概是战国至秦汉间儒家学者所作。今天所见《礼记》由戴圣编定,当可确信。

(2)《礼记》的内容

①通论:通论"礼"意的包括《礼运》、《礼器》、《郊特性》、《经解》、《哀公问》、《仲尼燕居》等六篇;通论与"礼"有关的学术思想的包括《孔子闲居》、《乐记》、《学记》、《大学》、《中庸》、《坊记》、《表记》、《缁衣》、《儒行》等九篇。

②通礼:关于世俗生活规范的包括《曲礼》上下、《内则》、《少仪》、《深衣》、《玉藻》等六篇;关于国家政令制度的包括《月令》、《王制》、《文王世子》、《明堂位》等四篇。

③专礼:丧礼包括《奔丧》、《檀弓》上下、《曾子问》、《丧大记》、《丧服小记》、《杂记》上下、《服问》、《大传》、《间传》、《问丧》、《三年问》、《丧服四制》等十四篇;祭礼包括《祭法》、《祭义》、《祭统》等三篇;冠礼有《冠义》一篇;乡饮酒礼有《乡饮酒义》一篇;射礼有《射义》一篇;燕礼有《燕义》一篇;聘礼有《聘义》一篇;婚礼有《昏义》一篇;投壶礼有《投壶》一篇。

《礼记》一书,有的是说明礼文制度的原意,有的是阐论淑世拯民的道理,有的是记载祭祀养老的制度,有的是叙述生活行为的规范,中国所以称"礼仪之邦"即由此而来。

(五)三 传

《春秋》是现存中国古代第一部编年体史书。《春秋》主要记载了从鲁隐公元年至哀公十四年(前722年—前481年)共242年各诸侯国的重大历史事件,内容包括政治、军事、经济、文化、天文气象、物质生产、社会生活等诸方面。《春秋》相传为孔子所作,孟子说,"世道衰微,邪说暴行有作,臣弑其君者有之,子弑其父者有之,孔子惧,作《春秋》",认为孔子在《春秋》中寄寓了自己的政治理想和主张,以为后人效法。解释《春秋》的著作主要有《左传》、《公羊传》、《谷梁传》,合称"三传"。

1.《左传》

《左传》是我国第一部记事详赡完整的编年史,为"春秋左氏传"的省称,原名"左氏春秋",汉人又省称"左氏传",它与"春秋公羊传"、"春秋谷梁传",合称为"春秋三传"。

(1)《左传》的作者

司马迁《史记·十二诸侯年表序》:"是以孔子明王道,干七十余君,莫能用,故西观周室,论史记旧闻,兴于鲁而次《春秋》,上记隐,下至哀之获麟,约其辞文,去其繁重,以制义法,王道备,人事浃。七十子之徒口受其传指,为有所刺讥褒讳挹损之文辞不可以书见也。鲁君子左丘明惧弟子人人异端,各安其意,失其真,故因孔子史记具论其语,成《左氏春秋》。"自《史记》以后,几乎都认为《左传》是左丘明所作。唐宋有不少学者认为《左传》不是左丘明所作,如唐人陆淳《春秋集传纂例》:"予观《左氏传》,自周、晋、齐、宋、楚、郑等国之事最详……左氏得此数国之史以授门人;义则口传,未形竹帛。后代学者乃演而通之,总而合之,编次年月以为传记。"宋人叶梦得《春秋考》:"今考其书,杂见于秦孝公以后事甚多,以予观之,殆战国周秦间之人无疑也。"唐宋以后的人之所以怀疑《左传》的作者,是因为《左传》所载的史事有后于左丘明之时代者。其实,细考先秦典籍,鲜有未经后人附益者,《左传》所载史事,当然也有后人的增窜。纪昀《四库全书总目提要》"经止获麟,而弟子续至孔子卒;传载智伯之亡,殆亦后人所续;《史记·司马相如传》中有扬雄之语,不能执是一事指司马迁为后汉人也。"纪氏所说甚是,《左传》大部分史料为左丘明所传诵,但也有后人的增窜。

(2)《左传》的体例

《左传》的主旨在于阐释经旨,传示来世,所以左氏搜集许多史料,用来褒贬是非,讲论《春秋》大义;也常溢出经文之外,叙述一些《春秋》所无的事情。《左传》记事,起于鲁隐公元年,止于鲁哀公二十七年(前722年—前468年),基本与《春秋》重合,可以说对《春秋》作了较充分的表述,与《春秋》肯定有一定的关系,但也不能简单地说它完全是"依经作传"。

《左传》以文史见长,记事翔实,多用事实解释《春秋》,所记载的事件甚至比《春秋》多出13年。《左传》记载的思想对后世影响极大,其史学、文学、美学的价值尤其显赫。

2.《公羊传》

西汉之际,汉武帝尊儒,而董仲舒的对策又都依据"公羊家"之言,因此,《公羊传》成为西汉最受人重视的经典。

(1)《公羊传》的传授

《公羊传》出自孔子的门人子夏,戴宏《公羊传序》:"子夏与公羊高,高传与其子平,平传与其子地,地传与其子敢,敢传与其子寿,至汉景帝时,寿乃共弟子齐人胡毋子都(胡毋生,字子都)著于竹帛,与董仲舒皆见于图谶是也。"最初只是口传,到了公羊寿与胡毋生始著于竹帛。其实,西汉传此书者不止公羊寿和胡毋生,郑玄《六艺论》:"治《公羊》者胡毋生、董仲舒。董仲舒弟子嬴公,嬴公弟子睦孟,睦孟弟子庄彭祖及颜安乐,安乐弟子阴丰、刘向、王彦。"汉初传《公羊传》者以胡毋生与董仲舒最为著名,董仲舒尤为重要。

(2)《公羊传》的体例

"三传"对《春秋》的解经各有特点:《左传》重在叙述《春秋》经文所书的事实,所以谓之"记载之传";《公羊》、《谷梁》重在解释《春秋》经文的义例,以发挥《春秋》的微言大义,所以谓之"训诂之传"。

①《公羊传》的解经,每句一解。但行文之间并未标示经传的分别,眉目不如《左传》清楚。②《公羊传》的记事,多用问答。③《公羊传》的探义,重正名分。

总之,《公羊传》对《春秋》大义中的正名分、别善恶的解说,最为详尽。"公羊大义"对后世的影响很深,尤其是"大一统"思想成为千百年来我国民族融合、国家统一的巨大精神凝聚力。

3.《谷梁传》

《谷梁传》性质大致与《公羊传》相同,主要解释《春秋》经的义例,但其解经的内容却又与《公羊传》有殊多不同。

(1)《谷梁传》的传授

《谷梁传》也出自孔子的门人子夏。杨士勋《春秋谷梁传序疏》:"谷梁子名淑,字元始,鲁人。一名赤。受经于子夏,为经作传,故曰《谷梁传》。传孙卿;孙卿传鲁人申公;申公传博士江翁。其后鲁人荣广大善《谷梁》,又传蔡千秋。汉宣帝好《谷梁》,擢千秋为郎。由是谷梁之《传》大行于世。"《谷梁传》当是谷梁子的自作,不过清人纪昀却反对此种说法,《四库全书总目提要》:"《公羊传》定公即位一条,引沈子曰。何休《解诂》以为后师。此传定公即位一条,亦称沈子曰。《公羊》、《谷梁》既同师子夏,不应及见后师。又初献六羽一条,称谷梁子曰。《传》既谷梁自作,不应自引己说。且此条又引尸子曰。尸佼为商鞅之师,鞅既诛,佼逃于蜀,其人亦在谷梁后,不应预为引据,疑徐彦之言(案徐彦《公羊传疏》:公羊高五世相授,至胡毋生乃著竹帛,题其亲师,故曰《公羊传》。谷梁亦是著竹帛者,题其亲师,故曰《谷梁传》,则当为传其学者所作)为得其实。但谁著于竹帛则不可考耳。"纪氏所说甚是,《谷梁传》并非谷梁子的亲作,至于《谷梁传》何时著成,写录成书的人是谁,文献不足,已经难以稽考;但必是传其学者所作,因称《谷梁传》。

(2)《谷梁传》的体例

《谷梁传》的体例大致与《公羊传》相近,也是一句一句用问答方式来解释《春秋》经文的含义。

①《谷梁》之义,多本于《论语》。如僖公十九年《谷梁传》提出"正名"二字,这正是《论语·子路》篇孔子告诉子路"为政必先正名"的主张,可见《谷梁传》中包含了不少纯正的孔子思想。

②《谷梁传》对《春秋》的辨别名实,都能明察秋毫、一丝不苟地将实情解说得完全符合。

③《谷梁传》的义例,凡列国诸侯会盟不书日,若为三国合盟之始,则谨慎书日,以志其要。如隐公八年书:"秋七月庚午,宋公、齐侯、卫侯盟于瓦屋。"《谷梁传》:

"外盟不日,此其日何也？诸侯之参盟于是始,故谨而日之也。"

总之,《谷梁传》重在解释《春秋》经文的义例,而且其解经又多本于《论语》,书中寓有"明辨是非"的精神,所以《谷梁传》不仅是阐发大义的典籍,而且也是探索孔子思想的津梁。

(六)《论语》

《论语》是记载孔子言行的典籍,也是儒家最有价值的名著。两千多年来,深受世人推崇。赵岐《孟子题辞》:"七十子之畴,会集夫子之言,以为《论语》。《论语》者,五经之辖辖,六艺之喉衿也。"《宋史·赵普传》:"普尝谓太宗曰:'臣有《论语》一部,以半部佐太祖定天下,以半部佐陛下致太平。'"赵岐和赵普所说的话,其实一点也不夸大,《论语》的确是一部安身立命、拯民救世的经典。

1.《论语》的编纂

《论语》这部书,究竟是何人编纂而成的？自班固以来,最重要的有下列四说:

①班固《汉书·艺文志》:"《论语》者,孔子应答弟子时人,及弟子相与言,而接闻于夫子之语也。当时弟子各有所记,夫子既卒,门人相与辑而论纂,故谓之'论语'。"

②陆德明《经典释文序录》:"郑玄云:'《论语》乃仲弓子夏等所撰定。'(刑昺疏:'仲弓下脱子游二字。')"

③程子《论语集注序》说:"《论语》之书,成于有子、曾子之门人,故此书独二子以子称。"

④皇侃《论语义疏》:"《论语》者,是孔子没后七十弟子之门人共所撰录也。"

《论语》一书的编纂固难考定,不过就全书的内容来看:《泰伯》篇既已记载曾子临终时的话;曾子之死,孔子的弟子多已无存;且古人之称字称子,并无轻重之分。所以,《论语》一书,当是孔子弟子之门人所撰录。皇氏之说,较为可信。

2.《论语》的传本

汉代《论语》有三种传本。皇侃《论语义疏》引刘向《别录》:"鲁人所学,谓之《鲁论》;齐人所学,谓之《齐论》;合壁所得,谓之《古论》。"《鲁论》为今文本,鲁人所传,共二十篇。传《鲁论》的《经典释文序录》载有六家,即龚奋、夏侯胜、韦贤及子玄成、鲁扶卿、张禹和萧望之。《齐论》亦是今文本,齐人所传,共二十二篇。多《问王》、《知道》二篇。据《经典释文序录》所说,《齐论》多此二篇外,其余二十篇,章句亦多于《鲁论》。传《齐论》的《汉书·艺文志》载有五家,即王吉、贡禹、宋畸、五鹿充宗和庸生,何晏《集解序》又增王卿一家,共六家。《古论》是古文本,据《汉书·艺文志》所说,也是鲁恭王得之孔宅壁中,共二十一篇。合《尧曰》篇的第二章"子张问何如斯可以从政"及第三章"不知命"为一篇,有两个《子张》篇。篇次和《齐论》、《鲁论》

也不太相同,文字和《鲁论》不同的有四百多字。孔安国、马融曾作过注解,今已失传。

至于今本二十篇的《论语》,就是《张侯论》。《后汉书·张禹传》:"鲁扶卿及夏侯胜、王阳、萧望之、韦玄成皆说《论语》,篇第或异。禹先事王阳,后从庸生,采获所安,最后出而尊贵。诸儒为之语曰:'欲为《论》,念张文。'由是学者多从张氏,余家寖微。"陆德明《经典释文序录》:"安昌侯张禹,受《鲁论》于夏侯建,又从庸生、王吉受《齐论》,择善而从,号曰《张侯论》,最后而行于汉世。禹以《论》授成帝。后汉包咸、周氏并为章句。"张禹本受《鲁论》,后采《齐》说,删去二者的烦惑,又除去《齐论》的《问王》、《知道》两篇,以《鲁论》二十篇作为底本,这就是世人所称的《张侯论》。汉末郑玄又以《张侯论》为本,参考《齐论》、《古论》而作注,魏时何晏又集孔安国、包咸、周氏、马融、郑玄之说,著成一本《集解》,这就是今天所见十三经中的《论语》。

3.《论语》的内容

《论语》自《学而》至《尧曰》,全书凡二十篇。每篇篇名并没有特殊的意义,而且篇章之间也无任何关联,所以在研读这部书时,最好分类研读,才能深入探讨孔子的思想。从《论语》一书来看,仁道思想是孔子的中心学说,清人阮元《论语论仁论》:"孔子为百世师。孔子之言,著于《论语》为多。《论语》五常之事详矣,惟论仁者凡五十有八章,仁字之见于《论语》者凡百有五(《论语》仁字共一百零七,阮氏之说,实不正确),为尤详。"

总之,《论语》是儒家一部最伟大的典籍,在这部书中记载着孔子许多不朽的思想。梁启超说:孔子个人有多少价值,《论语》便也连带地有多少价值。

(七)《孝经》

《孝经》是讨论孝道的书。从前的人都认为《孝经》是孔子作的,所以《孝经》这本书向来都受到世人的重视。

1.《孝经》的作者

《孝经》的作者,自汉以降,最重要者有下列四说:

①司马迁《史记·仲尼弟子列传》:"曾参少孔子四十六岁,孔子以为能通孝道,故授之业,作《孝经》。"

②晁公武《郡斋读书志》:"何休称'子曰:吾志在《春秋》,行在《孝经》',信斯言也,则《孝经》乃孔子自著者也。今首章云:'仲尼居,曾子侍。'则非孔子所著明实。评其文书,当是曾子弟子所写。"

③姚际恒《古今伪书考》:"是书来历出于汉儒,不惟非孔子作,并非周秦之言也。"

④王正已《孝经今考》:"《孝经》思想有与《孟子》思想相同者五点,大概可断定为孟子门人所作。至其成书年代,在战国末年,早不过庄子时代,晚不出《吕氏春秋》成书时代。"

《吕氏春秋·察微》篇已引《孝经·诸侯章》,可见战国时已有此书。因此,《孝经》一书,大约为战国末年至汉代初年的儒家学者所作。王氏之说,较为可信。

2.《孝经》的内容

《孝经》一书,也有今文本、古文本的分别。古文本为孔安国所注,据说也出于孔宅壁中,到梁时就已亡佚;今文本为郑玄所注,郑注虽已亡佚,而经文却流传至今。现存十三经中的《孝经》,经文就是采用今文本,注是唐玄宗的御注。全书十八章:①开宗明义章;②天子章;③诸侯章;④卿大夫章;⑤士章;⑥庶人章;⑦三才章;⑧孝治章;⑨圣治章;⑩记孝行道;⑪五刑章;⑫广要道章;⑬广至德章;⑭广扬名章;⑮谏诤章;⑯感应章;⑰事君章;⑱丧亲章。

从其结构来说,第一章是全书的纲领,其他十七章都是用来补充诠释孝道的,所以朱子就称第一章为"经",而下面十七章都称作"传"。十八章中,最长的是《圣治章》,全文共二百八十八字;最短的是《五刑章》,全文仅三十七字;而且短的多,长的少。全书也只不过一千七百九十九字。在十三经中,算是一本字数最少的经书。

《孝经》以"孝"为中心,通过孔子与其门人曾参谈话的形式,对孝的价值、意义、作用以及实行"孝"的要求和方法等问题进行了集中阐释,是一部儒家孝伦理的系统化著作。《孝经》指出"孝"是"天之经也,地之义也,民之行也","德之本也,教之所由生也",认为孝是自然规律的体现,是人类行为的准则,是国家政治的根本。《孝经》在中国古代影响很大,历代王朝无不标榜"以孝治天下"。虽然今天的时代变了,礼俗也不同了,但是敬亲尊亲的观念,应该是永远不变的。因此,《孝经》在今天仍有它的价值。

(八)《尔雅》

《尔雅》原来只是一本解释字义的书,也可说是我国最早的一部词典。因为《汉书·艺文志》把这部书列在《孝经》类中,所以后来就将它安置在经书之列。其实,《尔雅》这部书,只是古人为解经而作的,附在群经之末,以备读经者的翻检而已。不过,这本书所录的名物词类,不仅对读经书有极大的帮助,而且对古今语言和名称命名演变的研究,也是一种有用的资料。

1.《尔雅》的作者

《尔雅》的作者,古人有许多不同的说法,最重要的有三说:①扬雄说:"(《尔雅》,)孔子门徒游夏之俦所记,以解释六艺者也。"(见《西京杂记》引)②张揖说:"臣闻昔在周公,缵术唐虞,宗翼文武,克定四海,勤相成王……六年制礼,以导天下,著《尔雅》一篇,以释其意义。"(见《上广雅表》)③叶梦得说:"《尔雅》训释最为近古,世言周公作,妄矣!其言多是诗类中语,而取毛氏说为正,予意此但汉人所作耳。"(见《石林集》)说法不同,固难考其是非,但就《尔雅》一书的内容来看,当是汉代学者采撷诸书的训诂名物编辑而成的字书。叶氏之说,似较可信。

2.《尔雅》的内容

《尔雅》今传本共计十九篇,而《汉书·艺文志》著录的有二十篇。清人王鸣盛《蛾术编》以为《汉志》所著录多一篇,是合《序》篇而言;但孙志祖《读书脞录续编》却以为《释诂》所收录的文字过多,分成上下两篇,所以《汉志》著录称为二十篇。上面两种说法,从《尔雅》的内容来看,孙氏之说,较为合理。《尔雅》现存十九篇:①释诂,②释言,③释训,④释亲,⑤释宫,⑥释器,⑦释乐,⑧释天,⑨释地,⑩释丘,⑪释山,⑫释水,⑬释草,⑭释木,⑮释虫,⑯释鱼,⑰释鸟,⑱释兽,⑲释畜。

《尔雅》所释范围十分广泛:《释诂》、《释言》、《释训》大抵是诠释古代的词语;第四篇《释亲》是解释古代亲属的称谓;至于《释宫》以下,都是训释实物的名称。《尔雅》对后世有很大的影响,是我们研究先秦词汇、阅读古书的重要参考资料,也是我们研究当时社会生活、思想状况的重要史料。

(九)《孟子》

《孟子》本来是一部子书,《汉书·艺文志》列于子部的儒家,没有今古文之分。唐代以后渐被推崇,宋代始列入经部,与《论语》并称,是一部发扬孔子学说最重要的经典。

1.《孟子》的篇数

班固《汉书·景十三王传》:"河间献王……修学好古……所得书皆古文先秦旧书:《周官》、《尚书》、《礼》、《礼记》、《孟子》、《老子》之属。"《孟子》最古的版本,当是古文本。其实,《孟子》在西汉时,已经有两种版本:一种是七篇本,一种是十一篇本。东汉末年的赵岐认为七篇是孟轲的原著,后加的四篇是伪作。《孟子题辞》:"孟子……于是退而论集所与高第弟子公孙丑、万章之徒疑难答问,又自撰其法度之言,著书七篇,二百六十一章,三万四千六百八十五字。包罗天地,揆叙万类,仁义道德,性命祸福,粲然靡所不载。……又有外书四篇:《性善》、《辩文》、《说孝经》、《为正》。其文不能弘深,不与内篇相似,似非《孟子》本真,后世依放而托之者也。"今世所传的《梁惠王》、《公孙丑》、《滕文公》、《离娄》、《万章》、《告子》、《尽心》等七篇为中篇或内篇,当是《孟子》的原著,至于《性善》、《辩文》、《说孝经》、《为正》等四篇为外篇或外书,当是伪作。《孟子外书》到了隋唐之际便已亡佚,而今天所见《孟子外书》，却又是出于明人姚士粦的伪托。

2.《孟子》的作者

《孟子》一书的作者，自汉以降，众说纷纭。司马迁《史记·孟子荀卿列传》："孟轲乃述唐、虞、三代之德，是以所如者不合。退而与万章之徒，序《诗》、《书》，述仲尼之意，作《孟子》七篇。"韩愈《答张籍书》："孟轲之书，非轲自著，轲既没，其徒万章、公孙丑相与记轲所言焉耳。"林之奇《孟子讲义序》："《孟子》之书，乃公孙丑、万章诸人之所录，其称万子曰者，则又万章门人之所录，盖集众人之闻见而成也。"阎若璩《孟子生卒年月考》："孟子道不行，归而作书七篇，卒当赧王之世。卒后书为门人所叙定，故诸侯王皆加谥焉。"《孟子》一书之作者，固难考定。不过，战国时绝无称自己为"子"者，今观《孟子》全书都自称"孟子曰"，故《孟子》一书必非孟轲所自著。司马氏之说，恐不可信。至若阎氏以《孟子》一书为孟轲所自作，但谥法当是门人所窜加，也只是揣测之辞，并无实据。而林氏以《孟子》之书为孟轲弟子所作，且杂有再传弟子的记录，今就《孟子》书中内容及其文体来看，此说较为可信。

3.《孟子》的内容

《孟子》对我国文化影响最大者，首推其性善学说。孟子认为人的本心都是善的，《公孙丑》上篇："恻隐之心，仁之端也；羞恶之心，义之端也；辞让之心，礼之端也；是非之心，智之端也。人之有是四端也，犹其有四体也。"人心既然都具有此种善端，那么人性自然都是善的。孟子的这种性善学说，不但可以启迪人类向上的自信，同时也可以鞭促人类向上的努力，其影响中国人的思想极为深远。

其次，孟子的心学理论，对我国文化的影响也极重大。《尽心》上篇："君子所性，仁义礼智根于心"，不但指道德修养的方向，而且也肯定人生价值的根源。中国文化之所以成为心性的文化，中国学问之所以成为注重道德的学问，都是受了孟子心学的影响。

此外，孟子的道统思想，对中国人的影响尤为深远。中国的道统思想，孔子只是偏重仁道，到了孟子才特别注重仁义。《公孙丑》下篇："辅世长民，莫如德。"《万章》上篇："非其义也，非其道也，一介不以与人，一介不以取诸人。"孟子的道统思想，不但为人类揭示立身处世的法则，而且更为世人指点从政治国的法则。

总之，《孟子》一书，不但在儒家的哲学上具有卓越的贡献，而且其在文学、史料上亦具有不朽的价值。吴挚甫《林下偶谈》："《孟子》七篇，不特推言义理广大而精微，其文法极可观，如齐人乞墦一段尤妙。唐人杂说，盖出于此也。"

第二节 史学常识

一、概说

(一) 史的意义

汉许慎《说文解字》说:"史,记事者也。从又(古手字)持中。中,正也。"《玉篇》:"史,掌书之官也。"《周礼·天官·宰夫》:"史,掌官书以赞治。""史"的本义为掌书记事的官,职位非常重要。而史官的工作,最重要的是记言与记事二项。《汉书·艺文志》:"左史记言,右史记事。"

关于"史"的定义,梁启超的诠释最为精当。他在《中国历史研究法》中说:"史者何?记述人类社会赓续活动之体相,校其总成绩,求得其因果关系,以为现代一般人活动之资鉴者也。"历史是人类过去一切活动的总记录,举凡朝代的盛衰、风俗的文野、政教的得失、文物的盈虚,都可从历史上获得经验与教训。所以,治史的人不但能"究天人之际,通古今之变",更能"为天地立心,为生民立命,为往圣继绝学,为万世开太平"。

(二) 史的分类

研究历史的学问,叫做史学;记载历史的书,称为史书。现代尚存最早的史书,当推《尚书》。但在司马迁以前,史学并未完全独立。在《汉书·艺文志》的著录中,《战国策》、《史记》等史书,附于《六艺略》的《春秋》家之内,著录的史书仅四百二十五篇。直至晋荀勖依据魏郑默的《中经》更著《新簿》,分群书为四部,而以史为丙部,与甲经、乙子、丁集并列,史学始脱离经学而独立。东晋元帝时,李充另造《四部书目》,略易荀氏的旧例,定为甲经、乙史、丙子、丁集的次序。自隋唐迄清,均依此而行。

史部的著录随时代而增,史书的分类越来越精细。我国史书的分类,最早见于《隋书·经籍志》,共分为十三类:一正史(纪传表志),二古史(编年系事),三杂史(纪异体),四霸史(纪伪朝),五起居注(人君动止),六旧事(朝廷政令),七职官(序班品秩),八仪注(吉凶行事),九刑法(律令格式),十杂传(先贤人物),十一地理(郡国山川),十二谱系(世族继序),十三簿录(史条策目)。至清《四库全书总目提要》分类更细,共分十五类:一正史,二编年,三纪事本末,四别史,五杂史,六诏令奏议,七传记,八史钞,九载记,十时令,十一地理,十二职官,十三政书,十四目录,十五史评。

唐刘知几深通史法,著有《史通》一书,将古来史籍的体例分叙为六家:《尚书》家(纪言);《春秋》家(纪事);《左传》家(编年);《国语》家(国别);《史记》家(通史纪传);《汉书》家(断代纪传)。又将六家统括为两体:编年体和纪传体。

上述两种分法,一从性质分,一按体例分。或失之烦琐,或失之笼统。梁启超著《中国历史研究法》则分为纪传、编年、纪事本末、政书四体,此最为合理切要。

(三)史家的"四长"

历史是人类生活的龟鉴,而史书是记录历史事实的书。因此,研读史书,即在能鉴往以知来,进而修己安人,达到内圣外王的境界。史书既然如此重要,那么,作为修史的史家应具备哪些条件呢?刘知几的《史通》认为必须具备三个条件:史才、史学、史识。章学诚在《文史通义》加上一个"史德"。梁启超则认为史德最为重要,次史学,又次史识,而史才居末。所谓"才"即指表现于文字组织的技巧;所谓"学"即指参考的资料是否广博;所谓"识"即指是非褒贬是否精当;所谓"德"即指作史者心术是否端正。

历史本有它的特殊性、变异性与传统性,而一部史书的修撰,最重要的是能忠实地记载历史的真理。史料的参考愈丰富,史实愈正确。但史料愈多,编排愈难,如何把丰富的史料有条不紊地组织起来,非有史才不为功。但有丰富的史料,完美的组织,尚须精当的判断,才"能见其全,能见其大,能见其远,能见其深,能见人所不见处"(钱穆《中国历史研究法》)。有了史学、史才及史识,又须有史德,如此才能"不抱偏见,不作武断,不凭主观,不求速达"(钱穆《中国历史研究法》)。否则就如《魏书》,即被讥为秽史。

二、纪传

(一)纪传的由来

纪传体是我国史书的主要体裁,通称正史。《隋书·经籍志·正史序》:"世有著述,皆拟班马,以为正史。"纪传体史书,以人物为中心,详一人之事迹,始于汉司马迁的《史记》。后来,班固的《汉书》、范晔的《后汉书》、陈寿的《三国志》也都以纪传为体,是为"四史"。自唐以后,史目递增,遂有十史、十三史、十七史、十八史、二十一史、二十二史等名目。唐朝试士,以《史记》、《汉书》、《后汉书》为"三史"。北宋时刻书,增加《三国志》、《晋书》、《宋书》、《南齐书》、《梁书》、《陈书》、《魏书》、《北齐书》、《周书》、《南史》、《北史》、《隋书》、《唐书》和《五代史》,称作"十七史"。明代再加《宋史》、《辽史》、《金史》、《元史》,为"二十一史"。至清再加《明史》,称"二十二史"。武英殿本又有《旧唐书》、《旧五代史》,合成"二十四史"。"民国"七年(1918年)以后,徐世昌下令将《新元史》列入正史,遂成为"二十五史"。但在《清史稿》印行流布后,人们又逐渐将《清史稿》与"二十四史"合称"二十五史",《新元史》慢慢就很少有人提到了。今天人们所言"二十五史"就是指"二十四史"加《清史稿》。

各史或称"书",或称"志",或称"史",或称"史记",实为一体。

(二) 纪传的体例

纪传体史书,以人为纲,创自司马迁的《史记》。《史记》的体例,共分五类:本纪,世家,表,书,列传。这五类体例,司马迁都有所本,并非自创。司马迁凭着丰富的学养、高远的见识,将前代各种史书的体例熔为一炉,开创了完美的纪传体例,为我国史书开启崭新的一页。而历代的正史,率多依循,少有变易。

1. 本纪

本纪以帝王为中心,记载国之大事。司马贞《五帝本纪索隐》:"纪者,记也。本其事而记之,故曰本纪。"张守节《五帝本纪正义》引裴松之《史目》说:"天子称本纪,本者系其本系,故曰本纪;纪者,理也;统理众事,系之年月,名之曰纪。"刘知几《史通》解说最为清楚:"盖纪之为体,犹《春秋》之经,系日月以成岁时,书君上以显国统。"可见本纪的特色是以编年为体,大事乃书。有年代可考的,按年记事;无年代可考的,分代叙事。

2. 世家

世家以纪侯国。年封世系、盛衰兴亡的事迹,分国按年记述。司马贞《史记吴太伯世家索隐》:"系家者,记诸侯本系也。言其下及子孙常有国故。"刘知几《史通》:"司马迁之记诸国也,其编次之体与本纪不殊;盖欲抑彼诸侯,异天子,故假以他称,名为《世家》。"《史记》"世家"一体,班固《汉书》改为列传,其后诸史因之。《晋书》于僭伪诸国,数代相继的,不曰《世家》,而别称曰载记。欧阳修的《新五代史》,则于吴、南唐、前蜀、后蜀、南汉、楚、吴越、闽、南平、北汉等十国,仍称世家;《宋史》因之作《十国世家》。《辽史》于高丽、西夏诸国另称外纪。

3. 表

表是以时间为中心,编排同类性质的大事。历史人物,不可数计,人各一传,不胜其传。表有提要汇总的作用,可以补本纪、世家、列传的不足。万斯同说:"表所以通纪传之穷,其有人已入纪传而表之者,有未入而牵连表之者,表立然后纪传之文可省,读史不读表,非深于史者也。"或年经国纬,以见天下大事;或年经事纬,以见群臣职分;或国经年纬,以睹一时得失。不过,二十五史中,仅十史有表,即《史记》、《汉书》、《新唐书》、《新五代史》、《宋史》、《辽史》、《金史》、《元史》、《新元史》、《明史》等,余均阙如。万斯同作《历代史表》六十卷,可补诸史不足。

4. 书

书是以事类为纲，记载国家的大政大法。司马贞《史记礼书索隐》："书者，五经六籍总名也。此之八书，记国家大体。"颜师古说："志，记也，积记其事也。"如纪礼仪、礼俗的《礼书》，纪音乐的《乐书》，纪地理水利的《河渠书》，纪财政经济的《平准书》等。朝章国典，因而得以备录。书的名称，诸史或有不同，《史记》称书，班固改称志，诸史因之。欧阳修的《新五代史》称考。《三国志》、《梁书》、《陈书》、《北齐书》、《周书》、《南史》、《北史》则无书志一门。

5. 列传

列传以志人物。举凡社会各阶层的特殊人物事迹，甚至边疆各国的概况，都可入传。赵翼《廿二史劄记》："古书凡记事立论，及解经者，皆谓之传，非专记一人之事迹也。其专记一人为一传者，则自迁始。又于传之中分公卿将相为列传……又别立名目，以类相从。自后作史者，各就一朝所有人物传之，固不必尽拘迁史旧名也。"若按撰写性质的不同分：有单叙一人的单传（或称专传）；合叙两人或两人以上的合传；以类相从，依照人物先后叙在篇里的类传；以及带叙其他人物的附传等。

此外，《史记》论断，称"太史公曰"。班书称"赞"；陈寿《三国志》称"评"；范晔《后汉书》称"论"，而又系以"赞"，"论"为散文，"赞"为四言。梁沈约《宋书》称"史臣曰"，唐时所修诸史均同。《新五代史》直起无标题，加以"呜呼"二字。仅《元史》无论赞。《新元史》论赞俱称"史臣曰"。

《史记》体例的编次，是先"本纪"、次"表"、次"书"、次"世家"、次"列传"。班固《汉书》缺世家，余皆相同。不过世家的体例，诸史不能悉有，仅《新五代史》用之，而《晋书》改称"载记"，名虽异而实同。且《晋书》载记、《新五代史》世家乃附于书末。《宋》、《辽》、《金》、《元》诸史同。《新唐书》表后于志，《魏书》志后于传，《旧五代史》同。这些史籍中，体例安排的次序虽有不同，但都不出《史记》的范围，所以，《史记》被推尊为"纪传通史之祖"。

（三）纪传史书

1.《史记》

《史记》是我国第一部纪传体通史，也是我国古代第一部传记文学的总集，汉司马迁撰。

司马迁字子长，夏阳（今陕西韩城）人。父司马谈是个渊博的学者，在建元、元封间，做了太史公。他有满腔的抱负，想撰写一部表彰"明主贤君，忠臣死义"的史书。这个宏愿，后来由司马迁发愤完成。司马迁少时，曾接受完整的儒学教育，从大儒孔安国学古文《尚书》，从董仲舒治《公羊春秋》。因此，司马迁在思想上虽留有他父亲黄老之学的遗泽，但是儒学却是他的思想主流。在整部《史记》中，司马迁征引孔子的地方非常多,且径以孔子的论断作为自己的论断,并隐然以《史记》比《春秋》。

《史记》是一部史书,但司马迁撰写《史记》的目的不仅在记载历史的事实,更要"究天人之际,通古今之变,成一家之言"。人类的历史活动,虽不一定能重演,但在不停息的变动流转中,自有轨迹可寻。司马迁就是想从上下两千余年的种种人事演变的迹象中,原始察终,通穷达变,找出"成败兴坏"的定则,以为后世的殷鉴;更想从"网罗天下放佚旧闻"、"历纪古今成败"中,建立起历史的哲学体系,显现宇宙人生的根本道理。

《史记》一书,上起黄帝,下迄汉武。纵贯数千年,横及各国各阶层。著十二本纪,作十表、八书、三十世家、七十列传,凡百三十篇,五十二万六千五百字。

事实上,《史记》不仅是亘古未有的历史巨著,也是一部融汇古代学术思想的要籍。《史记》的成就是多方面的,在史学方面,司马迁为后世的史学家提示了作史的标的;而《史记》的体例——本纪以序帝王、世家以纪侯国、表以系时事、书以详制度、列传以志人物,也为后世正史的体裁奠定了永恒的范式。文学方面,《史记》雄深雅健的散文风格,以及简朴动人的叙写方法,都是唐宋八大家和明清散文作家学习的模范,至于明清的戏曲、小说也多采用《史记》的人物故事为题材。在学术方面,举凡礼仪礼俗、音乐历法、军事气象、财政经济,甚至宗庙鬼神、天文地理等,无不包括在八书之内。钱玄同先生说:"司马迁实集上古思想学术之大成,而有自具特识的人。"

《史记》的注释很多,以宋裴骃的《集解》、唐司马贞的《索隐》、张守节的《正义》为最著,宋刻并三家为一本,尤见通行。

2.《汉书》

《汉书》,又称《前汉书》,是我国第一部纪传体断代史。东汉班固撰。

班固字孟坚,扶风安陵(今陕西咸阳)人。父彪接《史记》太初以后,采前史遗事异闻,作《后传》数十篇。而固以彪所续前史,未尽详密,于是潜精研思,接续著作,前后经历二十余年。和帝永元四年,窦宪失势自杀,固受株连,死在狱中,八表及《天文志》未及完成。和帝诏其妹班昭在东观藏书阁补写,后又诏令马融兄马续续成。全书历经四人之手,始成完本。

《汉书》凡一百篇,一百二十卷。有本纪十二、表八、志十、列传七十。起自汉高祖,终于王莽之诛。《汉书·叙传》:"太初以后,阙而不录。故探纂前记,缀辑所闻,以述《汉书》",可见《汉书》是接续《史记》而作。而《汉书》的纪、表、书、传,也都因袭《史记》的体制。刘知几说:"昔虞、夏之典,商、周之诰,孔氏所撰,皆谓之书。夫以书为名,亦稽古之伟称,寻其创造,皆准子长,但不为世家,改书曰志而已。"

班固不仅是汉代著名的史学家,也是辞赋大家。自《汉书》著成后,以纪、传、表、志为主要形式的断代史史书的体例，始告完成。而其为文裁密思靡，喜用骈偶，亦为六朝骈文家所宗，在中国骈文发展史上具有重要的地位。

《汉书》的注释，唐颜师古《注》及清王先谦《补注》，最通行于世。

3.《后汉书》

《后汉书》继班固《前汉书》而作。南北朝时，宋宣城太守范晔撰。

范晔字蔚宗，顺阳（今河南淅川）人，少好学，博涉经史，善属文，能隶书，晓音律。初为尚书吏部郎，左迁宣城太守。不得志，于是穷览旧籍，删众家《后汉书》，以成一家之作。惜《志》未成，因与孔熙先谋倾宋室，事发伏诛。梁时，刘昭取晋司马彪《续汉书》志的部分，加以注解，"分为三十卷，以合范史"，遂成今之《后汉书》。

《后汉书》一百三十卷，起自光武帝，至献帝止。有本纪十共十二卷，列传八十计八十八卷，志八共三十卷。史书无表，实自蔚宗开始。

《后汉书》师法《史记》，编次卷帙，各以类相从；取法班氏，多附载政论材料以及词采壮丽的文章。叙述详简得宜，立论亦称允当。刘知几推称此书"简而且周，疏而不漏"。纵有传文矛盾、叙事无根的缺点，仍不失为良史。

《后汉书》的注家，以唐章怀太子李贤注最为通行。清惠栋《后汉书补注》、王先谦《后汉书集解》，颇便学者研读。

4.《三国志》

《三国志》为晋陈寿撰。寿字承祚，巴西安汉（今四川南充）人。少好学，师事谯周，仕蜀为观阁令史。蜀平入晋，举孝廉，除佐著作郎，终御史治书。撰有《三国志》、《古国志》、《益都耆旧录》。《三国志》一书，尤为时人所重。

《三国志》，凡六十五卷。《魏志》三十卷，《蜀志》十五卷，《吴志》二十卷。其中《魏志》四纪，二十六列传；《蜀志》十五列传；《吴志》二十列传。书虽名志，实无一志，亦缺表。洪亮吉《三国疆域志》、钱大昭《三国艺文志》以及万斯同《历代史表》，可以参看。

二十五史中，《三国志》最为简洁。《晋书》本传说："时人称其善叙事，有良史之才。"宋文帝则嫌《三国志》为文简略，命裴松之作注。于是，松之鸠集传记，增广异闻，以补《三国志》的缺失。所引之书，多至五十余种。松注此志，较原书多出三倍，可谓集注史的大成。

5.《晋书》

《晋书》为唐房玄龄等奉敕所撰，参与其事者共二十一人，开史书众修的先河。在唐以前，《晋书》的编撰，家数甚多。至唐初，仍有何法盛等十八家流行。唐太宗以为都不完善，敕房玄龄、褚遂良、许敬宗重撰，又命李淳风修《天文》、《律历》、《五行》三志，敬播等改正类例。太宗并自撰写宣、武二本纪和陆机、王羲之二列传的"论"，是以曰"制旨"，又总题全书为"御撰"。

《晋书》凡一百三十卷,有本纪十、志二十、列传七十及载记三十。总记西晋四帝,凡五十四年,东晋十一帝,凡一百〇二年。又以胡、羯、氐、羌、鲜卑等五族,割据中原,分为二赵、五凉、四燕、三秦与夏、蜀等十六国。较之前史少"年表"一门,多"载记"一项。

全书组织尚称严密,重要史实也能留存下来。然司马懿、司马师、司马昭均未即帝位,徒以身后追尊的缘故,作宣、景、文三纪,于本纪之例,似有缺失。而预修诸人多为唐初文学词臣,受六朝文风影响,行文好为丽辞奇句,似与史书体制不合。

《晋书》的注释,以吴士鉴、刘承幹注最为流行。今通行本并附有唐何超《音义》三卷。《晋书》包罗宏富,芜杂未免,清周济撰《晋略》一书,文笔严谨,考订功深,颇有参考价值。

6.《宋书》

《宋书》旧题梁沈约撰,实撰成于齐武帝永明年间。本书材料多取徐爰旧本增删而成,用时不过一年左右。大抵沈约续补永光(前废帝)以后,至亡国十余年的事,并删除徐爰旧著中有关晋末诸臣及桓玄等诸叛贼的部分,其余都本爰书。

《宋书》凡一百卷,有帝纪十、志三十、列传六十,无表。本书芜词甚多,繁简失当,宋齐革易间的事,作史者既为齐讳,又欲为宋讳,不能据事直书,有乖史笔。唐刘知几《史通》:"其书既成,河东裴子野更删为《宋略》二十卷,沈约见而叹曰:'吾所不逮也。'由是世之言宋史者,以裴《略》为上,沈《书》次之。"

7.《南齐书》

《南齐书》为梁萧子显撰,子显字景阳,齐高帝萧道成之孙,豫章王萧嶷之子。

《南齐书》凡六十卷,其中《序传》失传,今存五十九卷。本纪八、志十一、列传四十,无表。北宋刻本尚有《进书表》,今本已无。又今本《文学传》无叙,《州郡志》及《桂阳王传》都有阙文,实非完善。

子显撰写《南齐书》,虽于以前作者不无因袭,然而颇能断以己意。子显身为齐宗室之后,而于梁时作史,于开国史既不便宣揭祖恶,于亡国史亦不便直彰篡逆的事迹,却能"直书无隐,尚不失是非之公"(《四库提要》)。本书不见篡弑的痕迹,而能微露己意。难怪刘知几《史通》称许说:"子显虽文伤蹇踬,而义甚优长。"

8.《梁书》

《梁书》,唐姚思谦奉敕撰。据《新唐书·姚思廉》:"贞观三年(629年)诏思廉同魏徵撰。"今本《梁书》题姚思廉撰而不列魏徵之名。大约魏徵本奉诏监修,而实由思廉一人执笔,所以独标姚思廉撰。《梁书》凡五十六卷,有本纪六,列传五十,以较前史,缺书志、年表两种。

《梁书》初稿撰于梁代,如沈约、周兴嗣、鲍行卿、谢昊等相承撰录的《梁书》共一百卷,而思廉之父姚察,陈时为吏部尚书,奉敕修撰《梁史》。姚察的旧稿,实即为思廉所本。因此，本书记述史迹，详密核实。而成书时又相隔三代，既无个人恩怨，亦少当朝忌讳，所以持论颇称平允。况姚氏父子为唐代古文先驱，行文自称炉锤，洗尽六朝浮艳文风，虽叙事论人有矛盾冗杂之病，然亦颇多可取之处。

9.《陈书》

《陈书》亦为唐姚思廉撰，凡三十六卷，有本纪六，列传三十。高祖、世祖两本纪末有"陈吏部尚书姚察曰"字样，其余纪传之末，则称"史臣曰"。

《陈书》既与《梁书》同出于思廉之手，优劣之处，亦相伯仲。伦序秩然，言论精当。然而，文多避讳，有乖直笔。《陈书》专立《姚察传》，亦颇受人非议，有变古之嫌。

10.《魏书》

《魏书》，北齐魏收撰，凡百三十卷，有本纪十二，列传九十二，志十。诸史表志均在传前，而《魏书》则志居传后。宋刘恕、范祖禹等校定时，称"亡逸不完者无虑三十卷，今各疏于逐篇之末"。《四库全书》谓实缺二十九传，然所据何书以补缺，恕等并未明言。

本书内容芜秽，体例荒谬，世称"秽史"。《北齐书·魏收传》："修史诸人祖宗姻戚多补书录，饰以美言。"一人立传，不论有官无官，有否功绩，都附缀于后，有至数十人者。且"夙有怨者，多没其善，每言何小人，敢共魏收作色，举之则使上天，按之当使入地"。史笔成为酬恩抱怨的工具。收因仕于北齐，而修史又在齐文宣帝时，举凡涉及齐神武帝（高欢）在魏朝时，多曲为回护，党齐毁魏，有失是非之公。惜收前诸儒所撰《魏史》，悉数被毁，因此收书终得列入正史，以存文献。

11.《北齐书》

《北齐书》，凡五十卷，有本纪八，列传四十二，唐李百药撰。自北宋以后，本书日渐散佚，宋晁公武《郡斋读书志》称其残缺不全。今据《四库提要》及王鸣盛、钱大昕、赵翼等考证，尚可知其体例。今本乃后人取《北史》及他书补成。

《北齐书》既为后人所补，因此糅杂牴牾，体例不一。自《北史》行后，此书遂不为人注意。且北齐立国本浅，文宣以后，纲纪废弛，人才寥落，事功不显，亦少有可纪。不过百药文笔简洁，语多装点，亦为其特色之一。

12.《周书》

《周书》，凡五十卷，有本纪八，列传四十二，唐令狐德棻奉敕撰，共事者有岑文本等十七人。北宋重校时尚有全本。今本残阙，多取《北史》以补亡。惜不标明所移掇者何卷，所改者何篇，德棻原本遂不可辨。

德棻博涉文史，早岁知名，唐初各正史的修撰实乃议自德棻。本书叙事得宜，文笔简劲，惜今书残缺不全，遗文脱简，不可枚举。且北周立国，仅二十六年，鲜有事功可显，所以德棻虽号称博学，亦难展其才。

13.《隋书》

《隋书》，唐魏徵等奉敕撰。撰纪传者有颜师古、孔颖达、许敬宗等三人。撰志者有于志宁、李淳风、韦安仁、李延寿、令狐德棻等人。

《隋书》凡八十五卷。有本纪五卷，列传五十卷，志三十卷。《隋书》十志，或名《五代史志》，原为梁、陈、周、齐、隋五代史而作。其后各史单行，而《隋书》居末，十志遂专称《隋志》，唐太宗驾崩后，将志编入《隋书》，则有失其实。

《隋书》成于众手，牴牾难免。执笔者都属唐初名臣，书法严谨，文笔简净，惜《高祖纪》与《炀帝纪》中，曲为回护，颇有隐讳篡逆的事迹，诚有愧史笔。

14.《南史》

《南史》，唐李延寿撰。延寿之父名大师，贞观中官御史台主簿，兼值国史。《北史·序传》："大师少有著述之志，常以宋、齐、梁、陈、魏、齐、周、隋南北分隔，南书谓北为'索虏'，北书指南为'岛夷'。又各以其本国周悉，书别国并不能备，亦往往失实。常欲改正，将拟《吴越春秋》，编年以备南北。"惜书未成，而大师已死。延寿继承父志，穷十六年之功，涉猎千有余卷，总叙八代之事，撰成《南史》、《北史》二书。

《南史》凡八十卷，有本纪十，列传七十。始于刘宋永初元年，迄于陈祯明三年，历宋、齐、梁、陈四代共一百七十年。《南史》属通史体裁，叙事简净，文少避讳，颇能纠正各史回护的缺点。本书虽以《宋》、《齐》、《梁》、《陈》四史为根据，但是删繁补阙，意存简要，举凡诏诰辞赋，一概删削，无烦冗芜秽之词，司马光称为佳史。

15.《北史》

《北史》，凡一百卷，有本纪十二，列传八十八，唐李延寿撰。总记魏、齐、周、隋四代的史事，始于魏登国元年，迄于隋义宁二年，凡三代二百四十四年。兼自东魏天平元年至齐隆化二年，共四十四年的行事。

《北史》与《南史》，同出自李延寿之手，叙事简净，堪称史籍中的佳构。大抵《南史》因四史旧本而稍有删减，补缺者少。《北史》则较《南史》用力独深。如《周书·文帝纪》增补追侯景不及事，《齐慕容绍宗传》增补侯景畏绍宗事。元魏一代虽以魏收书为主，而用魏澹书义例，以西魏为正统，增入文帝、废帝、恭帝三纪。各帝纪后，并附见东魏，史例颇为允当。魏收曲笔，亦多加纠正。

16.《旧唐书》

《旧唐书》，凡二百卷，有本纪二十，书志三十，列传一百五十。五代晋刘昫等撰。《旧唐书》，原名《唐书》，自宋欧阳修、宋祁等重撰《新唐书》，此书便废而不用，然仍流传民间，历世不绝。清乾隆时，与《新唐书》并列于二十四史中，成为正史之一。

有唐一代，凡十四世，二十一主，二百九十年，享国甚久，声教文物亦称极盛。而刘昫等所撰《唐书》，多以令狐德棻及吴兢的旧稿为蓝本，叙事得体，文笔简净。尤其穆宗以前，简而有体，叙述详明，颇存班、范旧法。惜穆宗以后，语多枝蔓，多述官职、资望，竟似断烂朝报。而且各传并见，重出颇多，本纪、列传，亦多回护之处，为世所病。

17.《新唐书》

《新唐书》，凡二百二十五卷，有本纪十，志五十，表十五，列传一百五十，宋欧阳修、宋祁等撰，曾公亮监修。书中列传，都题祁名，而本纪、志、表则题修名，《宰相世系表》、《宋史吕夏卿传》以为吕夏卿所撰，而今《新唐书》中，亦题修名。

曾公亮《新唐书进表》："其事则增于前，其文则省于旧。"事增文省，确是《新唐书》的最大特色。本书作者欧阳修、宋祁等人都是积学之士，又是古文大家，修史时，正值文物鼎盛之际，史料的搜求比较容易。因此，《唐书》回护之笔本书多予刊正，舛漏之处亦加补救。尤其欧阳修所撰本纪，文章明达，语多褒贬；宋祁所撰列传，则刻意学古，颇失本来面目。

18.《旧五代史》

《旧五代史》，北宋薛居正等奉敕撰。同修者有卢多逊、扈蒙、张澹、李昉、刘坚、李穆、李九龄等人。自欧阳修别撰《五代史记》，金章宗下诏采用，历元、明、清，《五代史》遂见废弃。乾隆时，自《永乐大典》辑出，并考核宋人著述中征引薛书资料，摘录补缺，颇复旧观。《旧五代史》凡一百五十卷，有本纪六十一，志十二，列传七十七，较前史缺"年表"一种。

五代虽值离乱时代，各朝却都有实录。薛史取材多本诸实录，因此修史时间不过一年余，事虽详备，然实录中回护之处未能核实纠正，有失史实。

19.《新五代史》

《新五代史》，原名《五代史记》，宋欧阳修撰。凡七十四卷，有本纪十二，列传四十五，考三，世家十，十国年谱一，四夷录三。

《旧五代史》仿陈寿《三国志》体例，以国别为限，各自为书。《新五代史》则远祖《史记》，以类相从。《旧五代史》率依各朝实录，《新五代史》则旁参史料，褒贬分明。赵翼《廿二史劄记》："欧史不惟文笔简净，直追《史记》，而以《春秋》书法寓褒贬于纪传之中，则虽《史记》亦不及也。"

20.《宋史》

《宋史》，凡四百九十六卷，有本纪四十七，表三十二，志一百六十二，列传二百五十五，元脱脱等奉敕修撰。

《宋史》卷帙浩繁，而修撰时间不及三年，成书可谓神速。有宋一代，史料的记录与保存非常周密。有起居注，有时政记。每一帝必修有日历，日历之外，又有实录。然本书因依实录与传记而成,未加考核损益,因此枉曲回护,多不合史实。且立传失当,前后矛盾,芜杂特甚。

21.《辽史》

《辽史》,元脱脱等奉敕修撰。凡一百一十六卷,有本纪三十,志三十二,表八,列传四十五,末又附《辽国语解》一卷。

《辽史》在《辽》、《金》、《元》三史中,最为潦草疏略。本书所据底本为辽耶律俨所修太宗以下诸帝实录七十卷,及陈大任《辽史》。见闻既隘,且首尾不及一年,即告完成。《辽国语解》一卷,体例则颇完善,其序说:"史之所载官制、宫卫、部族、地理,率以《国语》为之称号,不加注释以辨之,则世何从而知,后何从而考哉?今即本史,参互研究,撰次《辽国语解》,以附其后,庶几读者无龃龉之患。"

22.《金史》

《金史》,元脱脱等奉敕修撰。凡一百三十五卷,有本纪十九,志三十九,表四,列传七十三。末另附《金国语解》一卷,清乾隆所补。

赵翼称《金史》叙事最为详赅,文笔也极简洁,迥出《宋》、《元》二史之上。顾亭林评论《金史》说:"考其史裁大体,文笔甚简,非《宋史》之繁芜;载述稍备,非《辽史》之阙略;叙次得实,非《元史》之讹谬。"顾说颇为允当。不过,三史所载人名、地名多不相符,三史所载史实也颇有出入,当相互参观,以究其真。

23.《元史》

《元史》,凡二百一十卷,有本纪四十七,志五十三,表六,列传九十七,明宋濂、王祎等奉敕撰。

本书的修撰,经历两次开局,前后仅一年有余,成书神速。大抵《元史》所据的资料,本纪依据元《十三朝实录》,书志依据元人所撰《经世大典》、《大一统志》,列传则采取元历朝《后妃功臣列传》及当时诸家所撰的行状墓志等。因此,避讳回护、繁冗芜杂在所难免。

24.《明史》

《明史》,清张廷玉等奉敕撰。凡三百三十二卷,有本纪二十四,志七十五,表十三,列传二百二十。另附目录四卷。

《明史》一书,为近代诸史中的佳作。张廷玉《进史表》:"发凡起例,尚在严谨;据事直书,要归忠厚。"本书编纂得当,考订审慎,颇称精善。所以赵翼称:"近代诸史,自欧阳修《五代史》外,《辽史》简略,《宋史》繁芜,《元史》草率,惟《金史》行文雅洁,称为可观,然未如《明史》之完善。"

25.《清史稿》

《清史稿》,一九二七年由赵尔巽、柯邵忞等人撰成。全书"关内本"分纪、志、表、传四大部分,凡五百三十六卷,另有目录一册。计本纪十二共二十五卷,志一百四十二卷,表五十三卷,列传三百一十六卷。本书修史诸人,纯以清遗臣身份,记述清朝史事,因此书中颇多不合史实之处,义例既非,书法也多有偏颇。今人张其昀、萧一山等人取旧稿稍予斠补,刊为《清史》,全书五百五十卷。此书《叙例》中说:"《清史》之沿用旧史稿,而改正其体例,犹《明史》之用鸿绪稿也。"又说:"世变日亟,旧稿易散,不得已而略变体制,是正违碍,稍予斠补,以存史料。"1977 年 12 月中华书局推出《清史稿》标点本。

三、编年

(一)编年的由来

编年体史书,起源最早,《春秋》、《左传》即是。《隋志》称为"古史",别于正史的纪传。

明焦竑《国史经籍志》:"编年者,以事系年,详一国之治体,盖本左氏;纪传者,以人系事,详一人之事迹,盖本史迁。"编年的史书以年为主,而以事系于年月。编年体的长处即在以时间为枢纽,一切事迹按年月一检即得,没有分述重出的烦恼。

以编年为体的史书,又分历代的编年,如《竹书纪年》,属通史;一代的编年,如《汉纪》,为断代史。后来诸家仿作纷起,如张璠及袁宏的《后汉纪》、孙盛的《魏代春秋》、习凿齿的《汉晋春秋》、干宝的《晋纪》、徐广的《晋纪》、裴子野的《宋略》、吴均的《齐春秋》、何之元的《梁典》等。惜除袁宏《后汉纪》外,都不传于世。

(二)编年的史书

1.《竹书纪年》

《竹书纪年》出自西晋时代,作者何人,已无从稽考。《晋书·束皙传》:"太康二年,汲郡人不准盗发魏襄王墓,或言安釐王冢,得竹书数十车。其《纪年》十三篇,记夏以来至周幽王为犬戎所灭,以事接之,三家分,仍述魏事至安釐王之二十年。盖魏国之史书,大略与《春秋》皆多相应。"本书文辞简要有如《春秋》,记事则同于《左传》。其中记载,最骇人听闻而与古代传说相异的有:夏启杀伯益、太甲杀伊尹、文丁杀季历等。至于战国时期,与《史记》不同的地方更多。因此,此书的史料价值颇堪重视。

《竹书纪年》的史料价值虽高,而与传统的儒说不合。因此,不为世所重,两宋以来,逐渐残缺失传。今本所录为二卷,题梁沈约注,疑为明人伪撰。清朱右曾别辑有《汲冢纪年存真》二卷,今人王国维有《古本竹书纪年辑校》一卷、《今本竹书纪年疏证》二卷。

《竹书纪年》是古代的记事史书,包括夏、商、周三代的史料。原书早已失传,今所见者为辑本。此书因系竹简为书,故名曰"竹书";因系编年体裁,故名曰"纪年"。本书的真名,早已失传,"竹书纪年"的名称恐是西晋人所定。

2.《汉纪》

《汉纪》,东汉荀悦撰。凡三十卷,计有高祖、惠帝、吕后、文帝、景帝、武帝、昭帝、宣帝、元帝、成帝、哀帝、平帝等十二纪,而以王莽之事附于《平帝纪》后,共叙事二百三十一年(公元前209—公元22年)。本书取材,不出班固《汉书》,而体例则依《春秋左氏传》。《后汉书·荀淑传》附孙《荀悦传》:"(献)帝好典籍,常以班固《汉书》文繁难省,乃令悦依《左氏传》体,以为《汉纪》三十篇,辞约事详。"

本书撰自建安三年(198年),至建安五年书成。荀悦《汉纪》自叙:"谨约撰旧书,通而叙之,总为帝纪,列其年月,比其时事,撮要举凡,存其大体。"本书组织严密,文笔简洁,内容虽不出《汉书》范围,亦时有所删润,并非泛泛抄录而成书。所谓"撮要举凡,存其大体",实可作为研读《汉纪》的入门要籍。

3.《后汉纪》

《后汉纪》,东晋袁宏撰。凡三十卷,计有世祖、明帝、章帝、和帝、殇帝、安帝、顺帝(冲帝附)、质帝、桓帝、灵帝、献帝等纪,共叙事一百九十八年(23年—220年)。本书体例论断,全仿荀悦《前汉纪》(《汉纪》)。然而荀书全取班书,成书在班书之后;而袁书则在范书之前,参考史料达数百卷,历经八年,才撰写成书,用力甚特。

袁宏撰写《后汉纪》的动机,其自序中说:"余尝读后汉书,烦秽杂乱,明而不能竟也。"因此,本书的特点即在简明扼要,一扫"烦秽杂乱"之病。《四库提要》称誉《后汉纪》说:"此书则抉择去取,自出鉴裁,抑又难于悦矣。刘知几《史通·正史》篇,称世言汉中兴,作史者惟袁范二家,以配蔚宗,要非溢美也。"

4.《资治通鉴》

《资治通鉴》,宋司马光撰。光于英宗治平二年奉诏作书,至神宗元丰七年始成,历时十九年。助修者有刘攽、刘恕、范祖禹等人。

《资治通鉴》,凡二百九十四卷,上起周威烈王二十三年(前404年)三家分晋,下终五代之末(958年),贯一千三百六十二年的史事。以朝代为纪,以编年为体,详述历代治乱兴衰的事迹。神宗初立,以其书"鉴于往事,有资治道",赐名"资治通鉴",并亲为作序。

本书内容以治乱兴亡,政治沿革为主。取材广博,严于去取,除正史外,旁涉杂史三百二十种,《四库提要》誉为:"网罗宏富,体大思精,为前古之所未有。"然本书虽以政治为主,并非单纯的政治史,举凡社会、经济、文化、制度等莫不摘要记述,实已涵括全面的历史发展。且除叙述史实外,兼具史实的分析与评论,诚为一部有史学价值的巨著。

《资治通鉴》书成后,门人刘世安尝为撰《音义》十卷,今已亡佚。南宋以后,注者颇多。元胡三省汇合众注,订讹正漏,作《资治通鉴音注》,历三十年,稿经三易,始告成功。因此,胡注本成为《资治通鉴》今日最通行的版本。

5.《续资治通鉴长编》

《续资治通鉴长编》,凡五百二十卷,南宋李焘撰。仿司马光《通鉴》体例,记自宋太祖建隆(960年)至钦宗靖康(1127年)一百六十八年的事迹。本书卷帙浩繁,刻印不易,传写者多为节录本。明代修《永乐大典》,收录其绝大部分,而世间已无足本流传。今传《四库全书》辑《永乐大典》本,所记英宗、哲宗以前,年经月纬,详备无遗,徽宗、钦宗二朝的事仍有缺佚。

李焘修撰此书,前后历时四十年,毕生精力尽瘁于斯。全书编纂得当,叙事详密,文不芜累。诚如李焘所言:"宁失之繁,无失之略。"堪称继踵《通鉴》的名作。

6.《建炎以来系年要录》

《建炎以来系年要录》,凡二百卷,宋李心传撰。仿《通鉴》编年体例,详述南宋高宗一朝自建炎元年至绍兴三十二年间(1127—1162年)的事迹。上与李焘的《长编》相衔接。

本书编纂得法,内容丰富,取材以国史、日历为主,并参考稗官、野史、家乘、志状、案牍、奏议等资料。此书着重史实,遇有异说则并采置各条下,以备后世评定。

7.《续资治通鉴》

《续资治通鉴》,凡二百二十卷,清毕沅撰。有《宋纪》一百八十二卷,《元纪》三十八卷。上起宋太祖建隆元年,下迄元顺帝至正二十八年,共四百一十一年。总记宋、辽、金、元四代史事。本书体例同于《通鉴》,以清初徐乾学所撰《资治通鉴后编》为基础,旁参李焘《长编》与李心传《系年要录》等书,辽、金及宋末的事增补最多。

本书史料都有所本。征引史实以正史为经,而以契丹国志及各家文集为纬。事必详明,语归体要。于旧史之文,唯有取舍剪裁,不加改写;但有叙事,不杂议论。张之洞《书目答问》誉称:"有毕《鉴》,则诸家续《鉴》皆可废。"

8.《通鉴纲目》

《通鉴纲目》,凡五十九卷,又凡例一卷,宋朱熹撰,门人赵师渊助编而成。本书据司马光《资治通鉴》而作,书的起讫都依《通鉴》。朱熹编纂此书以道德、思想、教育为主,故仿《春秋》褒贬之例,取《通鉴》所记之事,创立纲目。纲仿《春秋》,力求严谨;目仿《左传》,详以记事。每论一事,都以"凡"字发端,以模拟《左传》的"五十凡例"。较之单纯的编年纪事眉目清晰。

《通鉴纲目》,实非创作。本书取材范围,不出《资治通鉴》,因此可用以勘正《资治通鉴》的字句讹异。而书中所载,如尊蜀贬魏,以蜀为正统,书扬雄为莽大夫等,均不同于《通鉴》。

四、纪事本末

(一) 纪事本末的由来

纪事本末体史书，以事迹为主，详一事之始末。章学诚《文史通义·书教》："按本末之为体也，因事命篇，不为常格，非深知古今大体，天下经纶，不能网罗隳括，无遗无滥，文省于纪传，事豁于编年，决断去取，体圆用神。"任何史迹的发生、经过、结果都有连续性，且可能亘延数十年或数百年。欲了解史迹的始末因果，非以事为主不可。因此，纪事本末体为史界另辟一径。

刘知几《史通》列史学六家，而归为纪传、编年二体。有唐以前，所有史书，不出此二体，至宋袁枢而有纪事本末体的创制。于是史书的体例分而为三。《宋史·袁枢传》："枢常喜诵司马光《资治通鉴》，苦其浩博，乃区别其事，而贯通之，号《通鉴纪事本末》。参知政事龚茂良得其书，奏于上。孝宗读而嘉叹，以赐东宫及分赐江上诸帅，且令熟读，曰：'治道尽在是矣。'"纪事本末体的特点即在以事为中心，标立题目，而依年月为序叙述。既不受人物拘束，可以免去纪传体的重复；又不受时间的限制，可以补编年的破碎。《四库提要》誉称："经纬明晰，节目详具，前后始末，一目了然，遂使纪传、编年贯通为一，实前古之所未见。"然而纪事本末体以事为类，仅能就部分历史事迹作有系统的叙述，而无法对整个历史作全面的观照，就史料保存的作用而言，不及编年、纪传二体。

(二) 纪事本末史书

1.《通鉴纪事本末》

《通鉴纪事本末》，凡四十二卷，宋袁枢撰。袁枢原治《通鉴》，苦其以事系年，前后寻检，殊多费事，遂就《通鉴》事迹，以事为类，每事成编，自为标题。凡二百三十九事，依年月为次而成书。始于三家分晋，终于周世宗的征淮南，包括一千三百年的事迹。

本书材料，虽不出《通鉴》，然义例精密，裁取得宜。《四库提要》评价极高："枢所缀集，虽不出《通鉴》原文，而去取剪裁，义例极为精密。非《通鉴总类》诸书割裂挦扯者可比。"清章学诚推誉本书能"化臭腐为神奇"，梁启超也称其有"提要钩玄之功"。

2. 九朝纪事本末

自宋袁枢《通鉴纪事本末》后，仿照其体裁相继撰述者，有清高士奇的《左传纪事本末》，明陈邦瞻的《宋史纪事本末》、《元史纪事本末》，清李有棠的《辽史纪事本末》、《金史纪事本末》，清张鉴的《西夏纪事本末》，清谷应泰的《明史纪事本末》，清杨陆荣的《三藩纪事本末》，与袁枢的《通鉴纪事本末》，合称"九朝纪事本末"。

(1)《左传纪事本末》

清高士奇撰，凡五十三卷。本书依据宋章冲《左传事类始末》增广而成，以国为中心，分周、鲁、齐、晋、宋、卫、郑、楚、吴、秦、列国等十一国，一国之内取大事标目成篇，每目一卷，共计五十三目，每卷之后，更以"臣士奇曰"的形式，附加一篇史论。本书内容杂采子史之说，不专注于《左传》，较章书胜。

(2)《宋史纪事本末》

明陈邦瞻撰，凡二十六卷。本书大抵本于明冯琦《宋史纪事本末》遗稿者十之三，邦瞻自补葺者十之七，共分一百零九目。条理了然，足资参考。

(3)《元史纪事本末》

明陈邦瞻撰，凡四卷。全书共分二十七目，叙事条理分明，无《元史》的杂乱。简明目录说："其《律令》一篇，则臧懋循所补。所据惟《元史》及商辂《续纲目》，故不及《宋史纪事本末》之赅博。又元明间事，皆以为宜入国史，并顺帝北行，关一代之兴亡者，亦删不录，殊多漏略。然于一代典制，则条析颇详。"

(4)《明史纪事本末》

清谷应泰撰，凡八十卷，分为八十篇。始于太祖起兵，终于甲申殉难。本书成书于《明史》未刊之前，对谈迁《国榷》、张岱《列传》多有采录。所记明代典章事迹，较《明史》详尽。每篇后附有论断，仿《晋书》的体例，行以骈偶。文笔华丽，叙事详略得宜，颇便初学《明史》者研读。

(5)《三藩纪事本末》

清杨陆荣撰，凡四卷。本书记三藩之乱始末，共分二十二目。据《自序》言，书成于康熙丁酉，当时文字禁令正严，因此，本书缺漏失实的地方甚多。

(6)《辽史纪事本末》

清李有棠撰，凡四十卷。《金史纪事本末》，清李有棠撰，凡五十二卷。二书均以篇为卷。《西夏纪事本末》，清张鉴撰，凡三十六卷，又年表一卷，亦以篇为卷。于辽、金、西夏的史事，均作了简明概括的叙述。

3.《绎史》

《绎史》，清马骕撰，凡一百六十卷。本书所录自太古起，至秦末止，首为世系图、年表，不入卷数；次太古十卷，次三代三十卷，次春秋七十卷，次战国五十卷，另有别录十卷。

本书仿袁枢《纪事本末》的体例，每事各立名目，详述始末。每篇之末，自作论断。所记事迹，均博引古籍，并冠原书名。遇有异同讹舛的地方，便于条下疏通辩证。《四库提要》评说："疏漏牴牾，间亦不免，而搜罗繁富，词必有征，实非罗泌《路史》、胡宏《皇王大纪》所可及。"

五、政书

(一) 政书的由来

政书为史,始于唐杜佑《通典》,专记文物制度。"政书"一目,《隋书·经籍志》始分为旧事、仪注、刑法三类,旧事或称故事,亦作典故;仪注或作礼法;刑法亦作政刑,亦称法令。清《四库全书》据钱溥《祕阁书目》,合并为政书门。与纪传、编年、纪事本末同为我国重要的史学体裁。

纪传体中,原有"书志"一门,记载朝章国典,考其所记,导源于《尚书》。《尚书》有《洪范》记天文、五行,有《禹贡》记疆域地形,有《周官》记典章制度。然纪传多断代为书,不易会通古今,观其沿革,况各史并非都有志;有志的史,书志的名目,亦互有出入。于是,唐杜佑乃著《通典》。

自杜佑《通典》出,宋郑樵的《通志》以及元马端临的《文献通考》,都以《通典》为蓝图,号称"三通"。清高宗时又敕群臣撰"续三通",即《续通典》、《续通志》、《续文献通考》;以及"清三通",即《清通典》、《清通志》、《清文献通考》。以上加在一起,号称"九通"。而《唐会要》、《明会要》、《清会要》等各朝会要,限于一代的典章制度,不合杜佑《通典》主旨,仅能说是政书的流亚。

(二) 政书的史书

1.《通典》

《通典》,凡二百卷,唐杜佑撰。因唐刘秩《政典》三十五卷扩展编成。始自黄虞,迄于唐天宝末。按事分类,分别叙述历代重要制度的沿革、史实的发展以及时人的议论,以资考镜,号曰"通典"。计食货十二卷,选举六卷,职官二十二卷,礼一百卷,乐七卷,刑二十三卷,州郡十四卷,边防十六卷。共分八门,每门之下,更分列子目。篇目的次序,据杜佑《自序》:"既富而教,故先食货;行教化在设官,任官在审才,审才在精选,故选举、职官次焉;人才得而治以理,乃兴礼、乐,故次礼、次乐;教化隳则用刑罚,故次兵刑;设州领郡,故次州郡;而终之以边防。"至于杜佑著书的目的,《通典·总序》:"所纂《通典》,实采群言,征诸人事,将施有政。"

本书着重就典章制度和社会发展等重要史实进行记述,组织完善,条理分明。《四库提要》以为,"详而不烦,简而有要,元元本本,皆为有用之实学,非徒资记问者可比"。实体大思精的史学要籍。

2. 通志

《通志》,凡二百卷,宋郑樵撰。自三皇至唐,为通史体裁,计分帝纪十八卷,皇后列传二卷,年谱四卷,略五十一卷,列传一百二十五卷。全书的精华则在氏族、六书、七音、天文、地理、都邑、礼、谥、器服、乐、职官、选举、刑法、食货、艺文、校雠、图谱、金石、灾祥、草木昆虫二十略中，所载多为历代的文物制度。郑樵《自序》称，"其十五略，汉唐诸儒所不得而闻也"，又称"凡十五略出臣胸臆，不涉汉唐诸儒议论"。礼、职官、选举、刑法、食货等五略，"虽本前人之典，亦非诸史之文也"。可见，郑氏于二十略，自负甚高。

本书"网罗繁富，才辩纵横"（《简明目录》），然"穿凿挂漏，均所未免"。《宋史》本传称"樵好为考证伦类之学，成书虽多，大抵博学而寡要"。《四库提要》则谓"其采摭既已浩博，议论亦多警辟，虽纯驳互见，而瑕不掩瑜，究非游谈无根者可及，至今资为考镜，与杜佑、马端临并称《三通》，亦有以焉"。

3. 文献通考

《文献通考》，凡三百四十八卷，元马端临撰。始自唐虞，下终于南宋宁宗嘉定年间，计分二十四门。本书门类，系就《通典》成规，分《通典》八门为十九，即田赋、钱币、户口、职役、征榷、市籴、土贡、国用、选举、学校、职官、郊社、宗庙、王礼、乐、兵、刑、经舆地、四裔等门，另增经籍、帝系、封建、象纬、物异等五门。实为《通典》的扩大与续作。本书取材，大抵中唐以前，以《通典》为基础，中唐以后则为马氏广收博采而成，其中以宋朝制度为最详。

本书取材广博，网罗宏富，虽以卷帙繁重而难免顾此失彼，然条分缕析，贯穿古今，实政书体中的重要史籍。《四库提要》："大抵门类既多，卷繁帙重，未免取彼失此。然其条分缕析，使稽古者可以案类而考。又其所载宋制最详，多《宋史》各志所未备，案语亦能贯穿古今，折衷至当，虽稍逊《通典》之简严，而详瞻实为过之。"

4. 续三通

"续三通"，指《续通典》、《续通志》、《续文献通考》而言。清乾隆年间敕撰。

（1）《续通典》

清乾隆三十二年敕撰，凡一百五十卷。全书体例篇目，全依杜典，唯以兵、刑分列，共为九门，按年编次。杜佑《通典》终于天宝之末，故接唐肃宗至德元年以后，讫于明崇祯末年。本书取材，大抵年代较远者，以正史为主，旁参图籍，以求详赅；近代则多采自杂记诸书。对唐至明代的典制源流、政治得失，颇具参考价值。

（2）《续通志》

清乾隆三十二年敕撰，凡六百四十卷。本书体例篇目，全依郑志。有本纪七十卷、后妃传十卷、略百卷、列传四百六十卷。以郑樵《通志》止于唐代，因续自宋迄明的事，于唐代纪传未备的部分，亦采新、旧《唐书》增补。著录详明，考证亦颇精到。

(3)《续文献通考》

清乾隆十二年敕撰,三十七年成书,凡二百五十卷。本书体例篇目,一仍马氏《通考》,而于《郊社考》中分出《群祀考》一门,《宗庙考》中分出《群庙考》一门,共为二十六门。内容包括南宋后期及辽、金、元、明五朝事迹。所记事迹先征诸正史,而参以总部杂编,议论则博取文集,而佐以史评语录,颇为精要。

5.清三通

"清三通",指《清通典》、《清通志》、《清文献通考》而言。清乾隆年间敕撰。

(1)《清通典》

本名《皇朝通典》,清乾隆三十二年敕撰。凡一百卷,全书体例与《通典》、《续通典》同,共分九门,唯各门子目略有增删。本书取材,以《清会典》、《清律例》、《清一统志》等书为主,分门别类,颇为详明。

(2)《清通志》

本名《皇朝通志》,清乾隆三十二年敕撰。凡一百二十六卷,共分二十略。全书体例与《通志》、《续通志》同,而纪传、世家、年谱省而不作。二十略中,有原本繁而汰者,有原本疏而补者,有原本冗琐而删并者,有原本未备而增者,于清开国至当时典制,缕分条析,端委详明。

(3)《清文献通考》

本名《皇朝文献通考》。清乾隆十二年敕撰,凡三百卷。全书体例与《续文献通考》同,分二十六考,惟各门目略有增删。本书原为《续文献通考》的一部分,乾隆二十六年始提出,自为一书。凡所采辑的事,都寻源竟委,乾隆以前的清代文献,赅括无遗。

第三节 子学常识

一、概说

(一)诸子的含义

所谓"诸子",原指周秦之际诸子百家的学术,当时出现了很多卓越的思想家,创立了种种精深的哲学思想,传授门徒,形成学派。这些思想具有极大的创造性,而且他们的议论确实能"持之有故,言之成理",以至于历代的学术无不受其影响。诸子的时代,成为我国学术史的黄金时代;诸子的学说,直接进入每一个中国人的心灵中,落实到思想言行上。

"子"字原指男子，以后作为男子的美称。古代士大夫的嫡子以下，皆称为夫子。从孔子起，开始有私人讲学活动，孔子的门人尊称孔子为"夫子"，简称"子"。自此相沿成风，弟子纂述老师言行思想的书便以"子"为称呼。这一类的书渐多，古代的史学家、目录学家为了记录的方便，就概称为"诸子"。东汉班固《汉书·艺文志》中有"诸子略"，唐魏徵监修的《隋书·经籍志》有"子部"之设置。以后研究"子"的学问称为"诸子学"，省称为"诸子"或"子学"。

（二）诸子产生的背景

诸子的学术兴起于周秦之际、天下局势最混乱的时候。当时各国诸侯，势力庞大，相互争雄，周天子无法号令天下，不论政治、社会、经济、教育各个方面，都产生了剧烈的变革。

从政治方面来看，周代所行的封建制度已经因为诸侯之间称霸争雄，彼此蚕食并吞而逐渐崩溃。从社会方面来看，周代世袭的贵族阶级社会，已经因为平民崛起而根本动摇。从经济方面来看，由农牧业而发展出商业，商人地位提高，经济致富的人取代贵族成为新地主，"世居其土，世勤其畴"的农耕者，随着商人势力的扩张，产生大量人口流动。

最重要的是教育方面的改变。周朝所施行的是贵族政治，只有贵族子弟才有受教育的权利。到了春秋战国时期，政治社会的变动，使平民渐渐有机会受教育，出身贫民的才俊之士数量大增，更富于使命感。他们面对时代的课题，著书立说，彼此论辩，学术越来越兴盛，由此开启了百家争鸣的局面，创建了我国古代最宝贵的学术遗产。

（三）诸子与王官的关系

古代学术的状况和今天不一样，"政"与"教"不分，"官"与"师"合一，学术的资源掌握在官方。周平王东迁以后，官学衰微，民间学术兴盛，局面才渐渐改观。所以，古人在讨论诸子的渊源时，便有"诸子出于王官"之说。《汉书·艺文志》，"儒家者流，盖出于司徒之官"，"道家者流，盖出于史官"，"阴阳家者流，盖出于羲和之官"，"法家者流，盖出于理官"，"名家者流，盖出于礼官"，"墨家者流，盖出于清庙之守"，"纵横家者流，盖出于行人之官"，"杂家者流，盖出于议官"，"农家者流，盖出于农稷之官"，"小说家者流，盖出于稗官"，"诸子十家，其可观者九家而已"。"九流十家"的名称由此而来。

当然也有人从另外的角度提出异议，比如近人胡适著的《诸子不出于王官论》便否定《艺文志》的看法。依常理来看，天下间任何事物都有一个缘起，周秦之际，时势危殆，战争连年，假使没有前承，必不能产生高深的学术。因此，诸子渊源于王官,是可以肯定的看法。

(四)诸子的流派与发展

评论诸子流派的文章,以《庄子·天下》最早,其次是《荀子·非十二子》、司马谈《论六家之要指》,然后才是班固《汉书·艺文志》的"九流十家"之分。

《庄子·天下》及《荀子·非十二子》论及很多思想家,然而并无儒、道、墨、法、名家的名称。司马谈《论六家之要指》把先秦时代的学术分成六家:阴阳家、儒家、墨家、名家、法家、道德家,中国学术史上正式以儒、墨、名、法、道德、阴阳作为诸子流派肇始于此。班固《汉书·艺文志》依刘歆《七略》立《诸子略》,更分为儒、道、阴阳、法、名、墨、纵横、杂、农、小说十家,其中小说家除外,亦称"九流"。

诸子十家,彼此都有关系。儒、道、墨三家可谓完全独立的门派,名家、法家由此三家分出;而阴阳家是春秋以前就已存在的旧学问;至于纵横家,是说客游说各国的两种谋略(连横、合纵);杂家之作,杂录各家言论,并无中心思想;农家的许行、小说家的宋钘均无著作流传,必赖《孟子》、《荀子》记载方知言论大要。由此可知,十家虽然齐名平列,其学说之内涵与价值,却不能相提并论。

春秋战国时代,是诸子之学最兴盛的时期。秦国统一六国,建立了秦朝,虽有焚书坑儒之举,诸子之学仍保存在官方的博士之手。汉朝初期,诸子之学盛行如故,到汉武帝接受董仲舒的建议,罢黜百家、独尊儒学,才结束了百家争鸣的盛况。

二、先秦诸子概述

(一)儒家

1. 命名由来与代表人物

"儒"字的本义是"柔",又作"术士"之称。从《周礼注》的记载可知,儒者是古代职掌教育的人,具备相当的学问与崇高的人格,是学者兼教育家。《庄子·天下》称之为"周鲁之士,搢绅先生"。

从儒家的典籍来看,周公是儒者们祖述的宗师,但是儒者形成学派,却是孔子以后的事。《淮南子·要略》:"孔子修成康之道,述周公之训,以教七十子,使服其衣冠,修其篇籍,故儒者之学生焉。"明显将孔子视为儒家的创始者。孔子建立了以"仁"为核心的思想体系,在政治上主张礼治和德治,编订和整理了《诗》、《易》、《春秋》等经典,为儒家学派奠定了理论基础。孔子一生教学,其门下汇聚了众多弟子,形成了最早的儒家学派。

孔子去世后,儒学与墨学并称显学。战国时,儒家内部产生分化,"儒分为八",即"子张之儒"、"子思之儒"、"颜氏之儒"、"孟氏之儒"、"漆雕氏之儒"、"仲良氏之儒"、"孙氏之儒"、"乐正氏之儒"。《汉书·艺文志》著录了三十一家先秦儒家的著述，只是这些儒家的分支若非残存不全，便是学说不纯。今天提到先秦儒家，还是以孔子、孟子、荀子作为代表人物，《论语》、《孟子》、《荀子》是儒家代表性的典籍。《论语》、《孟子》已入经部，存于子部的仅有《荀子》而已。

2. 荀子

荀子名况，时人尊称为"卿"，故曰荀卿。赵国人，生于周赧王二年（公元前313年），卒于秦始皇九年（公元前238年）。十五岁（据王叔岷先生考证）游学于齐国，后至楚国。春申君很赏识他，任命他为兰陵令。春申君死后，荀子也废了官，就此长居兰陵。他的学说根据孔子而来，著有《荀子》三十二篇。

在儒家的典籍中，《论语》、《孟子》都是弟子纂辑而成的"语录"，而《荀子》一书，则已超越语录的形式，使用比较富于逻辑思维的论文方式写作而成。作者虽是荀子本人，可是现在流传的《荀子》三十二篇，经过历代的传抄、整理、印行，已不是本来的面貌。而这也是先秦诸子著作普遍存在的问题。

《荀子》一书，起自《劝学》，迄于《尧问》。其中《成相》是用民间乐曲的体制写成的劝谕文，《赋篇》是用赋体写成。今本荀子中，正名、解蔽、富国、天论、性恶、正论、礼论等篇，字句错误最少，为荀子学说精华所在。

"心性论"是儒家思想的精粹，孟子、荀子都是发挥孔子思想的儒者。孟子从人人皆有"四端"之心，提出"性善说"。荀子由于对心性的认知异于孟子，而提出"性恶说"。大体说来，孟子的"性"，相当于"人的自觉心"；荀子的"性"，相当于"人的本能"。荀子从人的自然本能证明人之性恶，但是不否认人可以为善。他认为"其善者伪也"，所谓"伪"就是"人为"，就是"变化气质"的意思。

要变化气质，必须仰赖学问。具体来说，就是以礼乐作为教育的工具。因此，荀子重视师法，弘扬礼乐。荀子从理智的精神，把"天"看作是"自然实体"，主张"制天用天"，反对"天人祸福"之说。此外他从认识心性的辨析中，发展出初步的逻辑思维；从君臣的对待关系中，提出"尊君贵民"、"富国强国"的思想，都有相当的开创性。

（二）道 家

1. 命名由来及代表人物

"道"的本义是"路"，又可解作"术"，都指人们共同行走的道路。《庄子·天下》开始把"道"、"术"二字连言，指称古代的学术。

"道家"是比较后起的称呼。司马谈《论六家之要指》称为"道德家"，司马迁《史记·老庄申韩列传》说老子"著书上下篇，言道德之意"。至班固《汉书·艺文志》才简称为"道家"，"道家者流，盖出于史官，历记成败、存亡、祸福、古今之道，然后知秉要执本,清虚以自守,卑弱以自持"。

道家的思想或许可以远溯到上古黄帝,但道家形成学派,却是老子以后的事情。而庄子的学说,源于老子,所以论及道家的人物时,应以老子、庄子为代表。

2. 老子

老子的生平,最早见于《史记·老庄申韩列传》。老子姓李名耳,字聃,楚国苦县厉乡曲仁里人。生于周灵王初年,曾任周之守藏史(又称为柱下史),职掌方册图书,因此能够博览群书,纵观世变。相传孔子曾经问礼于老子。老子看到周室衰微,于是离周而去。行至函谷关的时候,有一位名叫喜的关尹,强使老子著书,撰成《道德经》五千余言,然后不知所终。

《史记》说得很清楚,《道德经》是老子撰成的,庄子和韩非子也都引用过老子的言论。《老子》之所以被称为《道德经》,可能是取用上篇第一句"道可道,非常道"与下篇第一句"上德不德"中的"道"与"德"二字而成。全书原先究竟分成几章,今天已难以察考,现在流传的版本,不论是王弼本还是河上公本,都分成八十一章。上篇三十七章,下篇四十四章,共五千二百余字。

《老子》一书使用"韵文体"来表达思想,和孔子、墨子使用问答式的语录体颇为不同。这是因为我国古代有南北文化之分,南方人喜欢用韵文,北方人喜欢用散体的缘故。《老子》之中某些章节颇似《楚辞》,甚至被视为《楚辞》的前身。

"道"是老子思想的核心。"道生一,一生二,二生三,三生万物",天地万物的本源是"道",天地万物都由"道"所创生。而"道"是一种虚无恍惚却实际存在的东西。在创生万物以后,便内存于万物之中,衣养万物。这一种创生活动,永不衰竭,因为"道"的运动是循环往复的。

"道"的运动,既然循环往复,因此天地间的事物也就有正有反、有高有低、有贵有贱、有吉有凶、有祸有福。然而,这种相反对立的关系也并不是固定不变,而是随时游移的。既然正反互变,祸福无常,那么人应该如何自处呢?老子提出的方案是"道法自然",保持和发扬人原有的素朴的自然本性,主张"守柔"、"无为"与"不争"。"坚强者,死之徒"、"柔弱胜刚强"、"柔弱道之用"最能透示老子人生哲学的观念。在自我的领域中,老子主张"无为",无为才能自作主宰,然后在经验世界中,发挥"无不为"的支配作用。在应世的原则上,老子主张"不争",不争才能"无尤",不争才能使"天下莫能与之争"。

整体看老子的思想,实以"自然"作为学习的对象。"自然"是"道"的精神所在。唯有因循自然,才能可大可久。他主张绝圣去智、绝仁去义,凡能桎梏人性的文明制作,都在排斥之列。最后,老子以"小国寡民"、"安居乐俗"作为政治理想。

3. 庄子

庄子的生平,也见之于《史记·老庄申韩列传》。庄子名周,宋国蒙人。他的生活年代大致和梁惠王、齐宣王、孟子同时,可是和孟子不曾见面。他曾做过蒙漆园吏,一生贫穷,但旷达不羁,不求富贵。他有超卓的理性能力,又有至深的感性能力,他自期与天地精神往来而不鄙视万物,不问是非,和世俗相处。和惠施经常往来,是学问上的论敌、道义上的好友。

庄子的著作又被称为《南华真经》,全书原有五十二篇,现存三十三篇。至晋代郭象,编定为《内篇》七篇、《外篇》十五篇、《杂篇》十一篇。《内篇》七篇是《逍遥游》、《齐物论》、《养生主》、《人间世》、《德充符》、《大宗师》、《应帝王》。内七篇不论行文方式或思想内容,都能前后一贯,自成系统,大致可以肯定是出自庄子手笔,最能代表庄子本人的思想。

《外篇》、《杂篇》后人一致认为是庄子门人及后学的作品。这是因为立论点颇不一致,叙述的故事常常互相抵触,又常引用庄子自身的言论。虽然如此,《外篇》、《杂篇》却是从《庄子》到《淮南子》之间,道家思想的桥梁。

《庄子》书中,不喜从片面的角度来看待事物,善作迂远无稽的议论,放旷不着边际的文辞。大概是认为当时天下风气沉迷混浊,无法讲述庄严正经的理论,所以故意使用变化不定的方式、虚构的寓言来阐明他的学说。所以《庄子》被后人看着是哲学与文学高度融合的典范,拥有很高的文学价值。

从思想的发展来看,庄子继承老子的哲学,也肯定"道"是"虚无"的实体、创生万物的本源。他更进一步说明"道"是"非物",是先于万物而存在的精神性本体。从"道"的角度来看,万物是齐一的,无所谓高低贵贱。从万物齐一的观点出发,不仅事物是相对存在,连人的认知能力也是相对有限。由此,他主张"泯是非"、"薄辨议",进而主张"齐物我",并且由此得出"天地与我并生,万物与我合一"的结论。

为了达成"齐一无我"的理想,他提示了一系列修养心灵的方法。在《逍遥游》中,庄子讲述了一段鲲鱼变大鹏、凌空而飞的寓言,提示我们真正的自由自在,是不必依赖任何物质条件的。这就是"无待"。在《大宗师》之中,庄子又编造了一则颜回向孔子报告自己修养的对话,说明"无己"的道理。在庄子的观念中,"无待"、"无己"能使人的心灵绝对虚静,而达到与"道"合一的境界。

庄子站在超越而相对的立场,齐一是非善恶之分别,破除生死寿夭的执著,可以说替人类开启了另一片视野。从本质上说,这是一种艺术性的精神境界,在此,人们可以拥有绝对的精神自由。在这样的理念下,庄子自然主张取消一切礼法、制度,甚至音乐、工艺等文明制作,而希望建立一个"同与禽兽居,族与万物并"、"同乎无知"、"同乎无欲"的"至德之世"。

综合来看道家的思想,其目的在于彰显一种纯粹精神的自由:内在方面,不能修心而成就道德;外在方面,不能成就文化业绩,但是独能成就一种超脱现实的心灵境界。透过道家思想,可以使人更为达观、更为乐天安命。道家思想在乱世往往成为知识分子心灵的避难所,原因在此。

(三)墨家

1.命名由来与代表人物

"墨"字原指黑色的书写颜料,其后引申为"绳墨"之意。"墨"又是古代刑法之一。墨子主张刻苦,而其从学门徒,大多囚首垢面,面目黧黑,又自奉甚俭,送死甚薄,重在引绳墨自矫,因此以"墨"作为学派名称,称为"墨家"。

墨家的渊源,可以追溯到夏禹。这是因为夏禹治水时,那种"菲衣食、恶衣服、卑宫室"的刻苦精神和墨家的精神很接近,墨子十分称道,以后的墨者以此相尚。《庄子·天下》、《淮南子·要略》便根据这点,认为墨子之学是继承夏禹而来的。

然而,《淮南子·要略》也指出:墨子曾经学习儒家的学术,独对儒者"其礼繁扰,厚葬靡财"感到不满,才"背周道而用夏政"。再看《汉书·艺文志》记载:"墨家者流,盖出于清庙之守。茅屋采椽,是以贵俭;养三老五更,是以兼爱;选士大射,是以上贤;宗祀严父,是以右鬼;顺四时而行,是以非命;以孝视天下,是以尚同;此其所长也。"所以,墨家之产生,可能是承继夏禹的刻苦精神,扩充古代人的尊天思想,运用古代的宗教组织形式所建立的学派。首领称"巨子",成员必须服从首领,必须积极施行墨家的主张,甚至为之牺牲生命。

2.墨子

墨子是墨家的祖师,前人都以为他姓墨名翟,鲁国人。见诸载籍的传记资料不多。在《孟子》、《荀子》、《列子》、《庄子》、《韩非子》中皆称为"墨翟",或单称"墨"。在高诱注《淮南子·修务训》、《吕氏春秋·当染》篇并云:名"翟"。唯江瑔《读子卮言》"论墨子非姓墨"一章,认为"墨"非"墨翟"之姓。算是比较新奇的说法。

墨子生活年代大致在孔子以后、孟子之前。《孟子·滕文公下》说:"能言距杨墨者,圣人之徒也。"又说:"天下之言,不归杨,则归墨。"《韩非子》则称儒、墨为"显学"。《墨子》原有七十一篇,今存五十三篇。这本书非作于一人,不成于一时,大都是门弟子所记述,说是墨家学说之总集也无不可。其中《经》上下、《经说》上下、《大取》、《小取》又称为《墨辩》。而《尚贤》、《尚同》、《兼爱》、《非攻》、《节用》、《节葬》、《天志》、《明鬼》、《非乐》、《非命》、《非儒》等篇,最能表现墨子之思想,是全书的精华。

《墨子》思想的核心观念是"兼爱",但是"兼爱"不是道德性的主张,而是着眼于治乱的功利性主张。墨子以为一切混乱起源于不相爱,"兼相爱则治,交相恶则乱"。天下人若能彼此相爱,就不会有强凌弱、众暴寡的现象产生。"兼爱"也是上天的意志,顺天意、兼相爱,必得天赏;反天意、别相恶、交相贼,必得天罚。墨子的"兼爱"、"利天下"具有游侠的精神。

由"兼爱"的原则,墨子又提出"尚贤"和"尚同"的政治主张。他主张不论血缘关系的远近亲疏,"选天下之贤可者,立以为天子"。而"天子总天下之义,以尚同于天"。可是,天子如何顺天之意呢?墨子的答案是:"兼爱天下之人。"根据"尚同"的原则,百姓要上同于天子,天子要上同于天志。这样,墨子也建立了一套权威主义的观念。

基于"兼爱"的原则,墨子反对战争,此即"非攻"之主张。墨子把战争视作亏人不义之最大者,攻伐所得,往往不如所丧之多。有时攻伐别人,适足以使自己亡国。君子应兴利除害,就要去除战争。

此外,墨子以儒为论敌,反对儒家天命的说法,改以"天志"、"明鬼"之说。又就儒者烦饰礼文,不事生产,讥议儒者礼文为虚伪;由非议礼文,从而主张"节用"、"节葬"。另就音乐"不中圣人之事"、"不中万民之利",足以废事,无利天下,从而有"非乐"之说。因为墨子太过于重视功利与实用,所以荀子评之为"墨子蔽于用而不知文"。

3. 墨子的后学

墨子大概死于战国初期,身后墨学正盛。前期墨家之著者为宋钘、尹文。后期墨家,至庄子时分为南北两派:北为"相里勤之弟子,五侯之徒";南为"苦获、已齿、邓陵氏之属"。《韩非子·显学》:"自墨子之死也,有相里氏之墨、有相夫氏之墨、有邓陵氏之墨……取舍相反不同,而皆自谓真墨。"

墨子后学的思想已经很难考察详情,但是仍可以从《经》上、《经》下、《经说》上、《经说》下、《大取》、《小取》这六篇来了解一个大概。这六篇作品内容十分驳杂,有辩护墨子思想者、有阐发墨子思想者,也有涉及逻辑思维及粗浅的科学思想者,更有涉及其他哲学者。

墨子后学的时代,主要的论敌是名家的辩者。因此,墨家的后学努力研究辩论技巧以及逻辑问题。在墨辩之中,比较重要的部分便是对"同异问题"、"坚白问题"、"诡辩问题"之讨论与驳斥。这些论辩的成果,对中国哲学思想的发展有不可抹杀的贡献。

(四) 法 家

1. 命名由来与代表人物

"法"字,原作"灋",从水,取其平直如水。从廌去,相传廌为神兽,能以一角触不直之人。"法"字为"灋"之省文,有求平直之义。其后引申为"宪令"、"刑罚"、"准绳"之义。《韩非子·定法》:"法者,宪令著于官府,刑罚必于民心。赏存乎慎法,而罚加乎奸令者也。"不别亲疏,不论富贵,一切是非功过,以"法"作为论断标准。这是法家的精神,也是法家命名的由来。

法家的思想先驱可以追溯到春秋时的管仲、子产,实际创始者为战国时期的李悝、吴起等人。早期法家依其学说的中心思想,各有不同的侧重和强调,可以分成三大派别:一是重势派,以慎到为代表;二是重术派,以申不害为代表;三是重法派,以商鞅为代表。至于韩非,则认为势、术、法三者不可偏废,成为法家之集大成者。

2. 慎子

慎子名到,越国人。《史记·孟子荀卿列传》中说慎到曾学黄老之术。班固《汉书·艺文志》著录法家《慎子》四十二篇,注云:"名到,先申韩,申韩称之。"可知慎子是战国时代的人,生活年代比申不害、韩非早。他的著作大半亡佚,唯有《威德》、《因循》、《民杂》、《知忠》、《德立》、《君人》、《君臣》七篇留存传世。慎子的思想中,含有道家的成分。例如他主张因循自然,顺应情势,则本自老子;他主张"齐万物以为首",则与庄子相同;他主张弃知去己,更是道家共守的要旨。所以慎子可以说是由道家转变为法家的人物。

在《慎子·威德》中,他说:有雾的时候,螣蛇可以漫游雾中;有云的时候,飞龙可以翱翔云端。一旦云雾散去,螣蛇飞龙便和蚯蚓无异。为什么?因为它们失去了遨游飞翔的凭借。同样,贤之所以屈就在不肖者之下,是因为他权轻;不肖之人臣服于贤者,是因为他位尊。可见"权势"与"地位"是何等重要。

在《威德》中,他又说:"法"虽不善,还是比"无法"好。法令制度、礼仪书籍存在的目的在于建立公正的规范。凡是建立公正,都意味着要抛弃私人的、自我的立场。在《君人》篇中,又从人君的立场主张:法以公平为原则,信赏必罚,唯法是赖。因为人君若不依法赏罚,而是自由心证,那么受赏再丰盛,臣下仍不满足;受罚再确当,臣下仍然怀有怨恨。由此可知人君须有威权,才能驱使臣民,身为人君,一样要信守法律。法家一贯主张法律面前人人平等,正是慎到开启的观念。

3. 申子

申子名不害,是战国时代郑国京邑人。《史记·老庄申韩列传》:"申不害……故郑之贱臣,学术以干韩昭侯……为相十五年……国治兵强,无侵韩者。"《汉书·艺文志》著录了《申子》六篇,今已全部亡佚。但是从《韩非子》征引《申子》的遗文及前人对《申子》的记述中,仍然可以考察一个大概。

申子的学说,以黄老一派道家思想为本源,特别重视刑名。申子在当时的法家以注重用"术"出名。所谓"术",就是看能力授官位,依官位要求职责,掌握生杀的权柄,考核群臣的成效,一种执掌在人君手上的东西。

这种"术"是不能随便显露真相给臣下的,因为臣下会有种种巧诈的办法去适应君主,只有清静无为可以避免臣下的揣摩与适应。君主要做到:看清别人看不清的,听懂别人听不懂的,遇事能自行决断;也就是要怀抱利器,但是高深莫测。

然而,作为一个国君,还是要以法令显现尊严。他说:"令之不行,是无君也。"

一个圣君,应该"任法而不任智,任术而不任说"。应该"明法正义,若悬权衡"。可知申不害的中心思想在于"重术而任法",权术的运用只是人君必要的手段,法令才是最终的准绳。

4. 商子

商子姓姬名鞅,原为卫国的庶公子。春秋时代,凡是诸侯的旁支子孙都以"公孙"为氏,所以又称公孙鞅。起先是魏相公叔痤的手下,没有受到重用,听说秦孝公征求贤才,于是投效秦国。定变法之令,使秦国国富兵强。因为建了大功,封于商,所以改称商鞅。《汉书·艺文志》著录了法家《商君》二十九篇,今存二十四篇《商君书》并非商鞅自著,而是后代研究《商君》之学者,追辑其法令与言论而成的。

商鞅是一位务实的政治家,对"法"很重视。所谓"法"就是官府颁布法令,使人民相信赏罚绝对要实施,奖赏是赐给守法的,刑罚是处分违令的,这是人臣所必须遵守的东西。他认为治国之道有三:一曰法、二曰信、三曰权。"明主爱权重信,而不以私害法。"法令必明,赏罚必信,令出必行。

他重视农业,以达到国富的目的;他奖赏军功,鼓励国民好战;以重赏重罚,严厉整饬内政;修守战之具,和各诸侯国争雄。秦国行商鞅新法,奠定了统一六国的基础。但是商鞅过分重视法令的效用,为了政治上的需要不惜主张"以战去战,虽战可也;以杀去杀,虽杀可也;以刑去刑,虽重刑可也"。又一味尊重人君,卑视臣下,完全泯灭人性,所以有很大的流弊。

5. 韩非子

韩非子,姓韩名非,是韩国的公子。生年不详,卒年是秦始皇十四年(公元前233年)。《史记·老庄申韩列传》说他"喜刑名法术之学,而其本归于黄老",又说他"为人口吃,不能道说,而善著书,与李斯俱事荀卿,斯自以为不如非"。可见他的思想与道家、儒家都有渊源。《汉书·艺文志》著录了法家《韩子》五十五篇,和今传的《韩非子》篇数相合。

韩非是荀卿的弟子,他承继了荀子"性恶"说,认为人无善恶意识。也承继了荀子的"尊君"说,强调人君的利益至上。又袭取了道家虚静的修养理论,强调人君应以静制动,驾驭臣下。此外,他吸收了法家前驱的思想,建立了一个以法治为基础,冶"法"、"术"、"势"于一炉的政治思想体系。

他反对儒家尊贤之说,认为人才不值得仗恃,唯有"法"才是治国的根本。一个有道的君主,应该"远仁义,去智能,服之以法"。作为人君,必须以"利"来收拾人心,以"威"遂行意志,以"名"作为上下追求的目标。

他认为一个万乘之王,千乘之君,能宰制天下,征伐诸侯,最重要的原因是他有"威势"。他主张运用权术的手段来维护人君绝对的权力,对于不能绝对臣服的下属,不惜忍痛去除。为了维护人君的"威势",他主张统一言论,同时,要以"刑德二柄"来宰制群臣。什么是"刑"呢？"杀戮之谓刑"；什么是"德"呢？"庆赏之谓德"。作为人臣,都喜欢受赏,畏惧受罚。以赏罚作宰制手段,便能保证人君的绝对权力不受挑战。

此外,人君的意志也不可以让臣子测知。韩非认为人君应该"执一以静,使名自命,令事自定"。在《和氏》篇中又说:"主用术,则大臣不敢擅断,近习不敢卖重。"人君应以冷静客观的心态,不苟同世俗之言,循名实来定是非,依参验所得来审视臣下的言辞。如此,臣下不敢伪诈奸私,必能竭尽心力为人君服务。人君在上位只要以法制之,赏罚严明,便可无为而治。

综合来看韩非立说大旨是在替专制君主建立绝对的统治权力,他不能理解儒家仁政的价值,对于道家虚静的人生境界也不能正面承受,反而转化为人君的权谋工具,对于中国文化精神而言,这是一种堕落与沉沦。

(五) 名家

1. 命名由来与代表人物

"名"本指对事物之称谓。"名"是由"实"而来的,古代以"名"、"实"的关系作为探讨对象,从而发展出来的学问称为"名学"。

早自孔子、老子,已经使用了"名"这一术语。孔子曾有"正名"主张,老子也曾说"无名天地之始,有名万物之母"。荀子擅长名实之辨,著《正名》。墨子的后学,有"同异"、"坚白"之论辩。但是真正使"名学"成为一种学术,始于邓析,而大盛于惠施、公孙龙。

至于"名家"之称,则起自西汉司马谈《论六家之要指》:"名家苛察缴绕,使人不得反其意,专决于名而失人情。"《庄子·天下》称呼从事这门学问的人为"辩者",虽然《荀子·非十二子》批评名家"好治怪说,玩琦辞",然而"琦辞怪说"也正是名家的特色。因为名家的辩者以逻辑及形而上学作为主要的课题,他们运用诡辩的方法,做纯粹的思考和概念的辨析,无意在道德、政治或历史文化方面提出论见或方案。

2. 惠施

提到名家人物,虽然可以从邓析说起,但因邓析的思想也有法家的色彩,他的著作又是后人伪托的,又邓析、惠施二者之说可以归入同一系统,所以论及名家代表人物,从惠施始。

惠施是战国时代宋国人,大约生于公元前370年,卒于公元前318年,曾任魏相十余年。《庄子·天下》有"惠子多方,其书五车"。《汉书·艺文志》著录《惠子》一篇,今已亡佚。不过从《庄子·天下》及《荀子》、《韩非子》、《吕氏春秋》的引述,仍可得到一个大概轮廓。

惠施的名理思想大致是从"合同异"的角度出发,所谓"合同异",即认为万物之

"同"与"异"都是相对的,皆可合其"同"、"异"而一体视之。他提出著名的"历物十事"说,"至大无外,谓之大一;至小无内,谓之小一",大到极点没有外围,叫做"大一";小到极点没有内核,叫做"小一"。"大一"是就宇宙整体来看,"小一"是从普遍万物而言。"大一"、"小一"都是自然形而上学的概念。

"无厚,不可积也,其大千里",这是指"面"的物理性质。"天与地卑,山与泽平。日方中方睨,物方生方死。""南方无穷而有穷,今日适越而昔来。连环可解也。我知天下之中央,燕之北越之南是也。"可以看惠施刻意要人突破一般的感官经验,而从一个绝对的、超越的角度去做判断。

有两段话最能彰显出惠施思想的特色,"大同而与小同异,此之谓小同异;万物毕同毕异,此之谓大同异","泛爱万物,天地一体也"。这种泛爱万物的态度是一个智性的探讨,而不是生命的感通。"天地一体"也和"万物异同"一样,是一个形上学的假定。

3. 公孙龙

与惠施相对的是公孙龙,惠施宣扬"合同异",公孙龙则主张"别同异、离坚白"。公孙龙,字子秉,战国时代赵国人。大约生于公元前325年至公元前315年间,卒于公元前250年。曾经是赵平原君的门客,很善于辩论。他厌恶事物的名称和实体之间的混杂错乱,就凭着自身的天赋和才智所长,提出"坚白同异"之论,成为名家最有名的辩者。他的著作,据《汉书·艺文志》有十四篇,现存六篇。《迹府》是后人对公孙龙言行、事迹的记载;其余五篇《白马论》、《指物论》、《通变论》、《坚白论》、《名实论》都是公孙龙自己的手笔。

"白马非马"是公孙龙的重要主张之一,他认为"白"是指谓颜色的概念,"马"是指谓形象的概念。颜色的概念异于形象的概念,所以说"白马"不是"马"。这当然是一种诡辩,但是使人注意到概念的类别以及概念的内含与外延问题。

同样,"坚、白、石,三,可乎?"他答:"不可以。""二,可乎?"他答:"可以。"原因是:对一块白色的石头,我们看不出它的"坚硬",而只能看出它是"白色"的"石头",因此只能举出"白"与"石"两点。用手来摸,不能摸出它的"白色",而只能感觉它是"坚硬"的"石头",因此也只能举出"坚"和"石"这两点。就事物的性质来说,公孙龙认为"坚"、"白"是可以相离的。

此外他主张"物莫非指,而指非指"。意思是说:一般人都认为天地万物无非是指谓它的概念,但是事实上被概念指谓的天地万物,并不等于概念。指陈"概念"与"物自身"是有分别的。

综合来看惠施、公孙龙的名理思想,惠施喜欢从绝对超越的观物角度去强调事物的"同",公孙龙则爱从绝对超越的角度强调事物的"异"。他们虽然都使用诡辩的方法提示学说要旨,却能使人跳出常识的观点,对事物的性质做抽象的思考。名家的思想或有令人难以苟同的地方,但对知识层面的开拓、逻辑学的形成有很重要的贡献。

(六)阴阳家

1. 命名由来与代表人物

《说文》阜部,阴的本义是"暗",阳的本义是"高明"。以后引申为"南与北"、"表与里"等相反相对的观念。儒家和道家均曾以阴阳作为形而上学名词,如《周易·系辞传》:"一阴一阳之谓道。"《老子》:"万物负阴而抱阳,冲气以为和。"但是先秦时代阴阳家命名的取义,与此不同。

《汉书·艺文志》:"阴阳家者流,盖出于羲和之官,敬顺昊天,历象日月星辰,敬授民时,此其所长也。"他们观察天象,制定历法,并对天道人事做种种的猜测。为了审察物势的顺逆生克,判断人事的吉凶祸福,于是运用上古即有的阴阳、五行观念,构成一套神秘的阴阳术数之学,这便是"阴阳家"命名的由来。

《艺文志》著录了宋司星子韦、邹衍等阴阳家著作二十一家,都已经亡佚。而邹衍的学说较具独创性,后世便推尊为阴阳家之代表人物。

2. 邹衍

邹子名衍,齐国人。生活年代大致在战国齐宣王之世,比孟子稍晚。邹衍曾仕于燕国,后赴齐国,成为稷下名士之一。齐国有三位邹子,分别是邹忌、邹衍、邹奭。邹忌曾任齐相,而邹奭则完全接受邹衍的思想。因为邹衍好言"五德终始,天地广大"之说,有迂远而超越现实的倾向,因此当时的人称之为"谈天衍",而邹奭推演邹衍的文章,有若雕镂龙文,因此当时的人称之为"雕龙奭"。

邹衍有《邹子》四十九篇及《终始》五十六篇两种著作,可惜都已经亡佚。从《史记·孟子荀卿列传》的记载,以及清人马国翰的辑佚,仍然可以获知邹衍学说的大要。

邹衍有感于"有国者益淫侈,不能尚德",于是作"怪迂之变,《终始》、《大圣》之篇十余万言"。《史记》说他的学说"闳大不经,必先验小物,推而大之,至于无垠"。也就是说,他由及身个别事物之观察,类比推演,至于广大无边的境地。这是一种主观的方法,而不是客观的推理,含有很多想象的成分在内。

他认为自有天地以来,"五德转移,治各有宜,而符应若兹"。所谓"五德",就是土木金火水。"土德之后,木德继之,金德次之,火德次之,水德次之。"认为历史朝代的嬗变遵守土、木、金、火、水五行相生相胜之道而循环,为新兴的大一统王朝的建立提供理论根据。这套理论后来成为汉代天人感应学说的重要来源。

此外,他又有"大小九州"之说。他认为中国名叫赤县神州,赤县神州之内自有九州,此为"小九州"。中国之外,如赤县神州者九,此为"大九州"。此种地理观念,虽不尽符合事实,可是能够扩大我们的地理范围观念,此为前所未有的想法。

值得注意的是,邹衍创立的"五德终始"说本为怪迂之学,没有什么哲学价值。但到了汉代,董仲舒《春秋繁露》提出"五行相生相克"之说,班固《白虎通》进一步说明五德相生相胜之原理,刘向父子更将先秦时代本来各为系统的"八卦"与"五行"合而为一,最后又混入谶纬之学。于是阴阳五行遂成为汉代最有影响力的学说。现在卜筮星相仍流行于民间,可见阴阳五行学说的影响至今未泯。

(七)其他各家

1. 纵横家

纵横家虽被班固列入九流十家,实为战国时代两种外交策略。《韩非子·五蠹》:"从者,合众弱以攻一强也。衡者,事一强以攻众弱也。"当时苏秦倡导韩、赵、魏、楚、燕、齐六国联合抗秦,是为"合纵";张仪倡导六国共事秦国,是为"连横"。苏秦、张仪皆非思想家,他们游说各国的事迹全载于《战国策》,被作为历史资料来看待。纵横家崇尚权谋策略及言谈辩论的技巧,他们注重揣摩游说对象的心理,运用纵横捭阖的手段,或拉拢或分化,事无定主,说无定辞,一切从现实的政治要求出发。纵横家在战国时期的社会舞台上非常活跃,其思想和活动对当时的政治、军事局势产生了重要的影响。相传苏秦、张仪同事于鬼谷先生,学习纵横之术。鬼谷先生是周代的高士,不知其乡里姓氏,以所居住的地名鬼谷为号,有《鬼谷子》一书。因此,论及纵横家之思想,应以《鬼谷子》为代表。

《鬼谷子》现有十二篇,分为三卷,以捭阖、钩钳、揣摩、权谋等术作为主要内容,疑为后人假托的伪书。纵横之学目的在于贯彻自己的意志,以制服他人。因此对于人性的弱点、思虑的性质、揣情的技术、制敌的谋略都有精深的设计与掌握。是书实为帝王之学,所谓权术谋略、纵横捭阖,在今天的国际外交、国家战略的顶层设计运用上,仍有很高的价值。

2. 杂家

战国末年,随着统一趋势的加强,各家思想迅速走向融合,杂家就是这一学术文化融合趋势的产物。《汉书·艺文志》:"杂家者流,盖出于议官。兼儒、墨,合名、法,知国体之有此,见王治之无不贯,此其所长也。"杂家之所以名为"杂",是因为他们杂糅诸子的思想,自身并无一贯的宗旨。先秦杂家之作,流传至今者,有《尸子》与《吕氏春秋》二书。

尸子名佼,晋国人,相传商鞅曾经奉之为师。《汉书·艺文志》著录《尸子》二十篇,大部分亡佚,现在流传的《尸子》二卷,是清人汪继培的辑本。从《尸子》的内容来看,部分言论与儒家相通,但也有非议先王之法、不循孔子之说的地方。因此刘勰《文心雕龙》批评尸子说:"尸佼兼总于杂术,术通而文钝。"

吕不韦,是阳翟的大商人。以往来各地、买贱卖贵为职业,因此累积了巨大的财富,并借此取得禄位,曾任秦庄襄王之丞相。秦始皇十二年,饮鸩而死。吕不韦好客,门下曾有食客三千人。当时诸侯大多豢养门客,著书传布天下,吕不韦也令门客各著所闻,聚成"八览"、"六论"、"十二纪",命名为《吕氏春秋》。相传吕不韦曾将此书陈示于咸阳市集,悬赏千金,给那些能对此书内容增损一字者。这本书大体以儒家为主,而参以各家之说。它采取儒家修齐治平的理论,参以道家清静无为的学说;对于墨家,只取其节俭好义,不赞成其非乐非攻之说;对于法家,只取其信赏必罚的守法精神,而反对其严刑峻法;对于名家,赞同其正名观念,而反对其诡辩混淆是非;此外,对于阴阳家的五德终始、农家的重农主张,都有所取。此书瑰玮宏博,各家学说粲然兼备,是了解先秦两汉之际学术大势的重要著作。

3. 农家

《汉书·艺文志》:"农家者流,盖出于农稷之官。播百谷,劝耕桑,以足衣食,故八政一曰食,二曰货。孔子曰'所重民食',此其所长也。"农家的兴起,与战国时期诸侯力政、相互攻伐、怠忽农业以致民不聊生的背景有关。农家学派在社会政治方面主张推行耕战政策,奖励发展农业生产,代表农民的利益和要求;同时他们还注重研究农业生产问题,探讨和总结农业科学和农业生产技术。农家的学说,托始于神农,而神农是三皇之一,始创耒耜,教民稼穑,实为农业的始祖。神农氏的时代尚无文字,所以《汉书·艺文志》著录了九种农家著作,其中《神农》二十篇显然是后人伪托。

农家著作已全部亡佚,目前仅能从《孟子》及少数辑佚的书籍中了解一个大概。在《孟子·滕文公》中记录了农家许行、陈相的言行。可知许行主张君民并耕而食,反对"治于人者食人,治人者食于人",在经济上主张划一市价,以量为准。提倡人人平等劳动、物物等量交换,要求社会"均平"合理。他的主张反映了古代社会农民的一种理想,在当时产生了较大的影响。由于许行昧于分工原则以及经济原理,曾遭孟子的驳斥。许行有学生数十人,他们的生活极为简朴,皆穿粗布衣服,以打草鞋、织席子维持生活。

4. 兵家

兵家以行阵仗列、集体征战作为主要目的。我国自古便把"祭祀"与"兵戎"视为国家最重要的两件大事,因为兵戎之事,直接关系到国家的兴亡盛衰。战国时代,战争频繁,所以成为兵家之学最为兴盛的时期。

老子曾说:"以正治国,以奇用兵。"又说:"夫唯兵者,不祥之器。"《孙子·兵势》也说:"凡战者,以正合,以奇胜。"既已开启战端,必然竭尽韬略智谋,以求胜利。兵器战并不是解决冲突的唯一手段,举凡政治战、心理战、谋略战、情报战都是可用的战法。兵家之学,内涵十分繁复。

《汉书·艺文志》以为"兵家者,盖出古司马之职,王官之武备也",并将兵家之学分成"兵权谋"、"兵形势"、"兵阴阳"、"兵技巧"共五十三家,七百九十篇,图四十三卷。或因伪托,或因亡佚,今人提及先秦兵家之学,以春秋时代孙武的《孙子兵法》及战国时代吴起的《吴子》为代表。此外旧题姜太公的《六韬》,黄石公的《三略》,战国时代的《司马法》、《尉缭子》、《孙膑兵法》,唐初的《李卫公问对》都是兵家的名作。

孙子名武,齐国人。《史记》有传,记其生平。相传孙武曾以兵法见吴王阖闾,吴王为考验孙子的兵法,令宫中美女百八十人,由孙武号令操演,曾斩队长二人以殉,于是约束严明,行陈皆中绳墨规矩。吴王知孙武能用兵,任命为将,曾经大破楚国,直入郢都。《史记》之外,还有《荀子》、《国语》、《韩非子》、《吴越春秋》、《越绝书》等提及孙武的轶事。今传《孙子》十三篇,全书仅约六千字,涵盖了现代战备中各种类目,如国防计划、动员计划、国家战略、军事战略、战争艺术、机动作战、作战目标、统帅、用兵、地形、地略、火力战、情报战,可谓思想深邃、体系严明。《孙子》在兵家中的地位,犹如儒家的《论语》、道家的《老子》。

吴子名起,卫国人,事见《史记·孙子吴起列传》。吴起初期投效鲁国,娶齐国女子为妻,齐鲁交战之时,曾杀妻以明志,遂为鲁将。后因鲁国人批评吴起为人猜忌残忍,鲁君辞退吴起,乃投效魏文侯,官至西河守。魏武侯之后,又投奔楚国,死于楚国。吴起为人虽邪僻,但是持论不诡于正。论治国治军,主张"教之以礼,励之以义",论为将之道则曰:"所慎者五:一曰理、二曰备、三曰果、四曰戒、五曰约。"大抵能够尚礼义,明教训。以孙子、吴子相较,孙子用兵偏于奇,吴子用兵持于正。今存《吴子》一卷。

5. 小说家

所谓小说家,是指先秦至两汉杂记民间古事的学派。《汉书·艺文志》:"小说家者流,盖出于稗官。街谈巷语,道听途说者之所造也。孔子曰:'虽小道,必有可观者焉,致远恐泥,是以君子弗为也。'然亦弗灭也。闾里小知者之所及,亦使缀而不忘。如或一言可采,此亦刍荛狂夫之议也。"

稗官是一种小官,他们专门搜集街谈巷语,记录一些难登大雅之堂的逸事奇闻以供考察民风。在中国古代,"稗官"常与"野史"并列,成为小说家的代称。此类"君子弗为"的"街谈巷语"、"道听途说"、"刍荛狂夫之议"在古代长期不受重视,为正统史家所不屑。《汉书·艺文志》据西汉刘歆《七略》,将先秦和汉初诸子学派分为儒、道、阴阳、法、名、墨、纵横、杂、农、小说十家,并以为"诸子十家,其可观者九家而已",独摒小说家于九流之外。

《汉书·艺文志》录有小说家著作"十五家,千三百八十篇",今皆亡佚不存,只能从存目中获知这些著作大体可分为两类:一是依托古人立说,如《伊尹说》、《鬻子说》、《师旷》、《务成子》、《天乙》、《黄帝说》等;二是杂记古事,如《周考》、《青史子》、《虞初周说》、《百家》等。小说家的著作应当反映的是中国古代平民阶层的思想和生活。

今日作为一种文体的"小说",转译自日文,与《艺文志》所说的"小说"并非一个概念,但应当有所承袭。

三、两汉以后子学的发展

先秦诸子思想到了战国末期,仅有儒家、道家、法家,墨家已经断绝不传。秦代行法家之治,到了汉初,尽废秦之苛法,改行法家与道家融合在一起的黄老之术,使汉代初期获得六十年太平盛世。

汉武帝采行董仲舒的建议,罢黜百家,独尊儒术,于是混杂谶纬与阴阳五行的天人感应学说成为主流,而董仲舒的《春秋繁露》正是这样的一本书。此外,另有一批人起来反对,如:扬雄仿《论语》作《法言》,仿《易经》作《太玄》;桓谭作《新论》;王充作《论衡》。尤其《论衡》,以"疾虚妄"作为思想宗旨,具有极高的批判精神。

此外,淮南王刘安宾客共著的《淮南子》,虽杂取各家言论,但其中所谈"道"即道家之道,论及权谋之处,又为老子思想之运用,代表了杂家化的道家。另有贾谊《新书》、桓宽《盐铁论》、王符《潜夫论》都能针对时代课题,议论得失,可视为杂家化的儒家。

魏晋之际,政治紊乱,知识分子饱受摧残,动辄得咎,故而此时的学术以玄学为主。玄学当时可以分成三派:"名理派"以辨别性情、分析才能、论说人物为重心,刘劭的《人物志》可为代表。"玄论派"以推论"有"与"无",剖明体用,谈论《易经》、《老子》、《庄子》为主(号称《易》、《老》、《庄》为"三玄");何晏、王弼有《老子注》,阐发老子以"无"为本体的精义。最后是"旷达派",以顺任情性、摆脱约束、追求自我为本色,阮籍、嵇康可为代表;阮籍有《达庄论》、《通老论》,嵇康有《养生论》、《声无哀乐论》。以玄学为主要代表的魏晋南北朝的学术思想对士人的精神及其文学活动产生了极其深远的影响。玄学是以道家思想为主体,综合儒、佛两家学说而形成的一种新的哲学体系。它在魏晋南北朝经历了老玄、庄玄、佛玄几个发展阶段。汤用彤先生说:"夫玄学者,谓玄远之学。学贵玄远,则略于具体事物而究心抽象原理。论天道则不拘于构成质料,而进探本体存在。论人事则轻忽有形之粗迹,而专期神理之妙用。"(《魏晋玄学论稿》)这段话准确地概括了玄学的基本特征。玄学把人们的兴趣由具体的社会人事引向高深玄妙的哲理,遗落事务而宅心玄远,忽忘形骸而寄意神理。它导致人的精神世界的高远超脱,引导人们摆脱具体的感官刺激而去追求形神超越的境界。嵇康诗云,"琴书自乐,远游可珍;含道独往,弃智遗身","目送归鸿,手挥五弦,俯仰自得,游心太玄",正是这种生活情趣和精神境界的写照。除了玄学之外,另有一些道教徒,撷取古代神仙思想及庄子养生学说,形成一套以丹鼎符箓为内容的神仙之学。汉魏伯阳《周易参同契》及晋葛洪《抱朴子》是其中最有名的著作。

隋唐时期最重要的学术是佛学。佛教的传入,最早的记录是东汉明帝永平十年(67年),自汉朝末期至中唐,一方面翻译佛典,一方面西行求法,佛教日渐壮大。佛祖释迦的教义是一种解脱哲学,它主张"诸行无常"、"诸法无我"、"因爱生苦"、"无我无苦";生存既为苦恼,因而佛法的目的在力求解脱痛苦,以达到永寂不动、解脱轮回的涅槃境界。魏晋时代,僧徒为了传教的需要,往往使用《周易》、老庄的思想和术语来解释佛理,于是产生了"格义之学"。格义之学,促成了佛学的中国化。其中僧肇的《肇论》以及竺道生的《妙法莲华经疏》,可以说是佛学中国化最重要的著作。佛教发展到隋唐,主要有八个宗派,分别是:三论宗、律宗、净土宗、禅宗、天台宗、华严宗、唯识宗、密宗。其中天台、华严、禅宗是中国佛教自创的宗派。前两者虽依印度佛教经籍,但自造经论,自成系统。禅宗则不依一定经论,且不重宗教传统,称为"教外别传"。

宋元明三代,产生一种以儒学为本体,吸收道家、佛教学说所建立起来的新学说,古人称之为"理学"或"道学",也有当代的学者称之为"新儒学"。经学盛行于两汉,所以经学又被称为"汉学";理学是两宋兴起的学问,所以又被称为"宋学"。理学的开山始祖是周敦颐,他著有《太极图说》与《通书》。《太极图说》重在说明宇宙产生、万物创化之道;《通书》则以《易传》与《中庸》的思想为基础,提出"诚"作为《周易》的道体与休养的功夫。宋明理学向有濂、洛、关、闽四派之称,周敦颐,世称濂溪先生,为"濂学"之始祖。

周敦颐之后,有居关中讲学的张载。张载字子厚,号横渠,世称横渠先生。著有《正蒙》、《易说》、《经学理窟》。他有民胞物与的胸怀,气一分殊的宇宙理论,以及变化气质的修养工夫。张载所开之宗派,称为"关学"。

周敦颐之后,又有程颢、程颐兄弟光大周子的学问。程颢字伯淳,学者称为明道先生。著有《识仁篇》、《定性书》,主张"体贴天理,敬义夹持"。程颐字正叔,学者称为伊川先生。著有《易传》、《经解》,主张"性即理"。二人因居洛阳,所开之宗派为"洛学"。

南宋朱熹生于周张二程之后,是宋代理学集大成之人物。因为在福建讲学,称为"闽学"。南宋时除了朱熹,尚有陆九渊、叶适、陈亮等著名的理学家。陆九渊,字子静,号象山,强调"吾心即宇宙",与朱熹的思想方向不同,朱陆二人曾有"鹅湖之会",辩论自己的学说,是我国哲学史上的一段美谈。到了明代王阳明,承继陆九渊之学说,提出"心即理"以及"知行合一"之说,使心性之学推展到登峰造极的境地。

清代的学术十分发达,义理、词章、考据之学都有长足进展。其中又以考据之学最具特色,是清代学术的中坚。清代考据之学又称为"朴学",远承汉班固《白虎通义》的精神而来。自汉至清,有不少考证名物、制度、经史、诸子之书,如汉应劭《风俗通义》、晋崔豹《古今注》、宋沈括《梦溪笔谈》、宋洪迈《容斋随笔》、宋王应麟《困学纪闻》、明杨慎《丹铅总录》,都是子部杂家重要的著作,但是已经渐渐脱离思想的创造性,而接近历史实证的性质。

自清初顾炎武《日知录》以来,清代考据之作不胜枚举,大都可以派入经学、史学、文字、声韵、辨伪、校勘、目录等学术领域之中,由王念孙《读书杂志》、崔述《考信录》、陈澧《东塾读书记》、俞樾《诸子平议》可见一斑。

至此,我们对传统文化典籍经、史、子三部做了一个轮廓性的介绍。至于集部的图书,大部分属文学类的典籍,按今天之惯用语,可呼之以"文学"。而文学相应说来大家了解较多,小学到大学从未间断,所以"文学常识"就无须赘言了。

附录 B 《千字文》、《三字经》简释

一、《千字文》、《三字经》概说

《千字文》用一千个不重复的汉字勾勒出完整的中国文化史轮廓,是我国最优秀的一篇启蒙教材。音韵谐美,朗朗上口,既是一首长篇四言诗,也是一部袖珍百科知识全书。明代古文大家王世贞称其为"绝妙文章",清代褚人获赞其"局于有限之文字而能条理贯穿毫无舛错,如舞霓裳于寸木,抽长绪于乱丝。"《千字文》全篇主题清晰,章句文理一脉相承,层层推进;语言优美,辞藻华丽,几乎句句引经,字字用典。历代书法家竞相书写,如智永、怀素、欧阳询、赵佶、赵孟頫、文徵明等都有流传至今的帖本。

《千字文》为南朝时期周兴嗣编撰,《梁书》、《南史》有传。《南史·周兴嗣传》:周兴嗣字思纂,陈郡项人也。世居姑熟,博学善属文。尝步自姑熟,投宿逆旅,夜有人谓之曰:'子才学迈世,初当见识贵臣,卒被知英主。'言终不测所之。齐隆昌中,侍郎谢朏为吴兴太守,唯与兴嗣初谈文史而已。及罢郡,因大相谈荐。

"梁天监初,奏《休平赋》,其文甚美,武帝嘉之,拜安成王国侍郎,直华林省。其年,河南献舞马,诏兴嗣与待诏到沆、张率为赋,帝以兴嗣为工,擢拜员外散骑侍郎,进直文德、寿光省。时武帝以三桥旧宅为光宅寺,敕兴嗣与陆倕各制寺碑,及成俱奏,帝用兴嗣所制。自是《铜表铭》、《栅塘碣》、《檄魏文》、《次韵王羲之书千字》,并使兴嗣为文。每奏,帝称善,赐金帛。后佐撰国史。兴嗣两手先患风疽,十二年,又染疠疾,左目盲。帝抚其手,嗟曰:'斯人而有疾。'手疏疽方以赐之。任昉又爱其才,常曰:'兴嗣若无此疾,旬日当至御史中丞。'十七年,为给事中,直西省。周舍奉敕注武帝所制历代赋,启兴嗣与焉。普通二年卒。所撰《皇帝实录》、《皇德记》、《起居注》、《职仪》等百余卷,文集十卷。"

《千字文》作于梁武帝大同年间(535—543),距今一千四百多年。三国时书法家钟繇曾写过一篇《千字文》,但毁于西晋动乱之中。王羲之又重新编缀过一篇,但文理音韵皆不佳。梁武帝为教子侄读书习字,令周兴嗣再次编撰。《太平广记》载:"梁武帝教诸王书,令殷铁石于大王(王羲之)书中拓一千字不重者,每字片纸,杂碎无序。武帝召周兴嗣谓曰:'卿有才思,为我韵之。'兴嗣一夕编缀进上,鬓发皆白。"梁武帝要教儿子们练习书法,又舍不得将王羲之的真迹拿出来,于是便命摹帖高手殷铁石,从内府所藏王氏墨迹中勾摹出一千个不同的字,供子侄们临摹。但这一千

个单字凌乱无序,不便于记忆,于是将"次韵王羲之千字"的任务交给了周兴嗣,"卿有才思,为我韵之。"周兴嗣绞尽脑汁,用了一夜的时间编缀好了,当他把文章进献给武帝时,已"鬓发皆白"。

他只能用武帝给出的一千个字编排文章,而且还要押韵,所以说是"周兴嗣次韵"。共125联,250句。第一部分从宇宙诞生、开天辟地说起,讲日月星辰、气象物候、地球上的自然资源以及人类出现以后中国远古和上古的历史、政治制度。第二部分落实到人,讲人类的基本生存和高层次自我实现的需求,即伦常伦理和修养。第三部分讲上层建筑,即国家、政权、政治、政令等。第四部分讲生活,描述温馨的人情关系和恬淡的田园生活,赞美甘于寂寞、默默奉献且不为名利羁绊的人。

《三字经》成文于南宋末年,直到元朝才开始流行,真正流传开来是明清时期。《三字经》不同于《千字文》,"字有重复,词无藻彩",既不讲究对仗,语言也不甚优美,但朴实无华,用极简洁通俗的词语讲出了亘古不变的大道理。与《千字文》相同,《三字经》也是一部高度浓缩的中国文化简史,可谓"淹贯三才,出入经史"。明朝赵南星称其"句短而易读,殊便于开蒙。"清人王晋升称其为"蒙求之津逮,大学之滥觞",清人贺兴思以为"袖里《通鉴纲目》也"。近代章太炎亦赞"其启人知识,过之《急就章》与《凡将篇》之比矣。若所以诏小子者,则今之教科书,固弗如《三字经》远甚也。"

关于《三字经》的作者和成书年代,历代说法不一,但是大多数学者的意见还是倾向于"宋儒王伯厚先生作《三字经》,以课家塾"的说法。王应麟,字伯厚,号深宁居士,进士出身,是南宋著名的学者、教育家、政治家,《宋史·儒林》有传。他祖籍河南开封,后迁居浙江鄞县,历事南宋理宗、度宗、恭帝三朝,位至吏部尚书。王应麟博学多才,对经史子集、天文地理都有研究。南宋灭亡以后,他隐居乡里,闭门谢客,著书立说。明代著名诗人、王应麟的同乡黄润玉在《先贤赞》中称颂王应麟:"春秋绝笔,瑞应在麟。宋祚讫录,瑞应在人。尼父泣麟,先生自泣。出匪其时,呼嗟何及。"

王应麟隐居二十载,所有著作只写甲子不写年号,以示不向元朝称臣。他一生著作甚丰,有《深宁集》、《玉堂类稿》、《诗考》、《诗地理考》、《汉艺文志考证》、《蒙训》、《玉海》、《词学指南》、《词学题苑》、《困学纪闻》等传世。王应麟晚年为教育本族子弟读书,编写了一本融会中国文化精粹的"三字歌诀"。

王应麟是南宋人,"三字歌诀"原本的历史部分只截止到宋朝,所以清朝康熙年间的学者王晋升训诂本的历史部分也只解到宋朝为止。随着历史的发展,各朝代都有人对《三字经》不断地加以补充,最著名的是清朝道光年间贺思兴增补的关于元、明、清三代的历史。中国的正史是二十四史,辅以《清史稿》也不过二十五史,所以《三字经》的历史部分也就到清朝为止了。

《三字经》全文共 1 145 个字，内容上分为五个部分，但全篇内容连贯，自始至终突出了"教之道，贵以专"这一主题。五个部分的内容均是围绕这一主题的展开，体现了作者鲜明、完整、一贯的教育思想。第一部分谈教育的意义和重要性以及教育的原则；第二部分强调教育的内容和顺序，讲授基本的文化常识；第三部分介绍代表中国文化的重要经典和读书的次第；第四部分是中国通史纲要；第五部分谈勤奋刻苦是求学成才的先决条件。

二、《千字文》简释

千字文

天地玄黄，宇宙洪荒。日月盈昃，辰宿列张。寒来暑往，秋收冬藏。闰余成岁，律吕调阳。云腾致雨，露结为霜。金生丽水，玉出昆冈。剑号巨阙，珠称夜光。果珍李柰，菜重芥姜。海咸河淡，鳞潜羽翔。龙师火帝，鸟官人皇。始制文字，乃服衣裳。推位让国，有虞陶唐。吊民伐罪，周发殷汤。坐朝问道，垂拱平章。爱育黎首，臣伏戎羌。遐迩一体，率宾归王。鸣凤在竹，白驹食场。化被草木，赖及万方。盖此身发，四大五常。恭惟鞠养，岂敢毁伤。女慕贞洁，男效才良。知过必改，得能莫忘。罔谈彼短，靡恃己长。信使可复，器欲难量。墨悲丝染，诗赞羔羊。景行维贤，克念作圣。德建名立，形端表正。空谷传声，虚堂习听。祸因恶积，福缘善庆。尺璧非宝，寸阴是竞。资父事君，曰严与敬。孝当竭力，忠则尽命。临深履薄，夙兴温清。似兰斯馨，如松之盛。川流不息，渊澄取映。容止若思，言辞安定。笃初诚美，慎终宜令。荣业所基，籍甚无竟。学优登仕，摄职从政。存以甘棠，去而益咏。乐殊贵贱，礼别尊卑。上和下睦，夫唱妇随。外受傅训，入奉母仪。诸姑伯叔，犹子比儿。孔怀兄弟，同气连枝。交友投分，切磨箴规。仁慈隐恻，造次弗离。节义廉退，颠沛匪亏。性静情逸，心动神疲。守真志满，逐物意移。坚持雅操，好爵自縻。都邑华夏，东西二京。背邙面洛，浮渭据泾。宫殿盘郁，楼观飞惊。图写禽兽，画彩仙灵。丙舍傍启，甲帐对楹。肆筵设席，鼓瑟吹笙。升阶纳陛，弁转疑星。右通广内，左达承明。既集坟典，亦聚群英。杜稿钟隶，漆书壁经。府罗将相，路侠槐卿。户封八县，家给千兵。高冠陪辇，驱毂振缨。世禄侈富，车驾肥轻。策功茂实，勒碑刻铭。磻溪伊尹，佐时阿衡。奄宅曲阜，微旦孰营。桓公匡合，济弱扶倾。绮回汉惠，说感武丁。俊义密勿，多士寔宁。晋楚更霸，赵魏困横。假途灭虢，践土会盟。何遵约法，韩弊烦刑。起翦颇牧，用军最精。宣威沙漠，驰誉丹青。九州禹迹，百郡秦并。岳宗泰岱，禅主云亭。雁门紫塞，鸡田赤城。昆池碣石，钜野洞庭。旷远绵邈，岩岫杳冥。治本于农，务兹稼穑。俶载南亩，我艺黍稷。税熟贡新，劝赏黜陟。孟轲敦素，史鱼秉直。庶几中庸，劳谦谨敕。聆音察理，鉴貌辨色。贻厥嘉猷，勉其祗植。省躬讥诫，宠增抗极。殆辱近耻，林皋幸即。两疏见机，解组谁逼。索居闲处，沉默寂寥。求古寻论，散虑逍遥。欣奏累遣，感谢欢招。渠荷的历，园莽抽条。枇杷晚翠，梧桐蚤凋。陈根委翳，落叶飘摇。游鹍独运，凌摩绛霄。耽读玩市，寓目囊箱。易輶攸畏，属耳垣墙。具膳餐饭，适口充肠。饱饫烹宰，饥厌糟糠。亲戚故旧，老少异粮。妾御绩纺，侍巾帷房。纨扇圆洁，银烛炜煌。昼眠夕寐，蓝笋象床。弦歌酒宴，接杯举觞。矫手顿足，悦豫且康。嫡后嗣续，祭祀烝尝。稽颡再拜，悚惧恐惶。笺牒简要，顾答审详。骸垢想浴，执热愿凉。驴骡犊特，骇跃超骧。诛斩贼盗，捕获叛亡。布射僚丸，嵇琴阮啸。恬笔伦纸，钧巧任钓。释纷利俗，并皆佳妙。毛施淑姿，工颦妍笑。年矢每催，曦晖朗曜。璇玑悬斡，晦魄环照。指薪修祜，永绥吉劭。矩步引领，俯仰廊庙。束带矜庄，徘徊瞻眺。孤陋寡闻，愚蒙等诮。谓语助者，焉哉乎也。

（一）第一部分

从宇宙诞生、开天辟地开始，这一部分讲述了日月星辰、气象物候、地球上的自然资源，一直到人类出现以后中国远古和上古时期的历史。最后以人类社会组织的出现和王道政治作为结尾。这部分内容既自成体系，又是下面三部分的奠基。

1. 原文

天地玄黄，宇宙洪荒。[1]日月盈昃，辰宿列张。[2]寒来暑往，秋收冬藏。[3]闰余成岁，[4]律吕调阳。[5]云腾致雨，露结为霜。[6]金生丽水，玉出昆冈。[7]剑号巨阙，珠称夜光。[8]果珍李柰，菜重芥姜。[9]海咸河淡，鳞潜羽翔。[10]龙师火帝，鸟官人皇。[11]始制文字，乃服衣裳。[12]推位让国，有虞陶唐。[13]吊民伐罪，周发殷汤。[14]坐朝问道，垂拱平章。[15]爱育黎首，臣伏戎羌。[16]遐迩一体，率宾归王。[17]鸣凤在竹，白驹食场。化被草木，赖及万方。[18]

2. 注释

[1]指开天辟地，宇宙诞生。《易·坤·文言》"夫玄黄者天地之杂也，天玄而地黄。"《淮南子·齐俗训》"往古来今谓之宙，四方上下谓之宇。"扬雄《法言》"洪荒之世，圣人恶之。"

[2]《易·丰·彖》"日中则昃，月盈则食，天地盈虚，与时消息。"《淮南子·泰族训》"天设日月，列星辰，张四时，日以暴之，夜以息之，风以干之，雨露以濡之。"广义的"辰"是星体的总称，俗称星辰。狭义的"辰"是北辰，指北斗七星而言。北斗七星属现代天文学的大熊星座，可以用来辨方向、定季节。"辰"又指太阳所行黄道十二宫（子丑寅卯辰巳午未申酉戌亥）的辰宫。广义的"宿"指的是星宿。星和宿的区别：单颗的称星，一颗以上的一团星、一组星就称为宿。

[3]指气候的变化和四季的推移。《易·系辞上》"日月运行，一寒一暑。"《易·系辞下》"寒往则暑来，暑往则寒来，寒暑相推而岁成焉。"《荀子·王制》"春耕夏耘，

秋收冬藏,四者不失时。"

[4]《尚书·尧典》"期三百有六旬有六日,以闰月定四时,成岁。"中国古代律历由国家、朝廷(政府)负责制定,计算出二十四节气的准确时间,以指导人们务农。

[5]律吕是用来协调阴阳、校定音律的一种设备。现代音乐上叫定音器。中国古代在音乐上有五音:宫商角徵羽,这是五个全音,没有半音音程,又叫做"五正声"。如果再加上两个变声(半音音程),一共有七个音。这七音是一个纯八度的自然音程,它只有绝对音高,没有固定音高的音位(律位),也就是没有调式,要用律吕来正音定调。律吕就是定音调用的律管和吕管。同时也可以参定时间,协调物候的变化,所以叫做"律吕调阳"。

[6]说明云雨霜露的形成。《吕氏春秋·应同》"旱云烟火,雨云水波。"《诗经·秦风·蒹葭》"蒹葭苍苍,白露为霜。"《易·坤·初六》"履霜,坚冰至。"

[7]叙述中国之物产。丽水:丽江、金沙江,产金。昆冈:昆陵、昆仑山,产玉。《礼记·聘义》"昔者君子比德于玉焉。温润而泽,仁也。"

[8]赞叹稀世名剑和珍珠。宝剑最有名的是越王勾践的巨阙剑。《越绝书·越绝外传·记宝剑》"昔者,越王勾践有宝剑五,闻于天下……欧冶乃因天之精神,悉其技巧,造为大刑三、小刑二:一曰湛卢,二曰纯钧,三曰胜邪,四曰鱼肠,五曰巨阙。吴王阖庐之时,得其胜邪、鱼肠、湛卢……时阖庐又以鱼肠之剑刺吴王僚,使披肠夷之甲三事。阖庐使专诸为奏炙鱼者,引剑而刺之,遂弑王僚。""(楚王)于是乃令风胡子之吴,见欧冶子、干将使之作铁剑。欧冶子、干将凿茨山,泄其溪,取铁英,作为铁剑三枚:一曰龙渊,二曰泰阿,三曰工布。"《搜神记》"隋县溠水侧,有断蛇邱。隋侯出行,见大蛇被伤,中断,疑其灵异,使人以药封之,蛇乃能走,因号其处断蛇邱。岁余,蛇衔明珠以报之。珠盈径寸,纯白,而夜有光,明如月之照,可以烛室。故谓之'隋侯珠',亦曰'灵蛇珠',又曰'明月珠'。"

[9]述对人类有益之植物。

[10]古人将地球上所有的动物,按其体表特征分为五大类,即鳞类、羽类、毛皮类、甲壳类和裸类。人类属于"裸类",道家早就将人称为"裸虫",《无能子》"人者裸虫也,与夫麟、毛、羽虫俱焉"。此处虽然只提到"鳞"、"羽"两类,但却概括了除人以外的四大类动物形态。鳞类中最高级的生命形式是龙,羽类是凤,甲壳类是龟,毛皮类则是麒麟,因此"麟凤龟龙,谓之四灵"。

[11]《左传·昭公十七年》"秋,郯子来朝,公与之宴。昭子问焉,曰:'少皞氏鸟名官,何故也?'郯子曰:'吾祖也,我知之。昔者黄帝氏以云纪,故为云师而云名。炎帝氏以火纪,故为火师而火名。共工氏以水纪,故为水师而水名。大皞氏以龙纪,故为龙师而龙名。我高祖少皞挚之立也,凤鸟适至,故纪于鸟,为鸟师而鸟名。凤鸟氏,历正也。玄鸟氏,司分者也。伯赵氏,司至者也。青鸟氏,司启者也。丹鸟

氏,司闭者也。祝鸠氏,司徒也。鴡鸠氏,司马也。鸤鸠氏,司空也。爽鸠氏,司寇也。鹘鸠氏,司事也。五鸠,鸠民者也。五雉,为五工正,利器用,正度量,夷民者也。九扈,为九农正,扈民无淫者也。自颛顼以来,不能纪远,乃纪于近,为民师而命以民事,则不能故也。'"

[12]指黄帝时代。黄帝被尊为"人文初祖"。《史记·五帝本纪》"黄帝者,少典之子。姓公孙,名曰轩辕……轩辕之时,神农氏世衰。诸侯相侵伐,暴虐百姓,而神农氏弗能征。于是轩辕乃习用干戈,以征不享,诸侯咸来宾从。而蚩尤最为暴,莫能伐。炎帝欲侵陵诸侯,诸侯咸归轩辕。轩辕乃修德振兵,治五气,艺五种,抚万民,度四方,教熊罴貔貅貙虎,以与炎帝战于阪泉之野。三战,然后得其志。蚩尤作乱,不用帝命。于是黄帝乃征师诸侯,与蚩尤战于涿鹿之野,遂擒杀蚩尤。而诸侯咸尊轩辕为天子,代神农氏,是为黄帝。"据传,黄帝手下有六个大臣,各有贡献。仓颉造字,伶伦造乐,隶首做算数,大挠造甲子,岐伯作医学,胡曹作衣裳。这里用仓颉造字、胡曹作衣裳代表黄帝时代完成的包括指南车、历法、舟车在内的传统科技成果和发明创造。

[13]述五帝之尧舜禅让。《史记·五帝本纪》"帝尧者,放勋……乃命羲和,敬顺昊天,数法日月星辰,敬授民时。"因其封地在陶和唐(今山东定陶与河北唐县),所以尊其为唐尧。《史记·五帝本纪》"虞舜者,名曰重华……舜年二十以孝闻,年三十尧举之,年五十摄行天子事,年五十八尧崩,年六十一代尧践帝位。践帝位三十九年,南巡狩,崩于苍梧之野。葬于江南九嶷,是为零陵。"

[14]述汤武革命。《史记·殷本纪》"殷契,母曰简狄,有娀氏之女,为帝喾次妃。三人行浴,见玄鸟堕其卵,简狄取吞之,因孕生契。契长而佐禹治水有功……封于商,赐姓子氏……主癸卒,子天乙立,是为成汤……汤征诸侯。葛伯不祀,汤始伐之……当是时,夏桀为虐政淫荒,而诸侯昆吾氏为乱。汤乃兴师率诸侯,伊尹从汤,汤自把钺以伐昆吾,遂伐桀……汤既胜夏,欲迁其社,不可,作《夏社》。伊尹报。于是诸侯毕服,汤乃践天子位,平定海内。"《史记·周本纪》"周后稷,名弃。其母有邰氏女,曰姜原。姜原为帝喾元妃。姜原出野,见巨人迹,心忻然说,欲践之,践之而身动如孕者。居期而生子,以为不祥,弃之隘巷,马牛过者皆避不践;徙置之林中,适会山林多人,迁之;而弃渠中冰上,飞鸟以其翼覆荐之。姜原以为神,遂收养长之。初欲弃之,因名曰弃……封弃于邰,号曰后稷,别姓姬氏……公季卒,子昌立,是为西伯。西伯曰文王……西伯崩,太子发立,是为武王……子昧爽,武王朝至于商郊牧野,乃誓。武王左杖黄钺,右秉白旄,以麾……于是武王再拜稽首,曰:'膺更大命,革殷,受天明命。'"

[15]述历史上的贤德君主以王道治国莅民。秦始皇之前称"莅朝",即立朝,君臣都站着;秦始皇开始"坐朝问道",君臣都是坐着,共商国是。君坐臣立是宋太祖

开的规矩。《尚书·武成》"惇信明义,崇德报功,垂拱而天下治。"《易·系辞下》"黄帝、尧、舜垂衣裳而天下治。"《尚书·尧典》"克明俊德,以亲九族。九族既睦,平章百姓。""垂拱平章"即垂衣拱手,天下太平。

[16]黎首:黎民百姓。戎羌:指四方少数民族,所谓"南蛮北狄,西戎东夷"。

[17]《诗经·小雅·北山》"溥天之下,莫非王土;率土之滨,莫非王臣。"

[18]赞美当时的太平盛世和王道政治。《庄子·秋水》"庄子往见只,曰:'南方有鸟,其名曰鹓鶵,子知之乎?夫鹓鶵,发于南海而飞于北海,非梧桐不止,非练实不食,非醴泉不饮。'"《诗经·小雅·白驹》"皎皎白驹,食我场苗。执之维之,以永今朝。"

3. 译文

开天辟地,宇宙诞生。天色玄,其道高远而苍茫;地色黄,其道深邃而宽广。地球上洪水泛滥,草木丛生,一片混沌荒芜。日月在天空中往复运行,日出日落,月圆月缺。星辰各按自己的位置闪烁悬布,陈列散落在旷远的天际。四季的气候,总是冬夏交替,寒来暑往。地里的庄稼,总是春生夏长,秋收冬藏。用设闰的方法将历法纪年与地球公转的时间差加在一起,就形成了闰年、闰月;再用分别声音高低的律吕对照月份协调阴阳就保证了月季相符。空气中云气升腾化为雨水,地面的露水遇寒凝结为霜。珍贵的黄金产于金沙江,稀有的美玉出自昆仑冈。宝剑中的巨阙剑最为著名,珍珠中的夜明珠最为宝贵。李子和柰子是果中珍品,芥和姜是蔬菜中最重要的调味品。海水咸,河水淡,长鳞甲的动物在水中潜行,生羽毛的动物在空中飞翔。

伏牺氏以龙命名百官,被后人尊为龙师。神农氏以火命名百官,被后世称为火帝。少昊金天氏以鸟作为百官的名称,此外还有天地人三皇的传说。黄帝时代开始有了文字,百姓也穿起了衣裳。将天下的统治权让予贤德之人,那是唐尧和虞舜。安抚无辜的百姓,讨伐有罪的君主,领头的是成汤和姬发。君主坐朝临政,与群臣共商国是,垂衣拱手,无为而治;他们能够爱护、体恤百姓,四方少数民族都心悦诚服。普天之下,远近统一,百姓都拥护、归附于王道的统治。凤凰在竹林中欢乐地鸣唱,小白马在草场上悠然地食草。圣君的教化覆盖了大自然的一草一木,王道的恩泽遍及万方的众生百姓。

(二)第二部分

这一部分讲述生于天地之间的人如何做人。详细论述身与心、德与名的关系,指导人们端正思想、修正行为,从而建立起自己的道德操守。

1. 原文

盖此身发,四大五常。[1]恭惟鞠养,岂敢毁伤。[2]女慕贞洁,男效才良。[3]知过必改,得能莫忘。[4] 罔谈彼短,靡恃己长。[5] 信使可覆,器欲难量。[6] 墨悲丝染,诗赞羔羊。[7] 景行维贤,克念作圣。[8] 德建名立,形端表正。[9] 空谷传声,虚堂习听。祸因恶积,福缘善庆。[10] 尺璧非宝,寸阴是竞。[11] 资父事君,曰严与敬。[12] 孝当竭力,忠则尽命。[13] 临深履薄,夙兴温凊。[14] 似兰斯馨,如松之盛。[15] 川流不息,渊澄取映。[16] 容止若思,言辞安定。[17] 笃初诚美,慎终宜令。[18] 荣业所基,籍甚无竟。[19] 学优登仕,摄职从政。[20] 存以甘棠,去而益咏。[21] 乐殊贵贱,礼别尊卑。[22] 上和下睦,夫唱妇随。[23] 外受傅训,入奉母仪。诸姑伯叔,犹子比儿。[24] 孔怀兄弟,同气连枝。[25] 交友投分,切磨箴规。[26] 仁慈隐恻,造次弗离。节义廉退,颠沛匪亏。[27] 性静情逸,心动神疲。守真志满,逐物意移。[28] 坚持雅操,好爵自縻。[29]

2. 注释

[1] 指人的生命体和生命属性,一部分是物质的"四大"即"地、水、火、风",一部分是精神的"五常"即"仁、义、礼、智、信"。

[2]《诗经·小雅·蓼莪》"父兮生我,母兮鞠我,抚我畜我,长我育我。"《孝经》"身体发肤,受之父母,不敢毁伤,孝之始也。"

[3]《易·乾》"乾,元亨利贞。"贞:正也;洁:净也。才:才能,才智。良:良心,德行。

[4]《论语·述而》"德之不修,学之不讲,闻义不能徙,不善不能改,是吾忧也。"

[5] 东汉崔瑗座右铭"无道人之短,无说己之长。"

[6]《论语·学而》"有子曰:信近于义,言可覆也。"

[7]《墨子·所染》"子墨子言见染丝者而叹曰:染于苍则苍,染于黄则黄。所入者变,其色亦变。"《诗经·国风·羔羊》"羔羊之皮,素丝五紽。退食自公,委蛇委蛇。"《毛诗序》"《羔羊》、《鹊巢》之功致也。召南之国,化文王之政,在位皆节俭正直,德如羔羊也。"

[8]《诗经·小雅·车辖》"高山仰止,景行行止。"《尚书·多方》"惟圣罔念作狂,惟狂克念作圣。"

[9] 谈德与名、形与表之关系。《易·系辞》"善不积不足以成名,恶不积不足以灭身。"《管子·心术》"形不正者德不来,中不精者心不治。正形饰德,万物必得。"

[10]《易·坤·文言》"积善之家,必有余庆。积不善之家,必有余殃。"《中庸》"福将至,观其善必先知之。祸将至,观其恶必先知之。"

[11]《淮南子·原道训》"故圣人不贵尺之璧而重寸之阴,时难得而易失也。"曹丕《典论·论文》"古人贱尺璧而重寸阴,惧乎时之过也。"

[12]《孝经》"夫孝始于事亲,中于事君,终于立身。""资于事父以事母,而爱同;资于事父以事君,而敬同。"

[13]《论语·学而》"子夏曰:贤贤易色;事父母能竭其力;事君能致其身。"《论

语·八佾》"君使臣以礼,臣事君以忠。"

[14]《诗经·小雅·小旻》"战战兢兢,如临深渊,如履薄冰。"《诗经·大雅·抑》"夙兴夜寐,洒扫庭内,维民之章。"《礼记·曲礼上》"凡为人子之礼,冬温而夏清,昏定而晨省。"

[15]《易·系辞·上》"子曰:君子之道,或出或处,或默或语,二人同心,其利断金。同心之言,其臭如兰。"《论语·子罕》"子曰:岁寒,然后知松柏之后凋也。"《荀子·大略》"岁不寒无以知松柏,事不难无以知君子。"

[16]《中庸》"万物并育而不相害,道并行而不相悖,小德川流,大德敦化,此天地之所以为大也。""溥博渊泉,而时出之。溥博如天,渊泉如渊,见而民莫不敬,言而民莫不信,行而民莫不悦。"

[17]《礼记·曲礼上》"毋不敬,俨若思,安定辞。"

[18]《诗经·大雅·荡》"靡不有初,鲜克有终。"

[19]《汉书·陆贾传》"陈平乃以奴婢百人,车马五十乘,钱五百万,遗贾为食饮费。贾以此游汉廷公卿间,名声籍甚。"

[20]《论语·子张》"子夏曰:仕而优则学,学而优则仕。"

[21]《诗经·召南·甘棠》:"蔽芾甘棠,勿剪勿伐,召伯所茇。蔽芾甘棠,勿剪勿败,召伯所憩。蔽芾甘棠,勿剪勿拜,召伯所说。"

[22]《论语·阳货》"礼云礼云,玉帛云乎哉?乐云乐云,钟鼓云乎哉?"《论语·八佾》"人而不仁,如礼何?人而不仁,如乐何?"《论语·学而》"礼之用,和为贵。"《荀子·儒效》"礼言是其行也,乐言是其和也。"《荀子·乐论》"且乐也者,和之不可变者也;礼也者,理之不可易者也。乐合同,礼别异。礼乐之统,管乎人心矣。"《礼记·乐记》"乐者为同,礼者为异;同则相亲,异则相敬","礼节民心,乐和民声","乐者,天地之和也;礼者,天地之序也。"

[23]《关尹子》"天下之礼,夫者倡,妇者从;雄者鸣,雌者应。"

[24]《礼记·檀弓》"兄弟之子,犹子也。"《孟子·梁惠王上》"老吾老以及人之老,幼吾幼以及人之幼。"

[25]《诗经·小雅·常棣》"死丧之畏,兄弟孔怀。"

[26]《论语·颜渊》"子曰:忠告而善道之,不可则止,毋自辱焉。"《诗经·卫风·淇奥》"瞻彼淇奥,绿竹猗猗。有匪君子,如切如磋,如琢如磨。"

[27]《论语·颜渊》"樊迟问仁。子曰:爱人。"《孟子·公孙丑上》"无恻隐之心,非人也;无羞恶之心,非人也;无辞让之心,非人也;无是非之心,非人也。恻隐之心,仁之端也;羞恶之心,义之端也;辞让之心,礼之端也;是非之心,智之端也。"《论语·里仁》"君子无终食之间违仁,造次必于是,颠沛必于是。"《孟子·告子·上》"生,亦我所欲也;义,亦我所欲也;二者不可得兼,舍生而取义者也。"

[28]《礼记·中庸》"喜怒哀乐之未发谓之中,发而皆中其节谓之和。"
[29]《易·中孚》"我有好爵,吾与尔縻之。"

3. 译文

人的身体发肤,由"地、水、火、风"四大物质构成;人的思维意识,以"仁、义、礼、智、信"为准则。只有谨慎小心地爱护养育它,怎么能够随意地毁伤呢?女子要崇尚贞洁,做有操守的女人;男子要德才兼备,做负责任的男人。发现自己的过错要尽快地改正;自己有能力做到的一定不要忘记。不要谈论别人的缺点和短处,不要依仗自己的长处而骄傲自大。约定的事要合宜,说过的话要兑现;为人器量要大,让人难以估量。墨子为白丝染色不褪而悲泣,《诗经》赞颂坚贞正直的品德。德行正大光明才能成为贤人,克服妄念才能成为圣人。德行建立起来后声名自然树立,心行举止端庄则仪表自然端正。空旷的山谷里,声音会持续不断;空荡的堂屋中,一处发声各处都会响应。灾祸是作恶多端的结果,福庆是乐善好施的回报。一尺长的美玉也不算真正的宝贵,但片刻的光阴都应该珍惜。资养父母、侍奉君王要严谨而恭敬;孝顺父母要尽全力,忠于君主要尽本分。侍奉君主要如临深渊如履薄冰,孝顺父母要早起晚睡冬暖夏凉。让自己的德行像兰草一样清香悠远,像青松一样茂盛不凋,像河水一样周流不止延及万代不息,像潭水一样洁净无染永为后人借鉴。仪容举止要沉静安详,言语对答要安定稳重。任何事情开端不错固然很好,然能够始终如初坚持到底就更难能可贵。这是一个人一生荣誉与事业的基础,只有在这个基础上,才能德誉盛大,令名远播。学习之余,尚有余力的要承担一定的责任,服务社会报效国家。周人怀念召伯的德政,留下甘棠树不忍砍伐。召伯虽然离开了人世,但百姓却越发歌颂怀念他。音乐根据身份的贵贱有所不同,礼仪依据地位的高低应有区别。长辈和晚辈要和睦相处,夫妇一方宣导的另一方要服从。在外接受师傅的训诲,在家遵从母亲的规范。对待姑姑、伯伯、叔叔要像对待父母一样,对待侄儿、侄女也要像对待子女一样。兄弟之间要相互关爱,彼此气息相通,如同树木一样同根连枝。结交朋友要意气相投,能共同研讨学问、互相切磋劝诫。对人要仁爱,要有同情心,在任何时候任何地方都不离弃。气节、正义、廉洁、谦逊这些品德,即使在颠沛流离的时候也不能亏缺。心性沉静淡泊,情绪就自在安逸;内心浮躁妄动,精神就困顿委靡。守住真常之性,心志就能够安定;一心追逐外物,意志就被改变转移。坚持高雅的操守,好运自会系临其身。

(三) 第三部分

本部分讲述与上层建筑、统治阶层即国家、政权、政治、政令等相关的内容,介绍为国家作出杰出贡献的文臣武将,赞美祖国辽阔的疆域、壮丽的山河和秀美的景观。

附录B 《千字文》、《三字经》简释

1. 原文

都邑华夏,东西二京。背邙面洛,浮渭据泾。[1]宫殿盘郁,楼观飞惊。图写禽兽,画彩仙灵。[2]丙舍傍启,甲帐对楹。[3]肆筵设席,鼓瑟吹笙。[4]升阶纳陛,弁转疑星。[5]右通广内,左达承明。[6]既集坟典,亦聚群英。[7]杜稿钟隶,漆书壁经。[8]府罗将相,路侠槐卿。[9]户封八县,家给千兵。[10]高冠陪辇,驱毂振缨。世禄侈富,车驾肥轻。[11]策功茂实,勒碑刻铭。[12]磻溪伊尹,佐时阿衡。[13]奄宅曲阜,微旦孰营。[14]桓公匡合,济弱扶倾。[15]绮回汉惠,说感武丁。[16]俊乂密勿,多士寔宁。[17]晋楚更霸,[18]赵魏困横。[19]假途灭虢,[20]践土会盟。[21]何遵约法,韩弊烦刑。[22]起翦颇牧,用军最精。宣威沙漠,驰誉丹青。[23]九州禹迹,[24]百郡秦并。[25]岳宗泰岱,禅主云亭。[26]雁门紫塞,鸡田赤城。昆池碣石,钜野洞庭。旷远绵邈,岩岫杳冥。[27]

2. 注释

[1]介绍古都洛阳和长安及其地理位置与地形地貌。

[2]描写宫殿的雄伟壮丽和雕梁画栋。

[3]述宫殿西侧建筑。

[4]《诗经·大雅·行苇》"戚戚兄弟,莫远具尔。或肆之筵,或授之几。肆筵设席,授几有缉御。"《诗经·小雅·鹿鸣》"呦呦鹿鸣,食野之苹。我有嘉宾,鼓瑟吹笙。"

[5]《诗经·卫风·淇奥》"瞻彼淇奥,绿竹青青。有匪君子,充耳琇莹,会弁如星。"

[6]指西京长安皇宫的广内殿和承明殿。

[7]总写广内殿和承明殿的功能。

[8]详写广内殿所藏。

[9]槐卿:三槐九卿,即三公九卿。周代外朝种植槐树三棵,三公位列其下。

[10]指公卿将相的待遇。

[11]指高官的职责和权利。《论语·雍也》"赤之适齐也,乘肥马衣轻裘。"

[12]公卿享受高待遇的原因。

[13]指辅佐文王、武王灭商的姜尚和辅佐成汤灭夏的伊尹。传姜太公钓鱼,愿者上钩,所钓之处在磻溪。伊尹任商之宰相,其官名"阿衡"。《诗经·商颂·长发》"实维阿衡,实左右商王。"

[14]述周公姬旦。

[15]述春秋五霸之齐桓公。《论语·宪问》"桓公九合诸侯,不以兵车,管仲之力也。""管仲相桓公,霸诸侯,一匡天下,民到于今受其赐。"

[16]指以绮里季为首的商山四皓帮助汉惠帝刘盈保住太子之位和傅说辅佐商王武丁"殷道复兴"。

[17]《尚书·皋陶谟》"翕受敷施,九德咸事,俊乂在官。"《诗经·小雅·十月之交》"黾勉从事,不敢告劳。"《汉书·刘向传》刘向上书引为"密勿从事,不敢告劳。"《诗经·大雅·文王》"济济多士,文王以宁。"

[18]述春秋五霸之晋文公和楚庄王。《论文·宪问》"晋文公谲而不正,齐桓公正而不谲。"

[19]述战国苏秦和张仪推行的"合纵"与"连横"策略。张仪"连横"实施,秦国"远交近攻",首先打击赵魏。

[20]《左传·僖公五年》载此事,晋假道虞国伐虢,灭虢之后顺道灭虞。

[21]晋文公城濮之战大胜楚国,于践土会盟诸侯,成为继齐桓公后春秋霸主。

[22]述汉相萧何和战国法家代表人物韩非。

[23]指战国四大名将,即秦国的白起和王翦、赵国的廉颇和李牧。

[24]述大禹之丰功伟绩。《论语·泰伯》"子曰:禹,吾无间然矣。菲饮食而致孝乎鬼神,恶衣服而致美乎黻冕,卑宫室而尽力乎沟洫。禹,吾无间然矣。"

[25]述秦始皇统一中国,废除封建制改为郡县制。

[26]泰山为五岳之尊,历史上为封禅之地。

[27]赞祖国幅员辽阔、山河壮丽、风景秀美。有雁门关、长城、著名驿站鸡田和赤城(或赤城山)、滇池、碣石、钜野泽、洞庭湖等。

3. 译文

中国古代的都城雄伟壮观,最古老的要数东京洛阳与西京长安。洛阳背靠北邙山,面临洛水;长安左横渭水,右据泾河。宫殿盘旋曲折,重重叠叠;楼台宫阙凌空欲飞,触目惊心。宫殿里面画着飞禽走兽,还有彩绘的天仙神灵。正殿两旁的配殿从侧面开启,豪华的帐幔对着高高的楹柱。宫殿里大摆筵席,弹琴吹笙,一片歌舞升平。文武百官上堂入殿,身子一转动,弁帽上镶嵌的珠宝就像天上闪耀的星星。建章宫右边通往藏书的广内殿,未央宫左面到达群臣聚集的承明殿。广内殿收藏了古今的名著典籍,承明殿汇聚着成群的文武英才。里边有杜度的草书手稿和钟繇的隶书真迹,还有漆书的古籍和从孔府墙壁内发现的经书。宫廷内聚集着百官将相,宫廷外候列着大夫公卿。他们每家都有八县之广的封地,还有数以千计的亲兵护卫。他们戴着高高的官帽,陪着帝后的车辇出游,车马驰骋,彩饰飘扬。子孙世代都享受优厚的爵禄,生活奢侈豪富,车驾仪仗,肥马轻裘。他们的文治武功卓著而真实,不但事迹载入史册,而且被镂刻在金石上永传后世。周文王在磻溪遇到吕尚尊他为太公望,伊尹辅佐时政商汤封他为阿衡。属于古代奄国的曲阜,除了周公旦,谁有能力将其治理得那么好呢?春秋时期,齐桓公多次纠合诸侯,救济弱小的国家,扶持将要倾倒的周王室。汉惠帝做太子时靠了商山四皓的帮助才幸免被废黜,商王武丁因梦所感而得贤相傅说。这些人物才能出众,勤勉努力,所以国家才得以富强安宁。晋文公、楚庄王先后称霸,赵、魏两国首先受困于"连横"的策略。晋国向虞国借路去消灭虢国,结果连虞国也顺带消灭了。晋文公在践土召集诸侯歃血会盟。萧何尊奉汉高祖简约的律法制定九章,韩非却死在他自己主张的苛刑之下。白起、王翦、廉颇、李牧用兵作战最为精到,声威远播到漠北的边塞之地,他们的光辉形象永垂青史流芳百世。九州之内都留下了大禹治水的足迹,天下数以百计的郡县是秦始皇统一中国的成果。泰山是五岳之首,古代帝王在泰山祭天,在云山、亭山祭地。雁门关、古长城、鸡田驿站、赤城山,从西南的滇池到东北的碣石山,从东方的钜野大泽到南方的洞庭湖。中国的土地幅员辽阔、连绵遥远,山高峻而谷幽深,又变幻莫测。

(四)第四部分

本部分描写温馨的人情关系和恬淡的田园生活,赞美那些甘于寂寞、默默奉献且不为名利所羁绊的人。

1. 原文

治本于农,务兹稼穑。俶载南亩,我艺黍稷。[1]税熟贡新,劝赏黜陟。[2]孟轲敦素,史鱼秉直。[3]庶几中庸,劳谦谨敕。[4]聆音察理,鉴貌辨色。[5]贻厥嘉猷,勉其祗植。[6]省躬讥诫,宠增抗极。殆辱近耻,林皋幸即。[7]两疏见机,解组谁逼。[8]索居闲处,沉默寂寥。[9]求古寻论,散虑逍遥。欣奏累遣,感谢欢招。[10]渠荷的历,园莽抽条。枇杷晚翠,梧桐蚤凋。陈根委翳,落叶飘摇。游鹍独运,凌摩绛霄。耽读玩市,寓目囊箱。[11]易輶攸畏,属耳垣墙。[12]具膳餐饭,适口充肠。[13]饱饫烹宰,饥厌糟糠。亲戚故旧,老少异粮。妾御绩纺,侍巾帷房。纨扇圆洁,银烛炜煌。昼眠夕寐,蓝笋象床。弦歌酒宴,接杯举觞。[14]矫手顿足,悦豫且康。[15]嫡后嗣续,祭祀烝尝。[16]稽颡再拜,悚惧恐惶。[17]笺牒简要,顾答审详。骸垢想浴,执热愿凉。[18]驴骡犊特,骇跃超骧。[19]诛斩贼盗,捕获叛亡。布射僚丸,[20]嵇琴阮啸。[21]恬笔伦纸,[22]钧巧任钓。[23]释纷利俗,并皆佳妙。毛施淑姿,工颦妍笑。[24]年矢每催,曦晖朗曜。[25]璇玑悬斡,晦魄环照。[26]指薪修祜,永绥吉劭。[27]矩步引领,俯仰廊庙。[28]束带矜庄,徘徊瞻眺。[29]孤陋寡闻,愚蒙等诮。[30]谓语助者,焉哉乎也。

2. 注释

[1]《诗经·豳风·七月》"九月筑场圃,十月纳禾稼。""同我妇子,馌彼南亩,田畯至喜。"《诗经·小雅·大田》"以我覃耜,俶载南亩,播厥百谷。"《诗经·小雅·楚茨》"楚楚者茨,言抽其棘。自昔何为,我艺黍稷。"

[2]《尚书·舜典》"三载考绩,三考黜陟幽明,庶绩咸熙。"

[3]述诸子之孟子和著名史官史鱼。《论语·卫灵公》"直哉史鱼!邦有道如矢;邦无道如矢。"

[4]《论语·雍也》"子曰:中庸之为德也,其至矣乎!"《礼记·中庸》"仲尼曰:君子中庸,小人反中庸。君子之中庸也,君子而时中。小人之中庸也,小人而无忌惮也。"《易经·谦》"九三:劳谦,君子有终吉。"

　　[5]《论语·季氏》"孔子曰:君子有九思:视思明,听思聪,色思温,貌思恭,言思忠,事思敬,疑思问,忿思难,见得思义。"

　　[6]《尚书·五子之歌》"明明我祖,万邦之君。有典有则,贻厥子孙。"

　　[7]《论语·尧曰》"朕躬有罪,无以万方;万方有罪,罪在朕躬。"《老子》"宠辱若惊,贵大患若身。"《论语·学而》"有子曰:信近于义,言可以复也。恭近于礼,远耻辱也。因不失其亲,亦可宗也。"《庄子·知北游》"山林欤!皋址欤!使我欣欣然而乐欤!"《周易·文言》"'亢'之为言也,知进而不知退,知存而不知亡,知得而不知丧。其唯圣人乎,知进退存亡!而不失其正者,其唯圣人乎!"

　　[8]述西汉疏广、疏受叔侄。《汉书·疏广传》"在位五岁,皇太子年十二,通《论语》《孝经》。广谓受曰:吾闻'知足不辱,知止不殆',功遂身退,天之道也'。今仕官至二千石,宦成名立,如此不去,惧有后悔,岂如父子相随出关,归老故乡,以寿命终,不亦善乎?"《周易·系辞·下》"子曰:知几其神乎?君子上交不谄,下交不渎,其知几乎?几者,动之微,吉之先见者也。君子见几而作,不俟终日。"

　　[9]《礼记·檀弓·上》"吾离群而索居,亦已久矣。"

　　[10]《庄子·逍遥游》篇强调须摆脱世俗功名利禄权位的束缚,使自己的精神生活提升到"乘天地之正,而御六气之辩,以游无穷者"的"逍遥游"境界。

　　[11]述东汉王充好学。《后汉书·王充传》"充少孤,乡里称孝。后到京师,受业太学。师事扶风班彪。好博览而不守章句。家贫无书,常游洛阳市肆,阅所卖书,一见辄能诵忆,遂博通众流百家之言。"

　　[12]《诗经·大雅·烝民》"人亦有言:德輶如毛,民鲜克举之。我仪图之。"《老子》"图难于其易,为大于其细;天下难事必作于易,天下大事必作于细。是以圣人终不为大,故能成其大。"《诗经·小雅·小弁》"君子无易由言,耳属于垣。"

　　[13]《论语·述而》"子曰:饭疏食饮水,曲肱而枕之,乐亦在其中矣。"

　　[14]《论语·阳货》"子之武城,闻弦歌之声。夫子莞尔而笑,曰:割鸡焉用牛刀?"

　　[15]《礼记·乐记》"故歌之为言也,长言之也。说之,故言之;言之不足,故长言之;长言之不足,故嗟叹之;嗟叹之不足,故不知手之舞之,足之蹈之也。"《诗经·毛诗序》"情动于中而形于言,言之不足,故嗟叹之,嗟叹之不足,故永歌之,永歌之不足,不知手之舞之足之蹈之也。"

　　[16]《诗经·小雅·天保》"吉蠲为饎,是用孝享。祠祠烝尝,于公先王。"《礼记·王制》"天子诸侯宗庙之祭,春曰礿,夏曰禘,秋曰尝,冬曰烝。"郑玄注:"此盖夏

殷之祭名,周则改之,春曰祠,夏曰礿。"

[17]《仪礼·觐礼》"侯氏升听命,降,再拜稽首。"《史记·周本纪》"商人皆再拜稽首,武王亦答拜。"

[18]《诗经·大雅·桑柔》"告尔忧恤,诲尔序爵。谁能执热,逝不以濯?"

[19]汉张衡《思玄赋》"仆夫俨其正策兮,八乘腾而超骧。"

[20]述吕布辕门射戟和宜僚抛丸。《后汉书·吕布传》"术遣将纪灵等步骑三万以攻备,备求救于布。诸将谓布曰:'将军常欲杀刘备,今可假手于术。'布曰:'不然。术若破备,则北连太山,吾为在术围中,不得不救也。'便率步骑千余,驰往赴之。灵等闻布至,皆敛兵而止。布屯沛城外,遣人招备,并请灵等与共飨饮。布谓灵曰:'玄德,布弟也,为诸君所困,故来救之。布性不喜合斗,但喜解斗耳。'乃令军候植戟于营门,布弯弓顾曰:'诸君观布射戟小支,中者当各解兵,不中可留决斗。'布即一发,正中戟支。灵等皆惊,言'将军天威也'。"《庄子·徐无鬼》"仲尼之楚,楚王觞之,孙叔敖执爵而立,市南宜僚受酒而祭曰:'古之人乎!于此言已。'曰:'丘也闻不言之言矣,未之尝言,于此乎言之。市南宜僚弄丸而两家之难解,孙叔敖甘寝秉羽而郢人投兵。丘愿有喙三尺!'"

[21]述嵇康抚琴和阮籍长啸。《晋书·嵇康传》"康将刑东市,太学生三千人请以为师,弗许。康顾视日影,索琴弹之,曰:'昔袁孝尼尝从吾学《广陵散》,吾每靳固之,《广陵散》于今绝矣!'时年四十。海内之士,莫不痛之。帝寻悟而恨焉。初,康尝游于洛西,暮宿华阳亭,引琴而弹。夜分,忽有客诣之,称是古人,与康共谈音律,辞致清辩,因索琴弹之,而为《广陵散》,声调绝伦,遂以授康,仍誓不传人,亦不言其姓字。"《晋书·阮籍传》"阮籍字嗣宗,陈留尉氏人也……博览群籍,尤好庄老。嗜酒能啸,善弹琴。当其得意,忽忘形骸……籍尝于苏门山遇孙登,与商略终古及栖神导气之术,登皆不应,籍因长啸而退。至半岭,闻有声若鸾凤之音,响于岩谷,乃登之啸也。遂归著《大人先生传》。"

[22]述蒙恬造笔和蔡伦造纸。晋崔豹《古今注》载蒙恬始造毛笔。实际上蒙恬之前已有毛笔,应该是蒙恬对毛笔进行了改进,后唐马缟说"蒙恬始做秦笔"。《后汉书·蔡伦传》"自古书契多编以竹简,其用缣帛者谓之为纸。缣贵而简重,并不便于人。伦乃造意,用树肤、麻头及敝布、鱼网以为纸。元兴元年奏上之,帝善其能,自是莫不从用焉,故天下咸称'蔡侯纸'。"

[23]述名巧马钧和任公子钓鱼。《三国志·杜夔传》裴松之注"时有扶风马钧,巧思绝世。傅玄序之曰:'马先生,天下之名巧也,少而游豫,不自知其为巧也。'"改进织绫机,发明龙骨水车,复原指南车,利用水利推动齿轮制造大型玩具,"设为女乐舞象,至令木人击鼓吹箫;作山岳,使木人跳丸掷剑,缘絙倒立,出入自在;百官行署,春磨斗鸡,变巧百端。"《庄子·外物》"任公子为大钩巨缁,五十犗以为饵,蹲乎

会稽,投竿东海,旦旦而钓,期年不得鱼。已而大鱼食之,牵巨钩,陷没而下,骛扬而奋鬐,白波若山,海水震荡,声侔鬼神,惮赫千里。任公子得若鱼,离而腊之,自制河以东,苍梧已北,莫不厌若鱼者。"

[24]《管子·小称》"毛嫱、西施,天下之美人也。"《庄子·齐物论》"毛嫱丽姬,人之所美也。鱼见之深入,鸟见之高飞,麋鹿见之决骤。"《庄子·天运》"西施病心而颦其里,其里之丑人见而美人,归亦捧心而颦其里。其里之富人见之,坚闭门而不出;贫人见之,挈妻子而去走。彼知颦美,而不知颦之所以美。"

[25]《后汉书·律历志下》"孔壶为漏,浮箭为刻。"

[26]璇玑:北斗七星中的第二颗天璇星和第三颗天玑星,代指北斗七星。北斗七星形似斗勺。《鹖冠子·环流》"斗柄东指,天下皆春;斗柄南指,天下皆夏;斗柄西指,天下皆秋;斗柄北指,天下皆冬。"

[27]《庄子·养生主》"指穷于为薪,火传也,不知其尽也。"

[28]《孟子·梁惠王·上》"如有不嗜杀人者,则天下之民皆引领而望之矣。"《孟子·尽心·上》"仰不愧于天,俯不怍于地。"

[29]《论语·公冶长》"赤也,束带立于朝,可使与宾客言也。"

[30]《礼记·学记》"独学而无友,则孤陋寡闻。"

3. 译文

治国之本在于发展农业,一定要重视播种与收割。耕种季节到了,即要平整向阳的土地,人人动手去种黍稷。庄稼一成熟就要纳税,把新谷献给国家。官府按照贡献对农户予以奖惩,国家将对相关官吏予以罢免或升迁。孟子崇尚质朴的本色,史鱼坚持正直的品德,再加上勤勉、谦逊、谨慎、检点,差不多就接近中庸之道了。听人言谈要审察其中的是非曲直,看人容貌要辨别其善恶邪正。将最好的家语忠告遗留给子孙,勉励他们谨慎小心地立身处世。听到别人的讥讽劝诫则反躬自省。不要让荣宠过了头,如果要发生受辱的危险,赶快退隐山林或可幸免。西汉的疏广、疏受叔侄就是见机归隐的榜样,没有谁逼迫他们辞去官职。离群索居,悠闲度日;不谴是非,何其清静。探求古人古事,读点至理名言;排除各种杂念,便可自在逍遥。喜悦增添,各种牵挂即可排遣;烦恼抛开,欢乐很快就来到。春天园林内的草木抽出嫩叶枝条,夏天水塘里的荷花开得鲜艳。梧桐树一到秋天,叶子便早早凋落;枇杷树即使在冬天,叶子还是苍翠欲滴。陈根老树枯萎倒伏,落叶随风飘荡。远游的鸥鸟独自翱翔,直冲九霄。王充沉醉于读书,即使在市井中,眼睛盯着的也全是书袋和书箱。讲话最忌讳旁若无人,尤其要注意隔墙有耳。饭菜只要可口能吃饱就好。不饿的时候,即使是上等美味也会生厌,饥肠辘辘时就是糟糠也会感到满足。亲戚朋友往来可待之以礼,安排老人和孩子的食物要有所区别。妻妾应当从事纺纱织布的工作,还要在内房服侍丈夫的起居生活。圆圆的绢扇洁白素雅,银白的火烛明亮辉煌。白天小憩,晚间安寝,象牙装饰的床榻铺着软软的竹席。歌舞升平,盛排筵席,人们接杯举觞开怀畅饮,并随着音乐的旋律手舞足蹈,身心快乐又康泰。子孙代代延续,四时祭祀不忘。磕头又下拜,虔诚恭敬,扪心自问。给人的书信要简明扼要,回答别人的问题要审慎周详。身上脏了就想洗个澡,捧着热东西就希望它快点凉。驴骡等大小牲畜惊跳欢跃,东奔西跑。严厉惩罚盗贼,追捕叛乱分子和亡命之徒。吕布射戟,宜僚弄丸,嵇康抚琴,阮籍长啸,蒙恬造笔,蔡伦造纸,马钧名巧,任公子钓鱼,他们的技艺或解人纠纷或利益百姓造福社会,都高明巧妙为人所称道。毛嫱、西施姿容姣美,即使皱起眉头也俏丽无比,笑起来更是格外动人。岁月流逝,每每催人向老,而太阳的光辉永远明朗地照耀,北斗七星的勺柄总是围绕北极星旋转,明亮的月光永远洒向人间。人的一生只有修福积德,才能像薪尽火传一样传之久远,让子孙后代永享安定和平、吉祥幸福,该是多么美好。昂首阔步,心地正大光明;胸怀大志,以天下为已任。衣冠严整,举止从容,谨慎庄重,高瞻远瞩。

我这个人学识浅薄,见闻不广,且愚笨糊涂,恐难复圣命,只有等候圣上的责问和耻笑。说到我的学识,也就知道一些谓语助词如"焉哉乎也"之类罢了。

参考文献

[1] 苏秉琦.中国文明起源新探[M].北京:商务印书馆,1987.
[2] 费孝通.中华民族多元一体格局[M].北京:中央民族学院出版社,1989.
[3] 萧功秦.儒家文化的困境[M].成都:四川人民出版社,1986.
[4] 许苏民.中国民族文化心理素质简议[M].昆明:云南人民出版社,1998.
[5] 吾淳.中国思维形态[M].上海:上海人民出版社,1998.
[6] 高晨阳.中国传统思维方式研究[M].济南:山东大学出版社,1994.
[7] 庄锡昌.多维视野中的文化理论[M].杭州:浙江人民出版社,1987.
[8] 杨向奎.宗周社会与礼乐文明[M].北京:人民出版社,1992.
[9] 冯天瑜.中华文化史[M].上海:上海人民出版社,1990.
[10] 张岱年.中国文化概论[M].北京:北京师范大学出版社,1994.
[11] 王玉德.中国传统文化新编[M].武汉:华中理工大学出版社,1996.
[12] 徐仪明.中国文化论纲[M].开封:河南大学出版社,1992.
[13] 赵吉惠.中国传统文化导论[M].西安:陕西人民教育出版社,1998.
[14] 田广林.中国传统文化概论[M].北京:高等教育出版社,1999.
[15] 柳诒徵.中国文化史[M].上海:上海古籍出版社,2001.
[16] 张维青,高毅清.中国文化史[M].济南:山东人民出版社,2002.
[17] 颜吾芟.中国历史文化概论[M].北京:北方交通大学出版社,2002.
[18] 邵汉明.中国文化研究二十年[M].北京:人民出版社,2003.
[19] 马敏.中国文化概论[M].武汉:华中师范大学出版社,2000.
[20] 李宗桂.中国文化导论[M].广州:广东人民出版社,2002.
[21] 王霁,许鹏,何怡男.中国传统文化[M].北京:清华大学出版社,2014.
[22] 张岂之.中国传统文化[M].北京:高等教育出版社,2010.
[23] 朱筱新.中国传统文化[M].北京:中国人民大学出版社,2010.
[24] 夏宇旭,王国君.中国传统文化导论[M].北京:清华大学出版社,2013.
[25] 钱穆.中国文化史导论(修订本)[M].商务印书馆,1994.
[26] 林岷.中国文化史概述[M].北京:中国科学技术出版社,2005.
[27] 吕思勉.中国文化史[M].北京:新世界出版社,2008.
[28] 黄新亚.中国文化史概论[M].北京:中国社会出版社,2003.

后 记

本书2004年面世,2014年出第二版,现在又过去五年了,在教学和学习的过程中,教师和学生均深切感到还应了解支撑中国传统文化的典籍和高度浓缩的中国传统文化简史。所以此次借改版之际,附编"国学常识",对传统之经、史、子三部的典籍做一轮廓式说明;附编《千字文》、《三字经》简释,借传统经典启蒙教材使学生通过极简短的文字掌握中国传统文化史之大概。现在,国家对高等教育教学改革非常重视,教育部已就地方本科高校向应用技术类型高校转型发展提出了具体的指导意见,把培养学生的实际岗位工作能力放在了首要位置。这无疑是现实的物质层面的需求或者说是一种生存的需求,"授之以渔",让学生掌握一门实实在在且能运用自如的手艺,他们就能在社会上找到"饭碗",就可免去衣食之忧。不过,在此基础上,还应该有一种精神的追求。习近平总书记特别重视中国传统文化的批判继承和发扬光大,在不同时间不同场合反复强调传统文化对瞬息万变的当代社会的重要性。2017年初,中共中央办公厅、国务院办公厅下发的《关于实施中华优秀传统文化传承发展工程的意见》,以习近平总书记重要讲话精神为指导,对传承发展中华优秀传统文化工作作出了全面部署。转型发展高校学生更要在传统文化中找到对自我、对社会思考的参照尺度和判断依据,从而拓展思维视野,提升精神境界,增强自豪感和自信力,勇敢地去面对社会和未来。

本书由荆楚理工学院教师编写。由于人事变动,部分内容的编修人员做了调整。绪论和第一章由黄俊杰编写,第二章和第三章由钟小红、潘淼编写,第四章和第五章由闫涛涛、刘云峰编写,第六章由官禹平编写,第七章和第八章由杨文胜、唐晓编写,第九章由吴浪平编写,第十章由张成军编写,第十一章由聂俊编写;附录A"国学常识"由潘万木、胡家全、常世举、夏苏娜编写,附录B"《千字文》、《三字经》简释"由陈威卫、罗婕、陈红霞编写。最后由主编统稿。由于时间关系,当有疏忽和遗漏之处,敬请方家指正。

编 者

2019年6月